合格革命

2024年度版

ビジ法

ビジネス実務法務検定試験®

2級テキスト&一問一答

ビジネス実務法務検定試験® 研究会

早稲田経営出版

TAC PUBLISHING Group

は　し　が　き

　本書は、ビジネス実務法務検定試験®２級に短期間の学習で合格するために刊行されたものであり、以下のような特長を有しています。

1　**短期合格を達成するためには、満点を目指さない学習をすることが大切**です。
　　２級検定試験は、100点満点で**70点以上を得点すれば合格**できる試験であることを考慮すれば、短期合格のためにはメリハリのある学習をすることが必要であり、かつ、それで十分です。
　　そこで、本書では、過去の２級検定試験の本試験問題を徹底的に分析し、過去に一度も問われていない項目や、１～２回程度しか問われていない出題頻度の低い項目については、これをバッサリと切り捨てて、**出題頻度の高い項目（合格点を確実に取るために必要十分な項目）**のみを効率的に学習できるようにしました。

2　各節の冒頭に**Ａ・Ｂ・Ｃの出題頻度を示すランクづけ**（Ａがもっとも出題頻度の高いもの）を明示しましたので、時間がない方でも、Ａ・Ｂの節を重点的に学習することにより、短期間で合格レベルに達することを可能にしました。

3　試験でよく問われる**キーワードやキーフレーズにはゴシック体を用いて、メリハリのある学習**ができるようにしました。**各章末に出題頻度の高い過去の本試験問題と解答を掲載**しました。

4　各章末に一問一答トレーニングとして、**出題頻度の高い過去の本試験問題と解答を掲載**しました。これにより、IBT、CBT試験において、選択肢の正誤を瞬時に判断する力が身につきます。

　日本経済は低迷を続け、ビジネスをめぐる環境は一段と厳しさを増しており、ビジネスパーソンが習得すべき法律知識は、より高度かつ実践的なものが要求される時代となっています。このような中、企業に必要不可欠な人材として生き残るためには、ビジネス実務法務検定資格が大きな武器となることは間違いありません。
　本書を利用される皆さまが、学習の省力化・効率化を図り、見事、ビジネス実務法務２級検定試験に短期で合格されることを願ってやみません。

2024年２月吉日　　　　　　　　　　ビジネス実務法務検定試験®研究会

ビジネス実務法務検定試験®の概要

ビジネス実務法務検定試験®とは？

　企業が求める、ビジネスシーンで必要とされる実践的な法律知識を身に付けることができる試験です。現代社会では企業の継続的な活動のために、コンプライアンス（法令遵守）能力を身に付け、リスクを事前に認識し、回避・解決できることが一人ひとりに求められています。本検定試験の学習を通じて、その基礎となる実践的な法律知識を体系的・効率的に学び、能力を測定することができます。

学習のメリット

　ビジネス実務法務検定試験®を学習することによる主なメリットは、3つあります。

　1つ目は、企業が求めるビジネスパーソンに必要とされる実践的な法律知識を、効率的に身に付けられることです。民法・会社法（商法）を中心に、数多くの法律を学習するため、様々なビジネスシーンで生じ得るリスク等に機敏に反応することが可能となります。

　2つ目は、就職や転職、キャリアアップに役立つことです。元々、本検定試験は企業のニーズに応えて設立された試験ですので、当然、企業側の注目度も高くなっています。社内の推奨資格としたり、人事異動や採用時の参考資料として取り入れる企業も増えています。

　3つ目は、他の法律系資格取得へのステップアップとなることです。ビジネス実務法務検定試験®で出題される法律は、民法・会社法（商法）など、他の資格試験と重複する科目も多く、学習後に宅地建物取引士、行政書士、中小企業診断士、司法書士などの法律系資格を狙う場合には、とても有利なスタートをきることができます。

傾向と対策

　2級の出題範囲は多岐にわたりますが、**メインは、第1章（会社法）・第2章（民法・商法等）・第3章（知的財産権）・第4章（民法等）の部分**です。これらの部分だけで、配点にして50〜65点程度を占めていますので、まずは、第1章〜第4章の部分を重点的に学習すべきです。特に、民法と商法・会社法の部分をしっかりと学習すれば、法的思考力を習得できますので、他の法律の学習がスムーズに進み、合格点を獲得できる実力を着実に身に付けることができます。

　IBT試験（インターネット経由の試験）になってからは、全体的に問題文が従来よりも短く、コンパクトになりました。従来は、1ページに収まらないような長文問題が出題されることもありましたが、IBT試験になってからは、どの問題もパソコンの1画面に収まる分量となっています。

　解答にあたっては、従来ならばできた「問題用紙の余白に図を書いたり、キーワードに線を引く」といった作業が、IBT試験のもとではできなくなり、また、パソコン上のメモ機能は使えるものの、メモ用紙のようなものを用いることも認められませんので、これらの点に配慮して、問題文の短文化・軽量化を図ったものと思われます。

　以上の点に鑑みれば、**一問一答形式の問題演習を行うことは、従来以上に効果的な学習方法**であるといえます。本書各章末の一問一答形式の問題は、厳選された良問ばかりですので、繰り返し解いてください。

実受験者数・合格者数・合格率

	第48回	第49回	第50回	第51回	第52回	第53回	第54回
実受験者数	6,890人	3,549人	4,733人	4,249人	5,549人	5,218人	6,351人
合格者数	2,990人	2,426人	2,977人	2,246人	2,807人	1,523人	2,455人
合格率	43.4%	68.4%	62.9%	52.9%	50.6%	29.2%	38.7%

（注）2021年度（第49回）からIBT試験となりました。

試験概要について

　ビジネス実務法務検定試験®は2021年度からIBT（インターネット経由での試験）へ変わりました。IBTは受験者本人のコンピュータで受験する試験です。受験日時は受験者が選ぶことができ、プライバシーが配慮され受験に適した環境であれば、どこでも受験できます（○：自宅、会社等　×：公共スペース）。

　同時に、CBT（テストセンターのコンピュータを用いた試験）も恒久的に実施され、受験者はIBT・CBTを自由に選択できます。

試験日程	1年に2シーズン試験期間が設けられます。 ※2024年度は以下の通りです。 　第1シーズン：6月21日(金)〜7月8日(月) 　第2シーズン：10月25日(金)〜11月11日(月)
受験申込	インターネット受付のみ ※申込時には、電子メールアドレスが必要です。
申込期間	約10日間　※2024年度は以下の通りです。 　第1シーズン：5月17日(金)〜5月28日(火)　18：00 　第2シーズン：9月20日(金)〜10月1日(火)　18：00
受験料	7,700円（税込） ※CBTの場合は、CBT利用料2,200円（税込）が別途発生します。
受験資格	学歴・年齢・性別・国籍に制限はありません。
試験時間	90分 ※試験時間とは別に試験開始前に本人確認、受験環境の確認等が行われます。
合格基準	100点満点とし、70点以上をもって合格とします。
成績照会	試験終了後、即時採点された結果が画面に表示されます。

　受験申込及び試験の詳細については東京商工会議所検定センターホームページ、または東京商工会議所のビジネス実務法務検定試験®公式ホームページにてご確認ください。

東京商工会議所検定センターホームページ：https://kentei.tokyo-cci.or.jp/

ビジネス実務法務検定試験®公式ホームページ：https://kentei.tokyo-cci.or.jp/houmu/

本書の特長

　本書には、以下のような特長があります。読者の皆さまは、この特長を踏まえて本書をご利用ください。より一層学習効果を上げることができます。

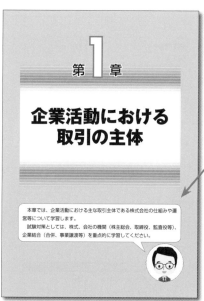

学習の指針

各章の冒頭で、試験の傾向や優先的に押さえるべき重要項目を明示して、学習の指針としています。

重要度

本番で出題が予想される重要事項については、重要度（出題可能性）の高い順にA・B・Cのランクを付して、アクセントを付けた学習ができるようにしてあります。

この節で学習すること

本格的な学習に入る前に、その節で学習する内容の全体像をつかみ、あらかじめ知識を整理することで、効率的な学習ができます。

用 語

難解な法律用語を分かりやすい言葉で説明し、疑問を解消します。

◀ 発 展 ▶

本文と関連する事項や実例、その他本文プラスαの説明をすることにより、理解を深めていただけます。

注 意 ⚠

間違えて覚えがちなテーマについて注意を喚起し、ケアレス・ミスを防止します。

語呂合わせ

覚えにくい重要ポイントや重要数字については、語呂合わせで整理し、暗記の助けとなるようにしています。

ココが出る!

本試験での頻出論点です。
ズバリココ!である箇所は波線でリンクさせてあります。

---

❷ 株式譲渡自由の制限

株主に出資の払戻しは認められていないことから、投下資本回収の途を与えるため、株式は、自由に譲渡できるのが原則です。
しかし、株式譲渡には、法律または定款により、次のような制限があります。

譲渡制限の種類	違反行為の効力
権利株の譲渡制限	当事者間では有効であるが、会社に対してはその効力を対抗できない。
株券発行前の株式譲渡制限	①当事者間では有効であるが、会社に対しては効力を生じない。②ただし、会社が株券の発行を不当に遅滞したときは、会社に対しても効力を生じる。
自己株式の取得制限	無効
子会社による親会社株式の取得禁止	無効
定款による株式の譲渡制限	承認を得ずに行った譲渡制限株式の譲渡も、当事者間では有効であるが、会社に対しては効力を生じない。

① 定款による譲渡制限

会社は、定款に規定することにより、譲渡による株式の取得に会社の承認を要する株式である**譲渡制限株式**を発行することができます。

同族企業のように株主間の人的信頼関係が重要な会社においては、会社にとって好ましくない者が株主となることを防止する必要があるため、このような制限が認められました。

イ 譲渡制限株式の株主は、その有する譲渡制限株式を他人（当該譲渡制限株式を発行した株式会社を除く）に譲り渡そうとする場合には、当該株式会社に対し、当該他人が当該譲渡制限株式を取得することについて承認をするか否かの決定をすることを請求することができます。また、譲渡を承認しないときは、当該株式会社または当該株式会社の指定する者（指定買取人）が株式を買い取ることを請求することができます（単に譲渡制限を認めるだけでは、株主から投下資本回収の

▶定款の絶対的記載事項

① 会社の目的
② 商号
③ 本店の所在地
④ 設立に際して出資される財産の価額またはその最低額
⑤ 発起人の氏名または名称および住所
⑥ 発行可能株式総数

一意発起して株式会社を設立し、
　　①②　　　　③　　　④
本気で商売するぞ!
①　⑤　⑥

❸ 設立中の会社と発起人

❶ 設立中の会社の法的性質

会社は、設立の登記によって成立し、法人格を取得しますので、設立中の会社には法人格がありません。そこで、設立中の会社は、自ら会社として成立することを目的とする権利能力なき社団であり、発起人はその執行機関であると解されています。

❷ 発起人の権限

発起人の権限の範囲については諸説ありますが、判例は、営業所・工場等の敷地・建物・什器備品等の手当てや原材料の購入等、設立後に会社が円滑に事業活動を行うための準備行為（開業準備行為）のうち、法定の要件みたした財産引受けについては発起人の権限の範囲内の行為にあたると解しています。

判例は、法定の要件をみたした財産引受け以外の開業準備行為については、発起人は権限を有しないとしていることに注意してください。また、発起人がその権限外の開業準備行為をした場合、成立後の会社がこれを追認しても、その行為の効果を会社に帰属させることはできず、これは、定款に記載のない財産引受けがなされた場合も同様で、当該財産引受けは絶対的に無効であり、成立後の会社がこれを追認することはできないとされています

重要度

本番で出題が予想される重要テーマについては、その重要度（出題可能性）の高い順にA、B、Cのマークを付して、アクセントを付けた学習ができるようにしてあります。

出題の表記

過去の本試験の出題回および出題番号を示しました。
* 「45－10－2－エ」（例）は「第45回試験・第10問・10-2・肢エ」を意味しています。
* 「改」は、当該問題につき、法改正等に合わせた変更等や肢別化する際に必要な表現変更等を施してある旨の表示です。
* 過去に出題がないものの重要である論点については独自に問題を作成し、「オリジナル」と表記しました。

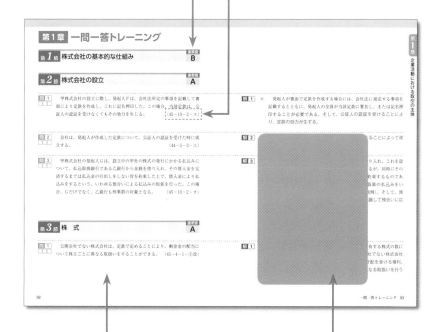

一問一答トレーニング

各章末に、頻出の本試験問題の選択肢と解答・解説を載せています。各章の学習の最後に解いてみましょう。何回も解いて、知識を確実に身につけましょう。

こたえかくすシート

付属のこたえかくすシートで解答・解説を隠しながら学習することができるので、とても便利です。

目　次

第 1 章

企業活動における取引の主体

本章では、企業活動における主な取引主体である株式会社の仕組みや運営等について学習します。

試験対策としては、株式、会社の機関（株主総会、取締役、監査役等）、企業結合（合併、事業譲渡等）を重点的に学習してください。

この節で学習すること

1
株式会社の本質

最も重要な特徴は、「社員の間接有限責任」です。

株主は所有者ですが、経営については素人なので、経営のプロに任せます。

2
所有と経営の分離

株主は「間接有限責任」しか負わないので、「会社債権者の保護」はとても大事な視点です。

3
会社債権者の保護

① 株式会社の特質

　株式会社とは、社員の地位が**株式**と称する細分化された均一な割合的単位の形をとり、その社員（株主）が、ただ会社に対し各自の有する株式の引受価額を限度とする出資義務を負うだけで、会社債権者に対しては責任を負わない会社をいいます。つまり、**株式と社員の有限責任**（間接有限責任）とが株式会社のもっとも**根本的な特質**であるといえます。

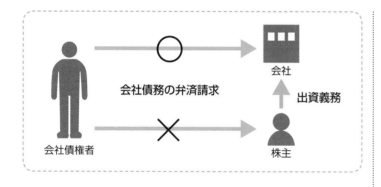

② 所有と経営の分離

　株式会社にあっては、社員たる株主は、通常、会社経営の意思もなければ、その能力もありませんので、会社の業務を執行する権限も、会社を代表する権限も有しません。つまり、株式会社の実質的所有者である株主は、株主総会において会社の根本的事項に関する意思決定をしますが、その他の会社の経営に関する意思決定は、取締役等に委ねられ、実際の業務執行行為は代表取締役等に一任されます。そして、株主総会で選任した監査役等に業務執行の監査をさせます。このような株式会社の経営機構を**所有と経営の分離**といいます。

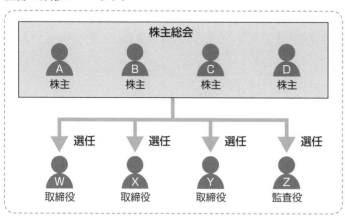

❸ 会社債権者の保護

　株式会社においては、株主は間接有限責任を負うにすぎず、会社債権者に対しては何らの責任も負わないため、会社債権者にとっては、債権の回収を図るうえで会社財産が唯一のたよりとなります。そこで、株式会社については、会社債権者を保護するために、資本金の額や発行済株式総数等の重要事項が、株式会社設立の登記における記載事項として定められています。また、貸借対照表・損益計算書等の計算書類等を会社の本・支店に備え置き、会社債権者に公示することが必要とされています。

　そして、平成18年施行の会社法においては、「**会計参与**」の制度が設けられました。会社の決算書等の計算書類は、粉飾されやすいデータであるため、その信頼性が問題となりますが、会計監査人による監査は、信頼性は高いもののコストが高いため、中小企業には現実的ではありません。そこで、会社法は、主に会計監査人が設置されない中小企業において、決算書等の信頼性を高めるために、税理士や公認会計士を会社の機関に組み入れ、決算書等の計算書類を取締役と共同で作成させる会計参与の制度を設けたのです。

　さらに、利益配当、中間配当等を「**剰余金の配当等**」として整理し、統一的に財源規制がかけられることになりました。たとえば、会社の純資産額が300万円を下回る場合には、剰余金の配当をすることができないとして、会社債権者の保護を図っています。

◀ 発 展 ▶

株式会社は、定時株主総会の終結後遅滞なく、貸借対照表（大会社にあっては、貸借対照表および損益計算書）を公告しなければならないとされています。

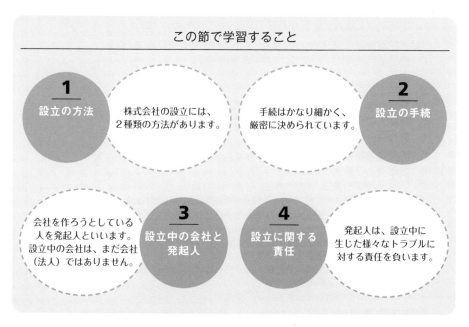

この節で学習すること

1 設立の方法 — 株式会社の設立には、2種類の方法があります。

手続はかなり細かく、厳密に決められています。 — **2** 設立の手続

会社を作ろうとしている人を発起人といいます。設立中の会社は、まだ会社（法人）ではありません。 — **3** 設立中の会社と発起人

4 設立に関する責任 — 発起人は、設立中に生じた様々なトラブルに対する責任を負います。

① 設立の方法

　株式会社の設立の方法には、**発起設立**と**募集設立**の2つの方法があります。発起設立とは、会社の設立に際して発行する株式の総数を発起人が引き受ける方法をいい、募集設立とは、会社の設立に際して発行する株式の一部を発起人が引き受け、残部について株式引受人を募集する方法をいいます。

② 設立の手続

　以下に、会社設立の手続の流れを示しておきましょう。

定 款 の 作 成

(1) 発起人（定款に発起人として署名または記名押印した者）が作成 [注1]
(2) 発起人の資格・員数には制限なし
(3) 定款には公証人の認証が必要（認証により効力を生じ、認証を欠く定款は無効）

絶対的記載事項（不記載等または違法記載等の場合は定款全部が無効となる）
(1) 会社の目的（目的の範囲外の行為は絶対的に無効）
(2) 商号
(3) 本店の所在地
(4) 設立に際して出資される財産の価額またはその最低額
(5) 発起人の氏名または名称および住所
(6) 発行可能株式総数 [注2]

相対的記載事項（不記載等の場合は効力が生ぜず、違法記載等の場合はその記載のみが無効となる）
(1) 定款による株式の譲渡制限
(2) 異なる種類の株式（種類株式）
(3) 変態設立事項（裁判所の選任した検査役の調査を受けることが必要） [注3]
　① 現物出資（金銭以外の財産を出資する者の氏名または名称、当該財産およびその価額ならびにその者に対して割り当てる設立時発行株式の数）
　② 財産引受け（株式会社の成立後に譲り受けることを約した財産およびその価額ならびにその譲渡人の氏名または名称）
　③ 株式会社の成立により発起人が受ける報酬その他の特別の利益およびその発起人の氏名または名称
　④ 株式会社の負担する設立に関する費用

任意的記載事項（定款外で定めても効力が生じ、違法記載等の場合は、その記載等のみが無効となる。その変更は定款変更にあたり、株主総会の特別決議によることが必要）
(1) 株式の名義書換手続
(2) 定時株主総会招集時期
(3) 株主総会の議長
(4) 取締役・監査役の員数
(5) 事業年度
(6) 決算期

公証人による定款の認証

発起設立
会社の設立に際して発行する株式の総数を発起人（1人でもよい）が引き受ける方法

募集設立
会社の設立に際して発行する株式の一部を発起人（1人でもよい）が引き受け、残部について株式引受人を募集する方法

発起人が株式全部を書面により引き受ける（注4）	(1) 発起人が書面により株式の一部を引き受ける（注4） (2) 残部については、株式引受人を募集し、引き受けてもらう

株式の払込みは払込取扱銀行・信託会社で行う	株式の払込みは払込取扱銀行・信託会社の払込取扱場所で行う

現物出資（設立に際しては発起人のみがなしうる）の給付は、会社成立時までに全部がなされる必要があるが、登記・登録は、会社成立後に行うこともできる

取締役・監査役は発起人の議決権の過半数で選任する	(1) 発起人が創立総会を招集する (2) 取締役・監査役は創立総会で選任する

設 立 登 記 （本店所在地で）

会 社 成 立

(注1) 定款は、会社の組織・活動または社員の地位を定める根本規則です。定款には、発起人の全員が署名または記名押印しなければなりません。
(注2) 「発行可能株式総数」は、会社の成立時までに定款に定めれば足ります。つまり、発行可能株式総数の決定は、会社成立には必要ですが、原始定款の絶対的記載事項ではなく、会社成立時までに発起人全員の同意または創立総会の決議により定款を変更してその定めを設けなければならないとされています。
(注3) 現物出資とは、金銭以外の財産をもって出資に充てることをいい、財産引受けとは、発起人が、会社のために、会社の成立を条件として、特定の財産（営業所、工場用敷地・建物、原材料等）を譲り受けることを約する契約をいいます。
(注4) 各発起人は、株式会社の設立に際し、設立時発行株式を1株以上引き受けなければなりません。

　現物出資や財産引受け等が変態設立事項として裁判所の選任した検査役の調査が必要とされたのは、これらの事項は、発起人が自己または第三者の利益を図るため、その権限を濫用することにより、成立後の会社の財産的基礎を害し、さらには株主や会社債権者の利益を害するおそれが大きいからです。

語呂合わせ ▶**定款の絶対的記載事項**

① 会社の目的
② 商号
③ 本店の所在地
④ 設立に際して出資される財産の価額またはその最低額
⑤ 発起人の氏名または名称および住所
⑥ 発行可能株式総数

一念発起して株式会社を設立し、
　　　⑤　　　　　⑥　①　　　　④

本気で商売するぞ！
　　③　　　②

③ 設立中の会社と発起人

❶ 設立中の会社の法的性質

ココが出る!

　会社は、設立の登記によって成立し、法人格を取得しますので、設立中の会社には法人格がありません。そこで、設立中の会社は、自らが会社として成立することを目的とする権利能力なき社団であり、発起人はその執行機関であると解されています。

❷ 発起人の権限

　発起人の権限の範囲については諸説ありますが、判例は、営業所・工場等の敷地・建物・什器備品等の手当てや原材料の購入等、設立後に会社が円滑に事業活動を行うための準備行為（開業準備行為）のうち、法定の要件をみたした**財産引受け**については発起人の権限の範囲内の行為にあたると解しています。

　判例は、法定の要件をみたした**財産引受け以外の開業準備行為**については、発起人は権限を有しないとしていることに注意してください。また、発起人がその権限外の開業準備行為をした場合、成立後の会社がこれを追認しても、その行為の効果を会社に

ココが出る!

帰属させることはできず、これは、定款に記載のない財産引受けがなされた場合も同様で、当該財産引受けは絶対的に無効であり、成立後の会社がこれを追認することはできないとされていま

す。

　なお、現物出資や財産引受けに対する規制を潜脱することを防止するために、**事後設立**についても規制がなされています。事後設立とは、株式会社の成立後2年以内に、成立前から存在する財産を、会社の純資産額の5分の1（定款で厳格化できる）を超える対価で会社の事業のために継続して使用する目的で譲り受ける契約をいいます。事後設立をするには、**検査役の調査を受ける必要はありませんが**、原則として、**株主総会の特別決議を要します**。

❹ 設立に関する責任

種類		内容	責任を負う者	性質
資本充実責任	財産価格塡補責任	現物出資・財産引受けの目的財産の会社成立時における価額が定款所定の価額に比べ著しく不足するときは連帯してその不足額の支払義務を負う	発起人 設立時取締役	現物出資者等である発起人は無過失責任
	預合い・見せ金の場合の責任	現実に払込みのない払込金について連帯して支払義務が課される	発起人 設立時取締役 設立時監査役	払込みの仮装をしたものは無過失責任
任務懈怠責任	発起人の会社に対する損害賠償責任	任務（善管注意義務）を怠ったため会社が被った損害を連帯して賠償する責任を負う	発起人	過失責任
	発起人の第三者に対する損害賠償責任	任務（善管注意義務）を怠ったため第三者が被った損害を連帯して賠償する責任を負う		悪意・重過失の場合の責任
	設立時取締役・設立時監査役の会社に対する損害賠償責任	設立中の会社の監督機関として調査義務を負い、この義務を怠ったため会社が被った損害を連帯して賠償する責任を負う	設立時取締役 設立時監査役	過失責任
	設立時取締役・設立時監査役の第三者に対する損害賠償責任	任務（調査義務）を怠ったため第三者が被った損害を連帯して賠償する責任を負う	設立時取締役 設立時監査役	悪意・重過失の場合の責任

会社不成立の場合の責任	会社の設立に関してなした行為について連帯責任を負い、設立費用を負担する	発起人	無過失責任
擬似発起人の責任	募集設立の場合の発起人でなくても、株式募集広告その他株式募集に関する書面または電磁的記録に自己の氏名または名称・会社設立を賛助する旨の記載または記録を承諾した者は、発起人とみなされ、発起人と同一の責任を負う		

（注1） 発起人のうち出資の履行をしていないものがある場合には、発起人は、当該出資の履行をしていない発起人に対して、期日を定め、その期日までに当該出資の履行をしなければならない旨を通知しなければなりません。この通知を受けた発起人は、期日までに出資の履行をしないときは、設立時発行株式の株主となる権利を失います。

（注2） 募集設立の場合の引受人は、払込みの期日または期間内に払込みをしないときは、設立時募集株式の株主となる権利を失います。

（注3） 現物出資・財産引受けについて検査役の調査を受けたときは、現物出資者または当該財産の譲渡人である発起人を除き、財産価格填補責任が免除されます。

（注4） 財産価格填補責任は、発起設立の場合に限り、現物出資者等である発起人を除き、過失責任とされています。

（注5） 預合い・見せ金について

預合いとは、発起人が払込取扱銀行から金銭を借り入れ、これを設立中の会社の預金に振り替えて株式の払込みに充てるが、同時にその借入金の完済まではその預金の引出しをしない旨約束するものであり、発起人が払込取扱銀行の役員と通謀してなす仮装の払込みをいいます。

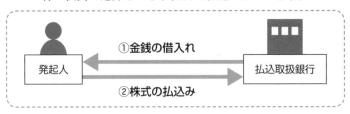

①金銭の借入れ
発起人　払込取扱銀行
②株式の払込み

見せ金とは、発起人が払込取扱銀行以外の者から金銭を借り入れ、これを株式の払込みに充てるが、会社成立後に

これを引き出して借入金の返済に充てることをいいます。

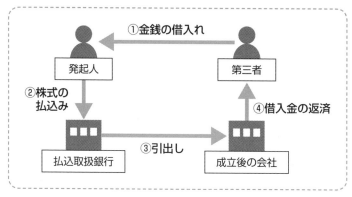

①金銭の借入れ

発起人 ← 第三者

②株式の払込み

④借入金の返済

払込取扱銀行 → ③引出し → 成立後の会社

預合いも見せ金も、会社には払込金は現実に留保されず、会社の財産的基礎を危うくする行為であるため、判例は、これらの行為による払込みを**無効**としています。

この場合、仮装払込みを行った発起人および引受人ならびに仮装に関与した発起人等は、払込みを仮装した出資の全額を会社に支払う義務を負います。

さらに、**預合いについては**、預合いを行った者および事情を認識して預合いに応じた者に**刑事罰が科されます**。

ココが出る！

（注6） 発起人・設立時取締役・設立時監査役の任務懈怠責任（第三者に対する損害賠償責任を除く）は、総株主の同意があれば免除されます。

（注7） 株式会社の資本金の額は、この法律に別段の定めがある場合を除き、設立または株式の発行に際して株主となる者が当該株式会社に対して払込みまたは給付をした財産の額とされていますが、払込みまたは給付にかかる額の2分の1を超えない額は、資本金として計上しないことができます。そして、これにより資本金として計上しないこととした額は、資本準備金として計上しなければならないものとされています。

この節で学習すること

1 株式の意義

抽象的な概念で難しいかもしれませんが、がんばって理解しましょう。

株主には、会社の所有者として、いろいろな権利があります。

2 株主の権利

株式の意義を、その所有者である株主という人を基準に考えると、この原則が出てきます。

3 株主平等の原則

4 株式の種類

株式にはいくつかの種類があります。特殊な株式について、注意しましょう。

5 単元株制度

たとえば、100株持ってないと議決権のある株主と認めない、ということです。

株式を表章する紙（有価証券）のことです。発行しないのが原則です。

6 株券

原則として自由です。株式の譲渡を制限することは、学習上重要なテーマです。

7 株式の譲渡

❶ 株式の意義

　株式とは、**細分化された均一な割合的単位の形をとる株式会社**の社員としての地位をいいます。

❷ 株主の権利

❶ 自益権と共益権

① **自益権**とは、株主が出資者として会社から経済的利益を受けることを目的とする権利をいいます。

　　自益権には、以下のものなどがあります。

（ⅰ）　剰余金配当請求権

（ⅱ）　残余財産分配請求権

（ⅲ）　名義書換請求権

（ⅳ）　募集株式の割当てを受ける権利

（ⅴ）　新株予約権の割当てを受ける権利

（ⅵ）　株式買取請求権

② **共益権**とは、株主が会社の管理運営に参加することを目的とする権利をいいます。共益権のうち、議決権以外の権利は、会社の管理運営が適法ないし妥当に行われない場合に株主の利益を保護するために認められる権利であり、**監督是正権**と呼ばれます。

❷ 単独株主権と少数株主権

① **単独株主権**とは、1株しか有しない株主でも行使できる権利をいいます。

② **少数株主権**とは、総株主の議決権の一定割合以上または一定数以上の議決権もしくは発行済株式総数の一定割合の株式を有する株主だけが行使できる権利をいいます。

　　自益権はすべて単独株主権ですが、共益権には単独株主権と少数株主権とがあります。

　　ここで、以下に共益権についてのまとめの表を掲げておきます。

注　意

株主に剰余金配当請求権および残余財産分配請求権の全部を与えない旨の定款の定めは、その効力を有しないものとされています。

単独株主権	保有期間等の要件がないもの	①議決権 ②解散命令申立権 ③累積投票請求権 ④株主総会決議取消しの訴え提起権 ⑤設立無効の訴え提起権 ⑥募集株式発行等差止請求権 ⑦定款閲覧謄写請求権 ⑧計算書類閲覧謄写請求権 ⑨議事録閲覧謄写請求権 ⑩特別清算開始申立権
	6か月前より継続保有（公開会社でない場合は保有期間の要件なし）	①**代表訴訟提起権**（責任追及等の訴え） ②取締役等の違法行為差止請求権
少数株主権	総株主の議決権の1％以上（公開会社である取締役会設置会社の場合は6か月前より継続保有も要件）	株主総会の招集手続等に関する検査役選任請求権
	公開会社の場合は総株主の議決権の1％以上か300個以上の議決権を6か月前より継続保有（公開会社でない取締役会設置会社の場合は保有期間の要件なし、取締役会設置会社でない場合は単独株主権）	議題提案権・議案の要領の通知請求権
	総株主の議決権の3％以上を6か月前より継続保有（公開会社でない場合は保有期間の要件なし）	**株主総会招集権・株主総会招集請求権**
	総株主の議決権の3％以上か発行済株式の3％以上を6か月前より継続保有（公開会社でない場合は保有期間の要件なし）	①取締役等の解任請求権 ②清算人の解任請求権
	総株主の議決権の3％以上か発行済株式の3％以上を保有	①会計帳簿閲覧謄写請求権 ②業務執行に関する検査役選任請求権
	総株主の議決権の10％以上か発行済株式の10％以上を保有	会社解散の訴え提起権
	総株主の議決権の10％以上を保有	会社更生手続開始申立権

用　語

「公開会社」とは、その発行する全部または一部の株式の内容として譲渡による当該株式の取得について株式会社の承認を要する旨の定款の定めを設けていない株式会社をいいます。これに対し、その発行する株式の全部について定款で譲渡制限を設けている会社（全部株式譲渡制限会社）を「非公開会社」といいます。なお、公開会社であるか否かと上場しているか否かとは無関係です。

14

❸ 株主平等の原則

❶ 意 義

株主平等の原則とは、株式会社は、株主を、その有する株式の内容および数に応じて、平等に取り扱わなければならないという原則をいいます。

❷ 内 容

この原則は、①各株式の内容が平等であること（**内容の平等**）を前提として、②各株式の取扱いが平等であること（**取扱いの平等**）を内容とします。

株主平等の原則の例外として、資金調達の便宜等のために種類株式を発行することや、監督是正権の濫用防止のために共益権行使に関し株式の保有期間の要件が設けられる等があります。また、株主平等原則の例外として、**公開会社でない**株式会社は、①**剰余金の配当を受ける権利**、②**残余財産の分配を受ける権利**、③**株主総会における議決権**について、**株主ごとに異なる取扱い**（持株数にかかわりなく、株主全員の配当を同額としたり、株主1人につき1議決権とする等）**を行う旨を定款で定めることができます。**

＜ココが出る！

非公開会社において、定款で株主ごとに異なる取扱いをすることが認められるのは、非公開会社は、その発行する株式の全部について定款で譲渡制限を設けている会社であり、株主が少数でかつ変動せず、株主間の関係が緊密であるのが通常であるため、株式ではなく、株主に着目して異なる取扱いをすることを認める必要性があるとともに、それを認めても特段の不都合は生じないからです。

❸ 違反の効果

株主平等の原則に違反する定款の定め、株主総会の決議、取締役会の決議、代表取締役の業務執行行為等の会社の行為は、原則として**無効**となります。

④ 株式の種類

　株式会社は、会社の資金調達の便宜を図るとともに、多様な需要に応えるため、権利の内容の異なる複数の種類の株式（**種類株式**）を発行することができます。株式会社は、**種類株式を発行する場合**には、**定款に種類株式を発行する旨**、および種類株式の内容・数等を**定める**必要があります。

ココが出る!

❶　剰余金の配当・残余財産の分配について内容の異なる株式
（普通株・優先株・劣後株・混合株）

① **普通株**

　剰余金の配当・残余財産の分配につき標準となる株式

② **優先株**

　剰余金の配当・残余財産の分配につき普通株に比べて優先的取扱いを受ける株式

③ **劣後株**

　剰余金の配当・残余財産の分配につき普通株に比べて劣後的取扱いを受ける株式

④ **混合株**

　剰余金の配当・残余財産の分配につき普通株に比べて、ある点では優先的取扱いを受けるが、他の点では劣後的取扱いを受ける株式

❷　議決権制限株式

　これは、議決事項の全部または一部について議決権を行使することができない株式をいいます。

　種類株式発行会社が**公開会社である場合**において、**議決権制限株式の数が発行済株式の総数の2分の1を超えるに至ったときは、株式会社は、直ちに、議決権制限株式の数を発行済株式の総数の2分の1以下にするための必要な措置**（新株の発行等）をとらなければなりません（非公開会社には、このような制限はありません）。

　議決権制限株式を発行するのは、配当に関心があるだけで会社

ココが出る!

経営に関心のない投資家からも資金を調達できるからです。しかし、このような株式の発行は、不当に少ない出資で会社支配を可能としてしまうおそれがあるため、公開会社では、このような措置をとることを要求したのです。これに対し、株主間の人的なつながりが強い非公開会社においては、少数の者による会社支配の弊害に対する配慮の必要性は、公開会社よりも低く、また、株式の譲渡制限によって株主となること自体を阻止できるため、株式の取得を認めたうえで議決権を制限することを規制する必要性が乏しいため、このような制限がないのです。

❸ 譲渡制限株式

これは、譲渡による当該株式の取得について当該株式会社の承認を要する株式をいいます。

株式会社は、その株式の全部または一部について、譲渡による当該株式の取得につき当該株式会社の承認（正確には、株主総会（取締役会設置会社においては取締役会）の承認）を要する旨を定款で定めることができます。

❹ 取得請求権付株式

これは、株主が会社に対して当該株式の取得を請求することができる株式をいいます。

取得請求権付株式を発行する場合には、その取得の対価等を定款で定めることが必要です。

❺ 取得条項付株式

これは、会社が一定の事由（たとえば、上場が決定した時、会社が定める日が到来した時）が生じたことを条件に株主の同意なしに当該株主の株式を取得することができる株式をいいます。

取得条項付株式を発行する場合には、その取得の対価等を定款で定めることが必要です。

❻ 全部取得条項付種類株式

これは、株主総会の特別決議により、株式会社が当該株式の全

◀ 発 展 ▶

譲渡制限株式は、取得条項付株式や種類株主に拒否権を認めた種類株式（黄金株）と組み合わせることにより、敵対的買収に対する防衛策として利用されています。

部を取得することができるものをいいます。

用　語

「取締役会設置会社」
とは、取締役会を置
く株式会社または会
社法の規定により取
締役会を置かなけれ
ばならない株式会社
をいいます。

❼　種類株主に拒否権を認めた種類株式（拒否権付株式）

　これは、株主総会（取締役会設置会社においては株主総会また
は取締役会）において決議すべき事項のうち、当該決議のほか
に、当該種類株式の種類株主総会の決議を必要とする旨が定款に
定められているものをいいます。

　この種類株式は、「黄金株」と呼ばれることがあります。

❽　種類株主総会で取締役・監査役を選任できる株式

　　（役員選任権付種類株式）

　これは、当該種類株式の種類株主総会において取締役または監
査役を選任することを認めるものをいいます。

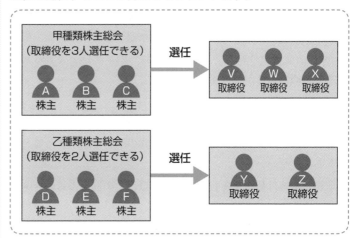

　ただし、指名委員会等設置会社および公開会社では、このよう
な種類株式を発行することはできません。

❺ 単元株制度

❶　意　義

　単元株制度とは、定款により、一定数の株式を1単元の株式と
定め、1単元の株式につき1個の議決権を付与するが、単元未満
の株式（単元未満株式）には議決権を付与しないこととする制度

をいいます。この制度は、株主の管理コスト削減のために認められました。

❷ 単元株制度の採用

会社は、1単元の株式の数については定款で自由に定めることができますが、1,000株および発行済株式の総数の200分の1に当たる数を超えることはできません。1単元を構成する株式の数が多すぎると、議決権の数も少なくなるので、少額の資本しか持たない個人投資家が株式を取得しても議決権を行使できなくなり、ごく少数の者によって会社経営が独断的に行われる危険性があるため、このような制限が設けられました。

単元未満株主については、残余財産分配請求権等の一定の権利を除き、定款の定めにより、その権利の全部または一部を制限することができます。

⑥ 株 券

❶ 意 義

株券とは、株式を表章する有価証券をいいます。

❷ 株券の発行

株式会社は、その株式（種類株式発行会社にあっては、全部の種類の株式）にかかる株券を発行する旨を定款で定めることができますが、**株券の発行を義務づけられてはいないことに注意して**ください。

株券を発行する旨の定款の定めがある会社を株券発行会社といいます。

❸ 株主名簿

① 意 義

株主名簿とは、株主（株券発行会社においては株主および株券）に関する事項を明らかにするため、会社法の規定により作成・備置きを必要とされた帳簿をいいます。**株式会社は、必ず**

◀ 発 展 ▶

多くの会社は非公開会社であり、通常は株券発行の必要がないため、株券は発行しないのが原則で、発行するのは例外となります。

なお、上場会社については、**株式等振替制度**（株券の電子化）により、株券がすべて廃止され、株主の権利の管理は、証券保管振替機構（保振）および証券会社等に開設された口座において電子的に行われています。

株主名簿を作成し、その本店（株主名簿管理人がある場合にあっては、その営業所）に備え置かなければなりません。

② 効力

株式の譲渡は、その株式を取得した者の氏名または名称および住所を株主名簿に記載し、または記録（株主名簿の名義書換え）しなければ、**株式会社その他の第三者に対抗することができません**。これは、株式の質入れの場合も同様です。

◀ 発 展 ▶

名義書換えの請求は、原則として、その株式取得者とその取得した株式の株主として株主名簿に記載もしくは記録された者またはその相続人その他の一般承継人と共同してしなければなりません。

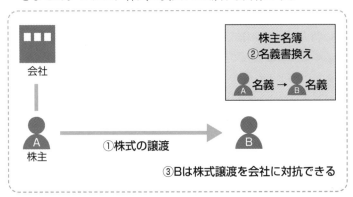

株式会社が株主に対してする通知または催告は、株主名簿に記載し、または記録された当該株主の住所にあてて発すれば足り、この通知または催告は、その通知または催告が**通常到達すべきであった時**に、到達したものとみなされます。これは、登録株式質権者についても同様です。

◀ 発 展 ▶

「通常到達すべきであった時」とは、その時々の郵便事情や地理的事情等を考慮して合理的に判定される時とされています。

③ 株主名簿の基準日

株主は、株式の譲渡により絶えず変動するため、何らかの措置を講じないと、会社が、株主総会において議決権を行使しうる株主や、剰余金の配当を受けうる株主等を確定することは困難です。そこで、会社が株主および質権者として権利を行使すべき者を確定するための方法として、**基準日制度**が設けられています。

つまり、株式会社は、一定の日（基準日）を定めて、基準日において株主名簿に記載され、または記録されている株主（基準日株主）または登録株式質権者をその権利を行使することができる者と定めることができます。株式会社は、基準日を定める場合には、基準日株主が行使することができる権利（基準日

から3か月以内に行使するものに限る）の内容を定めなければなりません。言い換えれば、会社が基準日を定める場合には、権利行使日前の3か月以内の日でなければならないということです。

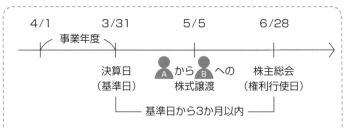

4/1　3/31　5/5　6/28
事業年度
決算日（基準日）　AからBへの株式譲渡　株主総会（権利行使日）
基準日から3か月以内

上記の例では、権利行使日においては、Bはすでに株主になっているが、基準日においては株主はAであるので、会社は、Aを株主として権利行使させればよい。

◀ 発 展 ▶
株式会社は、基準日を定めたときは、原則として、当該基準日の2週間前までに、当該基準日および基準日株主が行使することができる権利の内容を公告しなければなりません。

なお、基準日株主が行使することができる権利が株主総会または種類株主総会における議決権である場合には、株式会社は、当該基準日後に株式を取得した者の全部または一部を当該権利を行使することができる者と定めることができるとされています。

これは、会社が基準日後に新たに募集株式を発行した場合に、当該株式の新株主に議決権の行使を認めるというような場合に利用されます。

⑦ 株式の譲渡

❶ 株式譲渡の方法

① 株券が発行されていない場合

この場合は、株式の譲渡は、意思表示のみでその効力を生じます。株主名簿への記載または記録は、**株式会社その他の第三者に対する対抗要件**にすぎません。

◀ココが出る！

② 株券が発行されている場合

この場合は、株式の譲渡は、意思表示に加えて当該株式に係る株券を交付しなければその効力を生じません。この場合、株式会社に対する対抗要件は株主名簿への記載または記録ですが、第三者に対する対抗要件は、株券の占有となります。

◀ココが出る！

❷ 株式譲渡自由の制限

株主に出資の払戻しは認められていないことから、投下資本回収の途を与えるため、株式は、自由に譲渡できるのが原則です。

しかし、株式譲渡には、法律または定款により、次のような制限があります。

譲渡制限の種類	違反行為の効力
権利株の譲渡制限	当事者間では有効であるが、会社に対してはその効力を対抗できない。
株券発行前の株式譲渡制限	①当事者間では有効であるが、会社に対しては効力を生じない。 ②ただし、会社が株券の発行を不当に遅滞したときは、会社に対しても効力を生じる。
自己株式の取得制限	無効
子会社による親会社株式の取得禁止	無効
定款による株式の譲渡制限	承認を得ずに行った譲渡制限株式の譲渡も、**当事者間では有効**であるが、会社に対しては効力を生じない。

① 定款による譲渡制限

会社は、定款に規定することにより、譲渡による株式の取得に会社の承認を要する株式である**譲渡制限株式**を発行することができます。

同族企業のように株主間の人的信頼関係が重要な会社においては、会社にとって好ましくない者が株主となることを防止する必要性があるため、このような制限が認められました。

イ　譲渡制限株式の株主は、その有する譲渡制限株式を他人（当該譲渡制限株式を発行した株式会社を除く）に譲り渡そうとする場合には、当該株式会社に対し、**当該他人が当該譲渡制限株式を取得することについて承認をするか否かの決定をすることを請求することができ**、また、**譲渡を承認しないときは、当該株式会社または当該株式会社の指定する者（指定買取人）が株式を買い取ることを請求することができます**（単に譲渡制限を認めるだけでは、株主から投下資本回収の

途を奪うことになるため、買取請求を認めました）。

ロ　他方、譲渡制限株式を取得した株式取得者も、株式会社に対し、当該譲渡制限株式を取得したことについて承認をするか否かの決定をすることを請求することができ、また、取得を承認しない場合の譲渡の相手方の指定を請求することができます。そして、この場合の**承認請求は、原則として、その取得した株式の株主として名簿に記載または記録されている者と共同してしなければなりません。**

ハ　**譲渡を承認する機関は、原則として、株主総会（取締役会設置会社の場合は取締役会）**となりますが、定款で別段の定め（**株主間の譲渡については承認を要しない**とする、取締役会設置会社において承認機関を株主総会とする、特定の者に対する譲渡について承認機関を代表取締役とするなど）をすることもできます。

◀━ ココが出る！

ニ　会社は、譲渡の承認請求とともに譲渡の相手方の指定の請求を受けた場合において、承認をしない旨の決定をしたときは、当該譲渡等承認請求に係る譲渡制限株式を自ら買い取るか、または譲渡の相手方を指定しなければなりません。この場合において、会社が所定の期間内に承認するか否かの決定の通知、譲渡の相手方の指定の通知をしなかったときは、当該株式の譲渡について会社の**承認決定**があったものとみなされます。

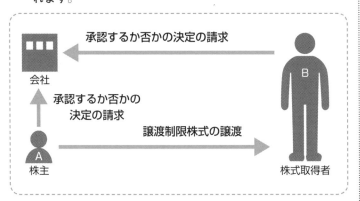

② **自己株式取得の制限**

　　会社が自己株式を取得することは、実質的に出資の払戻しと

なり、資本維持の原則に反する等の様々な弊害を生ずるおそれがあるため、自己株式の取得は、株主総会の決議による場合等会社法所定の場合に限定されています。

イ　**株主との合意による自己株式の取得**

会社は、株主との合意により自己株式を有償で取得することができます。

a　**すべての株主を対象とする自己株式の取得**

ココが出る!▶

会社は、すべての株主を対象に自己株式を取得することができます。その場合には、あらかじめ、**株主総会の普通決議**によって、取得する株式の種類および種類ごとの数、対価の内容およびその総額、取得期間（1年以内）を定める必要があります。

そして、会社（取締役または取締役会設置会社の場合は取締役会）は、株主総会の決定に従い株式を取得しようとするときは、その都度、取得する株式の数、株式を取得するのと引換えに交付する金銭等の総額等を定めなければなりません（取締役会設置会社においては、これらの事項の決定は、取締役会の決議によらなければなりません）。

b　**特定の株主からの自己株式の取得**

会社は、特定の株主から自己株式を取得することもできます。その場合、株主平等原則に反するおそれがあるた

ココが出る!▶

め、原則として**株主総会の特別決議を要する**など、より厳格な手続をとることが要求されます。

ロ　**市場取引または公開買付けによる自己株式の取得**

取締役会設置会社は、定款の規定に基づき、**取締役会決議**で市場取引または公開買付けにより自己株式を取得することができます。

株式会社が市場取引または金融商品取引法上の公開買付けにより自己株式を取得する場合には、特定の株主から自己株式を取得する場合と異なり、株主平等原則に違反するおそれは生じないため、会社法上、自己株式の他の取得方法に比べ、**自己株式を取得する際の手続上の要件が緩和**されています。

◀ 発 展 ▶
自己株式を消却する
場合には、消却する
自己株式の数（種類

ハ　自己株式取得後の処理

　　会社には取得した自己株式を処分する義務はなく、自己株式を保有し続けることができます。この会社が保有する自己株式は、**金庫株**と呼ばれます。

　　自己株式を有する株式会社は、**株式の消却や、自己株式を引き受ける者を募集する**ことにより、**自己株式を処分**することができます。

　　なお、**自己株式については、議決権を行使することはできません。**

（注1）　会社がその子会社との合意により、子会社の有する自己株式を取得する場合、株主総会（取締役会設置会社においては取締役会）の授権決議のみがあればよく、その他の手続は不要です。

（注2）　自己株式の取得は、株主に金銭等を交付して行うため、会社法では「剰余金の分配」として整理され、株主への配当と同様の財源規制が設けられています。したがって、剰余金の分配可能額を超えて自己株式の取得を行うことはできません。

（注3）　公開会社でない株式会社が特定の株主から自己株式を取得する場合、原則として、他の株主には**売主追加請求**（自己株式の取得の対象となる特定の株主に自己をも加えたものを当該株主総会の議案とすることを請求すること）が認められますが、非公開会社が**株主の相続人その他の一般承継人から自己株式を有償取得する場合**で、相続人等がまだ**議決権を行使していない場合は、他の株主には売主追加請求は認められません。**

株式発行会社にあっては、自己株式の種類および種類ごとの数）を定めなければなりません。この株式の消却は、取締役の決定（取締役会設置会社においては取締役会の決議）により行います。

◀ ココが出る！

第4節 会社の機関

この節で学習すること

1 株主総会
株主が集まった集会のことで、会社の意思決定機関です。なんでも決められるのが原則です。

会社から委任を受けて業務を執行する人のことです。
2 取締役

取締役の集まりで、業務に関する意思決定をする機関です。
3 取締役会

4 会計参与
取締役と共同して計算書類などを作成します。

5 監査役
会社のお目付け役です。取締役の業務執行および計算書類などを監査します。

監査役の集まりです。
6 監査役会

会社の計算書類を監査する外部監査者です。
7 会計監査人

8 監査等委員会設置会社
監査等委員会を置いている会社のことです。監査等委員である取締役は、他の取締役を監査します。

9 指名委員会等設置会社
指名委員会、監査委員会、報酬委員会を置く会社のことです。

　機関とは、会社が法人として活動をするために不可欠の組織上の存在をいいますが、会社法が要求する機関設計は、次のとおりです。

① 　すべての株式会社は、株主総会および1人または2人以上の取締役を置かなければなりません。

② 　取締役会の設置は、原則として任意ですが、公開会社、監査役会設置会社、監査等委員会設置会社および指名委員会等設置会社の場合には、取締役会を置かなければなりません。

③ 　監査等委員会設置会社および指名委員会等設置会社でない取締役会設置会社は、監査役を置かなければなりません。

　　さらに、公開会社である大会社（監査等委員会設置会社および指名委員会等設置会社を除く）は、監査役会も置かなければなりません。

　　ただし、大会社以外の非公開会社の場合には、取締役会設置会社でも、会計参与を置けば、監査役を置くことを要しません。

④ 　監査等委員会設置会社および指名委員会等設置会社には、監査等委員会または監査委員会が置かれるため、監査役を置くことはできませんが、会計監査人は置かなければなりません。

　　また、大会社の場合も、会計監査人の設置が必要です。

⑤ 　監査等委員会設置会社および指名委員会等設置会社でない会社が会計監査人を置く場合には、監査役を置かなければなりません。

⑥ 　会計参与は、すべての株式会社において任意に置くことができます。

用　　語

「監査等委員会設置会社」とは、監査等委員会を置く株式会社をいいます。
「指名委員会等設置会社」とは、指名委員、監査委員会および報酬委員会を置く株式会社をいいます。
「大会社」とは、株式会社のうち、資本の額が5億円以上または負債総額が200億円以上の会社をいいます。

① 株主総会

注 意

会社法の規定により
株主総会の決議を必
要とする事項につい
て、取締役、執行
役、取締役会その他
の株主総会以外の機
関が決定することが
できることを内容と
する定款の定めは、
その効力を有しませ
ん。

❶ 意 義

株主総会は、株式会社の最高意思決定機関です。**すべての株式会社は、株主総会を設置しなければなりません。**

取締役会非設置会社においては、株主総会は、会社法に規定する事項および株式会社の組織、運営、管理その他株式会社に関する一切の事項について決議をすることができます。

これに対し、取締役会設置会社においては、会社の合理的な運営を確保する観点から、株主総会で決定できる事項は、株式会社の基本的事項、すなわち、会社法に規定する事項（定款変更、資本金の額の減少、解散、合併、事業譲渡、役員の選任・解任など）および定款で定めた事項に限定されています。

❷ 株主総会における決議事項と決議方法

株主総会の決議は、**定款に別段の定めがある場合を除き**、原則として、議決権を行使することができる株主の議決権の過半数を有する株主が出席し、出席した当該株主の議決権の過半数をもって行います。

次表で、株主総会における主な決議事項とその決議方法についてまとめておきます。

	株主総会の決議事項	決議方法
株主の重要な利益に関する事項	①計算書類の承認（注1）	普通決議
	②剰余金の配当（注2）	普通決議
機関等の選任・解任に関する事項	①取締役・監査役の選任	普通決議
	②取締役の解任（原則）	普通決議
	③累積投票により選任された取締役の解任・監査等委員である取締役の解任・監査役の解任	特別決議
	④清算人の選任・解任	普通決議
	⑤会計監査人の選任・解任	普通決議
役員の専横等の危険の大きい事項	①指名委員会等設置会社以外の会社の取締役・監査役の報酬額の決定	普通決議

会社の基礎ないし事業の基本に関わる事項	①定款変更	特別決議
	②資本金の額の減少	特別決議
	③事業譲渡	特別決議
	④解散	特別決議
	⑤合併	特別決議
	⑥株主割当て以外の募集株式の有利発行	特別決議
	⑦株式の併合	特別決議
	⑧全部の株式につき譲渡制限をする旨の定款変更	特殊決議(1)
	⑨非公開会社において剰余金の配当等に関する株主の権利に関して株主ごとの異なる取扱いを定める定款規定の新設・変更	特殊決議(2)

（注1）　会計監査人設置会社である取締役会設置会社は、一定の要件に該当する場合には、計算書類の承認を求める必要はなく、報告事項として取り扱うことができます。
（注2）　現物配当の場合は、特別決議が必要（第5節参照）。

普通決議	議決権を行使できる株主の議決権の過半数を有する株主が出席し（定足数）、出席株主の議決権の過半数をもって決する。
特別決議	議決権を行使できる株主の議決権の過半数を有する株主が出席し（定足数）、出席株主の議決権の3分の2以上の多数をもって決する。
特殊決議(1)	議決権を行使できる株主の半数以上かつ当該株主の議決権の3分の2以上の多数をもって決する。
特殊決議(2)	総株主の半数以上かつ総株主の議決権の4分の3以上の多数をもって決する。

　なお、特別決議事項については、定款でその要件を加重することができ、また、その定足数については、議決権を行使することができる株主の議決権の3分の1以上までであれば、半数以下に軽減することもできます。そして、特殊決議事項についても、定款でその要件を加重することができます（**軽減することはできません**）。

ココが出る！

❸　株主の議決権

株主の議決権についてまとめておきます。

株主の議決権	
議決権	原則→１株１議決権の原則 例外→以下のものには議決権はない。 　　　①議決権制限株式②自己株式③単元未満株式
議決権の代理行使	①株主は代理人により議決権を行使できるが、株主または代理人は会社に委任状を提出すること（電磁的方法によることもできる）が必要。 ②定款で代理人となりうる者を株主に限定することができる。ただし、この定款の定めがある場合でも、株主たる法人の従業員（非株主）が法人の代理人として議決権を行使することはできる（判例）。 ③上場会社では、株主に議決権の代理行使の参考資料の送付が必要。
議決権の書面行使	議決権株主数が1,000名以上の会社には、原則として、書面投票制度が義務付けられており、総会に出席できない株主は、書面で議決権を行使することができる。
電磁的方法による行使	株主総会ごとに、取締役の決定（取締役会設置会社では取締役会の決議）により、株主は電磁的方法（インターネット）により議決権を行使できる。
議決権の不統一行使	議決権の不統一行使ができる。 ただし、会社は、当該株主が他人のために株式を有する者でないときは、当該株主がその有する議決権を統一しないで行使することを拒むことができる。
取締役選任の累積投票	①２人以上の取締役の選任を目的とする株主総会では、株主は、会社に対し事前に書面で請求することにより、選任すべき取締役の数と同数の議決権を有して、これを１人または２人以上に投票することができる。投票の結果、最多数を得た者から順次取締役に選任される。 ②累積投票制度は、定款で排除できる。

❹　株主総会の招集手続

株主総会には、定時株主総会と臨時株主総会の２種類がありますが、定時株主総会は、毎事業年度の終了後一定の時期に招集しなければなりません。

① **招集権者**

　株主総会の招集は、原則として、取締役（取締役会設置会社では取締役会）が日時・場所・会議の目的たる事項（議題）を定めて決定し、取締役（取締役会設置会社では代表取締役）が招集します。

　招集通知を発する期間は、次のとおりです。

イ　**公開会社の場合**には、会日（株主総会の日）の**2週間前まで**（短縮不可）に招集通知を発する必要があります。また、**非公開会社の場合でも、書面または電磁的方法による議決権行使の定めがあるときは、会日の2週間前まで（短縮不可）に招集通知を発する必要があります。**

ロ　**非公開会社かつ取締役会設置会社の場合で、書面または電磁的方法による議決権行使の定めがないときは、会日の1週間前まで（短縮不可）に招集通知を発する必要があります。**

ハ　**非公開会社かつ取締役会非設置会社の場合で、書面または電磁的方法による議決権行使の定めがないときは、原則として、**会日の1週間前までに招集通知を発する必要がありますが、**定款で1週間を下回る期間を定めることができます。**

注意 ⚠

株主総会は、特に定款で定めなくても、本店の所在地・隣接地以外で開催することも可能です。

	公開会社	非公開会社	
		取締役会設置会社	取締役会非設置会社
書面または電磁的方法による議決権行使の定めがあるとき	会日の2週間前まで（短縮不可）	会日の2週間前まで（短縮不可）	
書面または電磁的方法による議決権行使の定めがないとき		会日の1週間前まで（短縮不可）	会日の1週間前まで（定款で短縮可）

　6か月前から**総株主の議決権の3％以上を継続保有する株主**（非公開会社では、継続保有の要件は不要です）には、**株主総会招集請求権**が認められており、一定の場合には、招集を請求した株主が自ら招集する（**株主総会招集権**）こともできます。

　なお、招集通知の方法は、原則として自由ですが、書面または電磁的方法による議決権行使を認めた場合、または取締役会

◀ **発 展** ▶

株式会社が定款に電子提供措置をとる旨を定めることにより、株主から個別の承諾を得ていない場合であっても、株主総会資料を適法に提供したものとする

設置会社の場合には、招集通知を**書面または電磁的方法**により発しなければなりません。

② **招集手続の省略**

株主総会は、書面または電磁的方法による議決権行使を認めた場合を除き、**株主の全員の同意があるときは、招集の手続を経ることなく開催**することができます。

❺ 株主提案権

一定の株主には、株主提案権が認められています。この株主提案権は、①議題提案権、②議案提出権、③議案の要領の通知請求権に分かれます。

① **議題提案権**

これは、一定の事項（**株主総会の決議事項で、当該株主が議決権を行使することができる事項に限られる**）を株主総会の目的（議題）とすることを請求する権利をいいます。

② **議案提出権**

これは、株主総会の目的である事項につき議案を提出する権利をいいます。この**議案提出権は、単独株主権**です。

③ **議案の要領の通知請求権**

これは、株主が提出しようとする議案の要領を株主に通知することを請求する権利をいいます。

なお、近年、1人の株主が膨大な数の議案を提案するなど、株主提案権の濫用的な行使事例が発生し、株主総会が混乱する事態がありました。そこで、取締役会設置会社においては、議案の要領の通知請求権に基づき株主が同一の株主総会に提案することができる議案の数は、原則として、10を超えることができないとされています。

❷ 取締役

❶ 意 義

すべての株式会社は、取締役を設置しなければなりません。ただ、取締役会を設置するか否かによって、取締役の意義・地位が

「株主総会資料の電子提供制度」が規定されています。具体的には、株主総会資料をウェブサイトに掲載し、株主に対してそのアドレス等を書面等で通知する方法により、株主総会資料を株主に提供することができるという制度です。ただし、書面での資料提供を希望する株主は、書面の交付を請求することができます。

ココが出る!

◀ 発 展 ▶

議案の要領の通知請求は、株主総会の日の8週間（これを下回る期間を定款で定めた場合にあっては、その期間）前までにすることが必要です。

異なります。

① **取締役会非設置会社**

　　取締役会非設置会社にあっては、取締役は、株主総会によって選任され、各取締役は、会社の業務執行を行う権限を有し、対外的に会社を代表する機関であり、必要的・常置機関です。

　　取締役の人数については1人でも足りますが、2人以上いるときは、原則としてその過半数で業務を決定します。また、代表取締役を選定したときは、その者が会社を代表します。

② **取締役会設置会社**

　　取締役会設置会社にあっては、取締役は、株主総会によって選任され、取締役会を通じて会社の業務執行の意思決定を行うとともに、取締役の業務執行の監督をする者です。つまり、取締役は、取締役会の構成員にすぎず、取締役自身は、原則として会社の業務を執行し、または対外的に会社を代表することはできません。会社の業務を執行するのは、取締役会において取締役の中から選定される代表取締役または業務執行取締役であり、対外的に会社を代表するのは、代表取締役です。

　　取締役会設置会社においては、取締役は、3人以上でなければならないとされています。

	取締役会非設置会社	取締役会設置会社
取締役の選任方法	株主総会で選任	株主総会で選任
取締役の権限	原則として業務執行権・代表権を有するが、代表取締役を選定したときは代表取締役が会社を代表する。	業務執行権も代表権も有しない（業務執行は代表取締役または業務執行取締役が行い、代表取締役が会社を代表する）。
取締役の人数	1人でもよい。	3人以上

❷ **取締役の競業避止義務**

① **競業避止義務の意義**

　　取締役が自己または第三者のために会社の事業の部類に属する取引（競業取引）を自由にできることにすると、会社の取

◀ **発　展** ▶

会社と取締役との関係は、委任関係です（会社が委任者、取締役が受任者）。

取締役は、その職務を執行するにあたり、会社に対して善管注意義務を負い、また、忠実義務（法令および定款ならびに株主総会の決議を遵守し、株式会社のため忠実にその職務を行う義務）を負います。

引先を奪うなど会社の利益を害する危険が大きいといえます。

ココが出る！

　そこで、会社法は、取締役が競業取引をする場合には、株主総会（取締役会設置会社においては取締役会）において、その取引につき重要な事実（取引の相手方、目的物、数量、価額、取引期間、利益など）を開示して、その承認を受けなければならないものとしました。

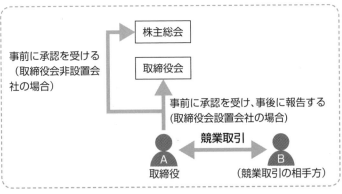

　また、取締役会設置会社においては、競業取引をした取締役は、取締役会の承認の有無を問わず、その取引につき重要な事実を取締役会に報告しなければなりません。

ココが出る！

② 会社の事業の部類に属する取引（競業取引）の意義

　承認を要する競業取引とは、会社の事業と同種または類似の商品、役務を対象とする取引で、会社と競争関係を生じるもの、すなわち、会社が実際に行う事業と競合し利益の衝突をきたすおそれのある取引を広く含みます。

　したがって、以下の事業も競業取引に含まれます。

イ　会社が現に行っている事業、会社が一時休業している事業、会社が事業の準備に着手している事業

ロ　営業区域が異なっている場合であっても、会社の事業が発展して競合することになる可能性がある事業

　しかし、以下の事業は、たとえ定款に会社の目的とする事業としてあげられているものであっても、競業取引に含まれません。

イ　会社が行う準備を全くしていない事業

ロ　会社が完全に廃止した事業

③　承認を受けないで行った競業取引の効果

　承認を受けずに取締役が行った競業取引であっても、取引自体は有効です（相手方の善意・悪意を問わない）。これを無効としても、会社の救済にはつながらないからです。ただし、取締役は、法令違反を行ったものとして、会社の被った損害を賠償する責任を負います。この場合、**競業取引によって取締役または第三者が得た利益の額が会社の被った損害額と推定**されます。

ココが出る！

　また、**承認を得て競業取引をした場合**であっても、当該取締役に任務懈怠があり当該取引により会社に損害が発生した場合には、当該取引をした取締役が**損害賠償責任を負い**ます。

　この責任は、過失責任です。また、責任を免除するには、総株主（議決権制限株主も含む）の同意が必要となります。

　なお、取締役が職務を行うにつき善意かつ無重過失の場合には、株主総会の特別決議または定款規定に基づく取締役の過半数の同意（取締役会設置会社においては取締役会決議）により、一定額を限度として当該取締役の責任を免除することができます。

◀ 発 展 ▶

競業取引について報告をせず、または虚偽の報告をした場合には、100万円以下の過料に処せられます。

❸　利益相反取引の制限

①　利益相反取引の意義

　会社法は、会社の犠牲のもとで取締役が自己または第三者の利益を図るおそれがある取引を利益相反取引として、これを行う場合には、株主総会（取締役会設置会社においては取締役会）において、その取引につき重要な事実を開示して、その承認を要することとしました。

ココが出る！

　利益相反取引には、次の2種類があります。

イ　直接取引

　これは、取締役が自ら当事者として（自己のために）、または他人の代理人もしくは代表者として（第三者のために）、会社と取引をすることをいいます。

　直接取引の例としては、以下の場合があります。

（ⅰ）　取締役が会社から金銭の貸付を受ける場合

（ⅱ）　取締役が会社から会社の製品その他の財産を譲り受ける場合

（ⅲ）　取締役が会社に対して自己の製品その他の財産を譲渡する場合

　ただし、次の行為については、会社の利益を害するおそれはないため、承認を要しません。

（ⅰ）　取締役の会社に対する負担のない贈与

（ⅱ）　取締役の会社に対する無利息・無担保の金銭貸付

（ⅲ）　運送契約・保険契約・預金契約などの普通取引約款による取引

ロ　**間接取引**

　これは、会社と取締役以外の第三者との取引により、取締役が利益を受け、会社が不利益を受ける取引をいいます。

　間接取引の例としては、以下の場合があります。

（ⅰ）　取締役個人の債務につきその取締役が会社を代表して連帯保証をする場合

　たとえば、代表取締役Aが、第三者Bから10億円の貸付を受ける際に、会社を自分個人の債務の連帯保証人とする連帯保証契約を、会社を代表してBとの間で締結するような場合が、間接取引に該当します。この場合、もしもAが10億円の借金を返済しないときは、会社が連帯保証人として10億円をBに返済しなければならず、会社が返済すれば、Aは債務を免れます。しかし、会社は明らかに10億円の損害を受けています。それゆえ、この連帯保証契約は、会社と代表取締役Aとの利益が相反する取引といえるのです。

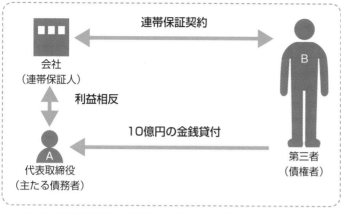

図中のラベル：
連帯保証契約
会社（連帯保証人）
B
利益相反
10億円の金銭貸付
A
代表取締役（主たる債務者）
第三者（債権者）

(ⅱ) 取締役個人の債務につきその取締役が会社を代表して
債権者に対して債務引受をする場合

(ⅲ) 甲乙両会社の代表取締役を兼ねている者が甲会社の債
務につき乙会社を代表して保証をする場合

② **利益相反取引規制の内容**

イ 取締役が利益相反取引を行うには、株主総会（取締役会設
置会社においては取締役会）において、その取引につき重要
な事実を開示して、その承認を受ける必要があります。

ロ 取締役会設置会社においては、利益相反取引を行った取締
役は、取締役会の承認の有無にかかわらず、その取引につい
ての重要な事実を取締役会に報告する義務を負います。 ◀ココが出る!

③ **承認を得ないで行った利益相反取引の効果**

承認を得ないで行った利益相反取引は、当事者たる**会社・取
締役間**では**無効**ですが、取引の安全確保の観点より、会社は、◀ココが出る!
直接取引の場合の転得者や間接取引の相手方に対しては、その
者の悪意を立証しなければ無効を主張できないと解されていま
す（判例）。

承認を得ずに利益相反取引をすることは、法令違反であるこ
とから、当該取引をした取締役は、会社が被った損害を賠償す
る責任を負います。

また、承認を得て利益相反取引をした場合であっても、当該
取締役に任務懈怠があり当該取引により会社に損害が発生した
場合には、**当該取引をした取締役が損害賠償責任を負うだけで**

なく、当該取引をすることを決定した取締役および当該取引に関する取締役会の承認決議に賛成した取締役も、その任務を怠ったものと推定され、任務を怠らなかったことを立証しない限り、会社が被った損害を連帯して賠償する責任を負います。

これは、自己のための直接取引（無過失責任）を除き、過失責任とされています。また、この責任を免除するには、**総株主（議決権制限株主も含む）の同意**が必要となります。

なお、自己のための直接取引を除き、取締役が職務を行うにつき善意かつ無重過失の場合には、株主総会の特別決議または定款規定に基づく取締役の過半数の同意（取締役会設置会社においては取締役会決議）により、一定額を限度として当該取締役の責任を免除することができます。

❹　取締役の責任

① 会社に対する責任

取締役が法令や定款の定めに違反する行為をするなど、その任務を怠り、会社に損害を与えた場合には、その取締役は、会社に対して損害賠償責任を負います。この**任務懈怠責任**は、過失責任です。

この場合、当該行為が取締役会の決議に基づいて行われたときは、その決議に賛成した取締役も連帯して損害賠償責任を負います。

取締役が会社に対して負う責任を免除するには、**総株主（議決権制限株主も含む）の同意**が必要となります。

なお、取締役が職務を行うにつき**善意かつ無重過失**の場合には、**株主総会の特別決議**または**定款規定**に基づく取締役の過半数の同意（取締役会設置会社においては取締役会決議）により、**一定額を限度**として当該取締役の責任を免除することができます。

会社は、社外取締役など非業務執行取締役等の任務懈怠責任について、非業務執行取締役等が職務を行うにつき善意・無重過失であった場合は、定款で定めた額の範囲内で、損害賠償額を一定限度に軽減する責任限定契約を非業務執行取締役等と締

結できます。

② 責任追及等の訴え（株主代表訴訟）

責任追及等の訴え（株主代表訴訟）とは、会社が取締役に対する責任追及を怠っている場合に、引き続き6か月以上株式を保有する株主（非公開会社では保有期間の制限はありません）が、自ら会社のために取締役の責任を追及する訴えを提起できるとする制度をいいます。

この責任追及等の訴えを提起するには、原則として、会社に対する**提訴請求を経る必要**があります。そして、この請求の日から60日以内に会社が責任追及等の訴えを提起しないときは、当該請求をした株主は、会社のために、責任追及等の訴えを提起することができます。ただし、60日の経過により会社に回復することができない損害が生ずるおそれがある場合には、株主は、会社のために、直ちに責任追及等の訴えを提起することができます。

なお、子会社の監督および親会社株主保護の観点から、一定の要件を満たす親会社の株主は、子会社の取締役などの責任を追及できる**多重代表訴訟**の制度が設けられています。

③ 第三者に対する責任

取締役が故意または過失によって会社債権者等の第三者に損害を与えた場合には、その第三者に対して民法の不法行為責任を負い、その損害を賠償する責任を負います。

また、取締役がその職務を執行するについて、悪意または重大な過失によって第三者に損害を与えた場合には、その第三者に対してその損害を賠償する責任を負います。この場合、当該行為が取締役会の決議に基づいて行われたときは、その決議に賛成した取締役も連帯して損害賠償責任を負います。

④ 会社補償に関する規律の整備

役員等が、その職務の執行に関し、法令の規定に違反したことが疑われ、または責任の追及にかかる請求を受けたことに対処するために支出する費用や、第三者に生じた損害を賠償する責任を負う場合における損失の全部または一部を、株式会社が当該役員等に対して補償すること（**会社補償**）については、利

明文の規定はありませんが、判例上、取締役は、他の取締役の職務執行を監視する義務を負っているとされています。この監視義務により、取締役は、他の取締役が、法令または定款を遵守して、適法かつ適正に職務を執行しているかどうかについて監視しなければならず、この監視義務に違反して会社または会社債権者等の第三者に損害が発生した場合、取締役は、会社または第三者に対してその損害を賠償する責任を負います。

ココが出る!

ココが出る!

益相反性があります。そこで、株式会社が会社補償をするために必要な手続規定や会社補償をすることができる費用等の範囲に関する規定が設けられています。

⑤ **役員等賠償責任保険契約に関する規律の整備**

株式会社が役員等を被保険者とする**会社役員賠償責任保険（Ｄ＆Ｏ保険）**に加入することについては、利益相反性があります。そこで、株式会社が役員等を被保険者とする会社役員賠償責任保険（Ｄ＆Ｏ保険）に加入するために必要な手続規定等が設けられています。

❸ 取締役会

❶ 取締役会の意義・権限

取締役会は、取締役全員によって構成され、会社の業務執行の意思決定と取締役の職務執行の監督をする権限を有する機関です。**取締役会の設置は、原則として任意ですが、公開会社、監査役会設置会社、監査等委員会設置会社および指名委員会等設置会社においては必ず設置する必要があります。**これらの会社は、大規模な会社であることが多いため、会社の合理的な運営を図る必要性があるからです。

ココが出る！

取締役会は、法令・定款により株主総会の決議事項とされた事項を除き、業務執行に関する重要事項につき決定する権限を有します。

取締役会の主な決議事項としては、次のものがあります。

ココが出る！
ココが出る！

① **重要な財産の処分および譲受け**

② **多額の借財**

③ **支配人その他の重要な使用人の選任・解任**

④ 支店その他の重要な組織の設置・変更・廃止

⑤ 社債の発行

⑥ 取締役の職務の執行が法令および定款に適合することを確保するための体制その他株式会社の業務ならびに当該株式会社およびその子会社からなる企業集団の業務の適正を確保するために必要なものとして法務省令で定める体制の整備（**内**

注 意 ⚠

大会社には、内部統制システムの整備に関する事項の決定が義務付けられています〔内部統制システムの構築（整備）義務〕。

部統制システムの構築等）

⑦　定款規定に基づく取締役等の責任の一部免除

なお、**取締役会は、上記の事項その他の重要な業務執行の決定を取締役に委任することはできないことに注意してください。**これらの事項の決定は、会社に重大な影響を及ぼすため、合議体で慎重に判断させるのが妥当だからです。

ココが出る！

❷　取締役会の招集

取締役会は、各取締役が招集します。ただし、取締役会を招集する取締役を定款または取締役会で定めたときは、その取締役が招集します。

招集権者以外の取締役および取締役会設置会社（監査役設置会社、監査等委員会設置会社および指名委員会等設置会社を除く）の株主は、原則として、自ら取締役会を招集することはできませんが、その招集を請求することはできます。ただし、その請求があった日から一定の期間内に取締役会の招集通知が発せられない場合には、その請求をした取締役または株主は、自ら取締役会を招集することができます。

招集権者以外の取締役や株主は、取締役会の招集を請求することなく、いきなり取締役会を招集することはできないことに注意してください。

取締役会を招集する者は、取締役会の日の１週間（これを下回る期間を定款で定めた場合にあっては、その期間）前までに、各取締役（監査役設置会社にあっては、各取締役および各監査役）に対してその通知を発しなければなりません。ただし、取締役会は、**取締役**（監査役設置会社にあっては、取締役および監査役）**の全員の同意があるときは、招集の手続を経ることなく開催する**ことができます。

◀ 発 展 ▶
取締役等の個人別の報酬の内容は、取締役会または代表取締役が決定していることが多いですが、報酬は、取締役等に適切な職務執行のインセンティブを付与する手段となり得るものですから、これを適切に機能させ、その手続を透明化する必要があります。そこで、上場会社等において、取締役等の個人別の報酬の内容が定款の定めや株主総会で決定されない場合には、取締役会は、その決定方針を定め、その概要等を開示しなければならないものとされています。

ココが出る！

❸　取締役会の決議方法

取締役会の決議は、議決に加わることができる取締役の過半数（これを上回る割合を定款で定めた場合にあっては、その割合以上）が出席し、その過半数（これを上回る割合を定款で定めた場

合にあっては、その割合以上）をもって行います。**定款で定足数や決議要件を加重することはできますが、軽減することはできない**ことに注意してください。

取締役会設置会社は、取締役が取締役会の決議の目的である事項について提案をした場合において、当該提案につき取締役（当該事項について議決に加わることができるものに限る）の全員が書面または電磁的記録により同意の意思表示をしたとき（監査役設置会社にあっては、監査役が当該提案について異議を述べたときを除く）は、当該提案を可決する旨の取締役会の決議があったものとみなす旨を定款で定めることができます。この取締役会決議の省略の制度は、**定款規定がなければ認められない**ことに注意してください。

❹ 　取締役会議事録

取締役会の議事については、書面または電磁的記録によって議事録を作成した上で、**取締役会に出席した取締役および監査役が議事録に署名もしくは記名押印または電子署名**をしなければなりません。

なお、取締役会の決議に参加した取締役であって議事録に異議をとどめないものは、その決議に**賛成**したものと推定されます。

取締役会の議事録については、取締役会の日から10年間、本店に備え置くことが必要です。

❺ 　取締役会への報告の省略

取締役、会計参与、監査役または会計監査人が取締役（監査役設置会社にあっては、取締役および監査役）の全員に対して取締役会に報告すべき事項を通知したときは、当該事項を取締役会へ報告することを要しないものとされています。

ただし、**代表取締役および業務執行取締役の職務執行状況に関する報告については、この方法によっても省略することはできない**ことに注意してください。

❻　社外取締役

　社外取締役とは、株式会社の取締役であって、当該株式会社またはその子会社の**業務執行取締役もしくは執行役または支配人その他の使用人でなく**、かつ、その就任の前10年間当該株式会社またはその子会社の業務執行取締役もしくは執行役または支配人その他の使用人となったことがないもの等一定の要件に該当するものをいいます。

　なお、**マネジメント・バイアウト**の場面や親子会社間の取引の場面など、株式会社と取締役との利益が相反する状況にあるとき、その他取締役が当該株式会社の業務を執行することにより株主の利益を損なうおそれがあるときは、当該株式会社は、そのつど、取締役会の決議によって、当該株式会社の業務を執行することを社外取締役に委託することができます。この場合、委託された業務の執行をしても社外取締役の資格を失いません。

　取締役会を活性化するための1つの試みとして、社外から有能な人材を社外取締役として導入することができますが、過度な責任の負担をおそれて、社外取締役に就任することを敬遠されるのを防ぐ必要があります。この点、社外取締役は、業務執行取締役ではないので、会社は、定款に定めを設けて、社外取締役との間で、その責任について一定額を限度とする旨の**責任限定契約**を締結することにより、**社外取締役の責任を特に軽減**することができます。

　なお、**上場会社等**（事業年度の末日において監査役会設置会社（公開会社であり、かつ、大会社であるものに限る）であって金融商品取引法の規定によりその発行する株式について有価証券報告書を内閣総理大臣に提出しなければならないもの）は、社外取締役を置かなければなりません。

❼　代表取締役

　代表取締役とは、対内的には会社の業務を執行し、対外的には会社を代表する権限を有する機関（取締役会設置会社では指名委員会等設置会社を除き必要的機関）をいいます。

　なお、いわゆる**役付取締役**（**取締役会長、社長、副社長、専務**

ココが出る!

注　意
社外取締役は、会社の業務を執行することはできません。

用　語
「マネジメント・バイアウト（MBO）」とは、経営陣買収のことで、会社経営陣が株主から自社株式を譲り受けたり事業部門統括者が当該事業部門を事業譲渡されたりすることをいいます。

◀発　展▶
取締役会を活性化するための試みとしては、社外取締役の導入のほかに、執行役員制度の導入等もあります。

取締役、常務取締役等）は、会社法上の制度ではなく、代表取締
役に選定されない限り、会社を代表する権限を有しないことに注
意してください。

　また、**代表取締役であるというだけで、会社債務について当然
に連帯保証債務を負担するというような直接的な責任を負うわけ
ではないこと**にも注意してください。

①　代表取締役の選定

　イ　取締役会非設置会社では、原則として取締役が会社を代表
　　します（取締役が2人以上ある場合には、各自、株式会社を
　　代表します）ので、代表取締役を選定しなくてもかまいませ
　　んが、2人以上の取締役が存在する場合には、定款、定款の
　　定めに基づく取締役の互選または株主総会の決議によって、
　　取締役の中から代表取締役を定めることができます。

　　　なお、複数の代表取締役が定められている場合でも、原則
　　として各自が単独で会社を代表しますので、ある代表取締役
　　が単独で行った行為の効果は、会社に帰属することに注意し
　　てください。

　　　代表取締役は、株式会社の業務に関する一切の裁判上また
　　は裁判外の行為をする権限を有し、この**代表取締役の権限に
　　加えた制限は、善意の第三者に対抗することができません。**

ココが出る！

　ロ　取締役会設置会社（指名委員会等設置会社を除く）では、
　　取締役会は、取締役の中から代表取締役を**選定しなければな
　　りません。**

　　　取締役会設置会社の業務執行に関する意思決定は、取締役
　　会によって行われますが、取締役会は合議体であることか
　　ら、決定した意思の実行行為をするには適しません。そこ
　　で、取締役会には業務執行の意思決定権限だけを与え、業務
　　執行行為と代表行為は代表取締役にさせることとしたので
　　す。

②　代表取締役の地位の喪失

　　代表取締役は、任期の満了、辞任、株主総会決議による解任
ココが出る！
などにより取締役の地位を喪失した場合、その代表取締役の地
位も喪失します。

❽ 表見代表取締役

　株式会社は、代表取締役以外の取締役に社長、副社長その他株式会社を代表する権限を有するものと認められる名称を付した場合には、当該取締役がした行為について、**善意の第三者に対してその責任を負わなければなりません**。この場合の取締役を**表見代表取締役**といいます。

　たとえば、甲株式会社の平取締役（代表権を有しない取締役）Aが、社長、副社長等代表権を有するものと認められるような名称を使用して、甲株式会社を代表してBと取引をしたときは、取引の安全の観点から、Aを代表取締役と誤認したBを保護するため、その取引の効果は、甲株式会社に帰属することになります。

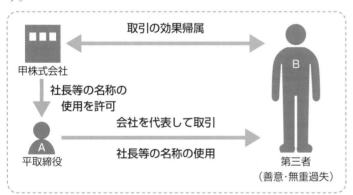

◀ **ココが出る！**

◀ **発 展** ▶

条文上は第三者には善意しか要求されていませんが、判例は、無重過失をも要求しています。

❹ 会計参与

　会計参与とは、取締役（指名委員会等設置会社においては執行役）と共同して、計算書類およびその附属明細書、臨時計算書類、連結計算書類等を作成する機関をいいます。会計参与は、**株式会社の役員**であり、一定の場合には、取締役に準じた扱いを受けます。株式会社は、定款の定めによって、会計参与を置くことができます。

　会計参与は、いつでも、会計参与設置会社の会計帳簿等の閲覧および謄写をし、または執行役および取締役ならびに支配人その他の使用人に対して会計に関する報告を求めることができ、職務

◀ **発 展** ▶

公開会社でない取締役会設置会社（監査等委員会設置会社および指名委員会等設置会社を除く）が監査役を設置しない場合には、会計参与を置く必要があります。

◀ **注 意** ⚠

会計参与は、その職務を行うに際して取締役の職務の執行に

関し不正の行為また
は法令もしくは定款
に違反する重大な事
実があることを発見
したときは、遅滞な
く、これを株主（監
査役設置会社にあっ
ては、監査役）に報
告しなければなりま
せん（会計参与の報
告義務）。

を行うため必要があるときは、会社の業務および財産の状況を調査することができます。

また、会計参与は、その職務を行うため必要があるときは、会計参与設置会社の子会社に対して会計に関する報告を求め、または会計参与設置会社の子会社の業務および財産の状況の調査をすることができます。

そして、会計参与は、計算書類等を承認する取締役会に出席しなければならず、必要があると認めるときは、当該取締役会において意見を述べなければなりません。

なお、会計参与は、公認会計士もしくは監査法人または税理士もしくは税理士法人でなければならず、当該株式会社またはその子会社の取締役、監査役もしくは執行役または支配人その他の使用人は会計参与となることができません。

❺ 監査役

❶ 意　義

監査役とは、取締役（会計参与設置会社にあっては、取締役および会計参与）の職務の執行を監査する機関をいいます。

なお、監査役は、株式会社もしくはその子会社の取締役もしくは支配人その他の使用人または当該子会社の会計参与（会計参与が法人であるときは、その職務を行うべき社員）もしくは執行役を兼ねることができないとされています。

監査役の人数は、原則として、1人でも複数でもかまいません。ただし、**監査役会設置会社においては、監査役は3人以上で、そのうち半数以上は社外監査役**（過去の一定期間に当該会社や子会社の取締役等になったことがない等、経営者との関係が希薄と考えられる一定の要件をみたす者）でなければなりません。社外監査役の設置が義務づけられたのは、監査機能の強化を実現するためです。

❷ 選任・解任

監査役は、株主総会の普通決議で選任します。しかし、その解

ココが出る！

ココが出る！

任には、株主総会の特別決議を要します。

❸　監査役の権限・義務

　監査役の職務権限は、会計監査を含む業務全般の監査に及びますが、**非公開会社**（監査役会設置会社および会計監査人設置会社を除く）においては、定款で定めることにより、**監査役の監査の範囲を会計監査に限定**すること（その旨を登記することが必要）ができます。非公開会社は、全部株式譲渡制限会社であり、株主が少数かつ変動しないため、株主が会社の業務に通じていると想定され、取締役の職務執行に対する業務監査は、株主によって行われることが期待できるからです。

　なお、監査役の業務監査の範囲は、取締役の行為が法令・定款に違反するか否かという**適法性監査**にとどまり、取締役の行為が妥当か否かという**妥当性監査**にまでは原則として及ばないと解されています。

　監査役の具体的な権限と義務について以下にまとめておきます。

監査役の権限・義務	
報告聴取・調査権	監査役は、いつでも、取締役・会計参与・支配人その他の使用人に対して事業の報告を求め、会社の業務および財産の状況を調査することができる。
子会社調査権	監査役は、その職務を行うため必要があるときは、子会社に対して事業の報告を求め、子会社の業務および財産の状況を調査することができる。
報告義務	監査役は、取締役が不正の行為をしたり、当該行為をするおそれがあると認めるとき、法令・定款に違反する事実や著しく不当な事実があると認めるときは、遅滞なく、その旨を取締役（取締役会設置会社の場合は取締役会）に報告しなければならない。
取締役会出席義務・意見陳述義務	監査役は、取締役会に出席し、必要があると認めるときは、意見を述べなければならない。

ココが出る！

ココが出る！

ココが出る！

特に「子会社調査権」と「取締役の違法行為差止請求権」が重要です。

注意 ⚠

監査役は、取締役会に出席しなかった場合には、任務懈怠責任を問われることがあります。

取締役会招集請求権・取締役会招集権	監査役は、報告義務を負う場合に、必要があると認めるときは、取締役に対して取締役会の招集を請求することができる。 所定の期間内に取締役会の招集通知が発せられないときは、招集請求をした監査役は、自ら取締役会を招集することができる。
取締役の違法行為差止請求権	監査役は、取締役が監査役設置会社の目的の範囲外の行為その他法令・定款に違反する行為をし、またはこれらの行為をするおそれがある場合に、当該行為によって会社に著しい損害を生ずるおそれがあるときは、当該取締役に対し、当該行為をやめることを請求することができる。
会社・取締役間の訴訟提起権	会社と取締役等との間の訴訟においては、監査役が会社を代表する。
意見陳述権	監査役は、その選任・解任・辞任・報酬について、株主総会で意見を述べることができる。 監査役を辞任した者は、辞任後最初に招集される株主総会に出席して、辞任した旨およびその理由を述べることができる。
監査役選任議案の同意権	取締役が監査役の選任に関する議案を株主総会に提出する場合には、監査役（監査役が2人以上いる場合はその過半数）の同意を得なければならない。

❻ 監査役会

◀ 発 展 ▶

監査役は、監査役会の求めがあるときは、いつでもその職務の執行の状況を監査役会に報告しなければなりません。
しかし、監査役は独任制の機関であり、監査役会が設置された場合でも、個々の監査役は独立して権限を有し、義務を負担します。

　監査役会とは、監査役の全員によって構成され、監査報告の作成、常勤の監査役の選定および解職、監査の方針、監査役会設置会社の業務および財産の状況の調査の方法その他の監査役の職務の執行に関する事項の決定を行う機関をいいます。各監査役の役割分担を容易にし、情報の共有化を図ることにより、組織的・効率的監査を可能にするために制度化されました。

　会社が**監査役会設置会社である場合**、取締役は、**監査役の選任に関する議案を株主総会に提出するには、監査役会の同意を得な**ければなりません。

　なお、大会社（非公開会社、監査等委員会設置会社および指名委員会等設置会社を除く）には、監査役会を設置しなければなり

ませんが、その他の株式会社については、監査役会を設置するか否かは任意です。

❼ 会計監査人

❶ 意 義

会計監査人とは、株式会社の計算書類およびその附属明細書、臨時計算書類ならびに連結計算書類を監査する機関をいいます。

監査等委員会設置会社、指名委員会等設置会社および大会社には会計監査人の設置が義務づけられていますが、その他の会社についてはその設置は任意です。

ココが出る！

なお、会計監査人は、取締役・監査役・会計参与と異なり、**会社の役員ではありません**が、**役員に準じた扱いを受けており**、たとえば、**株主からの責任追及等の訴え**により、**会社に対する責任を追及される**ことがあります。

ココが出る！

❷ 会計監査人の資格・選任・解任

会計監査人は、公認会計士または監査法人でなければなりません。

会計監査人は、株主総会の普通決議によって選任・解任されます。

注 意

監査役は、公認会計士または監査法人に限られません。

❸ 会計監査人の権限

① 調査権限等

会計監査人は、計算書類等の監査をし、会計監査報告書を作成します。

また、会計監査人は、いつでも、会計帳簿等の閲覧および謄写をし、または取締役および会計参与ならびに支配人その他の使用人に対し、会計に関する報告を求めることができます。

さらに、会計監査人は、その職務を行うため必要があるときは、会計監査人設置会社の子会社に対して会計に関する報告を求め、または会計監査人設置会社もしくはその子会社の業務および財産の状況の調査をすることができます。

② **株主総会での意見陳述権**

ココが出る!

　会計監査人は、計算書類等が法令または定款に適合するかどうかについて、監査役会、監査役、監査等委員会または監査委員会等と意見を異にするときは、**定時株主総会に出席して意見を述べる**ことができます。

　また、会計監査人は、その選任、解任もしくは不再任または辞任について、株主総会に出席して意見を述べることができます。

⑧ 監査等委員会設置会社

❶ 意　義

　監査等委員会設置会社とは、監査等委員会を置く株式会社をいいます。定款の定めによって、すべての株式会社は、監査等委員会設置会社となることができます。ただし、監査役設置会社には、監査役が置かれるため、監査等委員会を置くことはできません。また、指名委員会等設置会社には、監査委員会が置かれるため、監査等委員会を置くことはできません。

❷ 構　成

ココが出る!

　監査等委員会設置会社には、取締役（取締役会）が置かれ、**代表取締役が存在します**。監査等委員会設置会社の業務を執行するのは、代表取締役または業務執行取締役であることから、執行役は置かれません。また、監査等委員会が置かれるため、**監査役および監査役会を置くことはできません**。ただし、**会計監査人は置かれる**ことに注意して下さい。

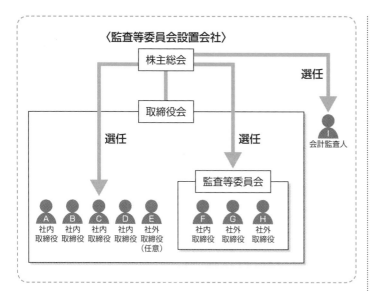

◀ 発　展 ▶

監査等委員である取締役は、株主総会において、監査等委員以外の取締役と区別して選任されることにより、株主の代弁者という側面を有することになります。そして、その過半数を社外取締役としなければならないのは、経営者から距離を置くことにより監査・監督機能を実効性あるものとするためです。

❸　監査等委員会設置会社における取締役・取締役会

① 取締役

「監査等委員である取締役」と「それ以外の取締役（社外取締役の設置は任意）」に区別されます。監査等委員である取締役は、3人以上で、その過半数は、社外取締役でなければなりません。

② 取締役会

監査等委員会設置会社における取締役会は、会社の業務執行のすべてを決定する権限を有します。

ただ、取締役会において機動的な意思決定をするためには、取締役会がすべての業務執行を決定するのは効率的でないため、以下のいずれかに該当する場合には、取締役会の決議により、一定の事項を除き、重要な業務執行の決定の全部または一部を取締役に委任することができます。

　　イ　取締役の過半数が社外取締役である場合
　　ロ　取締役会決議によって重要な業務執行の決定の全部または一部を取締役に委任することができる旨の定款の定めがある場合

◀ 発　展 ▶

監査等委員会設置会社の取締役会は、取締役の職務の執行が法令および定款に適合することを確保するための体制その他株式会社の業務ならびに当該株式会社およびその子会社からなる企業集団の業務の適正を確保するために必要なものとして法務省令で定める体制（内部統制システム）の整備について決定しなければならないものとされています。

③ 監査等委員会

　監査等委員会は、取締役（会計参与設置会社にあっては、取締役および会計参与）の職務の執行の監査および監査報告の作成、株主総会に提出する会計監査人の選任および解任ならびに会計監査人を再任しないことに関する議案の内容の決定をする機関です。

　監査等委員である取締役は、監査等委員会設置会社もしくはその子会社の業務執行取締役もしくは支配人その他の使用人または当該子会社の会計参与（会計参与が法人であるときは、その職務を行うべき社員）**もしくは執行役を兼ねることができません。**

　監査等委員は、取締役が不正の行為をし、もしくは当該行為をするおそれがあると認めるとき、または法令もしくは定款に違反する事実もしくは著しく不当な事実があると認めるときは、遅滞なく、その旨を取締役会に報告しなければなりません。

　また、監査等委員は、取締役が監査等委員会設置会社の目的の範囲外の行為その他法令もしくは定款に違反する行為をし、またはこれらの行為をするおそれがある場合において、**当該行為によって当該監査等委員会設置会社に著しい損害が生ずるおそれがあるときは、当該取締役に対し、当該行為をやめることを請求することができます。**

ココが出る！

監査等委員である取締役が兼ねることができないものを押さえましょう。

❾ 指名委員会等設置会社

❶ 意　義

　指名委員会等設置会社とは、指名委員会、監査委員会および報酬委員会を置く株式会社をいいます。定款の定めによって、すべての株式会社は、指名委員会等設置会社となることができます。

❷ 構　成

　指名委員会等設置会社には、指名委員会、監査委員会および報酬委員会のほか、会社の業務執行権限を有する**執行役**を１人または２人以上置かなければなりません。

注　意

会社が指名委員会等を設置する場合には、指名委員会、監査委員会および報酬委員会の三委員会を一括して設置することが必要です。

指名委員会等設置会社には、取締役（取締役会）は置かれます
が、**代表取締役は存在せず**、また、監査委員会が置かれるため、
監査役および**監査役会、監査等委員会を置くことはできません。**
ただし、**会計監査人は置かれる**ことに注意してください。

ココが出る！

ココが出る！

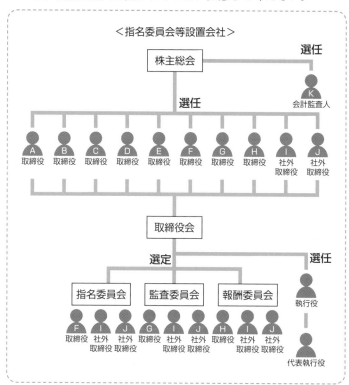

◀ 発 展 ▶

指名委員会等設置会
社に代表取締役が置
かれないのは、そも
そも、権限の集中し
た代表取締役の暴走
により株主の利益が
害されるのを防止す
るためにこの制度が
創設されたという経
緯があるからです。

❸ 指名委員会等設置会社における取締役・取締役会

① 取締役

　指名委員会等設置会社の取締役は、会社法または会社法に基
づく命令に別段の定めがある場合を除き、指名委員会等設置会
社の業務を執行することができません。これは、業務執行を行
う執行役と業務執行を監督する取締役とに区別して、取締役に
業務執行の監督に専念させる趣旨です。ただし、**取締役は、執
行役を兼任することができます**（ただし、監査委員である取締
役は執行役を兼任できません）ので、執行役を兼任する取締役
は、執行役の地位に基づいて業務を執行することができます。

◀ 発 展 ▶

指名委員会等設置会
社においては、招集
権者の定めがある場
合であっても、委員
会がその委員の中か
ら選定する者は、取
締役会を招集するこ
とができます。

◀ 発 展 ▶

指名委員会等設置会社の取締役会は、執行役の職務の執行が法令および定款に適合することを確保するための体制その他株式会社の業務ならびに当該株式会社およびその子会社からなる企業集団の業務の適正を確保するために必要なものとして法務省令で定める体制（内部統制システム）の整備について決定しなければならないものとされています。

注 意 ⚠

取締役を選任・解任するのは、株主総会であることに注意。

注 意 ⚠

他の委員会の委員については、左記のような制限はありません。

② **取締役会**

　指名委員会等設置会社における取締役会は、会社の業務執行のすべてを決定する権限を有します。

　ただ、取締役会において機動的な意思決定をするためには、取締役会がすべての業務執行を決定するのは効率的でないため、**経営の基本方針の決定、執行役の選任等の取締役会が決定しなければならない重要事項を除き、業務執行の決定を執行役に委任することができます。**

③ **各委員会**

　各委員会は、それぞれ、その過半数が社外取締役である３人以上の取締役によって構成され、各委員は、取締役会の決議によって選定されます。

イ　**指名委員会**

　指名委員会は、株主総会に提出する取締役（会計参与設置会社にあっては、取締役および会計参与）の選任および解任に関する議案の内容を決定する機関です。

ロ　**監査委員会**

　監査委員会は、執行役等（執行役および取締役をいい、会計参与設置会社にあっては、執行役、取締役および会計参与をいう）の職務の執行の監査および監査報告の作成、株主総会に提出する会計監査人の選任および解任ならびに会計監査人を再任しないことに関する議案の内容の決定をする機関です。

　監査委員会の委員（監査委員）は、指名委員会等設置会社もしくはその子会社の執行役もしくは業務執行取締役または指名委員会等設置会社の子会社の会計参与（会計参与が法人であるときは、その職務を行うべき社員）もしくは支配人その他の使用人を兼ねることができません。

　監査委員は、執行役または取締役が不正の行為をし、もしくは当該行為をするおそれがあると認めるとき、または法令・定款に違反する事実もしくは著しく不当な事実があると認めるときは、遅滞なく、その旨を取締役会に報告しなければなりません。

　　また、監査委員は、執行役または取締役が指名委員会等設置会社の目的の範囲外の行為その他法令・定款に違反する行為をし、またはこれらの行為をするおそれがある場合において、**当該行為によって**当該指名委員会等設置会社に著しい損害が生ずるおそれがあるときは、当該執行役または取締役に対し、当該行為をやめることを請求することができます。

ハ　**報酬委員会**

　　報酬委員会は、執行役等の個人別の報酬等の内容を決定する機関です。また、執行役が指名委員会等設置会社の支配人その他の使用人を兼ねているときは、当該支配人その他の使用人の報酬等の内容についても、同様です。したがって、報酬委員会は、**従業員すべての報酬を決定する権限を有するわ**けではないことに注意してください。

④　**執行役・代表執行役**

イ　**執行役**

　　執行役は、取締役会の決議によって委任を受けた指名委員会等設置会社の業務の執行の決定および指名委員会等設置会社の業務の執行を行う機関です。

　　執行役は、その任務を怠ったときは、株式会社に対し、これによって生じた損害を賠償する責任を負います。また、執行役がその職務を行うについて悪意または重大な過失があったときは、当該執行役は、これによって第三者に生じた損害を賠償する責任を負います。

ロ　**代表執行役**

　　代表執行役は、対外的に指名委員会等設置会社を代表し、指名委員会等設置会社の業務を執行する機関です。

　　取締役会は、執行役の中から代表執行役を選定しなければなりません。この場合において、執行役が1人のときは、その者が代表執行役に選定されたものとされます。

　　代表執行役は、指名委員会等設置会社の業務に関する一切の裁判上または裁判外の行為をする権限を有します。

◀ **発　展** ▶

執行役と似た名称に「執行役員」がありますが、これは、会社法上の制度ではなく、会社の業務執行を行う重要な使用人の役職であり、執行役とは異なります。

◀ **発　展** ▶

指名委員会等設置会社と執行役との関係は、委任関係であり、執行役は、その業務の執行について会社に対し善管注意義務を負い、また、忠実義務を負います。

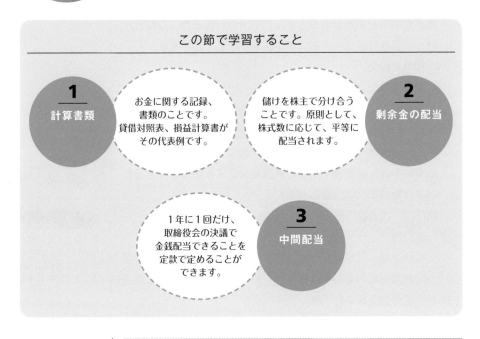

この節で学習すること

1 計算書類 — お金に関する記録、書類のことです。貸借対照表、損益計算書がその代表例です。

儲けを株主で分け合うことです。原則として、株式数に応じて、平等に配当されます。 — **2** 剰余金の配当

1年に1回だけ、取締役会の決議で金銭配当できることを定款で定めることができます。 — **3** 中間配当

❶ 計算書類

　商法は、企業（商人）に対し、営業上の財産および損益の状況を明らかにするため、**商業帳簿**（会計帳簿および貸借対照表）の作成を義務づけています。

　さらに、会社法は、株式会社に対し、各事業年度に係る**計算書類**（貸借対照表、損益計算書その他株式会社の財産および損益の状況を示すために必要かつ適当なものとして法務省令で定めるものをいう）および事業報告ならびにこれらの附属明細書の作成を義務づけています。

② 剰余金の配当

❶ 剰余金の配当

株式会社は、原則として、株主総会の**普通決議**によって、いつでも、その株主（当該株式会社を除く）に対し、剰余金の配当をすることができます。1事業年度の間に行うことのできる剰余金の配当の回数は、1回に限られません。

剰余金の配当は、株主平等の原則に従い、株主の有する株式の数に応じてなされるのが原則です。

❷ 違法配当

剰余金の配当により株主に交付される金銭等の帳簿価額の総額は、剰余金の配当の効力が生ずる日における**分配可能額**を超えて行うことはできません。これに違反して配当がなされたときは、**違法配当**となり、会社や会社債権者等は、次のような措置をとることができます。

① **会社の株主に対する請求**

会社は、違法配当を受けた株主（善意・悪意を問わない）に対して交付を受けた金銭等の帳簿価額に相当する金銭の支払いを請求することができます。株主は、他にこの金銭支払義務を負う者がいるときは、この者と連帯して金銭支払義務を負います。

しかし、自ら違法配当を行った会社が株主にこのような請求をすることは期待できません。そこで、会社債権者に次のような請求が認められています。

② **会社債権者の株主に対する請求**

会社債権者は、違法配当を受けた株主に対し、その交付を受けた金銭等の帳簿価額（当該額が当該債権者の株式会社に対して有する債権額を超える場合は、当該債権額）に相当する金銭を支払わせることができます。

しかし、会社債権者が違法配当を受けたすべての株主に対してこのような請求を行うことは、事実上不可能です。そこで、会社に次のような請求が認められています。

ココが出る！

注意 ⚠

配当財産が金銭以外の財産であり、かつ、株主に対して金銭分配請求権を与えないこととするとき（現物配当）は、株式会社は、株主総会の特別決議を経る必要があります。

注意 ⚠

会社債権者保護の観点から、純資産額が300万円を下回る場合には、剰余金があるときでも、これを株主に配当することはできません。

ココが出る！

ココが出る！

③ 会社の取締役等に対する請求

違法配当が行われた場合、当該行為に関する職務を行った業務執行者（業務執行取締役、執行役等）および株主総会または取締役会において違法配当に関する議案を提出した議案提案取締役は、配当として株主に交付した金銭等の帳簿価額に相当する金銭を会社に支払う義務を負います。ただし、**その職務を行うについて注意を怠らなかったことを証明したときは、この義務を負いません**（**過失責任**）。また、この義務は、総株主の同意があれば、**行為の時における分配可能額を限度**として免除されます。

ココが出る！ ▶

したがって、会社は、違法配当に関する職務を行った取締役、執行役等に対して支払請求をすることにより、会社が受けた損失を塡補することができます。

しかし、取締役等の馴れ合いから、このような責任追及がなされないおそれがあります。そこで、株主に次の④のような権利行使が認められています。

④ 代表訴訟

6か月前から引き続き株式を保有する株主等（非公開会社の場合は、継続保有要件なし）は、代表訴訟を提起することにより、取締役等の責任を追及することができます。

⑤ 取締役等の悪意の株主に対する求償

取締役等が会社に対して支払義務を履行をした場合、違法配当であることを知りながら配当を受けた株主（悪意の株主）に対して求償することができます。しかし、**善意の株主に対しては求償することはできません**。

ココが出る！ ▶

⑥ 取締役等の第三者に対する責任

取締役等が悪意または重過失によって第三者（会社債権者）に損害を与えた場合には、その第三者に対して損害を賠償する責任を負います。

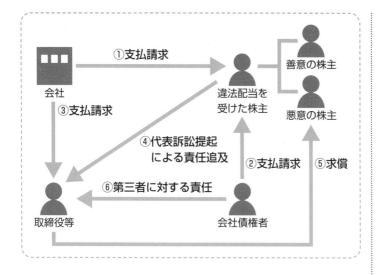

③ 中間配当

　取締役会設置会社は、**一事業年度の途中において**1回に限り取締役会の決議によって剰余金の配当（中間配当：配当財産は金銭に限られる）をすることができる旨を定款で定めることができます。

この節で学習すること

1 募集株式の発行

会社がお金を集めるために新たに株式を発行することです。

発行手続には、既存株主の利益を保護するためのルールがあります。

2 募集株式の発行手続

株主が不利益を受けるおそれがあるときには、発行をやめることを請求できます。

3 不公正な募集株式の発行等に対する措置

4 新株予約権

株式の交付を受けることのできる権利のことです。

5 社債

要するに借金です。社債を買うということは、会社にお金を貸すことです。

これは、短期の約束手形です。

6 コマーシャルペーパー

　会社が事業活動を行うための資金を調達する方法には、①内部資金の調達（事業活動で得た利益を事業活動の新たな資金とする場合）と②外部資金の調達（募集株式や社債の発行、借入れ等により外部から資金を調達する方法）とがあります。

　本節では、外部資金の調達について説明します。

❶ 募集株式の発行

　募集株式の発行とは、会社がその成立後に株式を発行することにより、資金を調達することをいいます。

　募集株式の発行につき、会社法は、**授権資本制度**を採用しています。すなわち、授権資本制度とは、会社の発行可能株式総数（授権株式数）を定款の絶対的記載事項とし、また、**公開会社の場合には、会社設立時にその4分の1以上を発行しなければならない**とする一方、会社成立後は、発行可能株式総数の枠内で、原則として、取締役会の決議によって自由に株式を発行できるとするものをいいます。

◆ ココが出る！

　公開会社においては、会社成立後は、原則として、取締役会の決議だけで随時募集株式の発行をすることができます。また、定款を変更して発行可能株式総数を増加することもできますが、**変更後の発行可能株式総数は、**当該定款の変更が効力を生じた時における**発行済株式の総数の4倍を超えることはできません**（非公開会社にはこのような規制はありません）。これは、取締役会の決議だけであまりに多くの発行可能株式総数が決められてしまうと、既存株主の利益が著しく害されるおそれがあるからです。しかし、非公開会社では、後述するように、募集株式の発行について株主総会の特別決議が要求されるため、その限りにおいて既存株主の利益が害されるおそれがないため、このような規制がないのです。

◆ ココが出る！

　非公開会社においては、募集株式の発行は、原則として、株主総会の特別決議によらなければなりません。

❷ 募集株式の発行手続

　募集株式の発行は、会社にとっては資金調達に資する一方で、既存株主にとっては持株比率の低下等の不利益を生じさせることもあります。それゆえ、募集株式の発行は、会社の資金調達の便宜と既存株主の保護という対立する2つの利益を調和させたものでなければなりません。

　この点につき会社法は、株主が多数でかつ変動する**公開会社の場合**は、既存株主の保護の要請よりも会社の資金調達の便宜の要請の方が優先されるべきであると考え、原則として、**取締役会の決議により募集株式の発行を行うことができる**こととしました。

　これに対し、株主が少数でかつ変動しない非公開会社の場合は、会社の資金調達の便宜の要請よりも既存株主の保護の要請の方が優先されるべきであると考え、原則として、**株主総会の特別決議により募集株式の発行を行うことができる**こととしました。

　募集株式の発行は、割り当てる相手方により、(1)**株主割当てによる募集株式の発行**と(2)**株主割当て以外の募集株式の発行**とに分けることができます。

◀ **発 展** ▶

募集株式の引受人は、所定の払込期日または払込期間内に出資の履行をした場合、当該払込期日または当該履行をした日に、当該募集株式の株主となりますが、所定の払込期日または払込期限内に出資の履行をしない場合、当該募集株式の株主となる権利を失います。
なお、この場合でも、募集株式の発行手続は無効とはならないことに注意してください。

❶ 株主割当てによる募集株式の発行

　これは、株主の持株数に応じて株主に株式の割当てを受ける権利を付与する方法をいいます。

　会社は、株主に募集株式の割当てを受ける権利を与える場合には、募集事項のほか、株主に割当てを受ける権利を与える旨および募集株式の引受けの申込期日を定めなければなりません。この決定は、**公開会社では取締役会の決議**（指名委員会等設置会社では、執行役にその決定を委任できます）で、**非公開会社では株主総会の特別決議**（定款の定めがある場合は、取締役の決定または取締役会の決議）で行います。

❷ 株主割当て以外の募集株式の発行

　これは、①**第三者割当て**（株主以外の特定の第三者に株式の割当てを受ける権利を与える方法）と②**公募**（広く一般から株主を

募集する方法）とに分かれます。

　募集事項の決定は、公開会社では取締役会の決議で、非公開会社では株主総会の特別決議（株主総会の特別決議により取締役または取締役会にその決定が委任されたときは、取締役または取締役会）で行います。

　ところで、株主割当て以外の募集株式の発行で、払込金額が時価を大幅に下回るような募集株式を引き受ける者にとって特に有利な金額である場合（**有利発行**）には、株価の下落を招き、既存の株主の経済的利益を害するおそれがあります。そのため、**有利発行を行う場合には、公開会社・非公開会社を問わず、株主総会の特別決議を経ることが必要**となります。

◀ ココが出る！

　なお、**公開会社**が支配株主の異動を伴う募集株式の割当てを行う場合、すなわち、募集株式の割当てにより、**募集株式の引受人が総株主の議決権の過半数を有することとなる場合**（この場合の引受人を「**特定引受人**」といいます）において、**総株主の議決権の10分の１以上**（これを下回る割合を定款で定めた場合にあっては、その割合）の議決権を有する株主が特定引受人による募集株式の引受けに反対する旨を会社に対して通知したときは、原則として、**株主総会の普通決議を要します。**

❸ 不公正な募集株式の発行等に対する措置

❶　募集株式の発行差止請求権

　募集株式の発行が、法令・定款に違反する場合、著しく不公正な方法によって行われる場合において、**株主が不利益を受けるおそれがあるとき**は、株主は、会社に対し、**募集株式の発行をやめることを請求**することができます。

◀ ココが出る！

❷　不公正な払込金額で株式を引き受けた者等の責任

　取締役（指名委員会等設置会社では取締役または執行役）と通謀して著しく不公正な払込金額で募集株式を引き受けた者（引受人）は、会社に対し、当該払込金額と当該募集株式の公正な価額との差額に相当する金額を支払う義務を負います。

❸ 新株発行無効の訴え等

　不公正な募集株式の発行等に対しては、新株発行無効の訴え、新株発行不存在確認の訴えを提起することができます。

④ 新株予約権

　新株予約権とは、会社に対して行使することにより、当該会社の株式の交付を受けることができる権利をいいます。

　公開会社にあっては、特に有利な条件で発行する場合を除き、取締役会決議によって、新株予約権を発行することができます。一方、非公開会社にあっては、株主総会の特別決議によって、新株予約権を発行することができます。

⑤ 社　債

❶ 意　義

　社債とは、会社法の規定により会社が行う割当てにより発生する当該会社を債務者とする金銭債権であって、会社法676条各号に掲げる事項（募集社債の総額、各募集社債の金額、募集社債の利率、募集社債の償還の方法および期限、利息支払の方法および期限、社債券を発行するときは、その旨等）についての定めに従い償還されるものをいいます。

❷ 発行手続

　会社が社債を発行するためには、募集事項を決定しなければなりませんが、社債発行は、業務執行行為の１つであるため、募集事項の決定は、取締役（指名委員会等設置会社を除く取締役会設置会社の場合は取締役会）が行います。指名委員会等設置会社の場合は、この決定を取締役会の決議により、執行役に委任することが認められていますので、委任決議がなされている場合には、執行役が社債の発行を決定します。

　なお、**発行限度額についての制限はない**ことに注意してください。

◀ **発　展** ▶

株式会社は、取得条項付新株予約権（当該株式会社が一定の事由が生じたことを条件として新株予約権を取得できるとするもの）を発行することができます。取得の対価を株式とすることにより、敵対的買収に対する防衛策とすることができます。

❸　新株予約権付社債

　これは、新株予約権を付した社債をいいます。**新株予約権と社債とを分離して譲渡したり、質入れをすることはできないこと**に注意してください。

6 コマーシャルペーパー

　コマーシャルペーパー（Commercial Paper、通称：CP）とは、無担保の割引方式（金利分を額面から割り引いて販売する形）で発行される短期の**約束手形**をいい、通常、企業が短期の資金調達を目的として、銀行・証券会社を通じて販売します。

第7節 企業結合

この節で学習すること

1 合併
2つ以上の会社が契約により1つの会社になることです。

2 事業譲渡
ある会社が事業を他の会社に譲渡する（売る）ことです。いわばビジネスの売買です。

3 株式取得による企業買収
ある会社の株式を買い集めれば、その会社の所有者となることができます。これを企業買収といいます。

4 完全親会社と完全子会社
株主は人（人間）だけではなく、会社（法人）も株主になれます。ある会社のすべての株式を他の会社がもっているとき、完全親（子）会社といいます。

5 会社分割
ある会社を2つ以上の会社に分けることです。事業部門を分割して切り離してから他社に売却したりします。

6 株式交付制度
他の株式会社を買収しようとする株式会社がその株式を対価とする手法により円滑に当該他の株式会社を子会社とすることができる制度です。

　競争力の強化や経営の合理化を図るために、2つ以上の企業が種々の結合関係をつくる場合があります。これを「企業結合」といいますが、以下では、合併、事業譲渡、株式取得による企業買収、完全親会社と完全子会社（株式交換・株式移転）、会社分割・株式交付制度について説明します。

❶合　併

❶　合併の意義

　合併とは、2つ以上の会社が契約によって1つの会社になることをいいます。合併には、①新設合併（2つ以上の会社がする合併であって、合併により消滅する会社の権利義務の全部を合併により設立する会社に承継させるもの）と、②吸収合併（会社が他の会社とする合併であって、合併により消滅する会社の権利義務の全部を合併後存続する会社に承継させるもの）とがあります。

◀ 発　展 ▶

合併には「三角合併」と呼ばれるものがあります。これは、会社を合併する際、消滅会社の株主に対して、対価として、存続会社の株式ではなく、存続会社の親会社の株式を交付して行う合併をいいます。

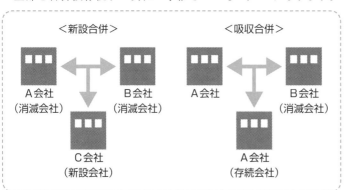

　会社法の成立前においては、種類の異なる会社間の合併に種々の制限が存在しましたが、会社法は、この制限を撤廃し、自由に合併できるものとしました。ただし、解散した会社が存続会社となることはできません。

◀ココが出る！

❷　合併の手続

①　合併契約の締結

　合併をする会社は、合併契約を締結しなければなりませんが、**会社法上、契約書の作成は要求されておらず、合併契約**

は、契約書を作成しなくても有効に成立することに注意してください。

　ただし、**株式会社においては、合併契約の内容等を記載または記録した書面または電磁的記録を一定期間その本店に備えなければなりません。株主および会社債権者は、会社に対し、この書面または電磁的記録の閲覧やその謄本・抄本の交付等を請求することができます。**

　なお、会社法成立前の商法では、消滅会社の株主に交付する合併の対価は、存続会社または新設会社の株式でなければならないとされていましたが、**会社法は、消滅会社の株主に対し、存続会社の株式を交付せず、金銭その他の財産を交付することを認めています。**すなわち、吸収合併の場合、合併の対価として、存続会社の株式だけでなく、**金銭、存続会社の親会社の株式・持分等を合併の対価とすることも認められている**のです。

② **株主総会の特別決議による承認または総株主の同意**

　合併契約の承認は、原則として、株主総会の特別決議によることが必要です。

　ただし、（イ）吸収合併または（ロ）新設合併の場合において、消滅会社が公開会社であり、当該消滅会社の株主に交付される合併の対価の全部または一部が譲渡制限株式等であるときは、**株主総会の特殊決議**が必要となります。また、（ハ）吸収合併の場合において消滅株式会社の株主に交付される合併の対価の全部または一部が持分等である場合、（ニ）新設合併の場合において新設される会社（新設合併設立会社）が持分会社である場合には、消滅株式会社の**総株主の同意**が必要となります。

（イ）の図解と説明

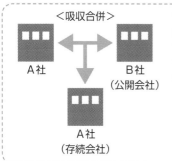

合併の対価としてB社の株主に譲渡制限株式が交付されるときは、譲渡性の低い対価を受ける株主の保護を図るため**B社の株主総会の特殊決議が必要。**

（ロ）の図解と説明

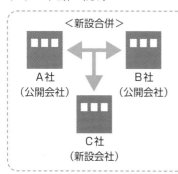

合併の対価としてA社とB社の株主に譲渡制限株式が交付されるときは、株主の保護を図るため**A社とB社の双方で株主総会の特殊決議が必要。**

（ハ）の図解と説明

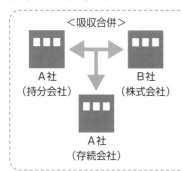

合併の対価としてB社の株主に持分が交付されるときは、株主の責任が間接有限責任から直接無限責任へと重くなるおそれがあるため**B社の総株主の同意が必要。**

（ニ）の図解と説明

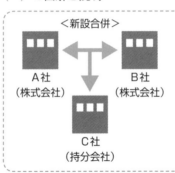

＜新設合併＞

A社
（株式会社）

B社
（株式会社）

C社
（持分会社）

新設合併設立会社が持分会社であるときは、消滅会社の株主が持分会社の社員となり責任が重くなるおそれがあるためA社の総株主とB社の総株主の同意が必要。

　なお、（ホ）吸収合併の場合において、消滅会社の株主等に交付される対価の価額の合計額が存続会社の純資産額の5分の1を超えないときは、存続会社においては、原則として、株主総会の承認決議を要しません（消滅会社においては株主総会の承認決議が必要）。このような合併を**簡易合併**といいます。

（ホ）の図解と説明

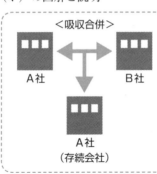

＜吸収合併＞

A社

B社

A社
（存続会社）

B社の株主に交付される合併の対価の価額の合計額がA社の純資産額の5分の1を超えないときは、株主が受ける影響が小さいため、A社においては、原則として、株主総会の承認決議を要しない。

用　語

「特別支配会社」とは、ある株式会社の総株主の議決権の10分の9（これを上回る割合を当該株式会社の定款で定めた場合にあっては、その割合）以上を他の会社および当該他の会社が発行済株式の全部を有する株式会社等が有している場合における当該他の会社をいいます。

　さらに、吸収合併の場合において、（ヘ）存続会社が消滅会社の**特別支配会社**であるときは、**消滅会社においては、原則として、株主総会の承認決議を要しません。**

　また、（ト）消滅会社が存続会社の特別支配会社であるときは、存続会社においては、原則として、株主総会の特別決議を要しません。これらの場合における合併を**略式合併**といいます。

（ヘ）の図解と説明

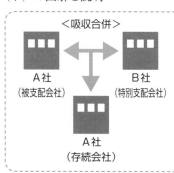

＜吸収合併＞

A社
（特別支配会社）

B社
（被支配会社）

A社
（存続会社）

B社においては、原則として、株主総会の承認決議を要しない。B社において承認決議が可決されることは確実だからである。

（ト）の図解と説明

＜吸収合併＞

A社
（被支配会社）

B社
（特別支配会社）

A社
（存続会社）

A社においては、原則として、株主総会の承認決議を要しない。A社において承認決議が可決されることは確実だからである。

　なお、合併承認決議を欠くなど合併契約に瑕疵がある場合でも、合併には多くの利害関係人が関与していることから、法的安定性を図るため、合併の無効は、**合併無効の訴え**をもってのみ主張することができるとされています。

③　**反対株主および債権者保護手続**

　吸収合併等に反対する消滅会社および存続会社の株主（反対株主）は、原則として、各々の会社に対し、自己の株式を公正な価格で買い取るよう請求することができます（反対株主の株式買取請求権）。

　また、合併は、会社債権者にも重大な影響を与えるため、合併当事会社は、その会社債権者に対して、合併についての異議申立ての機会を与え、異議の申立てをした債権者に対しては、弁済をし、または相当の担保を提供しなければなりません。ただし、合併をしても、債権者を害するおそれがないときは、その必要はありません。

◀ 発 展 ▶

合併無効の訴えは、合併の効力が生じた日から6か月以内に提起することができます。

◀ ココが出る！

◀ ココが出る！

④ 株式の併合・分割

合併対価が存続会社または新設会社の株式である場合、合併により、消滅会社の株主は新設会社または存続会社の株主となります。そのためには、消滅会社の株主に対して新設会社または存続会社の株式を割り当てる必要がありますが、その際には、消滅会社の株式1株に対して新設会社または存続会社の株式1株を割り当てるのが便宜です。そこで、合併当事会社の合併比率が1対1でない場合には、これを1対1にして手続を簡便にするために、消滅会社において株式の併合や分割がなされる場合があります。

❸ 合併の効果

ココが出る！

① 合併により、消滅会社は、清算手続を経ることなく、当然に消滅し、消滅会社の株主は、新設会社または存続会社の株式の割当て等を受けて、その株主等となります。

また、消滅会社の権利・義務は、法律上当然にそのすべてが新設会社または存続会社に承継されます。

◀ 発 展 ▶

実際の合併では、新設合併の手続の煩雑さ等から吸収合併によることがほとんどです。

② ただし、**新設合併の場合**には、合併当事会社の全部が消滅して新設会社を設立するものであることから、**合併当事会社が取得していた官庁の営業許認可は、新設会社には承継されず**、改めて新設会社が営業許認可の申請をして、これを取得する必要があります。また、**上場会社が合併しても、新設会社は新たに上場の手続をとらなければなりません。**

② 事業譲渡

❶ 事業譲渡の意義

事業譲渡とは、一定の事業の目的のため組織化され、有機的一体として機能する財産（得意先関係等の経済的価値のある事実関係を含む）の全部または重要な一部を譲渡し、これによって譲渡会社がその財産によって営んでいた事業活動の全部または重要な一部を譲受人に受け継がせ、譲渡会社がその譲渡の限度に応じ法律上当然に**競業避止義務**を負う結果を伴うものをいいます（判例）。

❷ 事業譲渡の手続

① 事業譲渡契約の締結

合併の場合と同様に、**事業譲渡契約の締結に際しては、契約書を作成することは法律上必要とされていません。**

なお、事業譲渡契約の内容の決定は、取締役会設置会社においては、取締役会の決議事項とされていますので、取締役や執行役等にその内容の決定を委任することはできません。　◀ ココが出る！

② 株主総会の特別決議

イ　事業譲渡の対象が譲渡会社の事業の全部である場合

事業譲渡の対象が、譲渡会社の事業の全部である場合には、**譲渡会社および譲受会社の双方で、株主総会での特別決議による承認を得ることが必要**です。事業譲渡は、会社の運命に重大な影響を及ぼし、株主の利益にも重大な影響を及ぼすからです。この場合、事業譲渡の決議に反対した株主には、会社に対して自己の所有する株式を買い取るよう請求する権利が認められています（反対株主の株式買取請求権）。　◀ ココが出る！

ロ　事業譲渡の対象が譲渡会社の事業の重要な一部である場合

事業譲渡の対象が、譲渡会社の事業の重要な一部である場合には、譲渡会社では株主総会の特別決議が必要ですが、**譲受会社では特別決議は不要**であり、取締役会の決議のみで足ります（譲受会社にとっては、新たに事業の一部を譲り受けても、譲受会社の事業が制限されるわけではなく、むしろ拡大することから、譲渡会社に比べて株主保護の必要性が弱いからです）。　◀ ココが出る！

	事業の全部譲渡	事業の重要な一部の譲渡
譲渡会社	株主総会の特別決議が必要	株主総会の特別決議が必要
譲受会社	〃　　　　必要	〃　　　　**不要**

ハ　簡易な事業の譲渡・譲受け

譲渡する資産の帳簿価額が譲渡会社の総資産額の5分の1（定款で引下げ可能）を超えない場合、譲渡会社では株主総会の承認は不要となります。また、譲り受ける事業の対価

として交付する財産の帳簿価額が譲受会社の純資産額の5分の1（定款で引下げ可能）を超えない場合には、譲受会社では株主総会の承認は不要となります。

　これらの場合は、株主への影響が小さいので、株主総会の承認を要求しなくても、株主の保護に欠けることはないからです。

　ニ　**略式事業譲渡・譲受け**

ココが出る!▶
　譲受会社が譲渡会社の特別支配会社である場合、被支配会社である**譲渡会社における株主総会の承認は不要**となります。逆に、**譲渡会社が譲受会社の特別支配会社である場合**、

ココが出る!▶
被支配会社である**譲受会社における株主総会の承認は不要**となります。

　特別支配会社の株主総会において事業譲渡が承認されれば、確実に被支配会社の株主総会でも承認されることになりますから、わざわざ時間と費用をかけてまで株主総会の承認決議を要求する必要性が乏しいからです。

	譲渡会社	譲受会社
簡易な事業譲渡 （譲渡する資産の帳簿価額が譲渡会社の総資産額の1/5を超えない場合）	株主総会の承認**不要**	株主総会の承認**不要**
簡易な事業譲受け （譲受けの対価として交付する財産の帳簿価額が譲受会社の純資産額の1/5を超えない場合）	株主総会の承認**必要**	株主総会の承認**不要**
略式事業譲渡 （譲受会社が譲渡会社の特別支配会社の場合）	株主総会の承認**不要**	株主総会の承認**必要**
略式事業譲受け （譲渡会社が譲受会社の特別支配会社の場合）	株主総会の承認**必要**	株主総会の承認**不要**

　ホ　**事業譲渡によって会社の事業目的に変更が生じた場合**

ココが出る!▶
　譲渡会社または譲受会社において定款変更の手続が必要となります。

　なお、株主総会の特別決議を欠く事業譲渡は、特別の事情

のない限り、無効となります（判例）。

❸ 事業譲渡の効果

① **事業の移転**

事業譲渡により機能的財産が譲受会社に移転します。しかし、譲渡された事業に従事していた従業員と譲渡会社との**雇用関係は、譲受会社に当然には移転しません**。移転させるためには、譲渡会社が従業員から承諾を受ける必要があります。

◀ **ココが出る!**

また、合併とは異なり、事業譲渡によって譲渡会社の株主が譲受会社の株主になるということはありません。また、事業譲渡によって**譲渡会社の権利義務が当然に譲受会社に移転するわけではなく**、移転させるには、個々の権利義務について移転手続（登記、引渡し、債権譲渡、債務引受、更改など）を行う必要があります。このように、譲渡会社の債務が譲受会社に法律上当然に移転するわけではなく、そのためには債務引受、更改などの手続が必要であるため、合併の場合のような**債権者保護手続に関する規定はありません**。

◀ **ココが出る!**

ただし、譲受会社が事業とともに商号を譲り受けて譲渡会社の商号を続用する場合には、譲渡会社の債権者が譲受会社を債務者と誤認するおそれがあるため、譲渡会社の事業によって生じた債務については、譲受会社も譲渡会社とともに弁済の責任を負います。また、商号を続用しない場合でも、譲受会社が債務引受広告をなしたときは、弁済の責任を負います。

② **競業避止義務**

譲渡会社は、特約がなくても、同一市町村の区域内および隣接市町村の区域内において、以後20年間は同一の事業をすることはできないという競業避止義務を負います。特約により、競業避止義務を負う期間を20年よりも長くすることができますが、その期間は、30年を超えることはできず、30年を超える期間を定めても、30年の期間内に限り、その効力を有するにすぎません。

❸ 株式取得による企業買収

　ある会社が他の会社の株式を取得すれば、議決権の行使によって他の会社の経営に影響を及ぼすことが可能となります。特に、他の会社の総株主の議決権の過半数にあたる株式を取得できれば、確実に他の会社に対する支配権を獲得することができますので、株式の取得は、企業結合の一手段となりえます。その方法としては、他の会社の既存株式を取得する場合と、他の会社の募集株式の第三者割当てを受ける場合とがあり、会社法その他の法律によって規制が加えられています。

　以下では、A会社がB会社の株式を取得して、B会社の支配権を取得しようとする場合を例にとって、株式取得の効果を説明することにします。

❶ A会社がB会社の総株主の議決権の4分の1以上の株式を取得・保有する場合

　A会社がB会社の総株主の議決権の4分の1以上の株式を取得・保有する場合において、B会社がA会社の株式を保有するときは、B会社によるA会社の株式についての議決権の行使には、公正が期待できないため、B会社はA会社の株式についての議決権を行使することはできないものとされています。

❷ A会社がB会社の総株主の議決権の過半数にあたる株式を取得・保有する場合（親子会社）

　A会社がB会社の総株主の議決権の過半数にあたる株式を取得・保有する場合、A会社は**親会社**となり、B会社は**子会社**となって、以下の①から⑥の規制が適用されます。

　なお、会社が他の会社の総株主の議決権の過半数にあたる株式を取得・保有していなくても、当該会社が**他の会社の財務および事業の方針の決定を支配している場合**には、親子会社の関係が認められます。たとえば、A社だけではC社の総株主の議決権の過半数にあたる株式を取得・保有していなくても、A社が保有しているC社の株式にA社の子会社であるB社が保有するC社の株式

ココが出る！

を加えるとC社の総株主の議決権の過半数になる場合には、A社とC社とは親子会社の関係となります。

さらに、子会社の子会社、すなわち、**孫会社も子会社に含まれる**ことに注意してください。

① **子会社による親会社株式についての議決権行使の制限**

　子会社であるB会社は、親会社であるA会社によりその総株主の議決権の4分の1以上の株式を保有されているため、例外的にA会社の株式を取得できる場合でもその有するA会社の株式について議決権を行使することはできません。

② **子会社による親会社の株式取得の禁止**

　子会社であるB会社は、原則として親会社であるA会社の株式を取得することはできません。

③ **親会社の監査役の子会社に対する報告聴取権・業務財産調査権**

　親会社であるA会社の監査役は、その職務を行うため必要があるときは、子会社であるB会社に事業の報告を求め、または子会社の業務および財産の状況を調査することができます。

④ **親会社の監査役による子会社の取締役、支配人その他の使用人、会計参与、執行役の兼任禁止**

　親会社であるA会社の監査役は、子会社であるB会社の取締役、支配人その他の使用人、会計参与、執行役と兼任することはできません。

　なお、**親会社の取締役が子会社の監査役を兼任することは、**会社法上、**禁止されていません**が、親会社の取締役が子会社の「社外監査役」を兼任することは、会社法上、禁止されていることに注意してください。

⑤ **親会社の会計参与による子会社の取締役、監査役、執行役、支配人その他の使用人の兼任禁止**

　親会社であるA会社の会計参与は、子会社であるB会社の取締役、監査役、執行役、支配人その他の使用人と兼任することはできません。

⑥ **会計監査人の就任禁止**

　子会社であるB会社やその取締役・会計参与・監査役・執

◀ **発　展** ▶

大会社でない会計監査人設置会社は、法務省令で定めるところにより、各事業年度にかかる連結計算書類（当該会計監査人設置会社およびその子会社からなる企業集団の財産および損益の状況を示すために必要かつ適当なものとして法務省令で定めるものをいう）を作成することができます。

行役から公認会計士または監査法人の業務以外の業務により継続的に報酬を受けている者やその配偶者は、親会社であるＡ会社の会計監査人になることはできません。

❹ 完全親会社と完全子会社

　会社が他の会社の発行済株式の総数を有する場合、その保有会社を**完全親会社**、被保有会社を**完全子会社**といいます。

　完全親会社を簡便な手続で創立するための制度として、株式交換制度および株式移転制度が定められています。

❶　株式交換

　株式交換とは、株式会社がその発行済株式の全部を他の株式会社または合同会社に取得させることをいいます。

　既存の会社（株式会社または合同会社に限る）は、既存の他の株式会社と株式交換をすることによって他の会社の株式交換完全親会社となることができます。

ココが出る!

　株式交換により、株式交換完全親会社は、株式交換がその効力を生ずる日（効力発生日）に、株式交換完全子会社の発行済株式（株式交換完全親会社の有する株式交換完全子会社の株式を除く）の全部を取得します。また、株式交換完全子会社の株主は、その有する株式に代わる金銭等（株式、社債、新株予約権等）の交付を受け、効力発生日に、株式交換完全親会社の株主（社員）、社債権者、新株予約権者等となります。

注　意
株式交換については、交換対価の柔軟化が認められているため、債権者保護手続をとることが要求される場合があります。

ココが出る!

　株式交換は、当事会社間の契約によってなされ、株主・社員の利害に大きく影響することから、会社法は、①両当事会社は、その株主総会において株式交換契約につき特別決議による承認を得るかまたは総社員の同意を要するとし、また、②株式交換契約の承認決議に反対した株主に株式買取請求権を認めることにより、株主・社員の保護を図っています。

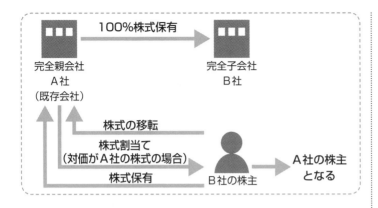

❷ 株式移転

　株式移転とは、1または2以上の株式会社がその発行済株式の全部を新たに設立する株式会社に取得させることをいいます。

　既存の会社は、完全親会社を設立するために一般的な会社の設立手続を経ることなく、株式の移転のみによって新しく会社（株式移転設立完全親会社）を設立できます。

　株式移転は、株式移転設立完全親会社が成立した日にその効力を生じます。株式移転設立完全親会社は、株式移転完全子会社の発行済株式の全部を取得し、株式移転完全子会社の株主は、株式移転設立完全親会社の株主、社債権者、新株予約権者等となります。

　株式移転は、株主の地位に重大な変動をもたらすため、会社法は、①株式移転完全子会社は、株式移転計画につき株主総会の特別決議による承認を要することとし、また、②株式移転計画の承認決議に反対した株主に株式買取請求権を認めることにより、株主の保護を図っています。

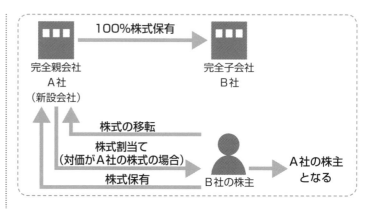

❺ 会社分割

❶ 意 義

会社分割とは、1つの会社を2つ以上の会社に分けることであり、不採算部門の切り離し、会社再建、新規事業への進出等に際しとられる手法です。会社分割により分離・独立した各事業の独立性を高め、事業部門の整理・統合を行い、ひいては経営の効率化を進めることができます。

❷ 会社分割の種類

会社分割は、事業の譲渡先が新設の会社か既存の会社かにより、新設分割と吸収分割に分類されます。具体的には、新設分割は、成長が見込まれる部門を分離・独立させる際に利用され、吸収分割は、大企業による中小企業の部門吸収等に利用されます。

会社法成立前においては、新設分割、吸収分割いずれの場合も、事業を引き継ぐ会社が分割に際して発行する株式を①分割会社に割り当てる物的分割（分社型）と、②分割会社の株主に割り当てる人的分割（分割型）とがありました。しかし、現行会社法は、物的分割のみを規定し、人的分割については、物的分割＋株主に対する剰余金の配当として再編成しました。

なお、会社分割をすることができる（分割会社となりうる）のは、**株式会社または合同会社のみ**ですが、吸収分割承継会社（事業承継会社）または新設分割設立会社（設立会社）については、

ココが出る！

制限はありません。

❸ 新設分割

　新設分割とは、1または2以上の株式会社または合同会社がその事業に関して有する権利義務の全部または一部を分割により設立する会社に承継させることをいいます。

　新設分割は、たとえば、複数の事業部門を持つ企業がそのうちの1事業部門を分離して新設する会社に承継させ、経営の合理化・効率化を図るといった場合に利用されます。

　これは、分割会社（以下「甲社」という）が、事業を承継させる100％子会社（以下「乙社」という）を設立し、その設立の際に乙社が発行する株式を甲社に割り当てる形態です。

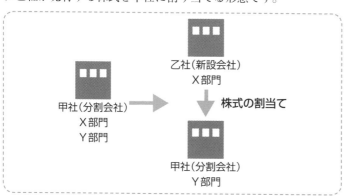

❹ 吸収分割

　吸収分割とは、株式会社または合同会社がその事業に関して有する権利義務の全部または一部を分割後他の会社（既存の会社）に承継させることをいいます。

　吸収分割は、たとえば、企業グループ内で同じ事業部門を複数の企業が持つ場合に、その事業部門を1つの企業に集約することにより経営効率を高めるといったときに利用されます。

　これは、分割会社（以下「丙社」という）が、既存の他の会社（以下「丁社」という）に事業を承継させる際に、丁社が株式を丙社に割り当てるという形態です。

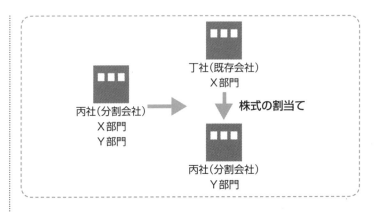

丁社(既存会社)
X部門

株式の割当て

丙社(分割会社)
X部門
Y部門

丙社(分割会社)
Y部門

❺　会社分割手続

会社分割は、次のような手続で実施されます。

① 分割計画（新設分割の場合）または分割契約（吸収分割の場合）の作成

② 分割計画または分割契約の事前開示（株式会社のみ）

③ 株主総会の特別決議による分割計画または分割契約の承認（株式会社の場合）または総社員の同意（合同会社の場合）

④ 会社分割に反対する株主の株式買取請求権の行使

⑤ 債権者保護手続の実施（必要な場合のみ）

⑥ 分割の登記（新設分割の場合はこの設立の登記により分割の効力が発生する）

❻　簡易な会社分割

一定の小規模な会社分割等については、その手続のいくつかを省略できる簡易な会社分割手続（たとえば、株主総会での承認を不要とするなど）が認められています。

① 吸収分割により承継会社に承継させる資産の帳簿価額の合計額が吸収分割株式会社の総資産額の**5分の1を超えない場合**には、**吸収分割株式会社での株主総会の承認は不要**となります。

② 吸収分割会社に対して交付する対価（吸収分割承継会社の株式・社債・新株予約権・新株予約権付社債・金銭等）の価額の合計額が、吸収分割承継株式会社の純資産額の5分の1を超えない場合、原則として、吸収分割承継株式会社での株主総会の

承認は不要となります。

③　また、新設分割により設立会社に承継させる資産の帳簿価額の合計額が新設分割株式会社の総資産額の**5分の1**を超えない**場合**には、**新設分割株式会社での株主総会の承認は不要**となります。

❼　略式会社分割

①承継会社が分割株式会社の特別支配会社である場合の分割株式会社、または②分割会社が承継株式会社の特別支配会社である場合の承継株式会社においては、原則として、株主総会の承認は不要となります。

ココが出る!

❽　詐害的会社分割

分割会社が、設立会社または承継会社に承継されない債務の債権者（残存債権者）を害することを知って会社分割をした場合（**詐害的会社分割**）には、**残存債権者は、原則として、設立会社または承継会社に対して、承継した財産の価額を限度として、当該債務の履行を請求することができます**。

❾　労働契約の承継

会社分割においては、分割計画または分割契約に記載され株主総会の承認（合同会社の場合は総社員の同意）を得た権利・義務は、当然に新設会社または承継会社に承継されます。労働関係の権利・義務も、この権利・義務の範囲に含まれるとされています。しかし、これでは、労働者側に、承継される不利益または承継されない不利益が生じることがあり、労働者の権利保護に配慮する必要があります。

そこで、会社分割に伴う労働関係の承継に関するルールを明確化して労使間のトラブルを防止し、労働者の労働条件を保護することを目的として、会社分割に伴う労働契約の承継等に関する法律（以下「労働契約承継法」という）が制定されました。

①　労働者等への事前通知

分割会社（以下「甲社」という）は、主に労働契約の承継に

◀ 発 展 ▶

詐害的会社分割は、たとえば、会社分割を利用して、分割会社が保有する優良資産その他の権利のみを設立会社または承継会社に承継させて、事業活動は設立会社または承継会社で継続し、他方、債務は分割会社に残したままにすることにより、債務の支払いを免れようとする場合が該当します。

注 意

分割会社が雇用するすべての労働者に対して通知することが義務づけられているわけではないことに注意してください。

関する異議を述べる（拒否権行使）機会を与える目的で、事前に、以下の労働者に対し、**転籍・異動を書面で通知**しなければなりません。

イ　会社分割によって新設会社または承継会社（以下「乙社」という）に承継される事業（部門）に主として従事していた労働者

ロ　分割契約または分割計画に甲社との間で締結されている労働契約を乙社が承継する旨の記載のある労働者

また、労働協約を締結している労働組合にも関与する契機を与える趣旨から、甲社は、労働組合に対しても、上記と同様の手続で、当該**労働契約の承継の有無等を書面で通知**しなければなりません。

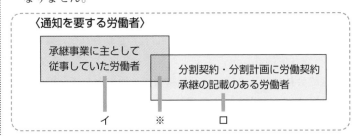

〈通知を要する労働者〉

承継事業に主として従事していた労働者 ｜ 分割契約・分割計画に労働契約承継の記載のある労働者

イ　※　ロ

② 労働契約の承継

　a　**承継される事業（部門）に主として従事していた労働者**

乙社に承継される事業（部門）に主として従事していた労働者（専従者を含む。以下同じ）については、分割契約または分割計画にその労働者と甲社との間の労働契約が乙社に承継される旨の記載がある場合（上記の図の※の部分に該当する労働者）には、分割の効力が生じた時点で労働契約は当然に乙社に承継されます。この労働者に拒否権はありません。

これに対し、**承継される旨の記載がない労働者**（上記の図のイの部分に該当する労働者）**には拒否権があり**、当該労働者が、その労働契約が乙社に承継されないことについて書面により異議を述べたときに、分割の効力が生じた時点で労働契約が乙社に承継されます。一方、労働者が労働契約が乙社に承継されないことについて異議を述べなかったときは、労働契約は甲社に残留します。

b　その他の労働者

その他の労働者（乙社に承継される事業（部門）に従として従事していた労働者を含む。以下同じ）については、分割契約または分割計画にその労働者と甲社との間の労働契約が乙社に承継される旨の記載がある場合（上記の図の口の部分に該当する労働者）には、労働者が、書面により労働契約が乙社に承継されることについて異議を述べれば、分割契約または分割計画の記載にかかわらず、その労働契約は乙社に承継されません。

これに対し、承継される旨の記載がない場合には、仮に労働者が乙社への転籍を希望しても、その労働契約は乙社に承継されません。つまり、この場合の労働者には拒否権はありません。

⑥ 株式交付制度

会社法は、他の株式会社を買収しようとする株式会社（買収会社）がその株式を対価とする手法により円滑に当該他の株式会社（被買収会社）を子会社とすることができるように、買収会社が被買収会社をその子会社とするために被買収会社の株式を譲り受け、当該株式の譲渡人に対して当該株式の対価として買収会社の株式を交付することができる**株式交付制度**を設けています。

株式交付を行う場合、株式交付をする株式会社（**株式交付親会社**）は**株式交付計画**を作成しなければなりません。株式交付計画は、原則として、効力発生日の前日までに、**株式交付親会社の株主総会において特別決議による承認**を得る必要があります。

株式交付が法令または定款に違反し、株式交付親会社の株主が不利益を受けるおそれがあるときは、**簡易株式交付**でない限り、かかる株主は株式交付親会社に対して株式交付をやめるよう請求することができます（**差止請求権**）。また、株式交付親会社の反対株主は、簡易株式交付でない限り、株式交付親会社に対し、自己の有する株式を公正な価格で買い取ることを請求することができます（**反対株主の株式買取請求権**）。

◀ 発 展 ▶

自社の株式を対価として他の会社を子会社とする手段として株式交換の制度がありますが、これは、完全子会社とする場合でなければ利用することができません。他方、自社の新株発行等と他の会社の株式の現物出資という構成をとる場合には、手続が複雑でコストがかかるという指摘がされています。

そこで、完全子会社とすることを予定していない場合であっても、株式会社が他の株式会社を子会社とするため、自社の株式を他の株式会社の株主に交付することができる制度が設けられたのです。

　株式交付の対価が、株式交付親会社の株式以外の金銭等を含む場合（交付する株式交付親会社の株式以外の金銭等が当該株式を含む対価の総額の20分の1未満以外の場合）、株式交付親会社の債権者は、株式交付親会社に対し、株式交付について異議を述べることができます。その場合、株式交付親会社は、公告や知れている債権者への催告等、他の組織再編で求められるような債権者異議手続を行うことになります。

第**8**節 解散・清算・会社の継続

重要度

第1章 企業活動における取引の主体

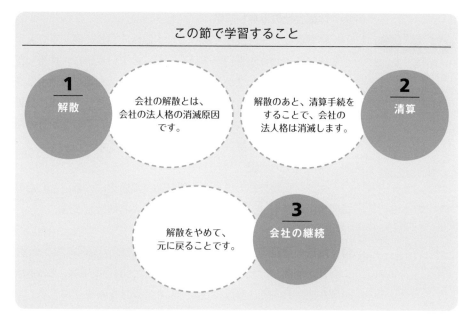

この節で学習すること

1 解散　会社の解散とは、会社の法人格の消滅原因です。

解散のあと、清算手続をすることで、会社の法人格は消滅します。　**2** 清算

解散をやめて、元に戻ることです。　**3** 会社の継続

① 解　散

❶　意　義

　解散とは、会社の法人格（権利能力）の消滅をきたす原因となるべき法律事実をいいます。**会社の法人格は、合併の場合を除き、解散によって直ちには消滅せず、清算手続の結了を待ってはじめて消滅します。**清算をする株式会社（清算株式会社）は、清算の目的の範囲内において、清算が結了するまではなお存続するものとみなされます。

◀ **ココが出る!**

◀ **ココが出る!**

❷　解散事由

　株式会社は、次に掲げる事由によって解散します。

① **定款で定めた存続期間の満了**
② **定款で定めた解散事由の発生**

③ 株主総会の決議（特別決議による）

④ 合併（合併により当該株式会社が消滅する場合に限る）

⑤ 破産手続開始の決定

⑥ 解散を命ずる裁判

⑦ 休眠会社のみなし解散

休眠会社（株式会社であって、当該株式会社に関する登記が最後にあった日から12年を経過したものをいう）は、法務大臣が休眠会社に対し2か月以内にその本店の所在地を管轄する登記所に事業を廃止していない旨の届出をすべき旨を官報に公告した場合において、その届出をしないときは、その2か月の期間の満了の時に、解散したものとみなされます。

⑧ 特別法上の原因

銀行・保険会社の場合は、銀行法・保険業法に規定された解散事由の発生（免許の取消しなど）により解散します。

◀ 発 展 ▶
休眠会社の解散の登記は、登記官が、職権でするものとされています。

❸ 解散の登記

会社が解散したときは、原則として、2週間以内に、その本店の所在地において、解散の登記をしなければなりません。

② 清　算

❶ 意　義

清算（清算手続）とは、合併および破産の場合を除き、解散した会社の残余財産を株主に公平に分配する手続をいいます。合併の場合は、合併により包括的に会社の権利義務が存続会社または新設会社に移転するため清算は問題となりません。また、破産の場合は、清算の代わりに破産手続がとられます。もっとも、会社が破産手続開始決定と同時に同時破産廃止（破産手続開始決定と同時に破産手続を廃止し、終了させることをいう）決定を受けたときは、会社に財産がある限り、清算手続に移行します。

◀ 発 展 ▶
裁判所は、清算株式会社に①清算の遂行に著しい支障を来すべき事情があると認めるとき、②債務超過（清算株式会社の財産がその債務を完済するのに足りない状態をいう）の疑いがあると認めるときは、申立てにより、当該清算株式会社に対し特別清算の開始を命じます。

❷ 清算中の会社の機関

① **株主総会**

清算中も株主総会は存続します。清算中の会社は、毎期株主総会を開催し、清算事務の報告等を行わなければなりません。

② **清算人・清算人会**

清算株式会社には、1人または2人以上の清算人を置かなければなりません。**清算人には、原則として解散当時の取締役が選任されますが、定款の定めまたは株主総会の決議によって他の者を選任することもできます。**

清算人は、その職務として、現務の結了、債権の取立ておよび債務の弁済、残余財産の分配を行います。

清算人会を設置するか否かは、原則として任意ですが、監査役会設置会社には、清算人会を設置しなければなりません。清算人会は、すべての清算人で組織され、清算人会設置会社の業務執行の決定、清算人の職務の執行の監督、代表清算人の選定および解職を行います。

③ **代表清算人**

代表清算人は、清算人が複数いる場合に、定款、定款の定めに基づく清算人の互選、株主総会の決議、裁判所または清算人会の決議により、清算人の中から選定されますが、通常は、従前の代表取締役が就任します。

代表清算人が選定された場合、当該代表清算人が、会社の清算に関する業務を執行し、会社を代表します。

④ **監査役・監査役会**

監査役・監査役会の設置は、原則として任意ですが、清算開始時において公開会社または大会社であった清算株式会社は、監査役を設置しなければなりません。また、清算開始時において監査等委員会設置会社または指名委員会等設置会社であった清算株式会社においては、監査等委員である取締役または監査委員が監査役となります。

❸ 清算事務・清算の結了

清算株式会社は、清算事務（現務の結了、債権の取立ておよび

注 意 ⚠
取締役は、清算手続が開始されると、その地位を失います。

◀ ココが出る！

◀ ココが出る！

◀ ココが出る！

債務の弁済、残余財産の分配）が終了したときは、遅滞なく、決算報告を作成し、**株主総会の承認（清算人会設置会社の場合は清算人会の承認も必要）** を得なければなりません。そして、株主総会の承認がなされて清算が結了（終了）すれば、会社は消滅し、清算結了の登記がなされます。

❸ 会社の継続

❶ 意 義

会社の継続とは、解散した会社が将来に向かって解散前の会社に復帰することをいいます。

❷ 会社の継続が認められる場合

① **解散事由のうち、定款で定めた存続期間の満了、定款で定めた解散事由の発生、株主総会の決議、休眠会社のみなし解散の場合**

清算を結了するまでの間（休眠会社の場合は、解散したものとみなされた後3年以内）、**株主総会の特別決議**により会社を継続することができます。

② **破産手続開始の決定の場合**

破産債権者の同意による破産手続廃止の申立てを行うときは、株主総会の特別決議により会社を継続することができます。

第1章 一問一答トレーニング

第1節 株式会社の基本的な仕組み 重要度 B

第2節 株式会社の設立 重要度 A

問1
□□□　甲株式会社の設立に際し、発起人Fは、会社法所定の事項を記載して書面により定款を作成し、これに記名押印した。この場合、当該定款は、公証人の認証を受けなくてもその効力を生じる。　　　　　　（45-10-2-エ）

問2
□□□　会社は、発起人が作成した定款について、公証人の認証を受けた時に成立する。　　　　　　　　　　　　　　　　　　　　　（44-5-3-エ）

問3
□□□　甲株式会社の発起人Gは、設立中の甲社の株式の発行にかかる払込みについて、払込取扱銀行である乙銀行から金銭を借り入れ、その借入金を完済するまでは払込金の引出しをしない旨を約束した上で、借入金により払込みをするという、いわゆる預合いによる払込みの仮装を行った。この場合、Gだけでなく、乙銀行も刑事罰の対象となる。　　　（45-10-2-オ）

第3節 株　式 重要度 A

問1
□□□　公開会社でない株式会社は、定款で定めることにより、剰余金の配当について株主ごとに異なる取扱いをすることができる。　（45-4-1-②改）

解 1 ✕　発起人が書面で定款を作成する場合には、会社法に規定する事項を記載するとともに、発起人の全員が当該定款に署名し、または記名押印することが必要である。そして、公証人の認証を受けることにより、定款の効力が生ずる。

解 2 ✕　会社は、その本店所在地において設立の登記をすることによって成立する。

解 3 ◯　預合いとは、発起人が払込取扱銀行から金銭を借り入れ、これを設立中の会社の預金に振り替えて株式の払込みに充てるが、同時にその借入金の完済まではその預金の引出しをしない旨約束するものであり、発起人が払込取扱銀行の役員と通謀してなす仮装の払込みをいう。預合いによる株式の払込みは、無効である（判例）。そして、預合いについては、預合いを行った者および事情を認識して預合いに応じた者に刑事罰が科される。

解 1 ◯　剰余金の配当は、株主平等の原則に従い、株主の有する株式の数に応じてなされるのが原則である。ただし、公開会社でない株式会社は、①剰余金の配当を受ける権利、②残余財産の分配を受ける権利、③株主総会における議決権について、株主ごとに異なる取扱いを行う旨を定款で定めることができる。

問 2 　株式会社は、その発行する株式について、一定の数の株式をもって株主が株主総会において1個の議決権を行使することができる一単元の株式とする旨を定款で定めることができる。 (45-4-1-③改)

問 3 　株式会社の株主名簿が電磁的記録によって作成されている場合において、当該株式会社は、株主に対し株主総会の招集等の通知を行うときは、株主名簿の記録に基づき通知を行えば足り、その通知は、発信されれば、通常到達すべきであった時に到達したものとみなされる。

(45-4-1-⑤改)

問 4 　株式会社は、株主総会において議決権を行使することができる事項について制限のある株式（議決権制限株式）を発行することができるが、会社法上の公開会社においては、議決権制限株式の数が発行済株式総数の2分の1を超えたときは、直ちに、議決権制限株式の数を発行済株式総数の2分の1以下にするための必要な措置をとらなければならない。

(41-3-4-ア)

問 5 　株券を発行しない株式会社の譲渡制限株式を売買により譲り受けた者は、当該譲渡制限株式の譲渡人と共同で、株式会社に対し、当該譲渡制限株式を取得したことについて承認をするか否かの決定をすることを請求することができる。 (46-7-3-オ)

解 2 ○ 　株式会社は、その発行する株式について、一定の数（単元株式数）の株式をもって株主が株主総会において一個の議決権を行使することができる一単元の株式とする旨を定めることができる（単元株制度）。なお、この単元株式数の上限については規制があり、1,000株および発行済株式の総数の200分の1に当たる数を超えることはできない。

解 3 ○ 　株式会社の株主名簿が電磁的記録によって作成されている場合、当該株式会社は、株主に対し株主総会の招集等の通知を行うときは、株主名簿に記録された株主の住所にあてて行えば足り、その通知は、発信されれば、通常到達すべきであった時に到達したものとみなされる。

解 4 ○ 　種類株式発行会社が公開会社である場合において、議決権制限株式の数が発行済株式の総数の2分の1を超えるに至ったときは、株式会社は、直ちに、議決権制限株式の数を発行済株式の総数の2分の1以下にするための必要な措置をとらなければならない。

解 5 ○ 　譲渡制限株式を取得した株式取得者は、株式会社に対し、当該譲渡制限株式を取得したことについて承認をするか否かの決定をすることを請求することができ、また、取得を承認しない場合の譲渡の相手方の指定を請求することができる。そして、この場合の承認請求は、原則として、その取得した株式の株主として名簿に記載または記録されている者と共同してしなければならない。

問 **6**　X株式会社は、X社の株主との間の合意により、有償で自己株式を取得する場合、会社法上、X社の株主総会の特別決議による授権決議を経なければならず、株主総会の普通決議や取締役会決議による授権決議を経て自己株式を取得することは認められていない。　　　　　　　　（42−7−4−⑤）

問 **7**　株主総会における議決権は、株主が株式会社の意思決定に参加するための権利であるから、株式会社は、その取得した自己株式について議決権を有する。　　　　　　　　　　　　　　　　　　　　（45−4−1−①改）

第**4**節　会社の機関　　　　　　重要度 **A**

問 **1**　公開会社においては、総株主の議決権の100分の３以上の議決権を６ヶ月前から引き続き有する株主は、原則として、取締役に対し、株主総会の目的である事項および招集の理由を示して、株主総会の招集を請求することができる。　　　　　　　　　　　　　　　　　（44−1−4−④）

問 **2**　取締役会設置会社において、株主総会の招集権者である取締役は、定時株主総会を招集するため招集通知を発する場合、その招集通知を書面またはこれに代わる電磁的方法により行わなければならない。（44−1−4−③）

問 **3**　会社法上、株主総会は、株主全員の同意があるときには、原則として、株主に対する招集手続を経ることなく開催することができる。
　　　　　　　　　　　　　　　　　　　　　　　　　　　（43−4−3−ア）

解 6 ×　全ての株主を対象として、自己の株式を有償取得する場合は、株主総会の普通決議による授権決議があればよい。また、株式会社が特定の株主との合意により自己株式を有償で取得する場合、株主総会の特別決議による授権決議を経て自己株式を取得するのが原則である。しかし、市場取引により自己株式を取得する場合など、株主総会の普通決議や取締役会決議による授権決議を経て自己株式を取得することが認められる場合もある。

解 7 ×　会社は、自己株式については、議決権を有しない。

解 1 ○　公開会社においては、総株主の議決権の100分の3以上の議決権を6か月前から引き続き有する株主は、取締役に対し、株主総会の目的である事項および招集の理由を示して、株主総会の招集を請求することができる（株主総会招集請求権）。

解 2 ○　取締役会設置会社においては、株主総会の招集権者である取締役は、定時総会か臨時総会かを問わず、株主総会を招集するため招集通知を発する場合、会社法上、その招集通知を書面またはこれに代わる電磁的方法により行わなければならない。

解 3 ○　株主総会は、書面または電磁的方法による議決権行使を認めた場合を除き、株主の全員の同意があるときは、招集の手続を経ることなく開催することができる。

問 4 取締役会設置会社の取締役は、個人として会社の事業の部類に属する取引を行う場合、事前に取締役会において、当該取引につき重要な事実を開示し、その承認を受けるか、または、当該取引後、遅滞なく、当該取引についての重要な事実を取締役会に報告するか、いずれかをしなければならない。 (42-6-3-②改)

問 5 取締役会設置会社であるＡ社の取締役Ｂは、自己の個人的な金銭の借入れについて、Ａ社を連帯保証人とすることを希望している。この場合、Ｂは、Ａ社が連帯保証契約を締結する前に、Ａ社の取締役会において、当該連帯保証契約につき重要な事実を開示した上で、その承認を受ければ、Ａ社が当該連帯保証契約を締結した後、当該連帯保証契約についての重要な事実をＡ社の取締役会に報告する必要はない。 (46-8-4-ア改)

問 6 取締役会設置会社であるＸ社（監査等委員会設置会社ではなく、かつ、指名委員会等設置会社でもないものとする。）の取締役Ａの任務懈怠によりＸ社に損害が生じ、ＡがＸ社に対して損害賠償責任を負う場合、Ｘ社は、Ｘ社の総株主の同意があれば、当該損害賠償責任を免除することができる。 (44-8-3-イ改)

問 7 取締役は、その職務を行うについて第三者に損害を生じさせた場合、過失の有無にかかわらず、当該第三者に対して損害賠償責任を負う。 (45-1-4-オ)

問 8 会社法上、取締役会設置会社の取締役会は、重要な財産の処分および譲受け、多額の借財その他の重要な業務執行の決定を取締役に委任することができない。 (43-1-4-ウ)

解 4 ✕　取締役会設置会社の場合、取締役は、自ら会社の事業の部類に属する取引（競業取引）をするときは、事前に、取締役会において、当該取引につき重要な事実を開示してその承認を受けなければならず、また、当該取引後に、取締役会において、当該取引につき重要な事実を報告しなければならない。

解 5 ✕　本問の連帯保証契約は、会社と取締役以外の第三者との取引により、取締役が利益を受け、会社が不利益を受ける取引であり、利益相反取引（間接取引）に該当する。取締役が利益相反取引を行うには、株主総会（取締役会設置会社においては取締役会）において、その取引につき重要な事実を開示して、その承認を受ける必要がある。そして、取締役会設置会社においては、利益相反取引を行った取締役は、取締役会の承認の有無にかかわらず、その取引についての重要な事実を取締役会に報告する義務を負う。

解 6 ○　取締役が法令や定款の定めに違反する行為をするなど、その任務を怠り、会社に損害を与えた場合には、その取締役は、会社に対して損害賠償責任を負う（任務懈怠責任）。この取締役の任務懈怠責任は、過失責任である。また、この責任は、総株主（議決権制限株主も含む）の同意があれば免除することができる。

解 7 ✕　会社法上、取締役がその職務を執行するについて、悪意または重大な過失によって会社債権者等の第三者に損害を与えた場合には、その第三者に対してその損害を賠償する責任を負う。したがって、取締役に過失がなければ、第三者に対して、取締役は不法行為に基づく損害賠償責任を負わず、会社法上の損害賠償責任も負わない。

解 8 ○　取締役会設置会社においては、重要な財産の処分および譲受け、多額の借財その他の重要な業務執行の決定は、取締役会でしなければならない。したがって、これらの事項の決定を取締役に委任することはできない。

　監査役が置かれている取締役会設置会社において、取締役会は、取締役および監査役全員の同意があるときは、招集の手続を経ることなく開催することができる。　　　　　　　　　　　　　　　　　（45−1−4−イ改）

問 10 　X社の取締役会において、X社の経営に重大な影響を及ぼし得る新規プロジェクトに着手する旨の決議がなされた。取締役Bは、当該決議に参加したが、当該取締役会の議事録において当該決議に反対した旨の明確な記載がなく、かつ当該議事録に異議をとどめていなかった。この場合、会社法上、Bは、当該決議に賛成したものと推定される。　　　（41−2−3−②）

問 11 　取締役会設置会社であるX社（監査等委員会設置会社ではなく、かつ、指名委員会等設置会社でもないものとする）の取締役は、社外取締役を含め、その全員がX社の業務を執行しなければならない。（44−8−3−ア改）

問 12 　X社は、取締役会において、取締役Cおよび取締役Dを代表取締役として選定した上で、取締役会決議により、X社の事業のうち、食品関連事業については、CおよびDが共同でなければX社を代表することができない旨の代表権の制限を決定した。その後、Cが、X社の食品関連事業に関し、Dと共同せず単独でX社を代表して、Y社との間で商品の売買契約を締結した。この場合、会社法上、X社は、Y社が当該代表権の制限につき善意であるときは、Y社に対して当該代表権の制限を対抗することができない。　　　　　　　　　　　　　　　　　　　　　　（41−2−3−③）

問 13 　会計参与は、その職務を行うため必要があるときは、会計参与設置会社の子会社に対して会計に関する報告を求め、または当該子会社の業務および財産の状況の調査をすることができる。　　　　　　（42−2−4−ウ）

解 9　○　取締役会は、取締役（監査役設置会社にあっては、取締役および監査役）の全員の同意があるときは、招集の手続を経ることなく開催することができる。

解 10　○　取締役会の決議に参加した取締役であって議事録に異議をとどめないものは、その決議に賛成したものと推定される。

解 11　×　社外取締役とは、株式会社の取締役であって、当該株式会社またはその子会社の業務執行取締役もしくは執行役または支配人その他の使用人でなく、かつ、その就任の前10年間当該株式会社またはその子会社の業務執行取締役もしくは執行役または支配人その他の使用人となったことがないもの等一定の要件に該当するものをいう。社外取締役は、原則として、会社の業務を執行することはできない。

解 12　○　代表取締役は、株式会社の業務に関する一切の裁判上または裁判外の行為をする権限を有し、この代表取締役の権限に加えた制限は、善意の第三者に対抗することができない。

解 13　○　会計参与は、その職務を行うため必要があるときは、会計参与設置会社の子会社に対して会計に関する報告を求め、または会計参与設置会社もしくはその子会社の業務および財産の状況の調査をすることができる。

問 14　Aが監査役に選任されている甲株式会社は、会社法上の大会社ではないが、監査役会設置会社である。甲社の監査役としてAを含めて5名が選任されている場合、そのうち2名が社外監査役であれば足りる。

(46-3-1-ア改)

問 15　Aが監査役に選任されている甲株式会社は、会社法上の大会社ではないが、監査役会設置会社である。監査役Aの業務監査の権限は、取締役の行為についての適法性の監査であり、原則として、妥当性の監査には及ばない。

(46-3-1-オ改)

問 16　会社法上の公開会社であるX株式会社では、唯一の監査役としてAが選任されている。Aは、X社の取締役Bが、X社の目的の範囲外の行為をしている場合において、その行為によってX社に著しい損害が生ずるおそれがあるときは、Bに対し、その行為をやめることを請求することができる。

(45-6-3-ア改)

問 17　Aが監査役に選任されている甲株式会社は、会社法上の大会社ではないが、監査役会設置会社である。甲社は、大会社ではないが、監査役会設置会社であるため、会計監査人の設置を義務付けられる。(46-3-1-イ改)

問 18　指名委員会等設置会社および監査等委員会設置会社は、会計監査人を設置してはならない。

(44-4-3-⑤)

第5節 計 算　　　　重要度 B

問 1　株式会社は、その純資産額が300万円を下回る場合には、剰余金の配当をすることができない。

(46-10-1-ア改)

解14 ✕　監査役会設置会社においては、監査役は3人以上で、そのうち半数以上は社外監査役でなければならない。したがって、本問の場合、少なくとも3名は社外監査役でなければならない。

解15 ○　監査役の業務監査の範囲は、取締役の行為が法令・定款に違反するか否かという適法性監査にとどまり、取締役の行為が妥当か否かという妥当性監査にまでは原則として及ばないと解されている。

解16 ○　監査役は、取締役が監査役設置会社の目的の範囲外の行為その他法令・定款に違反する行為をし、またはこれらの行為をするおそれがある場合に、当該行為によって会社に著しい損害を生ずるおそれがあるときは、当該取締役に対し、当該行為をやめることを請求することができる（取締役の違法行為差止請求権）。

解17 ✕　監査等委員会設置会社、指名委員会等設置会社および大会社には会計監査人の設置が義務付けられているが、その他の会社についてはその設置は任意である。

解18 ✕　指名委員会等設置会社および監査等委員会設置会社は、監査役および監査役会を設置することができないことから、財務面での監査の十分性を確保するため、会計監査人を設置しなければならない。

解1 ○　会社債権者保護の観点から、純資産額が300万円を下回る（未満）場合には、分配可能額の範囲内においても剰余金の配当をすることはできない。

問 **2**　　株式会社は、配当財産が金銭以外の財産である場合において、株主に対して当該配当財産に代えて金銭を交付することを株式会社に対して請求する権利（金銭分配請求権）を与えないときは、株主総会の特別決議によらなければ剰余金の配当を行うことができない。　　　　（46−10−1−ウ改）

第 **6** 節 会社の資金調達　　　　　　　　　　　　　重要度 **B**

問 **1**　　公開会社である株式会社は、その設立時には、発行可能株式総数の範囲内であればその多寡を問わず、自由に株式を発行することができる。

（43−7−1−①改）

問 **2**　　公開会社である株式会社は、一定の要件の下で発行可能株式総数を増加させることができるが、増加後の発行可能株式総数は、増加前の発行済株式総数の4倍を超えることはできない。　　　　（43−7−1−②改）

問 **3**　　株式会社が株主に募集株式の割当てを受ける権利を与える株主割当ての方法により募集株式を発行する場合、株主は、原則として、その有する株式の数に応じて割当てを受ける権利を有する。　　　　（43−7−1−③改）

問 **4**　　株主は、募集株式の発行が法令または定款に違反する場合、または、募集株式の発行が著しく不公正な方法により行われる場合において、不利益を受けるおそれがあるときは、会社に対し、当該募集株式の発行をやめることを請求することができる。　　　　（43−7−1−⑤改）

解 2 ○　配当財産が金銭以外の財産であり、かつ、株主に対して金銭分配請求権を与えないこととするとき（現物配当）は、株式会社は、株主総会の特別決議を経る必要がある。

解 1 ×　公開会社の場合には、会社設立時においては、発行可能株式総数の4分の1以上を発行しなければならない。発行可能株式総数の範囲内であれば、その多寡を問わず、自由に株式を発行することができるわけではない。

解 2 ○　公開会社においては、会社成立後は、原則として、取締役会の決議だけで随時募集株式の発行をすることができる。また、定款を変更して発行可能株式総数を増加することもできるが、変更後の発行可能株式総数は、当該定款の変更が効力を生じた時における発行済株式の総数の4倍を超えることはできない。

解 3 ○　株式会社が株主に募集株式の割当てを受ける権利を与える株主割当ての方法により募集株式を発行する場合、株主は、原則として、その有する株式の数に応じて割当てを受ける権利を有する。

解 4 ○　株主は、募集株式の発行が法令または定款に違反する場合、または、募集株式の発行が著しく不公正な方法により行われる場合において、不利益を受けるおそれがあるときは、会社に対し、当該募集株式の発行をやめることを請求することができる（募集株式の発行差止請求権）。

第7節 企業結合

重要度 A

問1 A株式会社は、B株式会社との間で、存続会社をA社、消滅会社をB社とする吸収合併を行うこととした。本件吸収合併に反対するA社における反対株主は、A社に対して自己の株式を公正な価格で買い取るよう請求することができる。しかし、本件吸収合併に反対するB社における反対株主は、B社に対して自己の株式を公正な価格で買い取るよう請求することができない。　　　　　　　　　　　　　　　　　　　　　（45−7−4−⑤改）

問2 A株式会社は、B株式会社との間で、存続会社をA社、消滅会社をB社とする吸収合併を行うこととした。本件吸収合併により、B社の財産は包括的にA社に移転し、B社の従業員は原則としてA社に雇用されることとなり、B社は清算手続を経ることによって消滅する。　（45−7−4−①改）

問3 株式移転とは、完全子会社となる株式会社の発行済株式のすべてを完全親会社となる既存の株式会社または合同会社に取得させる手続である。
　　　　　　　　　　　　　　　　　　　　　　　　　　　　　　（46−6−2−①）

問4 会社法上、株式会社や合同会社に限らず、合名会社と合資会社も、会社分割における分割会社となることができる。　　　　　　　（43−10−4−エ）

第8節 解散・清算・会社の継続

重要度 B

問1 清算株式会社の複数の清算人全員で清算人会が組織される場合、原則として、清算人の中から代表清算人が選定され、当該代表清算人が清算株式会社を代表する。　　　　　　　　　　　　　　　　　　　　（46−5−2−イ）

問2 清算人は、清算事務として、現務の結了、債権の取立および債務の弁済、残余財産の分配を行う。　　　　　　　　　　　　　　　（46−5−2−ウ）

解 1 ✕ 合併に反対する消滅会社および存続会社の株主（反対株主）は、原則として、各々の会社に対し、自己の株式を公正な価格で買い取るよう請求することができる（反対株主の株式買取請求権）。

解 2 ✕ 合併により、消滅会社の権利・義務は、法律上当然にそのすべてが新設会社または存続会社に承継される。したがって、B社の財産は包括的にA社に移転し、B社の従業員は原則としてA社に雇用されることとなる。しかし、消滅会社は、清算手続を経ることなく、当然に消滅する。

解 3 ✕ 株式移転とは、1または2以上の株式会社がその発行済株式の全部を新たに設立する株式会社に取得させる手続をいう。完全子会社となる株式会社の発行済株式のすべてを完全親会社となる既存の株式会社または合同会社に取得させる手続は、株式交換である。

解 4 ✕ 会社分割をすることができる（分割会社となりうる）のは、株式会社または合同会社のみである。

解 1 ○ 清算人会は、すべての清算人で組織するが、清算人会は、原則として、清算人の中から代表清算人を選定しなければならない。

解 2 ○ 清算人は、その職務として、現務の結了、債権の取立ておよび債務の弁済、残余財産の分配を行う。

第**2**章

各種の会社をめぐる法律関係

本章では、会社が主体となって行う様々な契約の内容、その契約等の企業活動において生じた損害賠償に関する法律関係について学習します。

試験対策としては、損害賠償に関する法律関係からの出題がもっとも多く、これを重点的に学習する必要がありますが、他の項目からも満遍なく出題されていますので、手を抜くことなく、しっかりと学習してください。

ファイナンス・リース契約

この節で学習すること

1 意義

どのような契約形態をいうのか、イメージをつかみましょう。

登場人物を具体的にイメージして、構造をつかみましょう。

2 ファイナンス・リース契約のしくみ

登場人物の絵を見ながら、それぞれの立場に立って、取引の流れをつかみましょう。

3 ファイナンス・リース契約締結までの取引の流れ

4 ファイナンス・リース契約当事者間の法律関係

誰と誰の間にどのような契約関係があるのか、正確に押さえましょう。

5 リース契約期間満了後の処理

いくつかのパターンがありますので、具体的にイメージしながら押さえましょう。

① 意　義

　ファイナンス・リース契約とは、特定の機械・設備を調達しようとするユーザーに対して、その購入資金を貸し付ける代わりに、リース会社が、自己の名で機械・設備の販売業者たるサプライヤー（メーカーまたはディーラー）から当該物件を購入し、それをユーザーにリース（賃貸）して使用させ、ユーザーが約定の期間に支払うリース料をもって、物件の購入代金・金利・手数料等を回収するものをいいます。

② ファイナンス・リース契約のしくみ

　ファイナンス・リース契約は、①リース会社とユーザー間の「リース契約」と、②サプライヤーとリース会社間の「売買契約」の2つの契約から成り立っています。

③ ファイナンス・リース契約締結までの取引の流れ

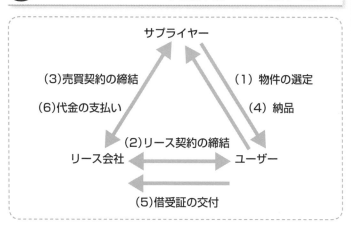

◀ 発　展 ▶

ファイナンス・リース契約は、賃貸借と金銭消費貸借の結合したものであり、リース会社は、物件の購入資金をユーザーに貸し付ける代わりに、物件そのものを貸し付けている（物融）ということができます。

❶　物件の選定

　まず、ユーザーが利用を望む物件を選定し、ユーザー・サプライヤー間で物件の価格や納期、保守条件等につき合意が得られたら、ユーザーがリース会社に対してリース契約の申込みをしま

す。物件の選定には、リース会社は原則として**関与しません**。

❷ リース契約の締結

ユーザーから申込みを受けたリース会社は、リース料の見積書を提示する一方、ユーザーの信用調査等の審査を行い、ユーザーとの間でリース契約を締結します。

このリース契約は、ユーザーによるリース契約の申込みに対し、リース会社が承諾した時点で成立する諾成契約です。また、**不要式契約**であって、**契約書の作成は、リース契約の効力発生要件ではありません**。

❸ 売買契約の締結

リース会社は、リース契約を締結した後に、サプライヤーとの間で物件の売買契約を締結します。リース契約を締結する前に売買契約を締結すると、リース契約が不成立に終わった場合に目的物件がリース会社の在庫となる危険があるため、一般に、**売買契約はリース契約の締結後に締結**されます。サプライヤーとリース会社との間の物件の売買契約も、**諾成契約**かつ**不要式契約**であって、法律上契約の効力発生要件として書面を作成することを要求されているわけではなく、口頭の合意でも効力が生じます。

> ココが出る!

❹ 納品・借受証の交付

物件は、サプライヤーからユーザーに直接納品されます。ユーザーは、自己の責任で納品された物件に数量不足、性能・品質不良等の瑕疵がないかどうかを検査し、瑕疵がないことを確認したときは、借受証をリース会社に交付します。ユーザーがリース料を支払い始めるのは、借受証を交付してからです。リース会社は、借受証の交付を受けた後、サプライヤーに対し、物件の売買代金を支払います。

④ ファイナンス・リース契約当事者間の法律関係

❶ リース物件に瑕疵があった場合の責任

リース物件の所有権はリース会社にあるため、ユーザーが物件を滅失・損傷した場合には、ユーザーはリース会社に対してその損害を賠償しなければなりません。一方、**物件に瑕疵があっても、ユーザーはリース会社に直接責任を追及することはできず、サプライヤーに対して責任を追及することとされているのが通常**です。なぜなら、物件の選定は、サプライヤーとユーザーとの間で行われ、リース会社はこれに関与しないからです。

◀ ココが出る! ▶

◀ 発 展 ▶
ファイナンス・リース契約では、一般に、リース物件に瑕疵があったとしても、ユーザーは、リース会社に対して責任を追及しない旨が定められています。

❷ 物件の保守・修繕義務

物件の保守・修繕義務を負うのは、リース会社ではなく、ユーザーです。なぜなら、物件はユーザーが選定し、ユーザーがその使用・運転管理に精通していますし、リース料には物件のメンテナンス・修繕費用は含まれていないからです。

もっとも、修繕をリース会社の責任で行うメンテナンス・リースという形態もあります。また、実務では、ユーザーがサプライヤー等との間で物件のメンテナンスに関する契約（保守契約）を締結することも多いです。

◀ ココが出る! ▶

⑤ リース契約期間満了後の処理

リース契約期間満了後の処理は、一般に、①再リース、②契約終了（物件をリース会社に返還する）、③ユーザーの物件買取り、のいずれかの方法によります。再リースの場合、一般に、再リース料は、従前のリース料の10分の1から12分の1程度とされています。

◀ ココが出る! ▶

この節で学習すること

1 請負契約

請負人が仕事を完成させ、注文者がその対価として報酬を支払う契約です。

請負との違いを明確にしましょう。

2 製作物供給契約

---

❶ 請負契約

◀ 発 展 ▶

請負人が自分の材料で注文者の土地上に建物を建築したときは、当事者間に別段の意思表示がない限り、完成建物の所有権は、原始的に請負人に帰属し、それが引渡しの時に注文者に移転するとされています（判例）。

請負とは、当事者の一方（請負人）がある仕事を完成することを約し、相手方（注文者）がその仕事の結果に対してその報酬を支払うことを約することによって、その効力を生ずる契約をいいます。

以下では、建設工事請負契約（建築請負契約）について説明します。

❶ 建設工事請負契約と建設業法との関係

民法上は、請負契約について契約書の作成は要求されていません。しかし、建設業法では、建設工事の請負契約の当事者は、請負契約の締結に際して所定の事項を書面に記載し、署名または記名押印をして相互に交付するか、または、当該書面に代えて、当該契約の相手方の承諾を得て、電子情報処理組織を使用する方法等による所定の措置をとらなければならないものとされています。

ココが出る!

ただし、**契約書を作成しなければ建設工事請負契約が無効となる**わけではないことに注意してください。

114

❷ 請負代金の決定方法

建設工事請負代金の支払方法には、①定額請負と、②概算請負の２種類があります。

① 定額請負

これは、契約の締結に際し、仕事の完成に必要な資材・労働その他の見込み額に、一定の利潤を加えて算出した総額を請負代金とする方法をいいます。定額請負においては、契約締結後の材料・工賃の増加や若干の条件変更による工事費用の増加などは考慮されません。

② 概算請負

これは、契約の締結に際しては概算額を定めるにとどめ、後日最終的な金額の確定を予定する形で請負代金を定める方法をいいます。

❸ 請負代金の支払時期

民法上、注文者は、報酬の支払時期について特約がなければ、**目的物の引渡しを要する場合には引渡しの時**に、目的物の引渡しが不要の場合には仕事完成の時に、報酬を支払わなければならないとされています。したがって、建設請負の場合には、目的物の引渡しを要することから、報酬（請負代金）は、仕事の目的物（建物）の引渡しと同時に支払わなければならないことになります。ただし、特約によって、請負代金を前払いとし、または仕事の進捗に応じて分割払いとすることもできます。

ところで、注文者の責めに帰することができない事由によって仕事を完成することができなくなった場合または請負契約が仕事の完成前に解除された場合において、請負人が既にした仕事の結果のうち可分な部分の給付によって注文者が利益を受けるときは、その部分を仕事の完成とみなし、請負人は、注文者が受ける利益の割合に応じて報酬を請求することができます。

なお、**請負人が仕事を完成しない間は、注文者は、いつでも損害を賠償して契約の解除をすることができます**。これは、請負人に債務不履行がなくても、注文者に解除権の行使を認めるものです。

◀ 発 展 ▶

目的物引渡債務と報酬支払債務とは、同時履行の関係に立ちます（判例）。

注 意 ⚠

請負人には、仕事完成義務がありますので、仕事完成前における任意の解除権行使は認められていません。

第2章 各種の会社をめぐる法律関係

❹　請負人の担保責任（契約不適合責任）

①　売主の担保責任（契約不適合責任）の規定の準用

　請負人の担保責任については、売買における売主の担保責任の規定が準用されます。すなわち、請負人が種類または品質に関して契約の内容に適合しない仕事の目的物を注文者に引き渡したとき（その引渡しを要しない場合にあっては、仕事が終了した時に仕事の目的物が種類または品質に関して契約の内容に適合しないとき）、たとえば、完成した建物に欠陥があったような場合には、注文者は、**履行の追完の請求（修補請求等）、報酬の減額の請求**ができ、また、債務不履行に基づく**損害賠償の請求**および**契約の解除**をすることができます。

②　請負人の担保責任の制限

　請負人が種類または品質に関して契約の内容に適合しない仕事の目的物を注文者に引き渡したとき（その引渡しを要しない場合にあっては、仕事が終了した時に仕事の目的物が種類または品質に関して契約の内容に適合しないとき）は、注文者は、注文者の供した材料の性質または注文者の与えた指図によって生じた不適合を理由とする履行の追完の請求、報酬の減額の請求、損害賠償の請求および契約の解除をすることができません。ただし、請負人がその材料または指図が不適当であることを知りながら告げなかったときは、注文者は、担保責任を追及することができます。

③　目的物の種類または品質に関する担保責任の期間の制限

　仕事の目的物が契約の内容に適合しない場合において、注文者がその不適合を知った時から１年以内にその旨を請負人に通知しないときは、注文者は、その不適合を理由とする履行の追完の請求、報酬の減額の請求、損害賠償の請求および契約の解除をすることができません。

　ただし、仕事の目的物を注文者に引き渡した時（その引渡しを要しない場合にあっては、仕事が終了した時）において、請負人が当該不適合を知り、または重大な過失によって知らなかったときは、注文者は、担保責任を追及することができます。

注　意

建物その他土地の工作物の請負においても、債務不履行の規定に基づき契約の解除ができることに注意してください。

❺ 仕事完成前の目的物の滅失または損傷

　建設工事請負契約においては、請負人には仕事を完成させる義務および完成した仕事の目的物を引き渡す義務があります。それでは、**仕事完成前に仕事の目的物が滅失または損傷した場合において、当該滅失または損傷につき請負人および注文者の双方に帰責事由がないとき、請負人の仕事完成義務・引渡義務はなお存続するでしょうか**。また、請負人に報酬増額請求権等が認められるでしょうか。

　民法の規定および判例によれば、結論は以下のとおりとなります。

① **仕事の完成が可能な場合**

　請負人の仕事完成義務・引渡義務はなお存続しますが、請負人に報酬増額請求権は認められません。

② **仕事の完成が不可能な場合**

　請負人の仕事完成義務・引渡義務は消滅します。その反面、請負人の報酬請求権（注文者の報酬支払義務）は存続します。ただし、注文者は、報酬請求を拒むことができます。また、注文者は、請負契約を解除することができ、これによって報酬支払義務を免れることができます。

　もっとも、いずれの場合も、請負人が既にした仕事の結果のうち可分な部分の給付によって注文者が利益を受けるときは、その部分を仕事の完成とみなし、請負人は、注文者が受ける利益の割合に応じて報酬を請求できます。

❻ 仕事完成後引渡し前の目的物の滅失または損傷

　仕事完成後引渡し前に目的物が滅失または損傷した場合の法律関係は、以下のようになります。

① **再度の仕事の完成が可能な場合**

　イ　**滅失または損傷につき請負人に帰責事由がある場合**

　　請負人の仕事完成義務・引渡義務はなお存続します。また、請負人は注文者に対して**損害賠償責任**を負います。

　ロ　**滅失または損傷につき注文者に帰責事由がある場合**

　　請負人の仕事完成義務・引渡義務はなお存続しますが、注

ココが出る！

ココが出る！

文者は請負人に対して**損害賠償責任**を負います。

　ハ　**滅失または損傷につき双方に帰責事由がない場合**

　　　請負人の仕事完成義務・引渡義務はなお存続しますが、請負人に報酬増額請求権は認められません。

② **再度の仕事の完成が不可能な場合**

　イ　**滅失または損傷につき請負人に帰責事由がある場合**

　　　請負人の仕事完成義務・引渡義務は消滅します。また、請負人は報酬請求できないのが原則です。しかし、注文者の帰責事由によらずに仕事完成が不可能になった場合で、請負人が既にした仕事の結果のうち可分な部分の給付によって注文者が利益を受けるときは、その部分を仕事の完成とみなし、請負人は、注文者が受ける利益の割合に応じて報酬を請求できます。そして、請負人は注文者に対して**損害賠償責任**を負います。

　ロ　**滅失または損傷につき注文者に帰責事由がある場合**

ココが出る！

　　　請負人の仕事完成義務・引渡義務は消滅します。その反面、請負人の報酬請求権（注文者の報酬支払義務）は存続します。注文者は、**報酬請求を拒むことはできません**。

　ハ　**滅失または損傷につき双方に帰責事由がない場合**

ココが出る！

　　　請負人の仕事完成義務・引渡義務は消滅します。その反面、請負人の報酬請求権（注文者の報酬支払義務）は存続します。ただし、注文者は、**報酬請求を拒むことができます**。また、注文者は、請負契約を解除することができ、これによって報酬支払義務を免れることができます。

　　　しかし、注文者の帰責事由によらずに仕事完成が不可能になった場合で、請負人が既にした仕事の結果のうち可分な部分の給付によって注文者が利益を受けるときは、その部分を仕事の完成とみなし、請負人は、注文者が受ける利益の割合に応じて報酬を請求できます。そして、請負人は注文者に対して**損害賠償責任**を負います。

❼　**下請契約**

　下請契約とは、建設工事を他の者から請け負った建設業を営む

者と他の建設業を営む者との間で当該建設工事の全部または一部について締結される請負契約をいいます。

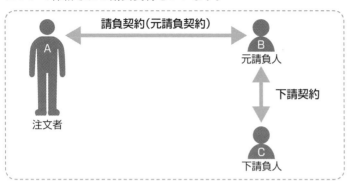

請負契約（元請負契約）

A 注文者

B 元請負人

下請契約

C 下請負人

下請契約のうち、請け負った建設工事を一括して他人に請け負わせるもの（**一括下請負**）は、建設業法上、原則として禁止されます。ただし、**一定の建設工事**の場合には、当該建設工事の**元請負人があらかじめ発注者の書面による承諾を得たとき**は、一括下請負も可能です。

なお、**元請負人**が施工計画を立て、技術指導監督・労務管理を行うなど、施工の実際に関与し、他の下請負者の施工との調整を行い、注文者との契約の目的を達成すべく、**施工管理に具体的・総合的に携わる場合**には、**一括下請負とはならない**とされています。

❷ 製作物供給契約

❶ 意　義
製作物供給契約とは、当事者の一方が相手方の注文に応じ、主として自己の所有する材料を用いて製作した物品を供給することを約し、相手方がこれに対して報酬を支払うことを約する契約をいいます。

❷ 法的性質
製作物供給契約には、物品の製作という請負契約的な側面と、物品の供給・報酬の支払いという売買契約的な側面とがありま

ココが出る！

◀ 発　展 ▶
「一定の建設工事」は、民間の工事に限られ、公共事業の工事は含まれません。

◀ 発　展 ▶
オーダーメイドの洋服や特注の機械の製造等で製作物供給契約が利用されています。

す。
　製作物供給契約には、請負契約的性質が強いものや売買契約的性質が強いものがあり、その法的性質は一義的に決まるわけではありません。

第3節 委任を基礎とする契約

重要度 **A**

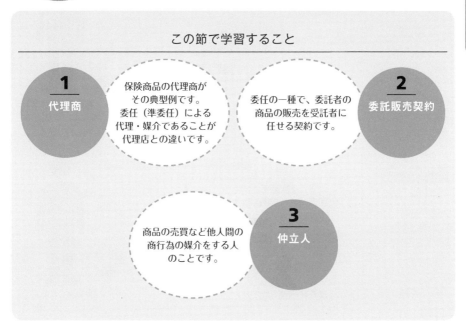

この節で学習すること

1 代理商
保険商品の代理商がその典型例です。委任（準委任）による代理・媒介であることが代理店との違いです。

2 委託販売契約
委任の一種で、委託者の商品の販売を受託者に任せる契約です。

3 仲立人
商品の売買など他人間の商行為の媒介をする人のことです。

本節では、代理商、委託販売契約（問屋契約）および仲立人について説明します。特に、代理商と仲立人については、試験でよく聞かれますので、その内容をしっかりと理解してください。

❶ 代理商

❶ 意　義

代理商とは、一定の商人・会社（**本人**）のために、平常その営業・事業の部類に属する取引の代理または媒介を行う独立の商人をいいます。一定の商人・会社のためにその営業を補助する者です。

代理商のうち、代理をなす者を締約代理商、媒介をなす者を媒介代理商といいます。

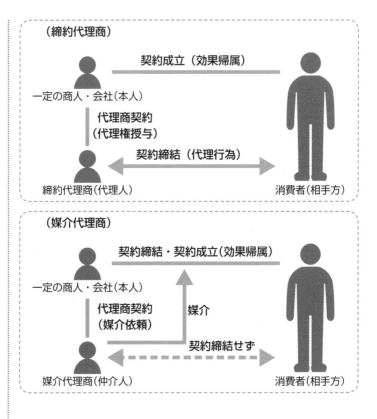

（締約代理商）

契約成立（効果帰属）

一定の商人・会社(本人)

代理商契約
（代理権授与）

契約締結（代理行為）

締約代理商(代理人)

消費者(相手方)

（媒介代理商）

契約締結・契約成立(効果帰属)

一定の商人・会社(本人)

代理商契約
（媒介依頼）

媒介

契約締結せず

媒介代理商(仲介人)

消費者(相手方)

❷ 法的性質

　代理商のうち、締約代理商は、一定の商人・会社（本人）との間で、代理商契約（**委任契約**）を締結することにより、本人のためにその営業・事業の部類に属する取引の代理をなすことの委託を受けます。これに対し、媒介代理商は、本人との間で、代理商契約〔委任契約（正確には**準委任契約**）〕を締結することにより、本人のためにその営業・事業の部類に属する取引の媒介をなすことの委託を受けます。

　代理商にあっては、締約代理商・媒介代理商のいずれにおいても、売買取引による権利義務関係と経済的効果はともに本人に帰属します。

❸　具体例

　A社（損害保険会社）の保険商品を、B社（代理商）が代理人としてC（消費者）に販売し、または、仲介人として媒介すると、保険契約がA社とCとの間に成立します。

　B社は、代理人として、または、仲介人として契約を成立させたことの報酬として手数料をA社から受け取ることにより、利益を上げることができます。

❹　代理商の権利・義務

権利	①**報酬請求権**（報酬に関する定めがない場合でも、本人に報酬を請求できる）
	②**留置権**（商事留置権） 代理商は、別段の意思表示がない限り、取引の代理・媒介をなしたことによって生じた債権（手数料等の報酬請求権、立替金の償還請求権等）が弁済期にあるときは、その弁済を受けるまで本人のために占有する物・有価証券を留置できる。**この権利は、当事者間の特約によって排除できる。**
義務	①**善管注意義務**（本人に対して善良な管理者の注意義務を負う）
	②**通知義務** 代理商が取引の代理または媒介をなした場合には、遅滞なく本人に対してその通知を発しなければならない。
	③**競業避止義務** 代理商は、本人の許可がなければ、自己または第三者のために本人の営業・事業の部類に属する取引をすることができない。 代理商は、本人の許可がなければ、同種の営業・事業を目的とする会社の取締役・執行役・業務を執行する社員となることができない。 本人は、代理商が本人の許可を得ず、自己または第三者のために本人の営業・事業の部類に属する取引をしたことにより、損害を受けた場合には、代理商に対して損害賠償を請求できる。この場合、当該行為によって代理商または第三者が得た利益の額は、本人に生じた損害の額と推定される。

◀ **ココが出る!**

⚠️ **注　意**
代理商に認められる留置権は、商事留置権であるため、民事留置権のように被担保債権と留置目的物との間の牽連性があることは不要です。

◀ **発　展** ▶
代理商に競業避止義務が課せられているのは、代理商が本人の営業・事業に関し知り得た知識を利用して、本人の犠牲の下に自己や第三者の利益を図ることを防止する趣旨です。

第2章　各種の会社をめぐる法律関係

❷ 委託販売契約（問屋営業）

❶ 意　義

　委託販売契約とは、委託者（商品供給業者など）と受託者との間で、受託者は、委託者の供給する商品を、受託者の名をもって、委託者の計算において第三者（消費者）に販売し、これに対し、委託者が受託者に報酬（手数料）を支払うことを約する契約をいいます。

❷ 法的性質

　委託販売契約は、委任契約の一類型であり、委託販売契約における受託者は、委託を受けて物品の販売の**取次**を行うことを業とする者であることから、自己の名をもって、他人のために（他人の計算において）物品の販売または買入れをなすことを業とする者といえ、商法上の**問屋営業**に該当します。

　委託者は、不特定の者であり、**商人・非商人を問いません。**

◀ 発　展 ▶

問屋と委託者との間においては、商法の「問屋営業」の規定のほか、民法の「委任」および「代理」に関する規定が準用されます。たとえば、委託販売契約は、委任に関する規定が準用されるため、各当事者がいつでもその解除をすることができますが、当事者の一方が相手方に不利な時期に委託販売契約の解除をしたときは、やむを得ない事由があったときを除き、その当事者の一方は、相手方の損害を賠償しなければなりません。

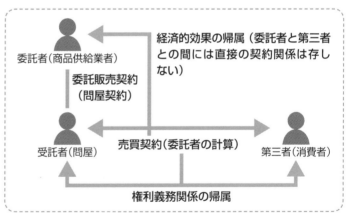

❸ 販売委託と指値

① 販売受託者は、**指値遵守義務**を負います。

② 販売受託者が指値未満で販売した場合、委託者は、原則として、その結果の引受けを拒絶できます。ただし、販売受託者が指値との差額を負担するときは、委託者は、販売が自己の計算で行われたものであることを拒絶できません。

たとえば、Ａ社の委託を受けたＢ社が、Ａ社の指値未満でＡ社の供給する商品をＣに販売した場合において、Ｂ社が指値との差額を負担するときは、Ａ社は、Ｂ社が商品をＣに引き渡すのを禁止することはできません。

③　販売委託につき委託者が指値を行うことは、独占禁止法で禁止される**再販売価格の拘束には該当しません**。

❹　具体例

　　Ａ社（メーカー）の商品を、Ｂ社が商品の所有権をＡ社に留保したまま、しかしＢ社が売主となって、Ｃ（消費者）に販売し、Ｃから受領した売買代金をＡ社に引き渡します。そして、Ｂ社は、Ａ社から報酬（手数料）を受領します。万一、商品が売れ残っても、その商品はＡ社の物であるため、売れ残りリスクは、全面的にＡ社が負担することになります。

◀ 発　展 ▶
有価証券売買の取次ぎを行う金融商品取引業者や広告主のための広告の取次ぎを行う広告業者も商法上の問屋に該当します。

❸ 仲立人

❶　意義・法的性質

　　仲立人とは、商品の売買など他人間の商行為の媒介をなすことを業とする者をいいます。

　　媒介とは、他人の間に立って、両者を当事者とする法律行為（契約）の成立に尽力する行為であり、取引に関する情報を提供する等の行為を含みます。

　　仲立契約は、民法上の準委任契約にあたり、仲立人が委託者から商行為の媒介を引き受けることにより成立します（諾成契約）。**契約書の作成・交付は成立要件ではない**ことに注意してください。

　　委託者は、不特定の者であり、**商人・非商人を問いません**。

◀ココが出る！

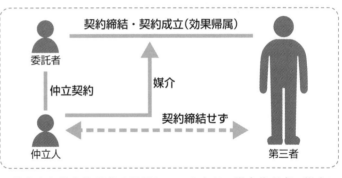

仲立人と媒介代理商は類似していますが、媒介代理商の場合には、報酬は委託者本人から受領するのみであるのに対し、仲立人の場合には、当事者双方から報酬を受領できます。また、媒介代理商が一定の者のために媒介をなすのに対して、仲立人は、不特定の者のために媒介をなす点でも異なります。

❷ 仲立人の権利・義務

権利	①**報酬請求権** 報酬を請求するためには、次の要件を満たすことが必要。 ａ 自己の媒介により当事者間に契約が成立したこと（成功報酬） ｂ 結約書（仕切書・締約書）の交付手続を終えていること 結約書とは、当事者間に契約が成立したときに、所定の事項を記載した契約成立を示す書面をいう。
	②**給付受領権限**（自己が媒介した行為につき当事者のために支払いその他の給付を受領する権限）**は、原則として有しない**。したがって、仲立人が媒介した契約において、当事者の一方が仲立人に対して給付（代金の支払い等）をしたとしても、原則として、それは相手方に対する債務の履行とはならない。
義務	①**善管注意義務**
	②**結約書交付義務** 仲立人は、当事者間に契約が成立した場合には、遅滞なく一定の事項を記載した結約書を作成し、署名または記名押印の上、各当事者に交付しなければならない。

③帳簿作成・謄本交付義務
仲立人は、帳簿を備え、結約書に掲げた事項を記載して保存し、各当事者の請求があれば、いつでもその帳簿の謄本を交付しなければならない。

④氏名・商号の黙秘義務
当事者がその氏名・商号を相手方に示さないよう仲立人に命じたときは、仲立人は、その命令に従い、結約書・帳簿の謄本にも記載してはならない。

⑤介入義務
仲立人が当事者の一方の氏名・商号を相手方に示さなかったときは、当該相手方に対して自ら履行する責任を負う。仲立人がこの義務を履行したときは、これによって債務を免れた当事者（氏名・商号の秘匿を命じた当事者）に対して求償することができる。

注意 ⚠

商行為が成立した後も帳簿を保存する義務を負うことに注意してください。
なお、仲立人は、代理商と異なり、競業避止義務を負わないことにも注意しましょう。

❸ 具体例

　商行為である不動産取引を媒介する不動産仲介業者（宅地建物取引業者）や旅客運送契約・宿泊契約の締結を媒介する旅行業者は、商法上の仲立人に該当します。

第4節 寄託契約

この節で学習すること

1 消費寄託契約
銀行預金が典型例です。消費貸借と似ていますが、異なる契約類型です。

倉庫営業者が寄託者のためにモノを保管する契約です。
2 倉庫寄託契約

本節では、民法上の寄託契約の一種である消費寄託契約と倉庫寄託契約について説明します。

❶ 消費寄託契約

❶ 意義・法的性質

消費寄託契約とは、寄託者（預金者等）から受け取った金銭その他の寄託物を受寄者（金融機関等）が消費し、同種・同等・同量の物を寄託者に返還することを約する契約をいいます。金銭消費寄託契約（預金契約）は、消費寄託契約の一種です。

❷ 預金契約

預金契約については、民法の消費寄託契約の規定のほか、金融機関が定める預金約款（全国銀行協会が制定する預金取引約款など）が適用されます。

❸ 預金の返還時期

預金契約において、**返還の時期を定めなかったときは**、預金者（寄託者）は、**いつでも返還を請求することができます**。

また、定期預金契約のように返還の時期を定めたときであっても、預金約款等に別段の定めがない限り、預金者は、いつでも返還を請求することができます。

なお、受寄者（金融機関等）は、返還時期の定めの有無にかかわらず、いつでも寄託物（預金等）を返還することができます。

② 倉庫寄託契約

❶ 意義・法的性質

倉庫寄託契約とは、倉庫営業者が寄託者のために物品を倉庫に保管することを約する契約をいいます。

倉庫営業者とは、他人のために物品を倉庫に保管することを業とする者をいい、倉庫業を営もうとする者は、倉庫業法により、国土交通大臣の登録を受けなければなりません。

なお、倉庫寄託契約は、諾成契約です。

受寄者が寄託物を受け取るまでであれば、寄託者は寄託契約を自由に解除できますが、これにより、受寄者が損害を受けたときは、受寄者は、寄託者に対して、その賠償を請求できます。

また、無償寄託については、書面による寄託でない場合は、受寄者が寄託物を受け取るまでであれば、受寄者は寄託契約を自由に解除することができます。

❷ 倉庫営業者の権利・義務

① 権利

商法の規定によれば、倉庫営業者は、**寄託物出庫の時**でなければ、保管料および立替金その他寄託物に関する費用の支払いを請求することができません。ただし、この商法の規定は任意

ココが出る!

規定であり、**特約で排除**することができます。

　倉庫営業者は、寄託者が期限に保管料等の費用の支払いをしない場合、寄託物について**留置権、動産保存の先取特権**を行使することができます。また、保管期間満了後、寄託者がその目的物の受領を拒み、またはこれを受領することができないときは、倉庫営業者は、その物を**供託**し、または相当の期間を定めて催告をした後に**競売**に付することができます。

② **義　務**

　倉庫営業者は、寄託物をその性質に適する方法で、**善良な管理者の注意**をもって保管しなければなりません。

　倉庫営業者は、やむを得ない事由または寄託者の承諾がなければ、他の倉庫営業者に寄託物の保管をさせること（下請け）ができません。

　保管期間の定めの有無を問わず、倉庫営業者は、寄託者の請求があれば、いつでも寄託物を返還しなければなりません。ただし、倉庫営業者は、寄託者の請求があれば、倉荷証券を交付する必要があり、倉荷証券が作成された場合は、倉荷証券の所持人に対して、倉荷証券と引換でなければ、寄託物の返還請求に応じる必要はありません。

　商法の規定によれば、倉庫営業者は、寄託物の保管に関し注意を怠らなかったことを証明しない限り、その滅失または損傷について損害賠償の責任を免れることができません。

　ただし、この商法の規定は任意規定であり、**特約で排除**することができ、たとえば、「寄託物の保管に関し、倉庫営業者またはその使用人の故意または重過失により損害が生じたことを寄託者が証明しない限り、倉庫営業者は賠償責任を負わない」旨の特約を設けることができます。そして、倉庫寄託約款でも、損害が倉庫営業者またはその使用人の故意または重過失により生じたことを寄託者が証明しない限り、倉庫営業者は責任を負わない旨の規定が設けられるのが通常です。そのため、寄託物の滅失または損傷については損害保険を付保する必要性が大きいといえます。そこで、倉庫業法は、倉荷証券を発行・交付する場合においては、寄託者が反対の意思を表示したとき等

を除き、寄託者のために当該寄託物を火災保険に付さなければ
ならないとしています。

第5節 業務提携契約

この節で学習すること

1 合弁契約

合弁とは、いくつかの企業が共同して事業を経営することです。

いろいろな形態があります。それぞれの特徴と違いを押さえましょう。

2 合弁事業

本節では、合弁契約と合弁事業について説明します。

❶ 合弁契約

合弁契約とは、**合弁事業**（企業同士が共同して事業を経営すること）を行う前提として締結される契約をいいます。合弁契約は、通常、比較的少数の当事者が共同で特定の営利事業を遂行することを目的とした契約であり、合弁事業における資本、組織、運営等に関する当事者間の合意をその主な内容とします。

合弁契約においては、具体的な組織形態、出資比率、役員比率、代表者の選任方法、運営方法、契約解消時の処置等が定められます。

❷ 合弁事業

合弁事業の形態には、次のようなものがあります。

❶ 民法上の組合を利用した合弁事業

① **民法上の組合**とは、複数人が出資をして特定の共同事業の経

営を行うことを約すること（組合契約）により成立する団体をいいます。

② 組合契約における出資は、金銭に限らず、不動産等の現物、特許権等の権利、労務など**財産的価値のあるものであれば出資の内容とすることができます。**

③ 民法上の組合においては、組合員は、組合の債務について、その債権者に対し、その出資の額を超えて当該債務の全部を直接弁済する責任（**直接無限責任**）を負うため、民法上の組合を利用した合弁事業に参加した企業は、合弁事業から生じた債務について直接無限責任を負わなければなりません。

④ 組合契約は、当事者間の合意が成立すればそれだけで契約の効力が発生しますので（**諾成契約**）、簡易・迅速に合弁事業を開始することができ、また、株式会社のように運営方法等が法定されていないため、**合弁事業をどのような方法で運営するか、合弁事業から生じた利益の配分比率をどうするか等を当事者間の合意で自由に決めることができ**、柔軟な合弁事業の運用が可能です。

⑤ 反面、民法上の組合には法人格がないため、権利関係が錯綜しがちであるというデメリットもあります。

⑥ 合弁事業に出資し組合員となった企業が合弁事業から脱退するときは、当該組合員は、**持分の払戻しを受けることができます。**

⑦ 組合契約において、**当事者が損益分配の割合を定めなかったときは、その割合は、各組合員の出資の価額に応じて定めます。**

❷ 株式会社を利用した合弁事業

① この場合は、合弁契約を締結し、これに基づき株式会社を設立して合弁事業を行います。

② 当該株式会社は、合弁の当事会社とは別の独立した法人格を取得（合弁会社の設立）して合弁事業を営むことができ、権利関係が明確になるというメリットがあります。

③ 合弁の当事会社（参加企業）は、合弁事業により生じた債務について**間接有限責任**を負うにすぎませんので、かりに合弁事

ココが出る！

ココが出る！

業が失敗したとしても、当事会社は、出資金を失うのみで、適切なリスクコントロールが可能となります。

④　反面、合弁会社の運営等については、会社法の規定に従わなければならず、柔軟性に欠けるというデメリットもあります。

⑤　株式会社を設立して合弁事業を行う場合、合弁の当事会社は、会社法上、**株主平等の原則に従い、**原則として、それぞれが出資した価額に応じて、合弁事業により生じた利益の分配を受けます。

⑥　**合弁事業に出資し株主となった企業の一部に債務不履行があったために合弁契約が解除されたとしても、これにより直ちに合弁会社の法人格が消滅するわけではありません。**当該合弁会社の法人格が消滅するためには、解散および清算の手続が必要です。

❸　合同会社（ＬＬＣ）を利用した合弁事業

①　合同会社は、会社法の規定する手続に従って設立される法人であり、出資者である当事会社とは別の独立した法人格を有しますが、**その内部関係は、組合的規律に従います。**すなわち、定款の変更、社員の加入、持分の譲渡は、原則として、社員全員の一致によるものとされ、社員自らが会社の業務執行にあたります。

②　合同会社の社員は、すべて有限責任社員であり、会社債務について**間接有限責任**を負うのみです。

③　合同会社が合弁事業により得た利益の分配については、定款の定めがないときは、その割合は、各社員の出資の価額に応じて定まりますが、**定款の定めによって、出資比率と異なる割合を定めることができます。**また、議決権割合についても、出資比率と異なる割合を定めることができます。

❹　有限責任事業組合（ＬＬＰ）を利用した合弁事業

①　**有限責任事業組合**とは、「有限責任事業組合契約に関する法律」の定める有限責任事業組合契約によって成立する組合をいいます。**有限責任事業組合契約**とは、個人または法人が出資し

て、それぞれの出資の価額を責任の限度として共同で営利を目的とする事業を営むことを約し、各当事者がそれぞれの出資にかかる払込みまたは給付の全部を履行することによって、その効力を生ずるものをいいます。

② 組合員は、その出資の価額を限度として、組合の債務を弁済する責任（**間接有限責任**）を負うのみです。

③ 有限責任事業組合においては、**どのような運営方法をとるか、利益の分配や議決権割合をどうするかについて、出資比率にとらわれることなく、有限責任事業組合契約の中で自由に定めることができます。**

重要度

A

この節で学習すること

1
電子商取引の意義

インターネットを通じた商取引のことです。

何が申込にあたり、何が承諾にあたるか、明確にしておきましょう。

2
インターネットを利用した電子商取引における契約の成立時期

電子商取引でも未成年者は保護されます。

3
未成年者との取引

4
インターネット上の通信トラブル等と契約の成否

通信トラブルで意思表示が到達しなかった場合、契約は成立しません。

5
電子消費者契約法

消費者保護のために、民法の特則として、保護範囲を拡大しています。

さまざまな消費者保護法は、電子商取引にも適用されます。

6
電子商取引と各種消費者保護法

❶ 電子商取引の意義

　電子商取引とは、オンラインやインターネットを通じての商取引を指し、広義には、電話回線などを使ったファックスやテレックスなどによる商取引も含まれます。

　電子商取引は、①企業間電子商取引（Business to Businessと呼ばれるB to Bタイプの電子商取引）と、②個人向け電子商取引（Business to Consumerと呼ばれるB to Cタイプの電子商取引）とに分類できます。

　また、最近では、不特定多数の消費者間での取引（Consumer to Consumerと呼ばれるC to Cタイプの個人間電子商取引）も増えています。

◀ 発 展 ▶

電子商取引においては、商品の売り手側には、実店舗を持つコストを節約できるため、資金が少ない者でも開業が容易となること、地理的に不便な地域でも世界市場を相手にできること等のメリットがあります。
一方、買い手側には、商品の流通段階を省略できるため、低価格で商品を購入できること等のメリットがあります。

❷ インターネットを利用した電子商取引における契約の成立時期

　インターネットを利用した電子商取引においても、申込みの意思表示と承諾の意思表示の合致により契約が成立します。**事業者がホームページ上に店舗を開設し、そこで商品等の案内をしている場合、この商品等の案内は、一般に申込みの誘引であるとされ**、それを見た消費者等の利用者からの発注が申込みの意思表示、事業者からの受注した旨の返信が承諾の意思表示に当たるとされています。

　このような電子商取引における事業者と消費者等との間の契約は、承諾の意思表示を電子メール等で行う場合には、**承諾の意思表示が消費者等に到達した時点**（**受注した旨のメールが消費者等に届いた時点**）で成立します（到達主義）。

◀ ココが出る！

❸ 未成年者との取引

　電子消費者契約（電子商取引における事業者と消費者等との間の契約）の場合にも、**法定代理人の同意を得ずにした未成年者の契約については、民法の取消しの規定の適用があります**が、事業者は、この取消しのリスクを回避するために、「未成年者の場合

◀ ココが出る！

◀ 発 展 ▶

単に「成年者です
か」との問いに対し
て「はい」のボタン
をクリックさせる程
度の措置をとったに
すぎない場合には、
取消しが認められる
可能性が高いといえ
ます。

には親権者の同意が必要である」旨を警告したうえで、年齢確認
措置（申込みの画面に年齢を入力する欄を設ける等の措置）を
とっている場合があります。この場合に、未成年者が年齢を偽る
など、自己の行為能力に何ら制限がない旨を回答し、取引をした
ときは、**詐術**を用いたと認められ、取消しができなくなる可能性
があります。

❹ インターネット上の通信トラブル等と契約の成否

　インターネット上の通信トラブルにより、データが相手方に到
達しなかった場合には、契約は成立しません。また、文字化け等
のデータ化けが生じてデータの内容が解読不能になった場合も、
契約は成立しません。データ化けや改ざんにより内容が異なって

ココが出る！

伝わった場合、契約は**錯誤により取り消しうるもの**となります。

❺ 電子消費者契約法

　たとえば、消費者が、インターネットショップ上で商品1個を
注文したつもりが、パソコンの操作を誤って11個と入力してし
まった場合、消費者は、民法の錯誤の規定により、事業者に契約
の取消しを主張することができます。しかし、従来は「操作ミス
について重大な過失がある」と事業者から反証され、取消しが認
められないケースが少なくありませんでした。そこで、電子消費
者契約に関する民法の特例に関する法律（電子消費者契約法）
は、電子商取引における消費者の保護を図るため、次のような規
定を設けています。
　すなわち、同法は、**電子消費者契約については、消費者がその
操作ミスにより意図しない申込みや誤った数量の申込みなどをし
た場合において、事業者が消費者の申込みまたは承諾の意思の有**

ココが出る！

**無を確認するための措置を講じていないときは、消費者は、その
重過失の有無を問わず、錯誤による取消しの主張ができる**として
います。

⑥ 電子商取引と各種消費者保護法

　電子商取引にも、消費者契約法、特定商取引に関する法律（特定商取引法）等の各種の消費者保護法が適用されます。

❶ 消費者契約法

　事業者がホームページ上の店舗において、契約の重要事項について消費者に対し事実と異なることを告げ、その結果、消費者が重要事項について誤認をして契約を結んだ場合には、当該消費者は契約を取り消すことができるとされています。

　また、事業者が消費者側に一方的に不利な条項を約款に設けた場合、当該条項は無効となります。

❷ 特定商取引法

　インターネットを利用して消費者が商品等を購入する取引は、特定商取引法の通信販売に該当し、同法が適用されます。

　事業者は、原則として、通信販売をする場合の商品等について、その相手方となる者の承諾を得ないで電子メール広告をしてはならず、また、承諾を得た場合でも、当該電子メール広告の相手方から電子メール広告の提供を受けない旨の意思表示を受けたときは、当該相手方に対し、電子メール広告をしてはならないとされています。

　なお、**通信販売には、クーリング・オフの適用はない**ため、消費者が事業者のホームページ上の店舗で商品を購入した場合、クーリング・オフすることはできないことに注意してください。

◀ ココが出る！

❸ 割賦販売法

　インターネットを利用した電子商取引において、消費者が売買代金の支払いをクレジットカードによって決済する場合、割賦販売法の信用購入あっせんに関する規定が適用され、事業者は、消費者に対し、契約内容を表示した書面または電子データを交付する必要があります。

❹ 電子認証制度

　インターネットなどのオープンなネットワークを用いた電子商取引や電子申請の場面においては、従来の文書による取引とは異なり、情報の作成者を確認し、内容の改ざんを防ぐ手段が必要となります。このために考えられたのが、最新のコンピュータ技術を用いた電子署名と呼ばれる仕組みです。

　押印した者を確認するために印鑑証明書が必要になるのと同じように、電子署名をした者を確認するためには電子証明書が必要となります。

　電子認証制度は、電子認証登記所として指定を受けた登記所が、企業等の登記情報に基づいて、従来の会社代表者等の印鑑証明書や資格証明書に代わるものとして、電子社会で用いられる電子証明書を発行するものです。

この節で学習すること

1 不法行為の意義

故意または過失によって他人に損害を与えることを不法行為といいます。

一般的不法行為と、特殊的不法行為の2種類があります。

2 不法行為制度の構造

大事な論点なので、正確に押さえておきましょう。

3 不法行為責任の成立要件

4 特殊的不法行為

たとえば、会社の従業員が仕事中に自動車事故を起こしたとき、会社は使用者責任を負います。

5 場屋営業者の責任

「じょうおく」と読みます。旅館、ホテルなどのことです。特殊なルールがあります。

バスが事故を起こしたときのバス会社の責任が典型例です。

6 運行供用者責任

民法以外にも責任を定めている法律があります。

7 労働法上の責任・安全配慮義務違反の場合の責任

8 製造物責任

「過失責任」の例外です。製品の欠陥を理由に、製造者の過失の有無を問わず、責任を負わせるものです。

9 過失相殺・損益相殺

自動車事故では、双方に少しずつ過失があり、損害が発生することが多いです。これを適正に処理するルールがあります。

消滅時効の期間は、普通の債権と異なります。

10 不法行為による損害賠償請求権の時効期間

本節では、企業がその行う企業活動によって他人に損害を与え
た場合に負う民法の不法行為責任を中心に説明します。

❶ 不法行為の意義

不法行為とは、故意または過失によって他人の権利または法律
上保護される利益を侵害し、これによって損害を与える行為（加
害行為）をいいます。不法行為をした者は、これによって生じた
損害を賠償する責任を負います。

不法行為責任は、加害者と被害者との間に契約関係があるか否
かにかかわらず、民法所定の要件を満たせば成立します。

❷ 不法行為制度の構造

民法709条は、損害賠償の根本原則とされる「過失責任主義」
（故意または過失に基づいて他人の権利または利益を侵害し、損
失を与えた場合にのみ、損害賠償の責任を負うとする原則）をそ
のまま表明したものです。民法709条に該当する行為を「一般的
不法行為」といい、過失責任主義を修正（過失の立証責任を転換
したり、無過失責任を課す）したものとして民法714条以下に定
める不法行為と区別しています。この民法714条以下に定める不
法行為を「特殊的不法行為」といい、後述する使用者責任、工作
物責任等がこれに該当します。

このように、民法の定める不法行為制度は、一般的不法行為と
特殊的不法行為との二重の構造を有しています。

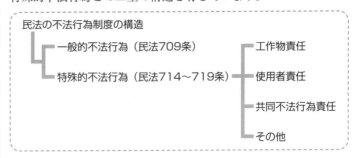

民法の不法行為制度の構造
- 一般的不法行為（民法709条） ── 工作物責任
- 特殊的不法行為（民法714～719条） ── 使用者責任
                              ── 共同不法行為責任
                              ── その他

❸ 不法行為責任の成立要件

① **損害が発生していること**

　　損害は、財産的損害（積極的損害・消極的損害）と非財産的損害とに分けられます。

　　財産的損害のうち、積極的損害とは、治療費や修理費等の現実に出費された金銭等の損害をいい、消極的損害とは、休業損害等の収入として見込まれたものが得られなかった場合の損害（「**逸失利益**」または「**得べかりし利益**」ともいう）をいいます。

　　非財産的損害とは、精神的苦痛（精神的損害）に対する慰謝料や名誉・信用毀損等の損害をいいます。

② **加害行為と損害との間に因果関係があること**

　　因果関係は、条件関係（ある原因行為がなければその結果が生じなかったという関係）が存在することを前提にして、**相当因果関係**（その行為があれば通常そのような結果が発生したであろうと一般的に予見ができるという関係）が存在する場合に認められます。

③ **加害者の故意または過失による行為であること**

④ **加害行為が違法であること**

　　加害行為に正当防衛や緊急避難といった**違法性阻却事由**が存在しないことが必要です。

（注１）　**正当防衛**とは、他人の不法行為に対し、自己または第三者の権利または法律上保護される利益を防衛するためやむを得ずした加害行為をいいます。たとえば、強盗に対して自己や家族の身を守るためにこれを殺傷した場合や、強盗から逃れるために隣家に飛び込んで家屋や什器を損壊した場合が該当します。

（注２）　**緊急避難**とは、他人の物から生じた急迫の危険を避けるためその物を損傷することをいいます。たとえば、咬みついてきた他人の飼犬から身を守るためにその犬を殺傷した場合が該当します。

注意 ⚠️
不法行為責任が成立するためには、①〜⑤の要件のすべてを満たすことが必要です。

▶**ココが出る！**

◀ **発　展** ▶
「相当因果関係」は、債務不履行責任における損害賠償の範囲を定める基準ともなります。

用　語
「違法性阻却事由」とは、通常は法律上違法とされる行為について、その違法性を否定する事由をいいます。

注 意 ⚠

後述するように、加
害者に責任能力がな
い場合でも、親権者
や未成年後見人など
の監督義務者に監督
義務違反があるとき
は、監督義務者が損
害賠償責任を負いま
す。

⑤　加害者に責任能力があること

　　責任能力とは、自分の行為の結果を予測でき、かつそれを回
避するのに必要な行動をとることができる精神的能力をいいま
す。小学校卒業程度（11〜12歳程度）の者であれば認められる
傾向にあります。

❹ 特殊的不法行為

　　特殊的不法行為（民法714条〜719条）は、一般的不法行為の成
立要件（民法709条）と異なる特殊の要件によって成立する不法
行為です。特殊的不法行為においては、前述したように、故意ま
たは過失の立証責任が加害者側に転換されたり、または無過失責
任とするなどの修正がなされています。

❶　責任無能力者の監督義務者等の責任

　　責任無能力者がその責任を負わない場合において、その責任無
能力者を監督する法定の義務を負う者（監督義務者）は、その義
務を怠らなかったとき、またはその義務を怠らなくても損害が生
ずべきであったときを除き、その責任無能力者が第三者に加えた
損害を賠償する責任を負います。その義務を怠らなかったこと、
またはその義務を怠らなくても損害が生ずべきであったことの立
証責任は監督義務者にあります。

　　監督義務者に代わって責任無能力者を監督する者も、同様の責
任を負います。

❷　使用者責任
①　意　義

　　ある事業のために他人を使用する者は、被用者がその事業の
執行について第三者に加えた損害を賠償する責任を負います。
これを**使用者責任**といいます。

　　たとえば、運送会社A社の配送員Bが荷物をトラックで配送
中に、その前方不注意により通行人Cをはねて怪我を負わせた
場合、Aは、Cに対して損害賠償責任を負います。

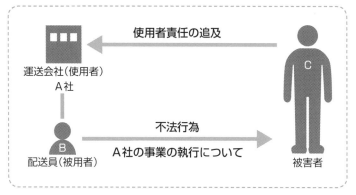

◀ 発 展 ▶

使用者責任が成立するためには、「使用関係」の存在が前提となりますが、この使用関係は、雇用契約などの契約関係になくても、事実上、監督・指揮命令に服する関係にあれば認められています。

第2章 各種の会社をめぐる法律関係

　使用者責任は、他人（被用者）を使用することによって自己の活動範囲を拡張し、利益を収める可能性を増大させている者（使用者）は、それに伴って生ずる損害も負担するのが公平であるとする**報償責任の原理**に基づくものです。

② **要　件**

イ　**被用者の行為が一般的不法行為の要件を備えていること**

　この要件が必要か否かについては争いがありますが、判例は、使用者の被用者に対する求償を認めている民法715条3項は、**被用者自身に不法行為責任が成立することを前提**とするものであることを理由に、必要としています。

被用者の行為について不法行為が成立しない場合には、使用者責任は成立しません。

ロ　**被用者が使用者の事業の執行について不法行為をしたこと**

　「事業の執行について」とは、被用者の不法行為が使用者の事業の範囲内のものであり、かつ、被用者の職務の範囲内にあることを意味します。

　そして、職務の範囲内にあるか否かは、使用者・被用者の内部関係や主観的意図にとらわれることなく、客観的に行為の外形を標準として判断すべきである（**外形標準説**）とされています（判例）。

　外形標準説を採用することにより、被用者が職務権限外の手形振出行為を行うことにより取引先に損害を与えた場合、被用者に手形振出権限があると信頼した相手方を保護することができます。また、A社の所有する自動車の使用を許されている営業部員のBが、勤務時間後に、ガールフレンドとの待ち合わせの場所に向かうためにA社の自動車を運転中、そ

◀ 発 展 ▶

被用者のなした取引行為が、その行為の外形からみて、使用者の事業の範囲内に属するものと認められる場合であっても、その行為が被用者の職務権限内において行われたものではなく、しかも、その行為の相手方が当

該事情を知り、また
は少なくとも重大な
過失により当該事情
を知らないで、当該
取引をしたと認めら
れるときは、その行
為に基づく損害は、
事業の執行について
加えた損害とはいえ
ないとして、使用者
責任の成立を否定し
た判例があります。
この判例によれば、
外形標準説により当
該取引の相手方が保
護されるためには、
善意・無重過失であ
ることが必要となり
ます。

ココが出る！

ココが出る！

被用者と使用者のい
ずれを相手に請求し
てもよいことに注
意。

の過失によって通行人Cに怪我を負わせた場合でも、Bの不
法行為は、客観的に行為の外形を標準として判断すれば、B
の職務の範囲内の行為であるということができ、A社に使用
者責任が成立します。

ハ **第三者に損害を与えたこと**

「第三者」とは、使用者および加害行為をした被用者を除
くすべての者をいいます。したがって、たとえば、ともにA
社の被用者であるBとCとが、Bの運転する車に同乗してい
る場合に、Bが居眠り運転で事故を起こし、Cに怪我を負わ
せた場合には、Cは、「第三者」として、A社に使用者責任
を追及することができます。

ニ **使用者が免責事由を証明しないこと**

使用者が、被用者の選任およびその事業の監督について相
当の注意をしたこと、または相当の注意をしても損害が生ず
べきであったこと（免責事由）を証明したときは、**使用者責
任は成立しません**。このように、使用者責任においては、立
証責任が被害者の側から加害者の側に転換されています。

ただし、一般に、この証明は極めて困難であるといわれて
います。

③ **効　果**

イ　使用者または使用者に代わって事業を監督する者は、被害
者に損害賠償をしなければなりません。

ロ　被害者は、**被用者に損害賠償請求をしてもよいし、使用者
等に損害賠償請求をしてもかまいません**。被用者の損害賠償
義務と使用者等のそれとは、**連帯債務**の関係に立ちます。こ
のような関係に立つと解することが被害者の保護に資するか
らです。

ハ　使用者等は、被害者に損害賠償をしたときは、被用者に**求
償**することができます。ただし、この**求償権の範囲**は、損害
の公平な分担という見地から、信義則上相当と認められる限
度に制限されるとするのが判例です。

たとえば、運送会社A社の配送員Bが荷物をトラックで配
送中に、その前方不注意により通行人Cをはねて怪我を負わ

せた場合において、Cが国際的にも著名なピアニストであり、その事故で指を切断してしまったというようなときは、賠償額も莫大となる可能性が大きいです。仮にA社がCに賠償した額が10億円であったとして、その10億円全部をBに求償しうるとするのは、Bにあまりに酷です。そもそも、A社は、Bを使用することにより多大の利益をあげているのですから、生じた損害をすべて被用者であるBに転嫁することは公平に反し、使用者責任の基礎とする報償責任の原理にも反するといえます。したがって、A社のBに対する求償権の範囲は制限されることになります。

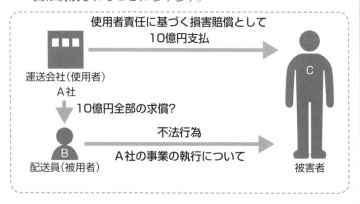

使用者責任に基づく損害賠償として
10億円支払

運送会社（使用者）
A社

10億円全部の求償？

配送員（被用者）
B

不法行為
A社の事業の執行について

被害者
C

❸ 工作物責任

① 意 義

　土地の工作物の設置または保存に瑕疵があることによって他人に損害を生じたときは、その工作物の占有者は、被害者に対してその損害を賠償する責任を負います。ただし、**占有者が損害の発生を防止するのに必要な注意をしたときは**、所有者がその損害を賠償しなければなりません。この工作物の占有者または所有者が負う責任を**工作物責任**といいます。

　たとえば、BがAの所有する建物を賃借し、そこで劇場を経営していたところ、天井がその瑕疵により落下して、観客Cが怪我を負った場合、第一次的には建物の占有者であるBが被害者であるCに対して損害賠償責任を負い、Bが損害の発生を防止するのに必要な注意をしたことを証明したときは、第二次的

ココが出る！

に建物の所有者であるAがCに対して損害賠償責任を負います。

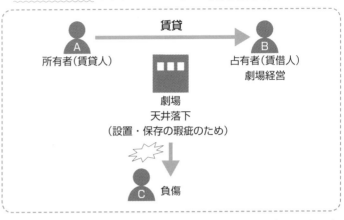

　この工作物責任は、他人に損害を生ぜしめるかもしれない危険性をもった瑕疵ある工作物を支配している者は、その工作物の瑕疵より生ずる損害について責任を負うのが公平であるとする**危険責任の原理**に基づくものです。

② **要　件**

　イ　**土地の工作物によること**

　　「土地の工作物」とは、土地に接着して人工的に作り出された設備をいいます。建物のほか、橋梁、道路、トンネル、電柱などがこれにあたります。

　ロ　**土地の工作物の設置または保存の瑕疵によること**

　　「瑕疵」とは、その工作物が本来備えるべき安全性を欠くことをいいます。

　　なお、**工作物の設置または保存に瑕疵があることの立証責任は被害者にあります。**

　ハ　**工作物の瑕疵によって損害が生じたこと**

　　工作物責任が成立するためには、工作物に、損害の発生と因果関係のある設置または保存の瑕疵がなければなりません。

　ニ　**占有者には免責事由のないこと**

　　占有者は、損害の発生を防止するのに必要な注意をしたこと（免責事由）を証明したときは、その責任を免れることができます。

　　これに対し、**所有者には、何らの免責事由も認められてお**

注　意
所有者には免責事由が認められていないことに注意してください。

らず、その責任は、完全な**無過失責任**となっています。

③ **効　果**

　イ　すでに述べたように、**第一次的には工作物の占有者が**、占有者が損害の発生を防止するのに必要な注意をしたことを証明したときは、**第二次的に工作物の所有者が、被害者に対して損害賠償責任を負います。**

　ロ　損害の原因について他にその責任を負う者（工作物を築造した請負人、工作物の前の占有者・所有者など）があるときは、損害賠償をした占有者または所有者は、その者に対して求償権を行使することができます。

❹ **共同不法行為責任**

　数人が共同の不法行為によって他人に損害を加えたときは、各自が連帯してその損害を賠償する責任を負います。共同行為者のうちいずれの者がその損害を加えたかを知ることができないときも、同様です。この場合の責任を**共同不法行為責任**といいます。

　たとえば、Aの運転する大型トラックとBの運転する小型乗用車とが、交差点に進入する際に、AB双方の不注意により、衝突事故を起こし、そのはずみでBの乗用車が跳ね飛ばされて歩道を渡っていた通行人Cに激突し、Cが瀕死の重傷を負ったというような場合に、ABについて共同不法行為責任が成立することがあります。

　今日では、公害事件において被害者が複数の企業に対して損害賠償請求をする場合に、共同不法行為責任が問題とされることが多いです。

◀ **発　展** ▶

共同不法行為者が負担する損害賠償債務は連帯債務であり、各不法行為者は、損害の全額について賠償責任を負います。

⑤ 場屋営業者の責任

❶ **意　義**

　場屋営業者とは、客の来集を目的とする場屋における取引を業とする者をいいます。

　場屋における取引とは、旅館・ホテル、飲食店、浴場、劇場・映画館など、公衆の来集に適する人的・物的設備を有し、多数の

第7節　企業活動における損害賠償に関する法律関係　149

客にこれを利用させる行為をいいます。

❷ 責　任

注意 ⚠️

善良な管理者の注意義務を果たしていたことを証明しただけでは、責任を免れることはできないことに注意してください。

商法の規定によれば、場屋営業者は、客から寄託を受けた物の滅失・毀損については、**不可抗力によることを証明しなければ、債務不履行に基づく損害賠償責任を免れません**。たとえば、旅館が宿泊客から預かった荷物を損壊し、紛失し、または盗難にあった場合には、保管義務違反として、宿泊客に対し、債務不履行責任を負いますが、この責任は、旅館の側でその荷物の損壊等が不可抗力によることを証明しなければ、免れることはできません。

ただし、この商法の規定は任意規定であり、特約で排除することができます。

❻ 運行供用者責任

❶ 意　義

運行供用者とは、自己のために自動車を運行の用に供する者をいいます。運行供用者の例をあげますと、自己所有の車を運転する者、夫名義の車を妻が運転中に事故を起こした場合の夫、運転手が事故を起こした場合のバス会社・タクシー会社・運送会社等、車を貸した友人が事故を起こした場合の貸主などがあります。

◀ **発 展** ▶

運行供用者責任が成立するためには、加害行為と損害との間に相当因果関係があることが必要であり、加害者は、相当因果関係の範囲で損害賠償責任を負うことは、一般の不法行為責任と同様です。

❷ 責　任

自動車損害賠償保障法は、自己のために自動車を運行の用に供する者は、その運行によって他人の生命または身体を害したときは、これによって生じた損害を賠償する責任を負うと規定しています。

ココが出る! ▶

運行供用者の責任は、民法の一般的不法行為責任と比べて責任が加重されており、運行供用者は、次の３つの免責要件をすべて証明しなければ、その責任を免れることができません。

① 自己および運転者が自動車の運行に関し注意を怠らなかったこと

② 被害者または運転者以外の第三者に故意または過失があったこと

③ 自動車に構造上の欠陥または機能の障害がなかったこと

　なお、自動車事故の場合においても、被害者の側に過失があれば、過失相殺の問題が生じること、運行供用者責任は、人の生命・身体を害した場合（対人事故）にのみ成立し、物損の場合（対物事故）には成立しないことに注意してください。

7 労働法上の責任・安全配慮義務違反の場合の責任

❶ 労働基準法上の責任

　労働基準法は、労働者が業務上負傷し、または疾病にかかった場合には、使用者は、その費用で必要な療養を行い、または必要な療養の費用を負担しなければならないと規定しています。

❷ 安全配慮義務違反の場合の責任

　労働契約（雇用契約）においては、使用者は、労働者の生命および健康等を危険から保護するよう配慮すべき**安全配慮義務**を負い（労働契約法5条、判例）、安全配慮義務違反があった場合、使用者は、労働者に対し、債務不履行責任に基づく損害賠償の義務を負います。

　安全配慮義務とは、ある法律関係に基づいて特別な社会的接触の関係に入った当事者間において、当該法律関係の付随義務として当事者の一方または双方が相手方に対して信義則上負う義務をいいます（判例）。

　今日では、安全配慮義務は、雇用契約のほかに、請負契約、学校事故、医療事故などの場合にも採用されるに至っています。

❸ 労災保険法上の責任

　労働者が業務上負傷し、または疾病にかかった場合には、労働基準法上、使用者は、当該労働者に対し所定の災害補償を行う責任を負います。この責任は無過失責任とされており、この責任を担保するために設けられているのが労働者災害補償保険（労災保

ココが出る!

◀ **発　展** ▶

労働基準法は、使用者の故意・過失の有無や安全配慮義務違反の有無にかかわらず、労働災害について、使用者に一定の補償義務を負わせています。

第2章　各種の会社をめぐる法律関係

険）です。

労災保険法に基づき、災害補償に相当する給付が行われる場合
には、使用者は、災害補償の責任を免れます。

⑧ 製造物責任

製造物責任は、製造物の欠陥によって、人の生命・身体・財産
等に被害が生じた場合に、製造業者等の故意・過失を問題とせず
に（**無過失責任**）、単に、製造物の欠陥を要件として、製造業者
等の責任を認めるものです。すなわち、製造物の欠陥により損害
を被った者は、**製造物の欠陥により損害を被ったことだけを証明
すれば足り**、当該製造物の**製造業者等に故意または過失があった
ことを証明する必要はありません**。

たとえば、A社の製造したテレビをB電気店から購入したC
が、テレビを視聴中に、そのテレビの突然の発火によってやけど
を負った場合、Cは、テレビの欠陥によりやけどを負ったことを
証明しさえすれば、A社に対し、製造物責任を追及することによ
り、損害賠償を請求することができます。

以下に、製造物責任のポイントを整理しておきます。

ココが出る! ▶

ココが出る! ▶

特に「対象」と「責
任者」が重要です。

用 語

「設計上の欠陥」と
は、製造物の設計段
階で十分に安全性に
配慮していなかった
ために、製造物全体
が安全性に欠ける結
果になったことをい
います。
「製造上の欠陥」と
は、製造物の製造過
程で粗悪な材料が混
入したり、製造物の
組立てに誤りがあっ
たなどの原因によ
り、製造物が設計・

対象	製造物責任法の対象となる「製造物」とは、製造または加工された動産をいう。 (1) 未加工の農林水産物や鉱物は対象外 (2) 不動産やサービスも対象外
欠陥	製造物に欠陥があれば、製造業者等に故意・過失がなくても責任が生ずる。 (1)「欠陥」とは、当該**製造物の特性**、その**通常予見される使用形態**、その**製造業者等が当該製造物を引き渡した時期**その他の当該製造物にかかる事情を考慮して、当該製造物が通常有すべき安全性を欠いていることをいう。 (2) 欠陥には、次の3つの態様がある。 　① **設計上の欠陥** 　② **製造上の欠陥** 　③ **指示・警告上の欠陥**

責任者	責任を負う「製造業者等」とは、次の3者を指す。 (1) 当該製造物を業として製造、加工または輸入した者（**製造業者・輸入業者**） (2) 製造業者として当該製造物に氏名・商号・商標その他の表示をした者、または当該製造物にその製造業者と誤認させるような氏名等の表示をした者（**表示製造業者**） (3) 当該製造物の製造、加工、輸入または販売その他の事情から当該製造物にその実質的な製造業者と認めることができる表示をした者（自社のブランド名で他の中小メーカーの製品を販売する大手スーパー等）（**実質的製造業者**） ※単なる販売業者・小売業者、レンタル業者は、「製造業者等」に含まれない。
損害	製造物責任法によって賠償される損害は、製造物の欠陥によって人の生命、身体または財産に生じたもの（**拡大損害**）に限られる。損害が製造物についてのみ生じ、拡大損害が生じなかった場合には、本法の責任を負わない。
時効期間	(1) 被害者またはその法定代理人が損害および賠償義務者を知った時から3年（人の生命または身体を侵害した場合における損害賠償請求権については5年） (2) 製造業者等が当該製造物を引き渡した時から10年 (3) 食品や医薬品等の身体に蓄積することによって人の健康を害することとなる物質による損害、または一定の潜伏期間経過後に症状が現れる損害については、その損害が発生した時から10年

仕様どおりに作られず、安全性を欠くような場合をいいます。

「指示・警告上の欠陥」とは、有用性または効用との関係で除去し得ない危険性が存在する製造物について、その危険性の発現による事故を消費者側で防止・回避するに適切な情報を分かりやすい方法（取扱説明書や警告ラベルの貼付など）で与えなかった場合をいいます。

　ＯＥＭ契約における委託者も、表示製造業者として製造物責任を負うことがあります。

　ＯＥＭ契約とは、発注者が自社ブランドで販売するための製品等の製造・供給を受注者に委託する契約をいい、生産業務提携契約の一種です。

　ＯＥＭ契約は、一般に契約内容が多様であるため法的性格を一律に決することはできません。

　ＯＥＭ契約の発注者にとっては、①技術力、価格競争力の弱い分野でも、消費者のニーズに対応した安価・良質な製品等を調達できる、②新たな設備投資の負担や経営リスクを軽減できるなど

のメリットがあります。

　これに対して、受注者にとっては、①生産の増大、②設備・人員の有効利用、③発注者のブランドイメージや販売網の利用などにより利益を拡大できるなどのメリットがあります。

　そして、ＯＥＭ契約では、対象となる製品、部品、原材料の種類・品質・数量・コスト、生産方法、納期・履行地その他履行条件、提携期間、商標の管理等の重要事項を特定する必要があります。

❾ 過失相殺・損益相殺

(1)　不法行為責任が成立すると、加害者は被害者に対して損害賠償責任を負います。

(2)　損害賠償は、金銭によるのが原則です（**金銭賠償の原則**）。被害者側に過失があった場合には、過失相殺によってその額が減額されることがあります。また、損益相殺によって損害賠償額が調整されることがあります。

(3)　被害者に過失があったときは、裁判所は、これを考慮して、損害賠償の額を定めることができます（**過失相殺**）。**過失相殺**とは、被害者側にも過失があって損害の発生や拡大の一因となった場合に、損害額から被害者側の過失割合に相当する額を差し引いて賠償額を決定する方法をいいます。過失相殺をするためには、**被害者に責任能力があることは不要**ですが、**事理弁識能力があることは必要**です。

　過失相殺に当たって考慮される過失は、被害者自身の過失に限られません。判例は、被害者と身分上ないしは生活関係上一体をなすとみられるような関係にある者の過失（**被害者側の過失**）も含まれるとしています。

　「被害者側」に当たる例としては、被害者が幼児の場合でいえば、その父母や父母の被用者である家事使用人などを挙げることができます。しかし、保育園の保育士は、被害者側には当たらないとされています（判例）。

(4)　**損益相殺**とは、被害者が不法行為によって損害を受ける一方

ココが出る！

◀ 発　展 ▶
判例（下級審）では、事理弁識能力は、5歳〜6歳で備わるとしたものが多いですが、4歳でこれを認めたものもあります。

で何らかの利益を受けた場合に、その利益額を損害額から差し引いて賠償額を決定することをいいます。死亡の場合でいえば、生存していたならば支出したであろう生活費相当分が損益相殺の対象となります。ただし、**任意加入の生命保険金・傷害保険金・損害保険金は、損益相殺の対象とはなりません。**これらの保険金は、損害の塡補を目的とするものではなく、保険料の支払いに対する反対給付であると考えられるからです。また、香典や見舞金も損益相殺の対象とはなりません。

◀ ココが出る！

⑸　**債務不履行責任と不法行為責任とは、**その要件・効果を異にすることや、債権者（被害者）保護の見地から、両者は**併存する**とされています（判例）。すなわち、ある事実が債務不履行責任と不法行為責任の両方の要件を充たす場合、債権者（被害者）は、いずれの責任でも自由に選択して、債務者（加害者）に対し損害賠償請求をすることができます。

🔟 不法行為による損害賠償請求権の時効期間

　不法行為による損害賠償請求権は、次に掲げる場合には、時効によって消滅します。

⑴　**被害者またはその法定代理人が損害および加害者を知った時から3年間**（人の生命または身体を害する不法行為による損害賠償請求権の場合は**5年間**）行使しないとき。

⑵　**不法行為の時から20年間行使しないとき。**

第 *1* 節 ファイナンス・リース契約 | 重要度 B

問 1 □□□　ファイナンス・リース契約は、諾成契約ではなく、要物契約である。したがって、ファイナンス・リース契約は、ユーザーからのファイナンス・リース契約の申込みに対してリース会社が承諾することに加え、リース物件のユーザーへの引渡しが完了することによって成立する。

(45-1-2-ア改)

問 2 □□□　ファイナンス・リースに関する法律関係は、ユーザーとリース会社との間で締結されるファイナンス・リース契約と、リース物件に関しリース会社とサプライヤーとの間で締結される売買契約の2つの契約から成り立つ。ファイナンス・リース契約と売買契約とでは、一般に、ファイナンス・リース契約の方が先に締結される。

(45-1-2-イ改)

問 3 □□□　ファイナンス・リース契約では、一般に、ユーザーがリース物件の保守および修繕の義務を負うとされている。もっとも、ユーザーとサプライヤーとの間でリース物件の保守および修繕に関する保守契約を締結した場合、ユーザーはサプライヤーに対し、その保守契約に従って、当該リース物件の保守および修繕を請求することができる。

(45-1-2-オ改)

解 1 ✕ 　ファイナンス・リース契約は、ユーザーによるリース契約の申込みに対し、リース会社が承諾した時点で成立する**諸成契約**である。

解 2 ◯ 　ファイナンス・リースに関する法律関係は、ユーザーとリース会社との間で締結されるファイナンス・リース契約と、リース物件に関しリース会社とサプライヤーとの間で締結される売買契約の２つの契約から成り立つ。ファイナンス・リース契約と売買契約とでは、一般に、ファイナンス・リース契約の方が先に締結される。ファイナンス・リース契約を締結する前に売買契約を締結すると、ファイナンス・リース契約が不成立に終わった場合に目的物件がリース会社の在庫となる危険があるからである。

解 3 ◯ 　ファイナンス・リース契約では、一般に、**ユーザーがリース物件の保守および修繕の義務を負う**とされている。なぜなら、物件はユーザーが選定し、ユーザーがその使用・運転管理に精通しており、また、リース料には物件のメンテナンス・修繕費用は含まれていないからである。もっとも、ユーザーとサプライヤーとの間でリース物件の保守および修繕に関する保守契約を締結した場合、ユーザーはサプライヤーに対し、その保守契約に従って、当該リース物件の保守および修繕を請求することができる。

第2節 請負を基礎とする契約 　　重要度 A

問 1 　建設業法上、建設工事の請負契約の当事者は、当該契約の締結に際して所定の事項を書面に記載し、署名または記名押印をして相互に交付するか、または、当該書面に代えて、当該契約の相手方の承諾を得て、電子情報処理組織を使用する方法等による所定の措置をとらなければならない。

(46-3-3-⑤)

問 2 　機械部品の製造業者であるC社は、D社との間で、機械部品の製造を行う旨の請負契約を締結した。この場合、民法上、D社がC社に請負代金を支払う時期は、D社がC社から当該機械部品の引渡しを受けた時である。

(44-1-3-イ)

問 3 　民法上、請負契約における仕事の目的物がその完成前に損傷した場合において、当該損傷につき請負人および注文者の双方に帰責事由がなく、かつ、約定の期限までに当該目的物を完成させることが可能であるときは、請負人の仕事の完成義務は存続する。

(46-3-3-④)

第3節 委任を基礎とする契約 　　重要度 A

問 1 　甲は、乙株式会社との間で代理商契約を締結し、乙社の平常の事業の部類に属する取引の代理および媒介を行っている。この場合、甲は、本件代理商契約において代理商の報酬に関する約定がなくても、乙社のために取引の代理または媒介をしたときには、商法上、乙社に対して、相当な報酬を請求することができる。

(45-2-3-①改)

解 1 ○　民法上は、請負契約について契約書の作成は要求されていないが、建設業法上は、建設工事の請負契約の当事者は、請負契約の締結に際して所定の事項を書面に記載し、署名または記名押印をして相互に交付するか、または、当該書面に代えて、当該契約の相手方の承諾を得て、電子情報処理組織を使用する方法等による所定の措置をとらなければならないものとされている。

解 2 ○　請負契約において、注文者は、報酬の支払時期について特約がなければ、目的物の引渡しを要する場合には引渡しの時に、目的物の引渡しが不要の場合には仕事完成の時に、報酬を支払わなければならない。

解 3 ○　請負人には仕事を完成させる義務がある。それゆえ、仕事完成前に仕事の目的物が滅失または損傷した場合において、当該滅失または損傷につき注文者および請負人の双方に帰責事由がなく、かつ、約定の期限までに仕事を完成させることが可能であるときは、請負人の仕事完成義務は存続する。

解 1 ○　代理商は、本人（会社）のために取引の代理または媒介をしたときは、本人（会社）との間に代理商の報酬に関する約定がなくても、本人（会社）に対して、報酬を請求することができる（報酬請求権）。

問 2　代理商は、会社との間に別段の意思表示がない限り、取引の代理または媒介をしたことによって生じた債権の弁済期が到来しているときは、その弁済を受けるまでは、会社のために占有する物または有価証券を留置することができる。　　　　　　　　　　　　　　　　　　　　（43 - 1 - 2 - ①改）

問 3　甲は、乙株式会社との間で代理商契約を締結し、乙社の平常の事業の部類に属する取引の代理および媒介を行っている。この場合、民法上、甲は、乙社に対して、本件代理商契約の本旨に従って、善良な管理者の注意をもって、取引の代理または媒介を行う義務を負う。　（45 - 2 - 3 - ③改）

問 4　会社は、代理商が会社の許可を受けずに自己のために会社の事業の部類に属する取引を行ったことにより生じた損害につき、代理商にその賠償を請求した。この場合、当該取引によって代理商が得た利益の額が会社に生じた損害の額と推定される。　　　　　　　　　　　　（43 - 1 - 2 - ⑤改）

問 5　Ｘは、Ｙ社が他社との間で行うＹ社の商品の売買取引について、Ｙ社との間で媒介契約を締結し、商法上の仲立人として売買取引に関する契約の成立のために活動を開始した。その後、Ｘの媒介により、Ｙ社とＺ社との間で商品の売買契約が成立した。この場合において、当該売買契約でＺ社がＹ社に手付を交付すべきことが定められていたときには、Ｘは、当事者の別段の意思表示または別段の慣習があるときを除き、Ｙ社のためにＺ社から当該手付の給付を受けることができない。　　　（46 - 1 - 4 - ②改）

解 2 ◯ 　代理商は、本人（会社）との間に別段の意思表示（特約）がない限り、取引の代理または媒介をしたことによって生じた債権の弁済期が到来しているときは、その弁済を受けるまで、本人のために占有する物または有価証券を留置することができる（留置権）。

解 3 ◯ 　代理商と本人（会社）との間の法律関係は委任（締約代理商の場合）または準委任（媒介代理商の場合）であり、**代理商は、本人（会社）に対して善良な管理者の注意義務を負う。**

解 4 ◯ 　代理商は、本人（会社）の許可を受けなければ、自己または第三者のために本人の営業・事業の部類に属する取引を行ってはならない（競業避止義務）。代理商が本人（会社）の許可なく自己または第三者のために本人（会社）の営業・事業の部類に属する取引を行ったことによって本人が損害を受けた場合、本人（会社）は、代理商に対して損害賠償を請求することができる。この場合、**当該行為によって代理商または第三者が得た利益の額は、本人（会社）に生じた損害の額と推定される。**

解 5 ◯ 　仲立人は、原則として、自己が媒介をした行為につき、当事者のために支払いその他の給付を受領する権限（給付受領権限）を有しない。したがって、Xは、当事者の別段の意思表示または別段の慣習があるときを除き、Y社のためにZ社から当該手付の給付を受けることができない。

問 6 　Xは、Y社が他社との間で行うY社の商品の売買取引について、Y社との間で媒介契約を締結し、商法上の仲立人として売買取引に関する契約の成立のために活動を開始した。その後、Xの媒介により、Y社とZ社との間で商品の売買契約が成立した。この場合、Xは、当該売買契約の成立を証する書面（結約書）を作成し、署名または記名押印の上、これをY社およびZ社に交付しなければならない。　　　　　　　　　　　　（46-1-4-①改）

問 7 　委託者がその氏名を相手方に示さないよう仲立人に命じた場合、仲立人は、当事者間に行為が成立した際に当事者に交付すべき書面（結約書）に委託者の氏名を記載してはならない。　　　　　　　　　　　　（44-10-3-④）

問 8 　Xは、Y社が他社との間で行うY社の商品の売買取引について、Y社との間で媒介契約を締結し、商法上の仲立人として売買取引に関する契約の成立のために活動を開始した。この場合、Xは、Y社の許可を受けなければ、Y社と同種の事業を目的とする会社の取締役になることができない。
　　　　　　　　　　　　　　　　　　　　　　　　　　　（46-1-4-⑤改）

第4節　寄託契約

重要度 **A**

問 1 　倉庫営業者であるX社は、Y社との間で、保管料を受けてY社所有の商品を1年間預かる旨の倉庫寄託契約を締結した。本件寄託契約において、保管料の支払方法および支払時期についてX社とY社との間に特約がない場合、Y社は、商品の入庫時に、X社に対し1年分の保管料の全額を支払わなければならない。　　　　　　　　　　　　　　　　　（46-9-4-④改）

問 2 　倉庫営業者であるX社は、Y社との間で、保管料を受けてY社所有の商品を1年間預かる旨の倉庫寄託契約を締結した。X社は、Y社から保管料の支払いを受けていない場合、Y社から預かって保管している商品について、留置権および動産保存の先取特権を認められる。　　（46-9-4-②改）

解 6 ○　仲立人は、その媒介によって当事者間に商行為が成立したときは、遅滞なく、所定の事項を記載した書面（結約書）を作成し、これに署名または記名押印をして、各当事者に交付しなければならない（結約書交付義務）。

解 7 ○　仲立人は、当事者からその氏名または商号を相手方に示さないよう命じられていた場合、その命令に従うとともに、結約書および帳簿の謄本にもその氏名または商号を記載してはならない（氏名・商号の黙秘義務）。

解 8 ×　仲立人は、代理商と異なり、一定の商人のためにその営業を補助する者ではないので、代理商のように競業避止義務を負わない。したがって、当事者の許可を受けなくても、自己または第三者のために当事者の営業（事業）の部類に属する取引をすることができ、また、当事者と同種の営業（事業）を目的とする会社の取締役になることもできる。

解 1 ×　商法の規定によれば、倉庫営業者は、寄託物出庫の時でなければ、保管料および立替金その他受寄物に関する費用の支払いを請求することができない。
　　なお、この商法の規定は任意規定であり、特約で排除することができる。

解 2 ○　倉庫営業者は、寄託者が期限に保管料等の費用の支払いをしない場合、寄託物について留置権を行使することができる。また、寄託物について動産保存の先取特権を行使することができる。

問 3　倉庫営業者であるＸ社は、Ｙ社との間で、保管料を受けてＹ社所有の商品を１年間預かる旨の倉庫寄託契約を締結した。Ｘ社は、本件寄託契約で約定した保管期間の満了後もＹ社が商品の受領を拒む場合、当該商品について、供託権および競売権を認められる。　　　　　　　　　（46－9－4－⑤改）

問 4　倉庫寄託契約において、受寄者は、寄託者との間で、寄託物を６ヶ月間預かる旨の寄託契約を締結したが、契約締結の１ヶ月後に、寄託者から寄託物の返還を求められた。この場合、受寄者は、民法上、契約期間満了まで寄託者の返還請求を拒むことができる。　　　　　　　（42－1－2－④改）

問 5　倉庫営業者であるＸ社は、Ｙ社との間で、保管料を受けてＹ社所有の商品を１年間預かる旨の倉庫寄託契約を締結した。Ｙ社から預かった商品の保管中に当該商品が損傷した場合、商法上、Ｘ社は、当該商品の保管に関し注意を怠らなかったことを証明しなければ、その損傷につき損害賠償の責任を免れることができない。　　　　　　　　　　　（46－9－4－③改）

第 5 節　業務提携契約　　　重要度 B

問 1　合弁事業を行うために、当事者間で民法上の組合契約を締結した場合において、損益分配の割合について当該組合契約で定めなかったときは、民法上、損益は、出資の価額の多寡にかかわらず、組合員の人数で均等に分配される。　　　　　　　　　　　　　　　　　　　　（42－2－2－イ）

問 2　Ｘ社およびＹ社は共同で出資して事業（合弁事業）を行うことになった。Ｘ社およびＹ社が、株式会社を設立して合弁事業を行う場合、会社法上、原則として、それぞれが出資した価額に応じて、合弁事業により生じた利益の分配を受ける。　　　　　　　　　　　　　　　　（44－6－3－ア改）

解 3　○　　倉庫営業者は、保管期間満了後、寄託者がその目的物の受領を拒み、またはこれを受領することができないときは、その物を供託し、または相当の期間を定めて催告をした後に競売に付することができる。

解 4　×　　保管期間の定めの有無を問わず、倉庫営業者は、寄託者の請求があれば、いつでも寄託物を返還しなければならない。

解 5　○　　商法の規定によれば、倉庫営業者は、寄託物の保管に関し注意を怠らなかったことを証明しない限り、その滅失または損傷について損害賠償の責任を免れることができない。
　　なお、この商法の規定は任意規定であり、特約で排除することができる。

解 1　×　　組合契約において、当事者が損益分配の割合を定めなかったときは、その割合は、各組合員の出資の価額に応じて定める。

解 2　○　　株式会社を設立して合弁事業を行う場合、合弁の当事会社は、会社法上、株主平等の原則に従い、原則として、それぞれが出資した価額に応じて、合弁事業により生じた利益の分配を受ける。

第 **6** 節 電子商取引　

問 **1**
□□□　C社は、その運営する通信販売サイトの商品購入ページにおいて、「未成年者が商品を購入するには、親権者の同意が必要である」旨を警告した上で、購入者の生年月日を入力する欄を設けていた。未成年者Dは、親権者の同意を得ずに、かつ、行為能力者であるとC社に誤信させるため偽りの生年月日を入力するなど詐術を用い、これを信じたC社との間で売買契約を締結した。この場合、民法上、Dは、未成年者であることを理由として、当該売買契約を取り消すことができない。　　　　　　（46-3-2-イ）

第 **7** 節 企業活動における損害賠償に関する法律関係　

問 **1**
□□□　X社の従業員Yは、X社の店舗において顧客Zが突然殴りかかってきたのに対し、自己の身を守るためにZを突き飛ばして負傷させた。Yの行為について民法上の正当防衛が認められ不法行為が成立しない場合であっても、X社は、Zに対し、民法715条の使用者責任の規定に基づく損害賠償責任を負う。　　　　　　　　　　　　　　　　　　（46-1-2-③）

問 **2**
□□□　K社の経営するデパートのバーゲン会場において、K社の従業員Lの不適切な誘導が原因で多数の来場者が転倒し負傷する事故が発生し、K社は、当該事故の被害者に対し、民法の使用者責任に基づく損害賠償を行った。この場合、民法上、K社には、Lに対する求償権が認められる。

（45-9-3-オ）

解 1 ○　事業者が、商品を販売するために開設したインターネットのホームページ上に、未成年者が商品を購入するには親権者等の法定代理人の同意が必要である旨の警告を表示した上で、購入者の生年月日を入力する欄を設けていた場合において、未成年者が、親権者等の法定代理人の同意を得ずに、かつ、行為能力者であると事業者に誤信させるため、偽りの生年月日を入力するなど詐術を用いて商品購入の意思表示をしたときは、当該未成年者は、自己が未成年者であることを理由として当該意思表示を取り消すことができない。

解 1 ×　民法715条の使用者責任が成立するためには、被用者自身に不法行為責任が成立することが必要である。したがって、Yの行為について民法上の正当防衛が認められ不法行為が成立しない場合、X社は、Zに対し、民法715条の使用者責任の規定に基づく損害賠償責任は負わない。

解 2 ○　ある事業のために他人を使用する使用者は、被用者がその事業の執行について第三者に加えた損害を賠償する責任を負う。この場合において、当該使用者は、当該第三者に対して損害賠償を行ったときは、当該被用者に対して求償することができる。ただし、この求償権の範囲は、信義則上相当と認められる限度に制限される（判例）。

X社は、自社が所有する商業ビル一棟をY社に賃貸していたところ、当該ビルのエレベーターの扉が利用者の乗降中に突然閉じ、その際に当該ビルを訪れていたZが扉に挟まれて負傷した。この場合において、Y社が事故の発生を防止するのに必要な注意を尽くしていたと認められる場合、Y社は、民法717条の土地工作物責任の規定に基づく損害賠償責任を負わないが、X社は、X社の過失の有無を問わず、Zに対し、土地工作物責任の規定に基づく損害賠償責任を負う。　　　　　　　　　（46-1-2-①）

運送会社F社の従業員Gは、F社が所有するトラックを勤務時間内に運転中、前方不注意により通行人Hに接触し負傷させた。この場合、F社は、F社が当該トラックの運行に関し注意を怠らなかったことのみを証明することができれば、Hに対し、自動車損害賠償保障法に基づく損害賠償責任を免れることができる。　　　　　　　　　　　　　　　（45-9-3-ウ）

自動車損害賠償保障法上、自動車の運行供用者が自己のための自動車の運行によって他人に損害を生じさせた場合であっても、その損害が生命または身体ではなく財産についてのみ生じたときは、当該損害は、同法に基づく損害賠償の対象とはならない。　　　　　　　　　（43-3-2-ウ）

消費者Aは、X社の運営するドラッグストアで、シャンプー甲を購入し使用したところ、頭皮がかぶれたため、病院で治療を受けた。甲のボトルには化粧品メーカーY社のロゴマークが記載されている。甲を製造したのは外国の会社であり、Y社は、甲を業として輸入し、販売したものであった。この場合、甲の欠陥によりAの頭皮がかぶれたときは、Aは、Y社に対して製造物責任法に基づく損害賠償を請求することができる。

（45-7-3-ウ改）

解 3　○　　土地の工作物の設置または保存に瑕疵があることによって他人に損害を生じたときは、その工作物の占有者は、被害者に対してその損害を賠償する責任を負うが、占有者は、損害の発生を防止するのに必要な注意をしたこと（免責事由）を証明したときは、その責任を免れることができる。そして、占有者が損害の発生を防止するのに必要な注意をしたことを証明したときは、所有者がその損害を賠償する責任を負う。占有者と異なり、所有者には、何らの免責事由も認められておらず、その責任は無過失責任である。

解 4　×　　運行供用者は、次の 3 つの免責要件をすべて証明しなければ、自動車損害賠償保障法に基づく損害賠償責任を免れることができない。

①　自己および運転者が自動車の運行に関し注意を怠らなかったこと

②　被害者または運転者以外の第三者に故意または過失があったこと

③　自動車に構造上の欠陥または機能の障害がなかったこと

　したがって、F 社は、F 社が当該トラックの運行に関し注意を怠らなかったことのみを証明しても、H に対し、自動車損害賠償保障法に基づく損害賠償責任を免れることはできない。

解 5　○　　自動車損害賠償保障法に基づく運行供用者責任は、損害が人の生命または身体について生じた場合（対人事故）にのみ成立し、財産についてのみ生じた場合（対物事故）には成立しない。

解 6　○　　製造物責任法上、製造物責任を負う「製造業者等」には、製造物を業として製造または加工した者のほか、製造物を業として輸入した者も含まれる。したがって、A は、Y 社に対して製造物責任法に基づく損害賠償を請求することができる。

　　消費者Ⅹは、Ｙ社が経営する家具店で、家具メーカーＺ社が設計および製造を行った椅子を購入した。当該椅子は、Ｙ社の商標を付され、Ｙ社ブランドの商品として販売されていた。Ⅹは、通常の用法に従って当該椅子を使用していたが、脚の材質が不適当であったことが原因で脚が折れたため、椅子から落ちて負傷した。この場合、Ⅹは、Ｙ社に対し、製造物責任法に基づき損害賠償を請求することができる。　　　　　　　（42-1-1-エ）

　　Ｃ社は、インターネット上の自社のホームページで、食品メーカーＤ社が製造する食品を販売しており、当該食品のパッケージの表面にはＣ社の社名およびブランド名、裏面には製造元としてＤ社の社名が表示されている。当該食品の欠陥により食中毒に罹患した消費者Ｅは、当該食品を製造していないＣ社に対しては、製造物責任法に基づく損害賠償を請求することはできない。　　　　　　　　　　　　　　　　　　　　　　（45-9-3-イ）

　　消費者Ⅹは、Ｙ社が経営する時計店で、時計メーカーＺ社が製造した目覚まし時計を購入した。当該目覚まし時計は、配線の一部に不備があったため、Ⅹが電池を入れてもまったく作動しなかった。この場合、Ⅹは、Ｚ社に対し、製造物責任法に基づき損害賠償を請求することができる。

（42-1-1-ア）

　　不法行為によって損害を被る一方で利益を受けている場合には、損益相殺により、その利益を損害額から控除して損害額を算定することができるが、生命保険金は、この損益相殺の対象とはならない。　　（43-3-2-エ）

解 7 ○ 製造物責任法に基づき損害賠償責任を負う「製造業者等」には、表示製造業者や実質的製造業者も含まれる。したがって、Y社は、本法にいう製造業者等に該当するため、Xは、Y社に対し、製造物責任法に基づき損害賠償を請求することができる。

解 8 × 製造物責任を負う「製造業者等」には、当該製造物の製造、加工、輸入または販売その他の事情から当該製造物にその実質的な製造業者と認めることができる表示をした者（自社のブランド名で他の中小メーカーの製品を販売する大手スーパー等）（実質的製造業者）も含まれる。本問のC社も実質的製造業者として、製造物責任を負い、Eは、C社に対して、製造物責任法に基づく損害賠償を請求することができる。

解 9 × 製造物責任法によって賠償される損害は、製造物の欠陥によって人の生命、身体または財産に生じたもの（拡大損害）に限られる。損害が製造物についてのみ生じ、拡大損害が生じなかった場合には、本法の責任を負わない。したがって、Xは、Z社に対し、製造物責任法に基づき損害賠償を請求することはできない。

解 10 ○ 損益相殺とは、被害者が不法行為によって損害を受ける一方で何らかの利益を受けた場合に、その利益額を損害額から差し引いて賠償額を決定することをいうが、任意加入の生命保険金・傷害保険金・損害保険金は、損益相殺の対象とはならない。これらの保険金は、損害の塡補を目的とするものではなく、保険料の支払いに対する反対給付であると考えられるからである。なお、見舞金や香典も損益相殺の対象とはならない。

第3章

会社財産の
管理・運用

　本章では、預金、不動産、知的財産権（特許権、著作権等）等の会社財産の管理と運用をめぐる法律関係について学習します。

　試験対策としては、知的財産権（特許権と著作権は毎回出題されています）を重点的に学習してください。

第1節 流動資産の管理・運用

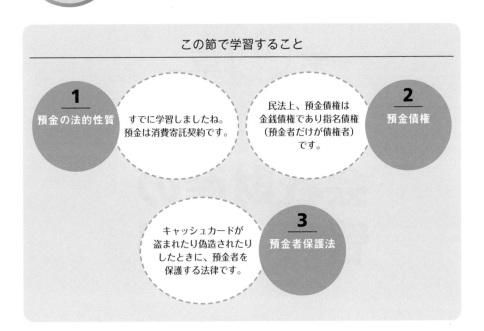

この節で学習すること

1 預金の法的性質
すでに学習しましたね。預金は消費寄託契約です。

2 預金債権
民法上、預金債権は金銭債権であり指名債権（預金者だけが債権者）です。

3 預金者保護法
キャッシュカードが盗まれたり偽造されたりしたときに、預金者を保護する法律です。

本節では、流動資産のうち、預金をめぐる法律関係について説明します。

① 預金の法的性質

❶ 普通預金

普通預金の法的性質は、消費寄託契約です。

❷ 当座預金

当座預金の法的性質は、手形・小切手の支払委託に関する契約と当座預金に関する契約との混合契約です。

❷ 預金債権

　預金債権は、特定人（預金者）を債権者とする**指名債権**であり、正当な預金者にその払戻し（弁済）がなされなければ、弁済の効力が生じない（無効となる）のが原則です。

　しかし、多数の預金者を相手に頻繁に取引を行う銀行等の金融機関にあっては、払戻請求権者が正当な預金者であるかどうかを正確に調査するのは困難であるのが実情です。そこで、民法は、銀行等が預金通帳・証書および印鑑の持参人に対して**善意・無過失で払戻し（弁済）**をしたときは、当該持参人が正当な預金者でなかったとしても、その払戻しを、**受領権者以外の者であって取引上の社会通念に照らして受領権者としての外観を有するもの**（以下「**受領権者としての外観を有するもの**」という）に対する**弁済**として有効としました。

　なお、**預金通帳・証書は、証拠証券**（特定の権利または事実の存在を単に証明する書面）にすぎず、**有価証券ではありません**ので、これを紛失しても、**預金の払戻しを受ける権利は消滅しない**ことに注意してください。

❸ 預金者保護法

❶　預金者保護法とは

　偽造キャッシュカードや盗難キャッシュカードによって預貯金が不正に引き出された場合に、当該預貯金者を保護するため、「偽造カード等及び盗難カード等を用いて行われる不正な機械式預貯金払戻し等からの預貯金者の保護等に関する法律」（預金者保護法）が定められています。

❷　内　容

　預金者保護法は、偽造・盗難キャッシュカードを使った現金自動預払機（ATM）での預貯金の不正引出しにより預貯金者が受けた被害について、金融機関にその補償（補てん）を義務づけています。

用　語

「指名債権」とは、債権者が特定している債権をいいます。

用　語

「受領権者」とは、債権者および法令の規定または当事者の意思表示によって弁済を受領する権限を付与された第三者をいいます。

◀ ココが出る！

被害に遭った預貯金者が補償を受けるためには、警察と金融機関の双方に被害届を提出することが必要であり、金融機関には、原則として、その届出から30日間の被害につき補償が義務づけられています。

　預貯金者が盗難キャッシュカードについて補償を求めるためには、次の要件を満たすことも必要です。

① 　真正カードが盗取されたと認めた後、速やかに、当該金融機関に対し盗取された旨の通知を行ったこと

② 　当該金融機関の求めに応じ、遅滞なく、当該盗取が行われるに至った事情その他の当該盗取に関する状況について十分な説明を行ったこと

③ 　当該金融機関に対し、捜査機関に対して当該盗取に係る届出を提出していることを申し出たことその他当該盗取が行われたことが推測される事実として内閣府令で定めるものを示したこと

　以上の要件を満たした場合、預貯金者は、その過失の程度に応じて、次の範囲の補償を受けることができます。

ココが出る！ ▶

	預貯金者の過失の程度と補償の範囲		
偽造カードによる被害	無過失・軽過失		重過失
	100％補償		補償なし（注1）
盗難カードによる被害	無過失	軽過失	重過失
	100％補償	75％補償（注1）	補償なし（注1・2）

（注1）　金融機関が善意・無過失の場合に限ります。
（注2）　預貯金者の配偶者・二親等内の親族等一定の者が払戻しを受けた場合、金融機関に対して虚偽の説明をした場合、盗難後2年以内に金融機関に通知をしなかった場合等も、補償は受けられません。

　なお、次の点に注意してください。

① 　預貯金者に軽過失または重過失があることの証明責任は、金融機関が負います。

② 　窓口での盗難通帳を用いた預貯金の引出しには、預金者保護法は適用されず、民法の受領権者としての外観を有するものに対する弁済に関する規定が適用されます。

③　預金者保護法の規定内容よりも金融機関の補償義務を減免する特約をしても、その特約は無効となり、金融機関は、預金者保護法に規定する補償義務を負います。

ココが出る!

第2節 固定資産の管理・運用

この節で学習すること

1 不動産登記法

土地と建物（不動産）の所有者の名前など、権利に関する事実を公示するためのルールを定めた法律です。

民法177条は、不動産に関する物権変動の対抗要件は登記であると定めています。

2 不動産に関する物権変動と登記

所有者不明土地の発生の予防等のための制度が創設されました。

3 不動産登記制度の見直し

4 相続土地国庫帰属制度

相続等によって土地の所有権を取得した相続人が法務大臣の承認により土地を手放して国庫に帰属させることを可能とする制度が創設されました。

5 所有者不明土地に関連する民法の新たなルールの創設

土地・建物に特化した財産管理制度や遺産分割に関する新たなルールが創設されました。

本節では、固定資産のうち、不動産（土地および建物）をめぐる法律関係について説明します。

① 不動産登記法

不動産登記法は、不動産の登記に関する手続を定めた法律です。登記の事務は、不動産の所在地を管轄する登記所がつかさどります。

❶ 登記簿・登記記録

登記簿とは、登記記録が記録される帳簿であって、磁気ディスクをもって調製するものをいいます。

登記記録とは、表示に関する登記または権利に関する登記について、一筆の土地または一個の建物ごとに作成される電磁的記録をいいます。

要するに、登記簿は、紙で調製されバインダーに綴られているものではなく、CD-ROMなどに登記記録が記録されていて、その内容が人間の目には直接的には見えない形で調製されているものをいうわけです。

❷ 登記記録の構成

登記記録は、表題部および権利部に区分して作成され、さらに、権利部は、甲区および乙区に区分され、甲区には所有権に関する登記の登記事項が、乙区には所有権以外の権利に関する登記の登記事項が記録されます。

① 表題部

表題部とは、登記記録のうち、表示に関する登記が記録される部分をいいます。表示に関する登記とは、土地や建物がどんな場所にあり、どんな形、構造、面積を有しているかという、不動産の物理的な現況を示す登記をいいます。表示に関する登記のうち、その不動産について表題部に最初にされる登記を表題登記といいます。

土地の表示の登記については、土地の所在、地番、地目、地

◀ 発 展 ▶

現在では、すべての登記所がコンピュータ庁（登記事務がコンピュータ化された登記所）となっています。コンピュータ庁においては、従来の登記簿の謄抄本の交付や登記簿の閲覧に代えて、「登記事項証明書」（登記簿の謄抄本に相当するもの）の交付と「登記事項要約書」（登記簿の閲覧に相当するもの）の交付を行っています。

◀ 発 展 ▶

新たに生じた土地または表題登記がない土地の所有権を取得した者は、その所有権の取得の日から1か月以内に、表題登記を申請しなければなりません。
また、新築した建物または区分建物以外の表題登記がない建物の所有権を取得した者は、その所有権の取得の日から1か月以内に表題登記を申請しなければなりません。

積などが登記事項とされています。

建物の表示の登記については、建物の所在、家屋番号、種類、構造、床面積などが登記事項とされています。

なお、所有権の登記（権利の登記）がない建物については、表題部に所有者の住所、氏名が記載されますが、この所有者として記録されている者を表題部所有者といいます。

② **権利部**

権利部とは、登記記録のうち、権利に関する登記が記録される部分をいい、甲区と乙区に区分されます。

イ 甲 区

甲区には、所有権に関する登記の登記事項が記録されます。具体的には、所有権の保存、所有権の移転、所有権の登記名義人の住所等の変更、買戻しの特約などです。

買戻しとは、不動産の売主が、売買契約と同時にした買戻しの特約により、買主が支払った代金（別段の合意をした場合にあっては、その合意により定めた金額。以下この項において同じ）および契約の費用を返還して、売買の解除をすることをいいます。買戻しの特約は、多くの場合、担保の目的で利用されます。

買戻しの特約は、売買契約と同時にしなければならず、**売買契約と同時に買戻しの特約を登記したときは、買戻しは、第三者に対しても、その効力を生じます**。この買戻しの特約の登記は、付記登記によってなされます。

買戻しの特約の登記の登記事項は、買主が支払った代金および契約の費用、買戻しの期間の定めがあるときはその定めとされています。**買戻しの期間は、必要的登記事項ではない**ことに注意してください。

なお、買戻しの期間は、10年を超えることができず、特約でこれより長い期間を定めても、その期間は、10年とされます。買戻しについて期間を定めたときは、その後にこれを伸長することができません。買戻しについて期間を定めなかったときは、5年以内に買戻しをしなければなりません。

ココが出る！

注　意

民法579条は、買戻しの目的物を不動産に限っていますが、これは動産の買戻しを禁止する趣旨ではなく、当事者間においては、動産についての買戻特約も有効です。この場合には、民法579条以下の買戻しに関する規定は適用されず、その内容は、当事者の合意によることになります。

ロ　乙　区

　　乙区には、所有権以外の権利に関する登記の登記事項が記録されます。具体的には、抵当権、根抵当権、不動産質権、先取特権、地上権、永小作権、地役権、不動産賃借権、配偶者居住権、採石権です。

❸　登記の種類

① **本登記と仮登記**

　　本登記とは、権利の登記の本来的効力である対抗力を有する登記をいいます。

　　仮登記とは、本登記をするのに必要な手続上の要件または実体法上の要件が完備しない場合に、将来その要件が備わったときになすべき本登記の、登記簿上の順位を確保しておくために、あらかじめなされる予備的な登記をいいます。

　　仮登記は、次に掲げる場合にすることができます。

イ　所有権等の登記することができる権利について保存等があった場合において、当該保存等にかかる登記の申請をするために登記所に対し提供しなければならない情報であって、申請情報と併せて提供しなければならないものとされているもののうち法務省令で定めるものを提供することができないとき。

ロ　**所有権等の登記することができる権利の設定、移転、変更または消滅に関して請求権**（始期付きまたは停止条件付きのものその他将来確定することが見込まれるものを含む）**を保全しようとするとき。**

　　仮登記は、本登記と異なり、対抗力のない登記です。**仮登記には、対抗力はありませんが、**仮登記を後に本登記に改めた場合、その本登記の順位は仮登記の順位によるものとされており、**順位保全効**があります。

```
ココが出る！
```

　　たとえば、Aが登記名義人として所有権保存の登記（順位番号1番）がなされている甲土地について、まず、AからBに売買予約に基づく所有権移転請求権保全の仮登記（順位番号2番）が行われ、次に、AからCに売買契約に基づく所有権移転

の登記（順位番号3番）が行われた場合において、その後、Bが予約完結権を行使して、所有権移転請求権保全の仮登記を本登記（所有権移転の登記）に改めたときは、B名義の所有権移転の登記と、C名義の所有権移転の登記とでは、B名義の所有権移転の登記のほうが優先します。その結果、C名義の所有権移転の登記は抹消されることになります。

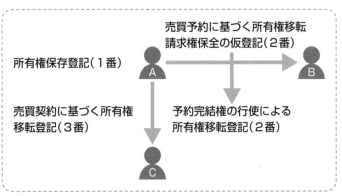

② 処分の制限の登記

処分の制限の登記とは、所有権その他の権利につき、譲渡その他の処分を制限する登記をいいます。差押え、仮差押え、仮処分、破産手続開始の登記などがこれに該当します。

処分の制限に違反して行った処分の登記も登記簿に記載されますが、債権者の権利が実現されると、当該登記は抹消されます。 たとえば、A所有の土地についてAの債権者Bが差押えの登記をした後に、Aが当該土地をCに譲渡し、AからCに所有権移転登記がされた場合、その後、Bの強制競売の申立てにより当該土地が競売され、Dがこれを競落し、Dに所有権移転登記がされたときは、Cに対する所有権移転登記は抹消されます。

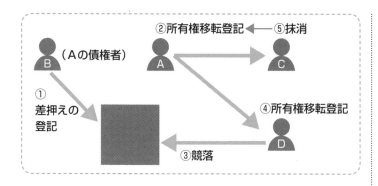

② 所有権移転登記 ←── ⑤ 抹消

B （Aの債権者）　A　　　　　C

① 差押えの登記

④ 所有権移転登記

③ 競落　　　D

❹　登記した権利の順位

　権利に関する登記には、すでに仮登記のところでも触れましたように、順位というものがあります。抵当権の登記の場合、順位の優劣は抵当権者の死活問題となります。なぜなら、順位の劣る抵当権者は、最悪の場合、競売代金から配当を受けられないということにもなるからです。

　登記した権利の順位は、同区の間においては順位番号により、別区の間においては受付番号によります。たとえば、土地登記簿の乙区に登記された順位番号１番のAの地上権と、順位番号２番のBの抵当権とでは、Aの地上権が優先します。つまり、Bは、Aの地上権の負担のある土地を担保にとったことになるわけです。その土地が競売にかけられても、Aの地上権は消滅しません。Aは、買受人に対して地上権を対抗することができます。

❷ 不動産に関する物権変動と登記

　民法177条は、「不動産に関する物権の得喪及び変更は、不動産登記法…その他の登記に関する法律の定めるところに従いその登記をしなければ、第三者に対抗することができない。」と規定しています。これは、物権が特定の物を直接支配する排他的権利であることに鑑み、権利の所在、変動につき公示を徹底させることによって、取引の安全を図る趣旨です。

❶ 民法177条の第三者の意味

　判例は、民法177条の第三者とは、当事者およびその包括承継人（相続人など）以外の者で、登記の欠缺（登記がないこと）を主張する正当な利益を有する者をいうとしています。

❷ 民法177条の第三者にあたらない者

① 転々移転した物権の前主と後主

　たとえば、不動産の所有権がA→B→Cと転々移転した場合（登記はまだAにある）、Aは、Cからの債権者代位権に基づく登記請求に対し、Cに登記がないことを主張することはできません。なぜならば、CにとってAは前主であり、登記がないことを主張する正当な利益を有する第三者ではないからです。

② 背信的悪意者

　不動産登記法は、民法177条の第三者から除外される者の例を2つ明文で定めています。すなわち、「**詐欺または強迫によって登記の申請を妨げた第三者**は、その登記がないことを主張することができない。」とし、また、「**他人のために登記を申請する義務を負う第三者**は、その登記がないことを主張することができない。」としています。

　たとえば、Aから不動産を譲り受けたBが登記をしようとするのを、Cが詐欺または強迫によって妨害し、後にAから同一不動産を譲り受けて登記をしたとしても、Bは、登記なくしてCに対抗することができます。また、Aから不動産を譲り受けたB（未成年者）の法定代理人Cが、Bに代わって登記を申請する義務があるのに、それをせずにAから同一不動産を譲り受け自分名義に登記をしても、Bは、登記なくしてCに対抗することができます。

　判例は、上記の「詐欺または強迫によって登記の申請を妨げ

た第三者」および「他人のために登記を申請する義務を負う第三者」は、登記がないことを主張することが信義則に反する者、すなわち、**背信的悪意者**の一種であるとし、背信的悪意者は、民法177条の第三者から排除されると解しています（背信的悪意者排除論）。

　たとえば、Aが自己所有の不動産をBに売却した後、Cにも売却して登記を移転してしまったとします。民法177条によれば、不動産に関する物権変動は、登記をしなければ第三者に対抗することができないのですから、BがCに対して自分が所有者だと主張して移転登記の抹消を請求しても、このような請求は認められないことになるはずです。しかし、Cが、不当な利益を得るためにAと共謀して土地の売買契約を締結したり、Bに対する特別の害意を持ってAを教唆して土地を売らせたような場合のように、Cが背信的悪意者にあたる場合には、Bは、登記をしなくてもCに対して自分が所有者だと主張して移転登記の抹消を請求することができます。

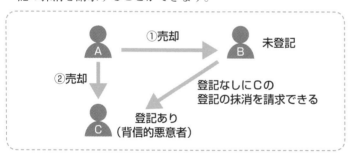

③　当事者の包括承継人

　前述しましたように、民法177条の第三者には、当事者の包括承継人（相続人など）は含まれません。

　したがって、たとえば、Bが、Aから、Aの所有する甲土地を購入したところ、AからBへの甲土地の所有権移転登記を経る前にAが死亡し、Aを単独で相続したCが相続を原因とする所有権移転登記を経た場合、Bは、所有権移転登記を経ていなくても、Cに対して甲土地の所有権の取得を対抗することができます。Cは、相続によりAの地位を承継するので、Bにとっ

てCは当事者に当たり、第三者ではないからです。

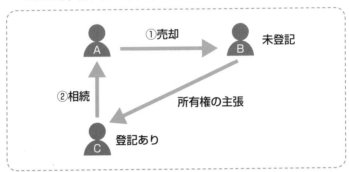

③ 不動産登記制度の見直し(所有者不明土地の発生の予防等のための制度の創設)

　所有者不明の土地とは、相続登記がされないこと等により、以下のいずれかの状態となっている土地をいいます。

　①不動産登記簿により所有者が直ちに判明しない土地

　②所有者が判明しても、その所在が不明で連絡が付かない土地

　このような土地が発生すると、公共事業や復旧・復興事業が円滑に進まず、民間取引や土地の利活用が阻害されることから社会問題となっています。

　そこで、令和3年4月21日、「民法等の一部を改正する法律」および「相続等により取得した土地所有権の国庫への帰属に関する法律」が成立し、所有者不明土地の発生の予防と利用の円滑化の観点から、登記がされるようにするための**不動産登記制度の見直し**がなされています。

❶ 相続等による所有権移転登記の申請の義務化
(令和6年4月1日施行)

　相続が発生してもそれに伴って相続登記がされない原因として、①これまで相続登記の申請は任意とされており、かつ、その申請をしなくても相続人が不利益を被ることが少なかったこと、②相続した土地の価値が乏しく、売却も困難であるような場合には、費用や手間をかけてまで登記の申請をする意欲がわきにくいことが指摘されています。

そこで、以下のように、相続登記の申請を義務化することで、所有者不明土地の発生を予防しようとしています。

① 所有権の登記名義人について相続の開始があったときは、当該相続により所有権を取得した者は、自己のために相続の開始があったことを知り、かつ、**当該所有権を取得したことを知った日から3年以内**に、所有権の移転の登記を申請しなければなりません。遺贈（相続人に対する遺贈に限る）により所有権を取得した者も、同様です。

② 相続による所有権の移転の登記がされた後に遺産の分割があったときは、当該遺産の分割によって当該相続分を超えて所有権を取得した者は、当該遺産の分割の日から3年以内に、所有権の移転の登記を申請しなければなりません。

③ 前記①・②いずれの場合も、正当な理由がないのにその申請を怠ったときは、**10万円以下の過料**に処せられます。

❷ 相続人申告登記（令和6年4月1日施行）

不動産の所有者が亡くなった場合、遺産分割の協議がまとまるまでは、全ての相続人が民法上の法定相続分の割合で共有している状態となります。遺産分割の協議がまとまったときは、その内容によります。

いずれの場合であっても、相続登記を申請しようとする場合、民法上の法定相続人や法定相続分の割合を確定しなければならないため、全ての相続人を把握するための戸籍謄本等の収集が必要となります。

そこで、より簡易に相続登記の申請義務を履行することができるよう、相続人申告登記という新たな制度が設けられました。

① 所有権の移転の登記を申請する義務を負う者は、登記官に対し、所有権の登記名義人について相続が開始した旨および自らが当該所有権の登記名義人の相続人である旨を申し出ることができます。

② 所定の期間内（自己のために相続の開始があったことを知り、かつ、**当該所有権を取得したことを知った日から3年以内**）に申出をした者は、所有権の取得（当該申出の前にされた

ココが出る！

第**3**章 会社財産の管理・運用

遺産の分割によるものを除く）にかかる**所有権の移転の登記を申請する義務を履行したものとみなされます。**

注意 ⚠️
持分の割合までは登記されませんので、全ての相続人を把握するための資料の提出は不要であり、自分が相続人であることがわかる戸籍謄本等を提出すれば足ります。

③　登記官は、申出があったときは、職権で、その旨ならびに当該申出をした者の氏名および住所等を所有権の登記に付記することができます。

④　申出をした者は、その後の遺産の分割によって所有権を取得したとき（申請による登記がされた後に当該遺産の分割によって所有権を取得したときを除く）は、当該**遺産の分割の日から3年以内**に、所有権の移転の登記を申請しなければなりません。

❸　**住所等の変更登記の申請の義務化**（令和8年4月1日施行）

　　登記簿上の所有者の氏名や住所が変更されてもその登記がされない原因として、①これまで住所等の変更登記の申請は任意とされており、かつ、その申請をしなくても所有者自身が不利益を被ることが少なかったこと、②転居等の度にその所有不動産について住所等の変更登記をするのは負担であることが指摘されています。

　　そこで、以下のように、住所等の変更登記の申請を義務化することで、所有者不明土地の発生を予防しようとしています。

ココが出る!

①　所有権の登記名義人の氏名もしくは名称または住所について変更があったときは、当該所有権の登記名義人は、その**変更があった日から2年以内**に、氏名もしくは名称または住所についての変更の登記を申請しなければなりません。

②　この申請をすべき義務がある者が正当な理由がないのにその申請を怠ったときは、**5万円以下の過料**に処せられます。

❹　**公的機関との情報連携・職権による住所等の変更登記**

（令和8年4月1日施行）

　　住所等の変更登記の手続の簡素化・合理化を図る観点から、以下のように、登記官が他の公的機関から取得した情報に基づき、職権で住所等の変更登記を行う制度が設けられました。

①　登記官は、所有権の登記名義人の氏名もしくは名称または住

188

所について変更があったと認めるべき場合として法務省令で定
める場合には、法務省令で定めるところにより、**職権で、氏名
もしくは名称または住所についての変更の登記**をすることがで
きます。

　　ただし、当該所有権の登記名義人が自然人であるときは、そ
の申出があるときに限ります。

②　自然人の場合、以下のような手順で住所等の変更登記がなさ
　れます。

　イ　登記申請の際には、氏名・住所のほか、生年月日等の「検
　　　索用情報」の申出を行う。

　ロ　登記官が、検索用情報等を用いて住民基本台帳ネットワー
　　　クシステムに対して照会し、所有権の登記名義人の氏名・住
　　　所等の異動情報を取得する。

　ハ　登記官が、取得した情報に基づき、登記名義人に住所等の
　　　変更の登記をすることについて確認・了解をとった上で、変
　　　更の登記をする。

③　法人の場合、以下のような手順で住所等の変更登記がなされ
　ます。

　イ　法人が所有権の登記名義人となっている不動産について、
　　　会社法人等番号を登記事項に追加する。

　ロ　商業・法人登記システムから不動産登記システムに対し、
　　　名称や住所を変更した法人の情報を通知する。

　ハ　取得した情報に基づき、登記官が変更の登記をする。

❹ 相続土地国庫帰属制度(相続土地国庫帰属法)（令和5年4月27日施行）

　都市部への人口移動、人口減少・高齢化の進展などを背景とし
て、地方を中心に土地の所有意識が希薄化し、土地を利用したい
というニーズが低下する傾向にあるといわれています。このた
め、相続を契機として望まない土地を取得した所有者がこれを負
担に感じ、土地を手放したいと考え、土地の管理がおろそかにな
ることが所有者不明土地を発生させる一因であると指摘されてい
ます。

そこで、所有者不明土地の発生予防の観点から、相続等によって土地の所有権を取得した相続人が、法務大臣（窓口は法務局）の承認により、土地を手放して国庫に帰属させることを可能とする制度が新たに創設されました。

以下では、相続土地国庫帰属制度について規定した「相続等により取得した土地所有権の国庫への帰属に関する法律」（相続土地国庫帰属法）の概要について説明します。

なお、以下において「**相続等**」とは、**相続または遺贈（相続人に対する遺贈に限る）**をいいます。

① **土地の所有者（相続等によりその土地の所有権の全部または一部を取得した者に限る）は、法務大臣に対し、その土地の所有権を国庫に帰属させることについての承認を申請することができます。**

ココが出る！ ▶

制度の開始前に土地を相続した者でも申請することができますが、**売買等によって任意に土地を取得した者や法人は申請することはできません。**

ココが出る！ ▶

② **土地が数人の共有に属する場合には、承認申請は、共有者の全員が共同して行うときに限り、することができます。**この場合においては、その有する共有持分の全部を相続等以外の原因により取得した共有者であっても、相続等により共有持分の全部または一部を取得した共有者と共同して、承認申請をすることができます。

注意 ⚠
土地が共有の場合は、共有者全員の同意が必要となることに注意しましょう。

③ 承認申請は、その土地が次のいずれかに該当するものであるときは、通常の管理または処分をするにあたって過大な費用や労力が必要となるため、することができません。

イ　建物の存する土地

ロ　担保権または使用および収益を目的とする権利が設定されている土地

ハ　通路その他の他人による使用が予定される土地として政令で定めるものが含まれる土地

ニ　土壌汚染対策法に規定する特定有害物質（法務省令で定める基準を超えるものに限る）により汚染されている土地

ホ　境界が明らかでない土地その他の所有権の存否、帰属また

は範囲について争いがある土地

④　承認申請者は、物価の状況、承認申請に対する審査に要する実費その他一切の事情を考慮して政令で定める額の**手数料**を納めなければなりません。

⑤　承認申請者は、承認があったときは、その承認にかかる土地につき、国有地の種目ごとにその管理に要する10年分の標準的な費用の額を考慮して政令で定めるところにより算定した額の金銭（**負担金**）を納付しなければなりません。

⑤ 所有者不明土地に関連する民法の新たなルールの創設

❶ 土地・建物に特化した財産管理制度の創設

（令和5年4月1日施行）

所有者不明土地・建物や、管理不全状態にある土地・建物は、公共事業や民間取引を阻害したり、近隣に悪影響を及ぼすなどして問題となりますが、これまで、その管理に適した財産管理制度がなく、管理が非効率になりがちでした。

そこで、土地・建物の効率的な管理を実現するために、所有者が不明であったり、所有者による管理が適切にされていない土地・建物を対象に、個々の土地・建物の管理に特化した財産管理制度が新たに設けられました。

①　**所有者不明土地管理命令**

イ　裁判所は、**所有者を知ることができず、またはその所在を知ることができない土地**（土地が数人の共有に属する場合にあっては、共有者を知ることができず、またはその所在を知ることができない土地の共有持分）について、必要があると認めるときは、**利害関係人の請求**により、その請求にかかる土地または共有持分を対象として、所有者不明土地管理人による管理を命ずる処分（**所有者不明土地管理命令**）をすることができます。

ロ　裁判所は、所有者不明土地管理命令をする場合には、当該所有者不明土地管理命令において、**所有者不明土地管理人を選任**しなければなりません。

ココが出る!

② 所有者不明建物管理命令

イ　裁判所は、**所有者を知ることができず、またはその所在を知ることができない建物**（建物が数人の共有に属する場合にあっては、共有者を知ることができず、またはその所在を知ることができない建物の共有持分）について、必要があると認めるときは、**利害関係人の請求**により、その請求にかかる建物または共有持分を対象として、所有者不明建物管理人による管理を命ずる処分（**所有者不明建物管理命令**）をすることができます。

ココが出る！▶

ロ　裁判所は、所有者不明建物管理命令をする場合には、当該所有者不明建物管理命令において、**所有者不明建物管理人を選任**しなければなりません。

③ 管理不全土地管理命令

イ　裁判所は、**所有者による土地の管理が不適当であることによって他人の権利または法律上保護される利益が侵害され、または侵害されるおそれがある場合**において、必要があると認めるときは、**利害関係人の請求**により、当該土地を対象として、管理不全土地管理人による管理を命ずる処分（**管理不全土地管理命令**）をすることができます。

ココが出る！▶

ロ　裁判所は、管理不全土地管理命令をする場合には、当該管理不全土地管理命令において、**管理不全土地管理人を選任**しなければなりません。

④ 管理不全建物管理命令

イ　裁判所は、所有者による建物の管理が不適当であることによって他人の権利または法律上保護される利益が侵害され、または侵害されるおそれがある場合において、必要があると認めるときは、**利害関係人の請求**により、当該建物を対象として、管理不全建物管理人による管理を命ずる処分（**管理不全建物管理命令**）をすることができます。

ココが出る！▶

ロ　裁判所は、管理不全建物管理命令をする場合には、当該管理不全建物管理命令において、**管理不全建物管理人を選任**しなければなりません。

❷ 遺産分割に関する新たなルールの導入

（令和 5 年 4 月 1 日施行）

　相続が発生してから遺産分割がされないまま長期間放置されると、相続が繰り返されて多数の相続人による遺産共有状態となる結果、遺産の管理・処分が困難になります。

　また、遺産分割をする際には、法律で定められた相続分（法定相続分）等を基礎としつつ、個別の事情（たとえば、生前贈与を受けたことや、療養看護等の特別の寄与をしたこと）を考慮した具体的な相続分を算定するのが一般的です。しかし、長期間が経過するうちに具体的相続分に関する証拠等がなくなってしまい、遺産分割が難しくなるといった問題があります。

　そこで、遺産分割がされずに長期間放置されるケースの解消を促進する仕組みが新たに設けられました。

　すなわち、**相続の開始**（被相続人の死亡）**の時から10年を経過した後にする遺産分割は、原則として、生前贈与等を考慮した具体的相続分ではなく、法定相続分または指定相続分によって画一的に行うこととされました。**

ココが出る!

この節で学習すること

1 特許権
特許を受けた発明を独占して実施する権利のことです。ビジネス上、特許権は非常に大きな価値があります。

物の形状、構造または組合せにかかる考案（実用新案）を独占的に使用できる権利のことです。
2 実用新案権

物のデザイン（＝意匠）を独占的に使用できる権利のことです。
3 意匠権

4 商標権
商品についての商標と、役務（サービス）についての商標とがあります。登録することで、独占的に使用できます。

5 著作権
小説や論文、絵画や音楽作品などの作者の権利を著作権といいます。

知的財産権とは、特許権、実用新案権、育成者権、意匠権、著作権、商標権その他の知的財産に関して法令により定められた権利または法律上保護される利益にかかる権利をいいます。

❶ 特許権

❶　意　義

　特許権とは、特許を受けた発明を、業として独占排他的に実施する権利をいいます。**特許権者は、業として特許発明の実施をする権利を専有します。**

❷　発明とは

①　意　義

　発明とは、自然法則を利用した技術的思想の創作のうち高度のものをいいます。

　営業手法や経営方法に関する発想のように、自然法則とは無関係の「着想」は、発明とは異なります。また、高度な創作であることが必要であるため、高度でない技術的思想の創作は、実用新案権の保護対象となりうるにとどまります。そして、発明は、創作であることが必要であり、人為的なものでなければならないため、**天然物や自然法則自体の認識にすぎない「発見」は、発明とは異なります。**

②　発明の分類

　発明は、**物の発明**と**方法の発明**とに分類され、さらに、方法の発明は、**狭義の方法の発明**と**物を生産する方法の発明**とに分類されます。

イ　物の発明

　物の発明とは、技術的思想の創作である発明が、生産や使用、譲渡のできる対象として具現化されており、かつ、発明の構成要素としては経時的な要素を含まないものをいいます。機械装置・部品、有機化合物、電気回路、**コンピュータ・プログラム**などが物の発明にあたります。

用　語

「経時的」とは、時間の経過とともに変化などが進む様子をいいます。

◀ 発 展 ▶

魚の養殖方法、植物
の栽培方法などは、
物を生産する方法の
発明に該当します。

ロ　方法の発明

狭義の方法の発明とは、物の生産を伴わない発明であり、分析方法、運転方法などがこれにあたります。

物を生産する方法の発明とは、その方法を実施した結果として物が生産され、その物が使用や販売の対象となる場合をいいます。

❸　実施とは

特許法で発明について「**実施**」とは、次に掲げる行為をいいます。

①　**物の発明の場合**

物（プログラム等を含む）の発明にあっては、その物の生産、使用、譲渡等（譲渡および貸渡しをいい、その物がプログラム等である場合には、電気通信回線を通じた提供を含む）、輸出もしくは輸入または譲渡等の申出（譲渡等のための展示を含む）をする行為

②　**方法の発明の場合**

方法の発明にあっては、その方法の使用をする行為

③　**物を生産する方法の発明の場合**

物を生産する方法の発明にあっては、その方法の使用をする行為のほか、その方法により生産した物の使用、譲渡等、輸出もしくは輸入または譲渡等の申出をする行為

❹　特許の要件

特許権を取得するためには、その発明が①産業上の利用可能性、②新規性、③進歩性の3要件のすべてを満たすものであることが必要です。

産業上の利用可能性とは、当該発明が産業上利用しうるものであることをいい、**産業には、工業のほか、農林水産業、鉱業、商業、サービス業も含まれます。**

次に、**進歩性**とは、当該発明の属する技術分野における通常の知識を有する者（当業者）が、特許出願時の技術常識に基づいて容易にその発明をすることができないことをいいます。

そして、**新規性**とは、その発明がいまだ社会に知られていない
ものであることをいいますが、他人によって公開された場合だけ
でなく、**特許を受ける権利を有する者が出願前に自ら公開した場
合であっても、原則として新規性を喪失すること**に注意してくだ
さい。

◀ ココが出る!

❺　特許を受ける権利

①　特許を受けられる者

　特許を受けられる者は、発明者（**自然人に限る**）または発明
者から特許を受ける権利を承継した者（**法人も含む**）です。

　特許出願は、特許を受ける権利を有する発明者またはその承
継人に限りすることができ、特許を受ける権利を有しない者に
よる出願を**冒認出願**といいます。**冒認出願は、拒絶理由とな
り、仮に誤って登録された場合には、特許登録の無効理由とな
ります。**

②　特許を受ける権利の移転

　特許を受ける権利は、移転（譲渡等）することができます。

イ　特許出願前

　特許出願前に特許を受ける権利を移転する場合、その移転
（承継）の効力は、承継事由（売買契約など）の発生と同時
に生じますが、その承継を第三者に対抗するためには、承継
人が特許出願をすることが必要です。**特許出願は、第三者に
対する対抗要件であり、特許を受ける権利の移転の効力発生
要件ではないこと**に注意してください。

◀ ココが出る!

ロ　特許出願後

　特許出願後に特許を受ける権利を移転する場合には、移転
原因（一般承継・特定承継）に応じてその効力発生要件が異
なります。

　一般承継（会社の合併や相続など）の場合は、その移転
（承継）の効力は、承継事由（相続など）の発生と同時に生
じますが、**承継人は、遅滞なく、承継した旨を特許庁長官に
届け出なければなりません。**一方、**特定承継**（売買や贈与な
ど）の場合は、**特許庁長官に届け出なければ、その効力を生**

◀ ココが出る!

一般承継の場合と特
定承継の場合との違
いを押さえてくださ
い。

じません。

　なお、**特許を受ける権利は、質権の目的とすることができ
ません。ただし、譲渡担保の目的とすることはできます。**

◀ 発 展 ▶

特許を受ける権利を
質権の目的とするこ
とができないのは、
特許権と異なり特許
を受ける権利には適
切な公示手段がない
ため、取引の安全を
害するからです。

❻　**仮専用実施権・仮通常実施権**

　次に述べる仮専用実施権の設定等がなされると、権利者は、特
許を受ける権利が譲渡されても、譲受人に自己の権利を対抗で
き、また、特許を受ける権利を有する者が破産しても、実施権の
設定・許諾にかかるライセンス契約を解除されません。これによ
り、出願段階でのライセンスが保護されます。

①　**仮専用実施権**

　特許を受ける権利を有する者は、その特許を受ける権利に基
づいて取得すべき特許権について、その特許出願の願書に最初
に添付した明細書、特許請求の範囲または図面に記載した事項
の範囲内において、仮専用実施権を設定することができます。
**仮専用実施権にかかる特許出願について特許権の設定の登録が
あったときは、その特許権について、当該仮専用実施権の設定
行為で定めた範囲内において、専用実施権が設定されたものと
みなされます。**

　なお、仮専用実施権の設定は、登録をしなければ、その効力
を生じません。

②　**仮通常実施権**

　特許を受ける権利を有する者は、その特許を受ける権利に基
づいて取得すべき特許権について、その特許出願の願書に最初
に添付した明細書、特許請求の範囲または図面に記載した事項
の範囲内において、他人に仮通常実施権を許諾することができ
ます。仮通常実施権にかかる特許出願について特許権の設定の
登録があったときは、当該仮通常実施権を有する者に対し、そ
の特許権について、当該仮通常実施権の設定行為で定めた範囲
内において、通常実施権が許諾されたものとみなされます。

❼ 職務発明

① 意 義

　職務発明とは、従業者等（従業者、**法人の役員**、国家公務員または地方公務員）が行った発明であって、その性質上、その従業者等の属する使用者等（使用者、法人、国または地方公共団体）の業務範囲に属し、かつ、その発明をするに至った行為がその従業者等の現在または過去の職務に属するものをいいます。

　従業者等がした職務発明については、**契約、勤務規則その他の定めにおいてあらかじめ使用者等に特許を受ける権利を取得させることを定めたときは、その特許を受ける権利は、その発生した時から当該使用者等に帰属します**（予約承継）。

　他方、こうした契約、勤務規則その他の定めを設けない場合には、職務発明の特許を受ける権利は、従業者等に帰属します。

　使用者等は、従業者等がその職務発明につき特許を受けたときは、その特許権について通常実施権を有します。

② 職務発明における相当の利益

　従業者等は、契約、勤務規則その他の定めにより職務発明について使用者等に特許を受ける権利を取得させ、使用者等に特許権を承継させ、または使用者等のため専用実施権を設定等したときは、相当の金銭その他の経済上の利益（「**相当の利益**」という）を受ける権利を有します。

　契約、勤務規則その他の定めにおいて相当の利益について定める場合には、㋑相当の利益の内容を決定するための基準の策定に際して使用者等と従業者等との間で行われる協議の状況、㋺策定された当該基準の開示の状況、㋩相当の利益の内容の決定について行われる従業者等からの意見の聴取の状況等を考慮して、その定めたところにより相当の利益を与えることが不合理であると認められるものであってはならないものとされています。

　このように、相当の利益の決定については一定の制約がありますが、その決定は、あくまでも使用者等と従業者等との間の

ココが出る！

注 意
職務発明については、使用者等は、当該発明を行った従業者等から特許を受ける権利を譲り受けることもできます。

ココが出る！

第3章 会社財産の管理・運用

取決めによるものであり、**裁判所や特許庁長官が決定するのではないことに注意してください。**

なお、経済産業大臣は、発明を奨励するため、産業構造審議会の意見を聴いて、上記の考慮すべき状況等に関する事項について指針を定め、これを公表するものとされています。

❽ 特許権取得手続

特許を受けようとする者は、一定の事項を記載した願書を特許庁長官に提出しなければならず、願書には、明細書、特許請求の範囲、必要な図面および要約書を添付しなければなりません。

特許権を取得するための手続の概要は、次のとおりです。

① 出 願

いかに優れた発明であっても、特許出願しなければ特許権を取得することはできません。出願するには、法令で規定された所定の書類を特許庁長官に提出する必要があります。

我が国では、同じ発明であっても先に出願された発明のみが特許となる**先願主義**を採用していますので、発明をしたら早急に出願すべきです。

② 方式審査

特許庁に提出された出願書類は、所定の書式通りであるかどうかのチェックを受けます。

書類が整っていない、必要項目が記載されていない等の場合は、補正命令が発せられます。

③ 出願公開

ココが出る！

特許庁長官は、**特許出願の日から１年６か月を経過したとき**は、特許掲載公報の発行をしたものを除き、その**特許出願について出願公開をしなければなりません。**

④ 審査請求

特許出願されたものは、すべてが審査されるわけではなく、出願人または第三者が審査請求料を払って出願審査の請求があったものだけが審査されます。

審査請求は、出願から３年以内であれば、いつでも誰でもすることができます。

⑤ みなし取り下げ（審査請求期間内に審査請求なし）

　出願から3年以内に審査請求のない出願は、取り下げられたものとみなされます。

⑥ 実体審査

　審査は、特許庁の審査官によって行われます。

　審査官は、出願された発明が特許されるべきものか否かを判断します。

　審査においては、まず、法律で規定された要件を満たしているか否か、すなわち、拒絶理由がないかどうかを調べます。

⑦ 拒絶理由通知

　審査官が拒絶の理由を発見した場合は、それを出願人に知らせるために拒絶理由通知書を送付します。

⑧ 意見書・補正書

　出願人には、拒絶理由通知書により示された従来技術とはこのような点で相違するという反論を意見書として提出したり、特許請求の範囲や明細書等を補正することにより拒絶理由が解消される場合には、その旨の補正書を提出する機会が与えられます。

⑨ 特許査定

　審査の結果、審査官が拒絶理由を発見しなかった場合は、特許すべき旨の査定を行います。

　また、意見書や補正書によって拒絶理由が解消した場合にも特許査定となります。

⑩ 拒絶査定

　意見書や補正書をみても拒絶理由が解消されておらず、やはり特許できないと審査官が判断したときは、拒絶をすべき旨の査定を行います。

⑪ 拒絶査定不服審判請求

　拒絶査定に不服があるときは、拒絶査定不服審判を請求することができます。

⑫ 審　理

　拒絶査定不服審判の審理は、3人または5人の審判官の合議体によって行われます。

審判官の合議体による決定を審決といいます。

審理の結果、拒絶理由が解消したと判断される場合には特許審決を行い、拒絶理由が解消せず特許できないと判断される場合には、拒絶審決を行います。

⑬ **設定登録（特許料納付）**

特許査定がされた出願については、出願人が特許料を納めれば、特許原簿に登録され特許権が発生します。

ここではじめて、特許第何号という番号がつくことになります。

特許権の設定登録後、特許証書が出願人に送られます。

⑭ **特許公報発行**

設定登録され発生した特許権は、その内容が**特許公報**に掲載されます。

⑮ **無効審判請求**

特許権が設定登録された後でも無効理由がある場合、利害関係人に限り無効審判を請求することができます。

⑯ **審　理**

無効審判請求の審理は、3人または5人の審判官の合議体によって行われます。

審理の結果、特許に無効理由がないと判断された場合は、特許の維持の審決が行われます。

一方、特許に無効理由があると判断された場合は、特許無効の審決が行われます。

⑰ **知的財産高等裁判所**

拒絶査定不服審判の拒絶審決に対して不服がある出願人、特許無効審判の審決に対して不服がある当事者は、知的財産高等裁判所に出訴することができます。

以上、特許権の取得手続の概要を述べましたが、以下では、試験でよく聞かれる手続等をピックアップして、詳しく説明することにします。

イ　先願主義

先願主義とは、複数の者が別個独立に同一の発明を完成した場合に、最先の出願人に対して特許権を付与する考え方を

ココが出る！

いいます。先願主義について、特許法は、「同一の発明について異なった日に2以上の特許出願があったときは、最先の特許出願人のみがその発明について特許を受けることができる。」と規定しています。

　同一の発明について同日に2以上の特許出願があったときは、特許庁長官は、相当の期間を指定して、協議をしてその結果を届け出るべき旨を出願人に命じなければならないものとされており、**特許出願人の協議により定めた一の特許出願人のみがその発明について特許を受けることができます。協議が成立せず、または協議をすることができないときは、いずれも、その発明について特許を受けることができません**。また、協議が成立した場合でも、特許庁長官の指定する期間内にその協議の結果について届出をしなかったときは、いずれも、その発明について特許を受けることができません。

ロ　**出願公開制度**

　出願公開制度とは、**特許出願の日から1年6か月を経過したときに、特許出願の内容を特許公報に掲載して公開する制度**をいいます。ただし、特許出願の日から1年6か月経過以前に登録され、すでに特許掲載公報の発行されたものは除かれます。

ココが出る!

　特許出願人は、出願公開があった後に特許出願にかかる発明の内容を記載した書面を提示して警告をしたときは、その警告後特許権の設定の登録前に業としてその発明を実施した者に対し、その発明が特許発明である場合にその実施に対し受けるべき金銭の額に相当する額の補償金の支払いを請求することができます（**補償金請求権**）。また、当該警告をしない場合においても、出願公開がされた特許出願にかかる発明であることを知って特許権の設定の登録前に業としてその発明を実施した者に対しては、同様の請求をすることができます。

　なお、この**補償金請求権は、特許権の設定の登録があった後でなければ、行使することができない**ことに注意してください。

ココが出る!

ハ　出願審査請求制度

　特許出願があった場合、特許庁長官は、審査官に特許出願を審査させなければなりませんが、特許出願の審査は、その特許出願についての**出願審査の請求を待って**行われます。特許出願があったときは、何人も、その日から3年以内に、特許庁長官にその特許出願について出願審査の請求をすることができます。

　このように、一定期間内に出願審査請求の手続をした特許出願のみについて実体審査をする制度を**出願審査請求制度**といいます。

ニ　特許権の発生

　特許権は、特許登録原簿に設定登録することにより発生（成立）します。特許権の存続期間は、**特許出願の日から20年**です。登録の日から20年ではないことに注意してください。

　なお、特許権の存続期間は、特許権の設定の登録が特許出願の日から起算して5年を経過した日または出願審査の請求があった日から起算して3年を経過した日のいずれか遅い日（「基準日」という）以後にされたときは、**延長登録の出願**により延長することができます。

❾　特許権の効力

　特許権者は、業として特許発明の実施をする権利を専有します。

❿　実施権の設定

　実施権とは、特許されている発明を実施するための権利をいい、いわゆるライセンスのことです。

　実施権には、権利者とライセンスを受ける者との実施許諾契約（ライセンス契約）に基づく実施権と、権利者の意図とは関係なく法律上の要件を満たす者に与えられる実施権（法定実施権）とがあります。

　実施許諾契約に基づく実施権には、専用実施権と通常実施権の2種類があります。

◀ 発 展 ▶

出願の日から3年以内に出願審査の請求がなかったときは、その特許出願は、取り下げたものとみなされます。

ココが出る！

◀ 発 展 ▶

先使用権も法定実施権に該当します。先使用権とは、特許出願にかかる発明の内容を知らないで自らその発明をし、または特許出願にかかる発明の内容を知らないでその発明をした者から知得して、特許出願の際現に日本国内においてその発明の実施である事業をしている者またはその事業の準備をしている者に、その実施または準備をしている発明および事業の目的の範囲内において、その特許出願にかかる特許権について認められる通常実施権をいいます。

	専用実施権	通常実施権
意義	設定行為で定めた範囲内において、実施権者が業としてその特許発明を独占・排他的に実施できる権利。	設定行為等で定めた範囲内において、実施権者が業としてその特許発明を実施できる権利。
特許登録原簿への登録の要否	必要。 登録が専用実施権設定の効力発生要件。	不要。 登録をしなくても（そもそも登録できない）通常実施権設定等の効力が発生する。
特許権者による実施の可否	不可	可
特許権者による同様の実施権の設定・許諾の可否	不可	可
実施権者の第三者に対する再実施の許諾の可否	特許権者の承諾を得た場合に限りなしうる。	特許法上規定なし。実務では、特許権者の承諾を得て行われることが多い。

ココが出る！

◀ 発 展 ▶

破産法は、特許権者が破産した場合に実施権者の立場が不安定になることを防止するため、当該実施権が設定登録により第三者に対抗することができるときは、破産管財人について、実施許諾契約の解除権を制限しています。

（注）　実施権者のみに通常実施権を与え、他の者には実施権の設定・許諾を行わないとの特約付きの通常実施権を**独占的通常実施権**といい、これは、特許権者が契約の範囲内において特許発明を実施できる点で、専用実施権と異なります。独占的通常実施権は、特許法上の制度ではなく、実務上利用されているにすぎず、特許法上は、あくまでも通常実施権と同じであるので、独占的である旨の**登録をすることはできません。**

　なお、**実施許諾契約の内容・条件**は、原則として、特許権者と実施権者との間で自由に定めることができますが、特許を実施する製品の販売価格・再販売価格を拘束するなど、その内容等によっては、独占禁止法上の「不公正な取引方法」に該当し、独占禁止法違反となるおそれがあることに留意する必要があります。

ココが出る！

⓫　特許権の移転

　特許権の移転には、その移転原因により、①一般承継（会社の

合併や相続など）と②特定承継（売買や贈与など）とがあります。

① 一般承継

　一般承継の場合は、その移転（承継）の効力は、承継事由（相続など）の発生と同時に生じますが、承継人は、遅滞なく、承継した旨を特許庁長官に届け出なければなりません。

② 特定承継

ココが出る！ ▶

　特定承継の場合は、**特許登録原簿に登録しなければ、その効力を生じません。**

⓬ 特許権侵害に対する措置

　特許発明は、特許請求の範囲における請求項（クレーム）ごとに成立しますので、特許権侵害の有無も、請求項ごとに判断する必要があります。**請求項ごとに記載されている発明特定事項（発明の構成）のすべてを具現化した製品を製造し販売した場合、当該行為は、特許発明の実施行為であり、特許権侵害（直接侵害）に該当**します。

　さらに、特許法は、特許発明の内容（構成要件）全体の実施に至らない場合でも、特許権侵害を誘発する可能性が高い態様の行為については、特許権侵害（**間接侵害**）に該当するものとみなしています。たとえば、特許が物の発明についてなされている場合において、業として、その物の生産にのみ用いる物の生産、譲渡等もしくは輸入または譲渡等の申出をする行為を間接侵害に該当するものとして規定しています。具体的には、特許になっているテレビの完成品の組み立てに必要な一切の物をセットで輸入するような行為がこれに該当します。

① 民事上の救済手段

　特許権侵害に対する民事上の救済手段としては、次のものがあります。

イ　**侵害行為が継続している場合の差止請求**

　　特許権者または専用実施権者は、自己の特許権または専用実施権を侵害する者または侵害するおそれがある者に対し、その侵害の停止または予防を請求することができます。

ロ　仮処分の申立て

ハ　**侵害によって受けた損害の賠償請求**

　　特許権者または専用実施権者が故意または過失により自己の特許権または専用実施権を侵害した者に対しその侵害により自己が受けた損害の賠償を請求する場合において、その者がその侵害の行為により利益を受けているときは、その利益の額は、特許権者または専用実施権者が受けた損害の額と推定されます（**損害額の推定**）。

　　また、他人の特許権または専用実施権を侵害した者は、その侵害の行為について過失があったものと推定されます（**過失の推定**）。

　　さらに、特許権または専用実施権の侵害にかかる訴訟において、損害が生じたことが認められる場合に、損害額を立証するために必要な事実を立証することが当該事実の性質上極めて困難であるときは、裁判所は、口頭弁論の全趣旨および証拠調べの結果に基づき、相当な損害額を認定することができます（**相当な損害額の認定**）。

　　なお、特許権の侵害の可能性がある場合、中立な技術専門家が、被疑侵害者の工場等に立ち入り、特許権の侵害立証に必要な調査を行い、裁判所に報告書を提出する制度（**査証制度**）が設けられています。

　　また、①侵害者が得た利益のうち、特許権者の生産能力等を超えるとして賠償が否定されていた部分について、侵害者にライセンスをしたとみなして、損害賠償を請求することができます。そして、②ライセンス料相当額による損害賠償額の算定に当たり、特許権侵害があったことを前提として交渉した場合に決まるであろう額を考慮することができます。

　　上記①、②については、実用新案権、意匠権および商標権においても同様の規定が設けられています。

ニ　**侵害者に対する不当利得返還請求**

ホ　**業務上の信用が害された場合の信用回復措置請求**

　　故意または過失により特許権または専用実施権を侵害したことにより特許権者または専用実施権者の業務上の信用を

害した者に対しては、裁判所は、特許権者または専用実施権者の請求により、損害の賠償に代え、または損害の賠償とともに、特許権者または専用実施権者の業務上の信用を回復するのに必要な措置を命ずることができます。

② **刑事責任**

特許権または専用実施権を侵害した者は、10年以下の懲役（拘禁刑：令和7年6月1日施行）もしくは1,000万円以下の罰金に処せられ、またはこれを併科されます。

また、**法人の企業活動の一環として特許権等の侵害行為が行われた場合には、その法人に対して最高3億円の罰金刑が科されます。**

なお、**特許権侵害にかかる罪は非親告罪**であり、特許権者等の告訴がなくても公訴を提起することができます。

⓭　共同発明・特許権の共有

① **共同発明**

共同発明とは、2人以上の者が実質的に協力をして完成した発明をいいます。

ただし、次の者は、共同発明者とはなり得ません。

イ　単なる管理者

部下の研究者に対して一般的管理をした者をいいます。具体的着想を示さず単に通常のテーマを与え、または発明の過程において単に一般的な助言・指導を与えた者がこれに該当します。

ロ　単なる補助者

研究者の指示に従い単にデータをまとめ、または実験を行った者をいいます。

ハ　単なる後援者・委託者

発明者に資金を提供し、設備利用の便宜を与える等により発明の完成を援助しまたは委託した者をいいます。

② **特許権の共有**

共同発明の場合、特許を受ける権利は、共同発明者全員が共有します。この場合、**各共有者は、他の共有者と共同でなけれ**

ば、特許出願をすることができません。

　特許権が設定登録された場合、その特許権は、特許を受ける権利の共有者の共有となります。**特許権が共有にかかるときは、各共有者は、他の共有者の同意を得なければ、その持分を譲渡し、またはその持分を目的として質権を設定することができません。**また、各共有者は、他の共有者の同意を得なければ、その**特許権について専用実施権を設定し、または他人に通常実施権を許諾することができません。**ただし、各共有者は、契約で別段の定めをした場合を除き、他の共有者の同意を得ないでその特許発明の実施をすることができます。

◀ ココが出る！

注 意 ⚠
特許発明の実施については、他の共有者の同意は不要です。

⓮　当然対抗制度

通常実施権については、その登録がなくても第三者に対抗することができる制度（当然対抗制度）が設けられています。

　すなわち、通常実施権は、その発生後にその特許権もしくは専用実施権またはその特許権についての専用実施権を取得した者に対しても、その効力を有することとされています。これにより、ある特許について、特許権者が「ライセンス契約による通常実施権の付与」と「特許権の譲渡」の両方の行為をしてしまった場合でも、通常実施権の「発生」が特許権の譲渡に時間的に先んじていれば、通常実施権者は、特許権の譲受人に当該通常実施権の存在を対抗できることになります。

　なお、この当然対抗制度は、特許権の場合だけでなく、「特許を受ける権利」における仮通常実施権の場合にも適用されます。

② 実用新案権

❶　意　義

実用新案権とは、登録を受けた実用新案を独占排他的に実施する権利をいいます。

❷　実用新案登録の対象

　実用新案登録の対象は、物品の形状、構造または組合せにかか

る考案であり、考案とは、自然法則を利用した技術的思想の創作をいいます。

❸　実用新案権の取得手続

近年における技術革新の進展および加速化を背景として、実用新案登録出願には、出願後極めて早期に実施が開始されるものが多く、また、製品のライフサイクルも短縮化する傾向にあり、このような技術に対する早期権利保護を求めるニーズが顕著となっています。

そこで、このような早期権利保護のニーズに対応するため、実用新案権の登録については、特許権の登録のような新規性、進歩性等の実体審査を行わず、**方式審査**（方式上の要件を満たしているかどうかの審査）および**基礎的要件の審査**（登録を受けるために必要とされる一定の要件（基礎的要件）を満たしているかどうかの審査）のみを行って権利を付与するという、**早期登録制度**が採用されています。

実用新案権は、設定の登録により発生し、実用新案権の存続期間は、**実用新案登録出願の日から10年**です。

なお、実用新案権者は、その実用新案登録にかかる**実用新案登録出願の日から３年を経過したとき等一定の場合を除き、自己の実用新案登録に基づいて特許出願をすることができます。**

❹　権利侵害等

実用新案権者は、その登録実用新案にかかる**実用新案技術評価書を提示して警告をした後**でなければ、自己の実用新案権の侵害者等に対し、その権利を行使することができません。

実用新案権者が侵害者等に対しその権利を行使し、またはその警告をした場合において、その後、**当該実用新案登録を無効にすべき旨の審決が確定したとき**は、原則として、実用新案権者であった者は、**その権利の行使またはその警告により相手方に与えた損害を賠償する責任**を負います。

ココが出る！

注意
実用新案権の登録については、更新の制度はありません。

ココが出る！

ココが出る！

❸ 意匠権

❶　意　義

意匠権とは、物のデザイン（意匠）を独占的に実施することができる権利をいいます。

意匠権の存続期間は、**出願の日から25年**です。**更新登録は受けられない**ことに注意してください。

◀ **ココが出る!**

❷　意匠とは

①　意匠の意義

意匠とは、物品（物品の部分を含む）の形状、模様もしくは色彩もしくはこれらの結合（形状等）、建築物の形状等（建築物の外観・内装のデザイン）または一定の画像であって、視覚を通じて美感を起こさせるものをいいます。

「一定の画像」とは、**機器の操作の用に供されるものまたは機器がその機能を発揮した結果として表示されるものに限り、画像の部分を含みます**。具体的には、オーディオ機器の音量やバランス等の設定用画面、電子レンジの調理時間や温度などの設定用画面、携帯電話の初期操作用画面、ネットワークによって提供される画像、壁や路面に投影される画像、VR（バーチャル・リアリティ）上で表示される画像等が該当します。

「物品」とは、有体物である動産を指し、不動産、気体、液体を含みません。

②　部分意匠制度

部分意匠制度とは、物品の全体ではなく、物品の一部分のみで意匠登録の要件を備えている場合に、その物品の一部分を意匠登録の対象とする制度をいいます。

部分意匠とは、物品の部分の形状、模様もしくは色彩またはこれらの結合をいい、たとえば、カメラのレンズ部分やコップの取っ手部分の意匠などがこれにあたります。

③　組物の意匠

組物の意匠とは、コーヒーカップとソーサーの組合せのように、同時に使用される2以上の物品であって経済産業省令で定

めるもの（組物）を構成する物品にかかる意匠が、組物全体として統一があるときに、一意匠として出願をし、意匠登録を受けることができるものをいいます。

④ **動的意匠**

意匠にかかる物品の形状、模様または色彩がその物品の有する機能に基づいて変化する場合、その変化の前後にわたるその物品の形状、模様もしくは色彩またはこれらの結合は、一般に**動的意匠**と呼ばれ、意匠登録の対象となります。動的意匠の具体例としては、四肢が自由に動く動物の人形、回すことで表面の模様が変化するこま、びっくり箱などが挙げられます。

❸ 関連意匠制度

関連意匠制度とは、デザイン開発の過程で、1つのデザインコンセプトから複数のバリエーションのデザインが創作された場合に、各々のデザインについて独自の意匠権を得ることができる制度をいいます。

意匠登録出願人は、自己の意匠登録出願にかかる意匠または自己の登録意匠のうちから選択した一の意匠（「本意匠」という）に類似する意匠（「関連意匠」という）について、意匠登録を受けることができます。

なお、関連意匠にのみ類似し、本意匠に類似しない意匠の登録もすることができます。

関連意匠の意匠権の存続期間は、関連意匠の登録出願日ではなく、その基礎意匠（当該関連意匠にかかる最初に選択した一の意匠）の登録出願日から25年です。

❹ 意匠登録の要件

意匠登録を受けるためには、①工業上利用性、②新規性、③創作非容易性の3要件を満たすことが必要です。

① **工業上利用性**

工業上利用性とは、工業的方法により量産可能なものであることをいいます。

② **新規性**

　新規性とは、出願前に公知となっていないことをいいます。

　当該意匠が他人によって公開された場合だけでなく、**当該意匠を創作した本人が自らこれを公開した場合も、原則として、当該意匠は公知の意匠となり、新規性を喪失する**ことに注意してください。

③ **創作非容易性**

　創作非容易性とは、既存のものから容易に創作できないことをいいます。

❺　**意匠権の効力**

　意匠権者は、原則として、意匠登録を受けた意匠（登録意匠）およびこれに類似する意匠を、業として独占排他的に実施する権利を専有します。

　意匠権者は、その意匠権を侵害する者に対して差止請求、損害賠償請求等をすることができます。

◀ 発 展 ▶

意匠登録出願は、原則として意匠ごとにしなければなりません（一意匠一出願の原則）。

第**3**章　会社財産の管理・運用

④ 商標権

❶　**商標の意義**

　商標とは、人の知覚によって認識することができるもののうち、文字、図形、記号、立体的形状もしくは色彩またはこれらの結合、音その他政令で定めるもの（「**標章**」という）であって、次に掲げるものをいいます。

① 業として商品を生産し、証明し、または譲渡する者がその商品について使用をするもの〔**商品商標（トレードマーク）**〕

② 業として役務（サービス）を提供し、または証明する者がその役務について使用をするもの〔**役務商標（サービスマーク）**〕

　これら商標の利用者に与えられる独占的排他的使用権を商標権といいます。

ココが出る！

❷　**商標権の取得手続**

　商標登録を受けようとする者は、自己の業務にかかる商品また

は役務について使用をする商標について商標登録を受けることができます。商標登録は、現に使用している商標だけでなく、**将来使用する意思のある商標**についても受けられます。

① 商標登録出願

商標登録を受けようとする者は、一定の事項を記載した願書に必要な書面を添付して特許庁長官に提出しなければなりません。

特許庁長官は、商標登録出願があったときは、一定の事項を商標公報に掲載することにより、出願公開をしなければなりません。

② 先願主義

同一または類似の商品または役務について使用をする同一または類似の商標について異なった日に2以上の商標登録出願があったときは、原則として、最先の商標登録出願人のみがその商標について商標登録を受けることができます（先願主義）。

同一または類似の商品または役務について使用をする同一または類似の商標について同日に2以上の商標登録出願があったときは、商標登録出願人の協議により定めた一の商標登録出願人のみがその商標について商標登録を受けることができます。協議の届出がない場合は、くじで定めます。

③ 審 査

方式審査（出願書類が所定の書式通りであるかどうかの審査）と実体審査（出願された商標が登録されるべき要件を満たしているかどうかの審査）を経た結果、拒絶の理由を発見しないときは、審査官は、商標登録をすべき旨の査定（登録査定）をしなければなりません。

④ 登 録

登録査定がなされた場合、出願人は、原則として、当該査定謄本の送達日から30日以内に、10年分または5年分の登録料を納付しなければならず、登録料が納付されると、商標登録原簿に商標権の設定登録がなされます。

◀ 発 展 ▶

商標登録出願は、商標の使用をする一または二以上の商品または役務を指定して、商標ごとにしなければなりません（一商標一出願の原則）。

注 意

商標の登録については、商標登録出願の形式面についての審査のみを行って商標権の設定登録をするというような「早期登録制度」はとられていないことに注意してください。

注 意

商標登録を受けようとする者は、すでに第三者が当該商標と

214

❸　商標権の効力

①　専用権・禁止権

　　商標権者は、指定商品または指定役務について登録商標の使用をする権利を専有します（**専用権**）。

　　また、商標権者は、他人による自己の登録商標の類似範囲の使用を排除することができます（**禁止権**）。

②　出所表示機能

　　商標には、特定の商標が付された商品・役務は、特定の出所（生産者、販売者など）から提供されたものであるということを需要者に認識させる機能（**出所表示機能**）があります。

　　商標法は、この出所表示機能を発揮せしめるため、他人の登録商標と類似する商標の登録を排除し、また、登録商標と類似する商標を他人が無断で使用することを禁止する効力を認めています。

❹　商標登録の取消しの審判（不使用取消審判）

　　継続して３年以上、日本国内において**商標権者、専用使用権者または通常使用権者**のいずれもが、正当な理由がなく、各指定商品または指定役務についての**登録商標の使用をしていないとき**は、何人も、その指定商品または指定役務にかかる商標登録を取り消すことについて審判を請求することができます。この審判を**商標登録の取消しの審判**（**不使用取消審判**）といいます。

❺　商標権の存続期間

　　商標権は、設定の登録により発生し、その存続期間は、設定の登録の日から10年です。ただし、**商標権の存続期間は、商標権者の更新登録の申請により更新することができます**。

　　また、更新の回数は１回に限られることなく、何回でも更新することが可能です。

❻　防護標章登録制度

　　商標権者は、商品にかかる登録商標が自己の業務にかかる指定商品を表示するものとして需要者の間に広く認識されている場合

同一または類似の指定商品にかかる同一または類似の商標について商標登録を受けていたときは、商標登録を受けることができません。

令和５年商標法改正により、「①先行登録商標の権利者の承諾を得ていること、かつ、②先行登録商標との間で混同を生ずるおそれがないこと」を要件として、先行登録商標と同一・類似の指定商品・役務について、先行登録商標と同一・類似の商標登録を受けることができるようになりました（令和６年４月１日施行）。

ココが出る！

注　意 ⚠
使用していないからといって、当然に無効とはならないことに注意が必要です。

ココが出る！

◀ 発 展 ▶

防護標章登録に基づく権利の存続期間は、設定の登録の日から10年をもって終了します。ただし、この存続期間は、更新登録の出願により更新することができます。

において、その登録商標にかかる指定商品およびこれに類似する商品以外の商品または指定商品に類似する役務以外の役務について他人が登録商標の使用をすることによりその商品または役務と自己の業務にかかる指定商品とが混同を生ずるおそれがあるときは、そのおそれがある商品または役務について、その登録商標と同一の標章についての防護標章登録を受けることができます。これを**防護標章登録制度**といいます。

ココが出る！ ▶

❼ 地域団体商標制度

　地域団体商標制度とは、地名と商品名とを組み合わせた商標（「長崎カステラ」、「草加せんべい」など）がより早い段階で登録を受けられるようにすることにより、地域ブランドの育成に資することを目的として導入された制度です。

◀ 発 展 ▶

国、地方公共団体または大学といった公益団体等を表示する著名な商標（公益著名商標）にかかる商標権について、通常使用権の許諾が可能となっています。

　具体的には、地域団体商標の登録に際して、主体が要件に適合しているか、**周知性**（一定の地理的範囲である程度有名になっていること）の要件を満たしているか、当該商品が地域と密接な関連性を有しているかといった点について審査を行い、地域の事業者が一体となって取り組む地域ブランドの保護を図ることとしています。

　たとえば、**事業協同組合**その他の特別の法律により設立された組合、商工会、商工会議所、特定非営利活動法人等は、その構成員に使用をさせる商標であって、商標法の規定に該当するものについて、**その商標が使用をされた結果自己またはその構成員の業務に係る商品または役務を表示するものとして需要者の間に広く認識されているときは、地域団体商標**の商標登録を受けることができます。

❽ 商標権の侵害とその救済

　商標権者は、商標権を侵害した者に対して差止請求、損害賠償請求等をすることができます。また、**商標権の設定登録を受けていない商標**についても、その侵害者に対しては、**不正競争防止法**により、差止請求や損害賠償請求をすることができます。

ココが出る！ ▶

　さらに、商標権を侵害した者は、刑事罰の対象となります。

⑤ 著作権

❶ 著作権の保護の対象となる著作物

著作物とは、思想または感情を創作的に表現したものであって、文芸、学術、美術または音楽の範囲に属するものをいいます。

① 二次的著作物

二次的著作物とは、著作物を翻訳し、編曲し、もしくは変形し、または脚色し、映画化し、その他翻案することにより創作した著作物をいいます。つまり、二次的著作物とは、既存の著作物（原著作物）に新たな創作性を付加して創作された著作物であり、**原著作物とは別の著作物として著作権法による保護の対象となります。**

原著作物の著作権者の許諾を得ずにこれを創作した場合でも、著作権侵害には該当しますが、創作された二次的著作物は、著作権法による保護の対象となります。

② 編集著作物

編集著作物とは、編集物（データベースに該当するものを除く）で、その素材の選択または配列によって創作性を有するものをいいます。百科事典、六法、**新聞**、雑誌などがこれにあたります。

なお、データベースは、編集著作物には該当しませんが、データベースでその情報の選択または体系的な構成によって創作性を有するものは、著作物として保護されることに注意してください。

❷ 著作権の保護の対象とならない著作物

次のいずれかに該当する著作物は、社会公共の見地から、国民に広く開放して自由な利用を図るべきものとして、著作権の保護の対象とはなりません。

① 憲法その他の法令

② 国・地方公共団体の機関、独立行政法人などが発する告示、訓令、通達その他これらに類するもの

注意⚠️

事実の伝達にすぎない雑報および時事の報道は、著作物に該当しません。

◀ ココが出る！

③ 裁判所の判決、決定、命令および審判、行政庁の裁決および
　　決定で裁判に準ずる手続により行われるもの
④ ①から③の翻訳物および編集物で、国・地方公共団体の機
　　関、独立行政法人などが作成するもの

❸ 著作者

① 著作者の意義・推定

　著作者とは、著作物を創作する者をいいます。

　著作物の原作品に、または著作物の公衆への提供もしくは提
示の際に、その氏名もしくは名称（「**実名**」という）またはそ
の雅号、筆名、略称その他実名に代えて用いられるもの（「**変
名**」という）として周知のものが著作者名として通常の方法に
より表示されている者は、その著作物の著作者と推定されま
す。

② 職務著作

　法人その他使用者（「法人等」という）の発意に基づきその
法人等の業務に従事する者が職務上作成する著作物（プログラ
ムの著作物を除く）で、その法人等が自己の著作の名義の下に
公表するもの（**職務著作**）の著作者は、その作成の時における
契約、勤務規則その他に別段の定めがない限り、その法人等と
されます。「**法人等の発意**」には、従業員が職務命令を受けて
著作物を創作する場合だけでなく、**従業員が自ら企画したもの
をその所属部署の管理責任者の了承の下に創作する場合も含ま
れ**ます。

　なお、プログラムの著作物については、「その法人等が自己
の著作の名義の下に公表するもの」という要件は不要であり、
他の要件を充たせば、職務著作に該当します。

③ 共有著作権・共同著作物の著作者人格権

　共同著作物（2人以上の者が共同して創作した著作物であっ
て、その各人の寄与を分離して個別的に利用することができな
いもの）や複数人によって著作権が相続された場合に、著作権
の共有が生じますが、このように共有にかかる著作権を**共有著
作権**といいます。

◀ 発 展 ▶

©マークは、著作物
に対する著作権の所
在を示すために使用
されていますが、©
マークには、著作権
法上、法的効果は認
められていません。

ココが出る！

218

共有著作権については、**各共有者は、他の共有者の同意を得**
なければ、その持分を譲渡し、または質権の目的とすることが
できません。また、**共有著作権は、その共有者全員の合意によ**
らなければ、行使することができません。この場合において、
各共有者は、正当な理由がない限り、これらの同意を拒み、ま
たは合意の成立を妨げることができません。

共同著作物の著作者人格権は、著作者全員の合意によらなけ
れば、行使することができません。

ココが出る!

❹　著作者の有する権利

著作者は、著作者人格権と著作権（著作財産権）を有します。
この**著作者人格権および著作権は、著作物を創作するだけで成立**
し、その享有には、登録その他いかなる方式の履行をも要しませ
ん。

① 著作権の存続期間

著作権の存続期間は、著作物の創作の時に始まり、著作権
は、原則として、**著作者の死後**（共同著作物にあっては、最終
に死亡した著作者の死後）**70年**を経過するまでの間、存続しま
す。

なお、映画の著作物の著作権は、その著作物の公表後70年
（その著作物がその創作後70年以内に公表されなかったときは、
その創作後70年）を経過するまでの間、存続します。

② 著作者人格権

著作者人格権は、著作者が著作物について有する人格的利益
を保護する権利であり、**著作者の一身に専属し、譲渡すること**
ができない権利です。また著作者の死亡により消滅します。

著作者人格権は、公表権、氏名表示権および同一性保持権の
3つの権利から成り立っています。

③ 著作権（著作財産権）

著作権（著作財産権）は、著作者人格権と異なり、その全部
または一部を譲渡することができます。

著作者は、その著作物を翻訳し、編曲し、もしくは変形し、
または脚色し、映画化し、その他翻案する権利を専有します。

注 意
著作者人格権は、著
作者の死亡と同時に
消滅します。

ココが出る!

ココが出る!

すなわち、著作権（著作財産権）は、複製権、上演権、演奏権、**上映権**、公衆送信権、**口述権**、展示権、頒布権、譲渡権、貸与権、翻訳権、翻案権などから成り立っています。

④ 著作権の制限

著作権の目的となっている著作物は、個人的にまたは家庭内その他これに準ずる限られた範囲内において使用すること（「私的使用」という）を目的とするときは、一定の場合を除き、**著作権者の許諾を得ずに、その使用する者が複製することができます**（**私的使用のための複製**）。

公表された著作物は、原則として、引用して利用することができます。この場合、その引用は、公正な慣行に合致するものであり、かつ、報道、批評、研究その他の引用の目的上正当な範囲内で行われるものでなければなりません。そして、公表された著作物を複製または利用する場合、その複製または利用の態様に応じ合理的と認められる方法および程度により、当該著作物の出所を明示しなければなりません（**出所の明示**）。

なお、①デジタル化・ネットワーク化の進展に対応した柔軟な権利制限規定の整備、②教育の情報化に対応した権利制限規定等の整備、③障害者の情報アクセス機会の充実に係る権利制限規定の整備、④アーカイブの利活用促進に関する権利制限規定の整備等がなされています。

たとえば、他人の著作物を利用する場合であっても、①AIによる情報解析や技術開発など、著作物に表現された思想または感情の享受を目的としない利用、②新たな知見や情報を創出することで著作物の利用促進に資する行為で、権利者に与える不利益が軽微である一定の利用を行う場合等については、著作権者の許諾を得ずに、当該著作物を利用することができます。

❺ 著作隣接権

著作隣接権は、著作物の利用者である実演家、レコード製作者、放送事業者等の利益を保護する権利です。たとえば、実演家には、自己の実演の録音、録画、放送、有線放送をする権利等が認められます。

❻　著作権の利用許諾・譲渡

①　利用許諾

　　著作権者は、他人に対し、その著作物の利用を許諾することができます。この許諾を得た者は、その許諾にかかる利用方法および条件の範囲内において、その許諾にかかる著作物を利用することができます。

　　この**著作物の利用権については、文化庁に登録する必要はな**いことに注意してください。登録は、利用権の効力発生要件ではないのです。

②　出版権の設定

　　著作物を複製する権利を有する者（複製権者）は、その著作物を文書または図画として出版することを引き受ける者に対し、**出版権**を設定することができます。

　　出版権者は、設定行為で定めるところにより、頒布の目的をもって、その出版権の目的である著作物を原作のまま印刷その他の機械的または化学的方法により文書または図画として複製する権利を専有します。ただし、**出版権の設定は、これを登録しなければ、第三者に対抗することができない**ことに注意してください。

◀ **ココが出る！**

③　著作権の譲渡

　　著作権の譲渡は、これを登録しなければ、第三者に対抗することができません。なお、著作者人格権を譲渡することはできないため、著作権の譲渡に際しては、著作者人格権を行使しない旨を約定することが多いです。

◀ **ココが出る！**

❼　コンピュータ・プログラムの著作権

　　コンピュータ・プログラムは、プログラムの著作物として著作権法の保護の対象となります。プログラムの著作物については、プログラム登録の制度が存在しますが、**登録は、コンピュータ・プログラムの著作権の成立要件ではない**ことに注意してください。

◀ **ココが出る！**

❽ 著作権の侵害とその救済

　著作権者は、その著作権が侵害された場合には、侵害者に対し、差止請求、損害賠償請求、名誉回復措置請求、不当利得返還請求などをすることができます。また、著作権を侵害した者は、刑事罰を科されます。

❾ 技術的保護手段等の回避行為に対する処理・規制

(1)　**技術的保護手段**とは、一般にコピーコントロールと呼ばれ、電磁的方法により、著作権等を侵害する行為の防止または抑止をする手段であって、著作物等の利用に際し、これに用いられる機器が特定の反応をする信号を著作物等にかかる音もしくは影像とともに記録媒体に記録し、もしくは送信する方式または当該機器が特定の変換を必要とするよう著作物等にかかる音もしくは影像を変換して記録媒体に記録し、もしくは送信する方式によるものをいいます。

　技術的保護手段の回避行為（技術的保護手段として用いられている信号の除去もしくは改変を行うことまたは技術的保護手段として暗号化された著作物等にかかる音もしくは影像の復元を行うこと）に対しては、以下のような処理・規制がなされています。

① 　**技術的保護手段の回避行為により、当該技術的保護手段によって防止される複製行為が可能となったことを知りながら著作物の複製を行った場合、それが私的使用目的であったとしても、著作権の侵害行為に該当**します。

② 　技術的保護手段の回避を行うことをその機能とする装置や技術的保護手段の回避を行うことをその機能とするプログラムの複製物を公衆に譲渡・貸与し、公衆への譲渡・貸与の目的をもって製造・輸入・所持し、公衆の使用に供し、または当該プログラムを公衆送信し、もしくは送信可能化する行為をした者や、業として公衆からの求めに応じて技術的保護手段の回避を行った者は、3年以下の懲役（拘禁刑：令和7年6月1日施行）もしくは300万円以下の罰金に処され、またはこれを併科されます。

◀ **発　展** ▶

著作権および著作隣接権を管理する事業を行う者について登録制度を実施し、管理委託契約約款および使用料規程の届出および公示を義務付ける等その業務の適正な運営を確保するための措置を講ずることにより、著作権および著作隣接権の管理を委託する者を保護するとともに、著作物、実演、レコード、放送および有線放送の利用を円滑にし、もって文化の発展に寄与することを目的として、「著作権等管理事業法」が制定されています。

(2)　いわゆるアクセスコントロールの回避行為に対する規制

①　著作物等の利用を管理する効果的な技術的利用制限手段（ア
クセスコントロール）を権限無く回避する行為について、著作
権者等の利益を不当に害しない場合を除き、著作権等を侵害す
る行為とみなすとともに、アクセスコントロールの回避を行う
装置の販売等の行為については刑事罰の対象となります。

②　アクセスコントロールを権限なく回避する機能を有する不正
なシリアルコード（ソフトウェアのライセンス認証等の際に入
力する符号）の提供等は、著作権等を侵害する行為とみなさ
れ、民事上・刑事上の責任が問われることがあります。

❿　**インターネット上の著作権侵害コンテンツ等に対する規制**

①　私的使用のための複製（たとえば、私的使用のために著作物
をダウンロードする行為）であっても、その**著作物が侵害コン
テンツ**（著作権者の許可を得ずにアップロードされた著作物）
であることを知りながらダウンロードした場合は、それは著作
権を侵害する行為となります。

　　この場合、著作権者は、ダウンロードした者に損害賠償請求
や差止請求ができます。

②　私的使用の目的で、有償で販売などされている著作物につい
て、違法にアップロードされた著作物をダウンロードする行為
を、それが**違法にアップロードされたものであることを知りな
がら、継続的に、または繰り返し行った者**は、刑事罰の対象と
なります。

③　**他人の著作物を無断でウェブサイト上に掲載する行為は、著
作権のひとつである「公衆送信権」の侵害に該当し、違法とな
**ります。

　　この場合、著作権者は、サイト運営者等に対して、**リーチサ
イトの運営を差し止めるよう請求することができます。**また、
著作権侵害は不法行為に該当するため、民法709条に基づき、
サイト運営者に対して損害賠償請求を行うこともできます。

用　語

「リーチサイト」と
は、侵害コンテンツ
を掲載したウェブサ
イトに対するリンク
情報を掲載したウェ
ブサイトをいいま
す。

第3章 一問一答トレーニング

第1節 流動資産の管理・運用　重要度 B

問 1
　　金融機関は、預金者との間の預金契約において、現金自動支払機（ＡＴＭ）から偽造カードまたは盗難カードで預金の不正な引出しがなされ預金者が被害を受けた場合に金融機関が預金者に対して負う補償義務を預金者保護法の規定内容よりも減免する旨の特約を締結した。この場合、当該特約は有効である。　　　　　　　　　　　　　　　　　　　　（45−7−1−ア）

第2節 固定資産の管理・運用　重要度 A

問 1
　　不動産の所有者と譲受人との間における当該不動産の売買契約において、期間を定めた買戻しの特約が締結され、その登記がなされた。その後、当該買戻しの期間が経過する前に、当該譲受人から当該不動産を買い受けた転得者は、当該不動産の所有権移転登記を経ても、当該買戻しが実行されれば、当該不動産の所有権を失う。　　　　　　　（44−10−2−④）

問 2
　　不動産が所有者から譲受人（第一譲受人）に譲渡され、所有権移転の仮登記がなされた後、当該仮登記に基づく本登記がなされる前に、当該不動産が他の譲受人（第二譲受人）に二重に譲渡され、所有権移転登記がなされた。この場合、当該仮登記に基づく本登記がなされれば、第一譲受人は、第二譲受人に対し、当該不動産の所有権の取得を対抗することができる。　　　　　　　　　　　　　　　　　　　　　　　　（44−10−2−③）

問 3
　　Ａ社は、Ｂ社との間で売買契約を締結し甲土地の所有権を譲り受けたが、所有権移転登記を経る前に、Ｂ社の債権者Ｃ社を差押債権者とする差押登記が甲土地になされた。この場合、Ａ社は、当該差押登記がなされている間は、所有権移転登記を行うことができない。　　　（42−7−3−②）

解 1 ✕　預金者保護法の規定内容よりも金融機関の補償義務を減免する特約
をしても、その特約は無効となる。この場合、金融機関は、預金者保
護法に規定する補償義務を負う。

解 1 ◯　買戻しの特約は、売買契約と同時にしなければならず、売買契約と
同時に買戻しの特約を登記したときは、買戻しは、第三者に対して
も、その効力を生じる。したがって、当該買戻しの期間が経過する前
に、当該譲受人から当該不動産を買い受けた転得者（第三者）は、当
該不動産の所有権移転登記を経ても、当該買戻しが実行されれば、当
該不動産の所有権を失う。

解 2 ◯　仮登記には、対抗力はないが、仮登記を後に本登記に改めた場合、
その本登記の順位は仮登記の順位によるものとされており、順位保全
効がある。したがって、当該仮登記に基づく本登記がなされれば、第
一譲受人は、第二譲受人に対し、当該不動産の所有権の取得を対抗す
ることができる。

解 3 ✕　差押え、仮差押え、仮処分、破産手続開始の登記などのように所有
権その他の権利につき、譲渡その他の処分を制限する登記を処分の制
限の登記という。処分の制限に違反して行った処分の登記も登記簿に
記載される。したがって、A社は、当該差押登記がなされている間で
も、所有権移転登記を行うことができる。

問 4 　A社は、B社との間で売買契約を締結し甲土地の所有権を譲り受けたが、B社から、甲土地の引渡しおよび所有権移転登記手続への協力のいずれも拒まれている。この場合、A社は、B社に対して、所有権移転登記手続への協力を請求することはできるが、所有権移転登記を経ない間は、甲土地の所有権が自己にあることを主張して、甲土地の引渡しを請求することはできない。

(42-7-3-③)

問 5 　不動産登記簿上の権利者と真の権利者とが異なっている場合、登記簿上の権利者から権利を譲り受けた者は、不動産登記の内容を過失なく信頼して当該権利を譲り受けたときは、当該権利を取得することができる。

(44-10-2-①)

問 6 　令和6年4月1日以降においては、所有権の登記名義人について相続の開始があったときは、当該相続により所有権を取得した者は、相続の開始があったときから3年以内に、所有権の移転の登記を申請しなければならない。

(オリジナル)

問 7 　相続、遺贈または売買により土地の所有権を取得した者は、法務大臣に対し、その土地の所有権を国庫に帰属させることについての承認を申請することができる。

(オリジナル)

問 8 　相続の開始の時から10年を経過した後にする遺産分割は、原則として、生前贈与等を考慮した具体的相続分ではなく、法定相続分または指定相続分によって画一的に行わなければならない。

(オリジナル)

解 4　✕　　民法177条にいう登記がなければ対抗できない第三者とは、当事者およびその包括承継人以外の者で、登記の欠缺（登記がないこと）を主張する正当な利益を有する者をいう（判例）。本問のＢ社は、甲土地の売買契約の当事者（売主）であり、民法177条の第三者に当たらない。したがって、Ａ社は、所有権移転登記を経ていなくても、Ｂ社に対して甲土地の所有権が自己にあることを主張して、甲土地の引渡しを請求することができる。

解 5　✕　　登記には公信力（登記簿に記載されている権利者がたとえ真の権利者でなかったとしても、その記載を信じて取引をした者を保護する効力）がないので、実体のない無効な登記の記載を信用して取引に入っても当該権利を取得することはできない。

解 6　✕　　令和６年４月１日以降においては、所有権の登記名義人について相続の開始があったときは、当該相続により所有権を取得した者は、自己のために相続の開始があったことを知り、かつ、当該所有権を取得したことを知った日から３年以内に、所有権の移転の登記を申請しなければならない。

解 7　✕　　相続または遺贈（相続人に対する遺贈に限る）により土地の所有権を取得した者は、法務大臣に対し、その土地の所有権を国庫に帰属させることについての承認を申請することができる。しかし、売買により土地の所有権を取得した者は、このような申請をすることはできない。

解 8　○　　相続の開始の時から10年を経過した後にする遺産分割は、原則として、生前贈与等を考慮した具体的相続分ではなく、法定相続分または指定相続分によって画一的に行う。

特許権

問 1
発明につき特許を受ける権利を有する者は、当該発明につき特許出願をする前であっても、当該特許を受ける権利を第三者に譲渡することができる。
(44-3-4-①)

問 2
使用者等は、その従業者等が職務発明について特許を受けたときは、特許法上、その特許権について、通常実施権ではなく専用実施権を有する。
(41-9-3-②)

問 3
研究者Xが発明Aを完成させ、その後、研究者Yは、発明Aと同一の内容の発明Bを完成させた。Xは、Yが発明Bについて特許出願をした1週間後に、発明Aについて特許出願をした。この場合、特許を受けることができる出願人は、出願の先後ではなく、発明を完成させた時期の先後を基準として決せられるため、Yは、発明Bについて特許を受けることができない。
(45-2-1-①)

問 4
X社は、自社の特許発明について、Y社に専用実施権を設定することとした。この場合、当該専用実施権は、特許法上、X社とY社との間で専用実施権設定契約を締結し、かつ、特許原簿への登録をしなければ、その効力を生じない。
(42-4-1-イ)

問 5
通常実施権のうち、実施権者のみに通常実施権を許諾し、他の者には実施を許諾しない旨の特約が付されているものを一般に独占的通常実施権といい、独占的通常実施権については、実施権者の有する独占権を特許庁に登録することはできない。
(44-3-4-②)

解 1 ○　特許を受ける権利は、当該発明につき特許出願をする前であっても、第三者に譲渡することができる。ただし、特許を受ける権利の譲渡（承継）を第三者に対抗するためには、譲受人（承継人）が特許出願をすることが必要である。

解 2 ×　使用者等は、従業者等がその職務発明につき特許を受けたときは、その特許権について通常実施権を有する。

解 3 ×　特許法は先願主義を採用しており、同一の発明について異なった日に 2 以上の特許出願があったときは、最先の特許出願人のみがその発明について特許を受けることができる。したがって、最先の特許出願人であるＹは、発明Ｂについて特許を受けることができる。

解 4 ○　専用実施権の設定は、特許登録原簿への登録がその効力発生要件である。

解 5 ○　通常実施権のうち、実施権者のみに通常実施権を許諾し、他の者には実施を設定・許諾しない旨の特約が付されているものを一般に独占的通常実施権というが、独占的通常実施権は、特許法上の制度ではなく、実務上利用されているにすぎず、特許法上は通常実施権と同じである。したがって、独占的通常実施権については、実施権者の有する独占権を特許庁に登録することはできない。

問 6　X社は、新製品開発のために有益と思われる特許権をY社から譲り受けた。この場合、特許登録原簿への登録は特許権の譲受けの効力発生要件ではないので、X社は、特許登録原簿への登録がなくても、Y社から当該特許権を有効に取得することができる。　　　　　　　　　　　　　　(45−2−1−⑤)

問 7　複数の者により共同発明がなされ、各人が当該発明についての特許を受ける権利を共有する場合、各共有者は他の共有者と共同でなければ、特許出願をすることができない。　　　　　　　　　　　　　　(44−3−4−④)

問 8　研究者Xと研究者Yは、共同発明を行い、特許発明Aについて、特許権を共有している。この場合、特許権の共有者は、原則として、それぞれ特許発明を自由に実施することができるため、Xは、Yの同意を得なくても、第三者であるZ社に対し、特許発明Aの特許権について通常実施権を許諾することができる。　　　　　　　　　　　　　　(45−2−1−②)

実用新案権

問 9　発明家Aは、従来にない構造の玩具Xを開発し、Xについて実用新案登録の出願をした。Aは、Xについて実用新案登録出願をした場合、Xの産業上利用可能性、進歩性および新規性について実体的登録要件の審査を受けることなく、方式審査および当該出願が物品の形状、構造、組合せにかかる考案であることなどの基礎的要件の審査を経て、実用新案登録を受けることができる。　　　　　　　　　　　　　　(43−5−2−ア改)

問 10　発明家Aは、従来にない構造の玩具Xを開発し、Xについて実用新案登録の出願をした。Aは、Xについて実用新案登録を受けた場合、当該実用新案登録に基づき特許出願をすることはできない。　　　　(43−5−2−エ改)

解 6 ×　特定承継の場合は、特許登録原簿に登録しなければ、その効力を生じない。したがって、Ｘ社は、特許登録原簿への登録をしなければ、Ｙ社から当該特許権を有効に取得することができない。

解 7 ○　２人以上の者が実質的に協力をして完成した発明を共同発明という。共同発明の場合、特許を受ける権利は、共同発明者全員の共有となり、各共有者は、他の共有者と共同でなければ、特許出願をすることができない。

解 8 ×　特許権を共有している場合、各共有者は、契約で別段の定めをした場合を除き、他の共有者の同意を得ないでその特許発明の実施をすることができる。しかし、各共有者は、他の共有者の同意を得なければ、その特許権について専用実施権を設定し、または他人に通常実施権を許諾することができない。

解 9 ○　実用新案権の登録については、特許権の登録のような産業上利用可能性、進歩性および新規性の実体審査を行わず、方式審査（方式上の要件を満たしているかどうかの審査）および当該出願が物品の形状、構造、組合せにかかる考案であることなどの基礎的要件の審査（登録を受けるために必要とされる一定の要件（基礎的要件）を満たしているかどうかの審査）のみを行って権利を付与するという、早期登録制度が採用されている。

解 10 ×　実用新案権者は、その実用新案登録にかかる実用新案登録出願の日から３年を経過したとき等一定の場合を除き、自己の実用新案登録に基づいて特許出願をすることができる。

意匠権

 問 11　X社は、新製品としてデジタルカメラを開発した。この場合、当該デジタルカメラの液晶画面に表示される、当該デジタルカメラの機能を発揮できる状態にするために行われる操作に用いられる操作メニューの画像は、意匠登録の対象となり得るため、X社は、所定の要件を充たすときは、当該画像つき意匠登録を受けることが可能である。　　　　　　（41-5-4-④）

商標権

 問 12　X社は、自社商品を消費者に認識させるため独自に創作したメロディをテレビやラジオのコマーシャルで使用している。この場合、当該メロディは、音の組み合わせとして商標登録の対象となり得る。　（44-8-2-イ）

問 13　X社は、自社が開発中のゲーム機の名称Aについて商標権の設定登録を受けているが、当該ゲーム機の開発を中止したことから、名称Aは使用されていない。この場合において、名称Aが一定期間継続して使用されていないときは、名称Aについての商標登録は、所定の手続により、名称Aが不使用商標であることを理由として取り消されることがある。

（44-8-2-エ）

解 11 ○ 「意匠」とは、物品（物品の部分を含む）の形状、模様もしくは色彩もしくはこれらの結合（形状等）、建築物の形状等（建築物の外観・内装のデザイン）または一定の画像であって、視覚を通じて美感を起こさせるものをいう。したがって、設問におけるデジタルカメラの機能を発揮できる状態にするために行われる操作に用いられる操作メニューの画像は、意匠登録の対象となり得るため、X社は、所定の要件を充たすときは、当該画像つき意匠登録を受けることが可能である。

解 12 ○ 商標とは、人の知覚によって認識することができるもののうち、文字、図形、記号、立体的形状もしくは色彩またはこれらの結合、音その他政令で定めるもの（「標章」という）であって、次に掲げるものをいう。

① 業として商品を生産し、証明し、または譲渡する者がその商品について使用をするもの（商品商標（トレードマーク））

② 業として役務（サービス）を提供し、または証明する者がその役務について使用をするもの（役務商標（サービスマーク））

したがって、音についても商標権の設定登録を受けることができる。

解 13 ○ 継続して3年以上、日本国内において商標権者、専用使用権者または通常使用権者のいずれもが、正当な理由がなく、各指定商品または指定役務についての登録商標の使用をしていないときは、何人も、その指定商品または指定役務にかかる商標登録を取り消すことについて審判（不使用取消審判）を請求することができる。したがって、名称Aが一定期間継続して使用されていないときは、名称Aについての商標登録は、不使用取消審判により、名称Aが不使用商標であることを理由として取り消されることがある。

問 14　X社は、自社が製造するスナック菓子の名称について商標権の設定登録を受けている。この場合、商標権の存続期間を更新する制度は設けられていないため、X社は、当該登録商標の存続期間に限り、当該登録商標を独占的に使用することができる。

（44-8-2-ア）

著作権

問 15　企業などの法人等の発意に基づき、当該法人等の業務に従事する従業員が、職務上作成する著作物（プログラムの著作物を除く）で、当該法人等が自己の著作の名義の下に公表する職務著作については、当該法人等と従業員との間に職務著作に関する別段の定めがないときは、当該法人等が著作者とされる。

（45-8-2-⑤）

問 16　DおよびEは、美術品甲の著作権を共有している。この場合、Dが美術品甲の著作権について、持分を譲渡するには、Eの同意が必要である。

（44-2-3-ウ）

問 17　著作者人格権は、その全部または一部を他人に譲渡することができるが、著作権（著作財産権）は、その全部または一部を他人に譲渡することができない。

（45-8-2-①）

問 18　著作物を個人的にまたは家庭内その他これに準じる限られた範囲内において使用することを目的とするときは、その使用をする者は、原則として、著作権者の許諾を得ずにその著作物を複製することができる。

（45-8-2-②）

問 19　Gは、著作物に当たる写真乙を創作した。Hは、Gから写真乙の著作権を譲り受けた場合、何らの手続を経なくても当該著作権の譲渡を第三者に対抗することができる。

（44-2-3-オ）

解14 ✕　商標権は、設定の登録により発生し、その存続期間は、設定の登録の日から10年である。ただし、商標権の存続期間は、商標権者の更新登録の申請により更新することができる。

解15 ◯　法人その他使用者（「法人等」という）の発意に基づきその法人等の業務に従事する者が職務上作成する著作物（プログラムの著作物を除く）で、その法人等が自己の著作の名義の下に公表するもの（職務著作）の著作者は、その作成の時における契約、勤務規則その他に別段の定めがない限り、その法人等とされる。

解16 ◯　共有にかかる著作権を共有著作権というが、共有著作権については、各共有者は、他の共有者の同意を得なければ、その持分を譲渡し、または質権の目的とすることができない。

解17 ✕　著作者は、著作者人格権と著作権（著作財産権）を有するが、著作者人格権は、著作者が著作物について有する人格的利益を保護する権利であり、著作者の一身に専属し、他人に譲渡することができない権利である。これに対し、著作権（著作財産権）は、著作者人格権と異なり、その全部または一部を他人に譲渡することができる。

解18 ◯　著作権の目的となっている著作物は、個人的にまたは家庭内その他これに準ずる限られた範囲内において使用すること（私的使用）を目的とするときは、一定の場合を除き、著作権者の許諾を得ずに、その使用する者が複製することができる（私的使用のための複製）。

解19 ✕　著作権の譲渡は、これを登録しなければ、第三者に対抗することができない。

第**4**章

債権の管理・回収と倒産処理

本章では、会社が取引の相手方に対して取得した債権の管理方法（抵当権・譲渡担保等の物的担保と保証等の人的担保）、債権の回収方法（債権譲渡・相殺・債権者代位権、仮差押え・仮処分、強制執行等）、および取引の相手方が倒産した場合の倒産処理手続（破産、会社更生、民事再生等）について学習します。

試験対策としては、抵当権、保証、債権譲渡、相殺、仮差押え・仮処分、強制執行、破産を重点的に学習してください。

この節で学習すること

1 抵当権

土地や建物を競売にかけて売却し、その代金を債権の弁済に充てることができる権利をいいます。

継続的取引で発生消滅を繰り返す債権債務を、一定限度額まで一括して担保するための抵当権です。

2 根抵当権

広く譲渡可能なものに抵当権のような担保権を設定するもので、商慣習と判例で認められているものです。

3 譲渡担保

4 再売買の予約

売買するときに、「もう一度売買することを予約する」ことです。これも、担保の一種です。

5 仮登記担保

主として不動産に関する仮登記という制度を利用した担保権です。

たとえば自動車をローンで購入したとき、完済するまで所有者名義を販売店に留めておくことです。

6 所有権留保

他人が債務を保証する契約で、債権者と他人（保証人）との間で締結します。

7 保証

債権管理（担保）の方法を大別すると、「物的担保」と「人的担保」とに分けられます。物的担保とは、債務者がその債務を履行しない場合に、債務者または第三者の特定の財産から他の債権者に優先して債権の回収を図れるようにする担保をいい、「担保物権」ともいわれます。また、人的担保とは、複数の債務者の財産から債権を回収できるようにする担保をいいます。

❶ 抵当権

❶ 意　義

抵当権とは、債務者または第三者（物上保証人）が債務の担保に供した物を、その占有を移さずして設定者の使用収益に任せておきながら、債務が弁済されない場合に、その目的物を競売等することにより、その目的物の交換価値から優先的に弁済を受けることができる担保物権をいいます。

❷ 法的性質

抵当権には、以下のような性質があります。

① **附従性**

　　附従性とは、債権が成立しなければ抵当権は成立せず、債権が消滅すれば抵当権も消滅するという性質をいいます。ただし、根抵当権は、原則として附従性を有さず、通常の抵当権（普通抵当）も、一定の局面でその附従性が緩和されています。

② **随伴性**

　　随伴性とは、債権が他人に移転すれば、抵当権もそれに伴って移転するという性質をいいます。ただし、根抵当権は、原則として随伴性を有しません。

③ **不可分性**

　　不可分性とは、抵当権者は、債権全部の弁済を受けるまで目的物の全部について権利を行使しうるという性質をいいます。

④ **物上代位性**

　　物上代位性とは、抵当権者は、目的物の売却、賃貸、滅失、損傷により抵当目的物の所有者が受ける金銭その他の物（売却

用　語

「物上保証人」とは、他人の債務を担保するために自分の所有する財産に担保権を設定する人をいいます。

注　意 ⚠

抵当権を設定しても、抵当権設定者には目的物の使用収益権・処分権があり、抵当権設定者は、抵当権を設定した後も、目的物を自由に使用・収益・処分することができます。目的物を売却するためには、抵当権者の同意を得る必要はありません。

代金、賃料、保険金請求権、損害賠償請求権等）に対しても権利を行使しうるという性質をいいます。

たとえば、AがBに1億円を貸し付け、Bの家屋に抵当権の設定を受けてその旨の登記をし、他方、Bはその家屋に、保険会社Cの火災保険を付けたとします。その後、Bの家屋が火事により焼失してしまったとしても、家屋の代わりに保険金請求権が発生します。この保険金請求権は、家屋の交換価値が姿を変えて現れたものということができます。そこで、価値を把握する（支配する）権利である抵当権は、この保険金請求権にその効力が及ぶ（保険金から債権の弁済を受けられる）ことになります。

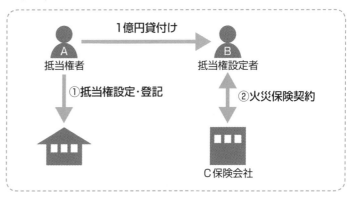

このように、物上代位性は、抵当目的物が姿を変えた場合に認められるものですから、保険金に限らず、目的物が売却された場合の売却代金、目的物を賃貸したときの賃料などの場合にも認められます。ただし、**物上代位**をするためには、**抵当目的物の所有者に保険金等が払い渡され、または引き渡される前に、差押え**をしなければならないことに注意してください。

❸ 抵当権の設定

① **抵当権設定契約**

抵当権は、当事者間の契約（抵当権設定契約）により成立する「約定担保物権」の1つです。抵当権設定契約の当事者は、債権者と抵当権設定者（債務者または第三者、すなわち物上保証人）です。

② **抵当権の対抗要件**

　抵当権は、不動産に関する物権ですから、登記を対抗要件とします。

③ **抵当権の目的物**

　民法は、抵当権の目的物として、不動産（土地・建物）のほか、地上権および永小作権を認めています。

　なお、土地または建物の共有持分権の上にも抵当権を設定することができます。

④ **抵当権の被担保債権の範囲**

　抵当権者は、利息その他の定期金（年金、地代、家賃など）を請求する権利を有するときは、その満期となった最後の2年分についてのみ、その抵当権を行使することができます。 ◀ **ココが出る！**

　また、抵当権者が債務の不履行によって生じた損害の賠償を請求する権利（遅延損害金）を有する場合においても、その最後の2年分についてのみ（ただし、利息その他の定期金と通算して2年分を超えることができない）、その抵当権を行使することができます。

　このような制限があるのは、抵当権の登記においては、元本と利率については登記されますが、延滞利息等の額については登記されないため、後順位抵当権者や一般債権者が登記からこれを知ることができず、延滞利息等の全部について優先弁済を認めると、これらの者が害されるからです。また、利息等の範囲を制限することにより、抵当目的物の残余価値を最大限に利用することを可能とするためです。

　なお、前記の制限は、抵当権者と後順位抵当権者その他の第三者との利益を調整するものにすぎず、抵当権設定者に対する関係で抵当債務が縮減するわけではないことに注意してください。したがって、**抵当権者は、第三者が存在しない場合には、延滞利息等の全額について配当を受けることができますし、第三者が存在する場合でも、この者に配当してなお余剰があれば、抵当権者は、2年分を超える延滞利息等についても、さらに配当を受けることができます。** ◀ **ココが出る！**

　また、2年分を超える延滞利息等についても、満期後に特別

第
4
章
債権の管理・回収と倒産処理

の登記をしたときは、その登記の時から抵当権を行使して優先弁済を受けることができます。登記をすれば、その登記後に現れた第三者は、登記額の限度で延滞利息等の存在を知ることができ、不測の損害を受けないからです。

❹ 抵当権の実行

抵当権者は、弁済期が到来しても債務者が被担保債権の弁済をしないときは、抵当権の実行等により、抵当目的物から優先的に弁済を受けることができます。そして、**抵当権の実行としての競売の申立てをするためには、抵当権が現に存在し、被担保債権が履行遅滞に陥っていることが必要**であり、また、**抵当権の存在を証する文書**（抵当権の存在を証する確定判決等、抵当権の存在を証する公証人が作成した公正証書の謄本、抵当権の登記に関する登記事項証明書（登記事項証明書の提出の省略を可能とする規定を置く改正があった：未施行））**を提出することが必要**（債務名義を取得することは不要）です。

ココが出る！ ▶

注 意 ⚠️
抵当権については、裁判所の競売手続等によらずに私的に実行することはできないことに注意してください。

❺ 法定地上権

① 意 義

土地およびその上に存する建物が同一の所有者に属する場合において、その土地または建物につき抵当権が設定され、その実行により所有者を異にするに至ったときは、その建物について、地上権が設定されたものとみなされます。これを**法定地上権**といいます。

土地と建物が別個の不動産とされるわが国において、建物が土地の上に存続するためには、何らかの土地利用権が必要です。ところが、土地およびその上に存する建物が同一の所有者に属する場合には、建物のために前もって土地利用権を設定することが原則として認められないため、その土地・建物の一方またはその双方につき抵当権が設定され、その実行により所有者を異にするに至ったときは、建物は、その存立の基礎を失い、収去を余儀なくされることになります。しかし、このような結果は、当事者の意思に著しく反するものであり、また、社

会経済上の見地からも回避されなければなりません。そこで、民法は、このような抵当権実行の場合につき、建物について地上権が設定されたものとみなし、建物の存続を図ったのです。

なお、抵当権の実行によらずに土地とその上の建物が別人に属するに至った場合でも、特別法によって法定地上権の成立が認められています。たとえば、一般債権者が強制執行した場合の「**強制競売**」について民事執行法が、また、国税の滞納者についての「**公売処分**」について国税徴収法が、それぞれ法定地上権の成立を認めています。

② 成立要件

法定地上権が成立するためには、以下の要件を満たすことが必要です。

イ 抵当権設定当時、土地の上に建物が存在すること

ロ 抵当権設定当時、土地とその上に存する建物が同一の所有者に属すること

ハ 土地・建物の一方またはその双方につき抵当権が設定されたこと

ニ 抵当権の実行により、土地とその上の建物の所有者を異にするに至ったこと

注意 法定地上権の成立要件については、イ〜ニの全部を必ず覚えるようにしてください。

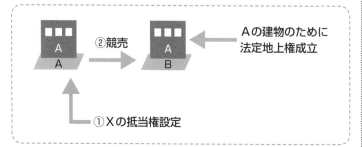

A の建物のために
法定地上権成立

②競売

①Xの抵当権設定

③ 法定地上権の内容・対抗要件

イ 内 容

法定地上権の及ぶ土地の範囲は、建物の敷地に限られず、**建物の利用に必要な土地**を含みます（判例）。

その存続期間は、当事者の協議によりますが、協議が調わないときは、借地借家法により、30年となると解されています。

地代については、当事者の協議によりますが、協議が調わないときは、当事者の請求により裁判所が決定します。

ロ　**対抗要件**

法定地上権も不動産に関する物権ですから、**登記が対抗要件**となります。ただ、借地借家法の適用がありますので、登記は、地上権自体の登記である必要はなく、当該土地上の地上権者所有の地上権者名義の**建物の登記**でもかまいません。

④　**一括競売**

判例および競売実務によれば、更地に抵当権を設定した後に築造された建物のためには、法定地上権は成立しません。しかし、このような建物が存在すると、土地の競売が困難となります。そこで、民法は、抵当権の設定後に抵当地に建物が築造されたときは、抵当権者は、その建物の所有者が抵当地を占有するについて抵当権者に対抗することができる権利を有する場合を除き、土地とともにその建物を競売することができるとしました。これを**一括競売**といいます。

ただし、**その優先権は、土地の代価についてのみ行使すること**ができるにすぎないことに注意してください。

たとえば、Aに対して8,000万円の貸金債権を有するBがA所有の更地甲に抵当権の設定を受けたところ、その後、甲土地上にAが乙建物を築造した場合、Bは、甲土地とともに乙建物も競売することができます。この場合において、甲の代価が6,000万円、乙の代価が2,000万円であったとき、Bが優先弁済を受けられるのは、甲の代価6,000万円についてのみであり、乙の代価2,000万円については、優先弁済を受けることはできません。

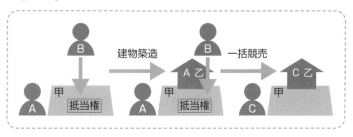

❻　建物明渡猶予制度

①　意　義

　抵当権設定当時に抵当目的物に賃借権が設定されており、その賃借権が対抗要件を備えていれば、その賃借人は買受人に対しても賃借権を対抗できます。たとえば、建物賃借人は、建物賃借権（借家権）の登記または建物の引渡しがあれば、その後その建物について物権を取得した者に対して、当該建物賃借権を対抗することができます。しかし、抵当権設定登記後に設定された賃借権は、抵当権者（買受人）に対抗できません。したがって、買受人が抵当権設定登記後の賃借人に「出て行け」と言った場合には、賃借人は出て行かざるを得ないことになります。

　ただ、建物の賃借人等が、競売が行われたことにより、ある日突然に買受人からその建物の明渡しを求められることは、生活の基盤を失うことになり、極めて酷であるといえます。そこで、民法は、このような不利益を回避するために、**建物明渡猶予制度**を設けています。

第**4**章　債権の管理・回収と倒産処理

②　内　容

　抵当権者に対抗することができない賃貸借により抵当権の目的である建物の使用または収益をする者であって次に掲げるもの（「抵当建物使用者」という）は、その建物の競売における買受人の買受けの時から6か月を経過するまでは、その建物を買受人に引き渡すことを要しません。

◀ **ココが出る！**

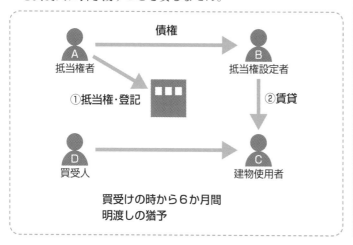

ロ　強制管理または担保不動産収益執行の管理人が競売手続の
　　開始後にした賃貸借により使用または収益をする者
　要するに、抵当権に対抗できない賃貸借により建物を使用する者に対し、建物の明渡しにつき6か月間の猶予を与える制度を設けたのです。

　もっとも、抵当建物使用者は、賃貸借はすでに終了していますので、明渡しまでの建物使用の対価（賃料相当額）を、不当利得として買受人に支払わなければなりません。また、買受人の買受けの時より後に建物の使用をしたことの対価について、買受人が抵当建物使用者に対し相当の期間を定めてその1か月分以上の支払いの催告をし、その相当の期間内に履行がない場合には、買受人は、その買受けの時から6か月を経過していなくても、抵当建物使用者に対して明渡しを請求できます。

❼　抵当権者の同意による賃貸借の対抗力付与制度

①　意　義

　登記をした賃貸借は、その登記前に登記をした抵当権を有するすべての者が同意をし、かつ、その同意の登記があるときは、その同意をした抵当権者に対抗することができます（**抵当権者の同意による賃貸借の対抗力付与制度**）。「その同意をした抵当権者に対抗することができる」とは、抵当不動産が競売によって売却された場合には、買受人が新賃貸人となり、従前の賃貸借関係が継続するということです。

　この制度は、賃貸不動産のような収益物件については競売後もその賃貸借を存続させることが抵当権者の債権回収に資すること、優良な賃借人の地位を安定させられる反面不良賃借人を排除できることなどから創設されたものです。

②　要　件

　この制度は、抵当権者の同意により劣後する賃借権に特別に対抗力を与えようとするものですから、賃貸借の内容を公示させてこれを明確にするために「**賃貸借の登記**」が要求されます。

用　語

「強制管理」とは、不動産の差押債権者のために、当該不動産の管理人が選任され、その管理人が当該不動産の管理、収益の取得、収益の換価などを行って、そこから得られた金銭を配当する手続をいいます。

「担保不動産収益執行」とは、不動産から生ずる収益を被担保債権の弁済に充てる方法による不動産担保権の実行をいいます。

◀　発　展　▶

抵当権者の同意による賃貸借の対抗力付与制度は、賃貸用のオフィスビルや共同住宅などについて、不動産管理業者などがサブリース形式で一括して賃借して登記をし、これを転貸するというような場合に利用されます。

抵当権者が同意をするには、その抵当権を目的とする権利を有する者その他抵当権者の同意によって不利益を受けるべき者の承諾を得なければなりません。「その抵当権を目的とする権利を有する者」とは、転抵当権者などを指します。また、「その他抵当権者の同意によって不利益を受けるべき者」とは、被担保債権の差押債権者、質権者などを指します。

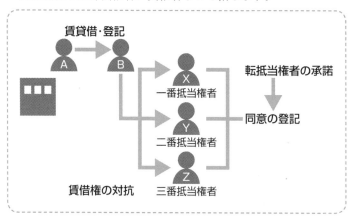

❽　代価弁済

　抵当不動産について所有権または地上権を買い受けた第三者が、抵当権者の請求に応じてその抵当権者にその代価（債務残高を限度とする）を弁済したときは、抵当権は、その第三者のために消滅します。これを**代価弁済**といいます。

　たとえば、AがBに対して有する1,200万円の金銭債権を担保するため、Bの所有する不動産の上に抵当権を有する場合に、CがBからその不動産を1,000万円で買い受けたようなときは、CがAの請求に応じて1,000万円を弁済すれば、抵当権は、Cのために消滅することになります。

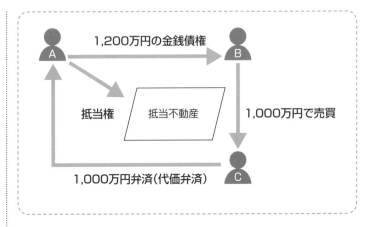

◀ 発 展 ▶

主たる債務者、保証人およびこれらの者の承継人は、抵当権消滅請求をすることができません。

ココが出る！

❾ 抵当権消滅請求

　抵当不動産の第三取得者は、**抵当権消滅請求**をすることができます。この「第三取得者」とは、抵当不動産につき所有権を取得した第三者をいいます。

　抵当不動産の第三取得者が、抵当権者等の登記をした債権者に対して所定の書面を送付することによって**抵当権消滅請求を行う**と、抵当権者は、当該書面の到達の日から２か月以内に競売の申立てをしなければ、この消滅請求を承諾したものとみなされ、第三取得者の申し出た代価の支払いをもって満足しなければなりません。

　登記をしたすべての債権者が抵当不動産の第三取得者の提供した代価または金額を承諾し、かつ、抵当不動産の第三取得者がその承諾を得た代価または金額を払い渡し、または供託したときは、抵当権は、消滅します。

　なお、抵当不動産の第三取得者は、**抵当権の実行としての競売による差押えの効力が発生する前に、抵当権消滅請求をしなければなりません**。抵当権者と第三取得者との利害を調整する趣旨から、このような制限が設けられました。

❿ 共同抵当

① 意　義

　共同抵当とは、同一の債権の担保として数個の不動産の上に

設定された抵当権をいいます。

　たとえば、AがBに対して有する5,000万円の債権を担保するため、Bの所有する甲土地（価額8,000万円）と乙建物（価額2,000万円）の上に抵当権の設定を受けたような場合をいいます。

　共同抵当は、数個の不動産を集めて担保価値を増大させるとともに、一部の抵当不動産の滅失・損傷等による担保価値の低下の危険を分散させる作用を営んでおり、実務では広く利用されています。

② **共同抵当における配当**

　共同抵当においては、本来、各不動産は、被担保債権の全額を担保しているため、共同抵当権者は、どの不動産からどのような配当を受けようとも自由のはずです。しかし、これを自由に認めると、後順位抵当権者が配当を受けられなくなる危険性があって不公平であるばかりでなく、全体として抵当不動産に担保価値の余力があっても後順位抵当権を設定する者がなくなり、金融の途が閉ざされる結果となってしまいます。

　そこで民法は、共同抵当権者の自由選択を原則としながらも、各抵当不動産についての合理的な負担割付の措置について規定し、後順位抵当権者等の利益の保護を図っています。

イ　**同時配当**

　共同抵当の目的である数個の不動産を同時に競売し代価を配当する場合（同時配当）には、各不動産の価額に応じて、その債権の負担を按分します（これを「割付け」といいます）。

　たとえば、AがBに対して有する5,000万円の債権を担保するため、Bの所有する甲土地（価額8,000万円）と乙建物（価額2,000万円）の上に抵当権の設定を受け、甲土地には二番抵当権者C（債権額4,000万円）、乙建物には二番抵当権者D（債権額1,000万円）が存在する場合でいえば、Aは、甲土地から4,000万円、乙建物から1,000万円の配当を受けます。そして、Cは、甲土地から残りの4,000万円の配当を、Dは、乙建物から残りの1,000万円の配当を、それぞれ受けること

共同抵当は、登記によって公示されます。すなわち、目的物のそれぞれの登記について、これと共同抵当の関係に立つ他の不動産が存する旨が記載され、共同担保目録が作成されます。

第**4**章　債権の管理・回収と倒産処理

ココが出る！

になります。

注 意

共同抵当の目的である数個の不動産のうちの一部のみを競売し、その不動産の代価のみを配当する場合（異時配当）には、共同抵当権者は、その代価から債権の全部の弁済を受けることができますが、その代価の配当のみでは債権全額の弁済を受けられないときは、続いて他の不動産について競売を申し立てて配当を受けることができます。

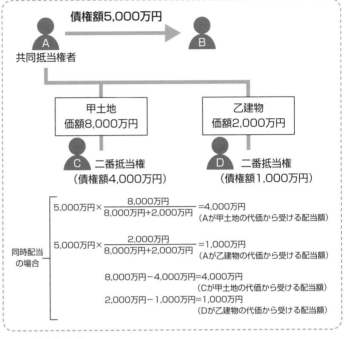

ロ　異時配当

　　共同抵当の目的である数個の不動産のうちの一部のみを競売し、その不動産の代価のみを配当する場合（異時配当）には、共同抵当権者は、その代価から債権の全部の弁済を受けることができます。この場合、**当該不動産の後順位抵当権者は、同時配当が行われたならば共同抵当権者が他の不動産の代価から弁済を受けるべき金額を限度として、その共同抵当権者に代位して抵当権を行使することができます。**

　　先の例でいえば、Aが甲土地のみを競売して、その代価から5,000万円全額の弁済を受けた場合には、甲土地の後順位抵当権者であるCは、甲土地から残りの3,000万円の配当を受けるとともに、Aが乙建物の代価から同時配当の場合に弁済を受けるべき金額を限度として、Aに代位して抵当権を行使し、乙建物から1,000万円の配当を受けることができます。

◀ 発 展 ▶

代位によって抵当権を行使する者は、その抵当権の登記にその代位を付記することができます。このように代位の付記登記は任意的であり、これがなされなくても、代位者は、債務者や抵当権設定者に対して代位を主張できるとされています（判例）。

❷ 根抵当権

❶ 意　義

根抵当権とは、一定の範囲に属する不特定の債権を**極度額**の限度において担保する抵当権をいいます。

たとえば、大手家電メーカーAと特約店契約を結んでいる小売店Bが、Aから継続的に供給を受ける家電製品の代金債務を1億円の限度で担保するため、自己の所有する不動産に根抵当権を設定するというような場合です。

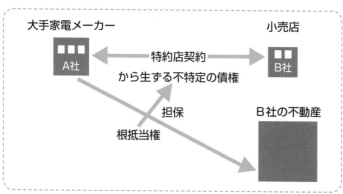

ここに「不特定」とは、個々に発生する債権のうちどの債権が担保されるかが特定していないことをいい、根抵当権の確定（民法は、これを「元本の確定」と呼んでいます）により担保される元本債権が特定します。それまでは、個々の債権の発生・消滅により根抵当権が影響を受けることはなく、元本の確定前に個々の被担保債権が消滅しても、根抵当権は消滅しません。すなわち、**確定前においては、根抵当権には附従性がありません。**　◀ ココが出る！

また、普通抵当権の被担保債権が譲渡された場合、随伴性により抵当権も譲受人に移転しますが、確定前においては、根抵当権の被担保債権が譲渡されても、根抵当権は、債権の譲受人には移転しません。すなわち、**確定前においては、根抵当権には随伴性がありません。**　◀ ココが出る！

❷ 根抵当権の内容

① 被担保債権

根抵当権が担保する不特定の債権は、一定の範囲に属するものに限られ、取引により生ずる一切の債権を担保すること（包括根抵当権）は認められません。

被担保債権の範囲は、以下のいずれか、およびこれらを組み合わせたものに限られます。

イ　債務者との特定の継続的取引契約によって生ずるもの

当座貸越契約や手形割引契約、石油販売特約店契約などによって生ずるもの

ロ　債務者との一定の種類の取引によって生ずるもの

売買契約や商品供給取引、銀行取引などによって生ずるもの

ハ　特定の原因に基づいて債務者との間に継続して生ずる債権

工場の騒音による損害賠償債権など

ニ　手形上または小切手上の請求権

ホ　電子記録債権

② 極度額

極度額とは、その根抵当権によって優先弁済を受けうる上限額であり、根抵当権者は、確定した元本ならびに利息その他の定期金および債務の不履行によって生じた損害の賠償の全部について、極度額を限度として、その根抵当権を行使することができます。利息や遅延損害金について、普通抵当権の場合のような**最後の2年分といった制限はありません。**

なお、**極度額の変更は**、後順位抵当権者や差押債権者などの利害にかかわるため、これらの<u>利害関係者の承諾が必要</u>となります。

❸ 元本の確定

元本の確定とは、根抵当権により担保される債権の元本が特定することをいいます。確定後に発生した債権は、根抵当権によって担保されません。

元本確定事由には、次のものがあります。

注意 ⚠

根抵当権者は、競売代金に余剰が生じた場合に、後順位抵当権者等の他の債権者が存在しなくても、極度額を超える部分については当該競売手続において配当を受けることはできません（判例）。

ココが出る！

注意 ⚠

元本確定期日を定めることは、根抵当権の効力発生要件ではありませんので、元本確定期日を定めなかった場合でも、根抵当権設定契約は無効とはなりません。

① **当事者間で元本確定期日を定めた場合**

元本確定期日の到来により元本が確定します。

元本確定期日を定める場合には、これを定める日から5年以内の日としなければなりません。元本確定期日は、確定前であれば、当事者間の合意により変更することができますが、変更後の元本確定期日は、変更の日から5年以内の日としなければなりません。

なお、**元本確定期日の変更には、後順位抵当権者等の同意は不要**です。

◀ ココが出る！

② **当事者間で元本確定期日を定めなかった場合**

根抵当権設定者は、根抵当権の設定の時から3年を経過したときは、担保すべき元本の確定を請求することができ、担保すべき元本は、その請求の時から2週間を経過することによって確定します。

根抵当権者は、いつでも、担保すべき元本の確定を請求することができ、担保すべき元本は、その請求の時に確定します。

③ **法定の元本確定事由**

イ　根抵当権者が抵当不動産について競売もしくは担保不動産収益執行または物上代位のための差押えを申し立てたとき。ただし、競売手続もしくは担保不動産収益執行手続の開始または差押えがあったときに限る。

ロ　根抵当権者が抵当不動産に対して滞納処分による差押えをしたとき。

ハ　根抵当権者が抵当不動産に対する競売手続の開始または滞納処分による差押えがあったことを知った時から2週間を経過したとき。

ニ　債務者または根抵当権設定者が破産手続開始の決定を受けたとき。

❹ **根抵当権の消滅請求**

元本の確定後において現に存する債務の額が根抵当権の極度額を超えるときは、他人の債務を担保するためその根抵当権を設定した者（物上保証人）または抵当不動産について所有権、地上

注　意 ⚠️
根抵当権を実行するためには、元本が確定していることが必要です。

注　意 ⚠️
法定の元本確定事由が発生すれば、元本確定期日の定めがある場合でも、元本が確定することに注意してください。

権、永小作権もしくは第三者に対抗することができる賃借権を取得した第三者は、その極度額に相当する金額を払い渡しまたは供託して、その根抵当権の消滅請求をすることができます。

❸ 譲渡担保

❶ 意　義

　譲渡担保とは、債権担保の目的で、債務者または第三者の所有する財産を、債務弁済時には返還するという約束の下に、債権者に譲渡するという形式の担保をいいます。譲渡担保は、実務上広く利用されています。

　動産と権利については質権という担保物権があり、また、不動産については抵当権という担保物権が存在するにもかかわらず、なぜ実務上広く利用されているかといえば、動産に質権を設定するという方法では、目的物の占有が債権者に移転してしまうため、設定者（債務者または第三者）が自ら目的物を使用しながらこれを担保にも利用しようという需要に応えることができません。また、不動産に抵当権を設定するという方法では、債権回収のためには競売等の煩雑な手続によらなければなりませんし、後順位抵当権者等の利害関係人との関係で優先弁済を受けられる範囲に制約を受けることもあります。

　これに対し、譲渡担保にあっては、**目的物の占有を債権者に移すことなく設定者にその使用収益を留保しながらこれを担保として利用**でき、また、競売等の手続によらないでその譲渡担保権を私的に実行することにより、簡易・迅速に債権を回収できます。これが、譲渡担保が広く利用されている理由です。

❷ 譲渡担保の設定

　譲渡担保は、債権者と債務者または第三者（物上保証人）との間の契約によって設定されます。この**譲渡担保設定契約は、諾成・不要式の契約**です。たとえば、債権者が債務者の所有する動産を目的物として譲渡担保の設定を受ける場合、債権者が債務者との間で譲渡担保設定契約を締結すれば足り、債権者が債務者か

◀ 発　展 ▶

譲渡担保の法的構成については、①所有権的構成（譲渡担保の形式を重視して、目的物の所有権が設定者から債権者に移転し、債権者は、設定者に対して目的物を担保の目的以外には利用しないという債務を負うにすぎないと構成するもの）と、②担保的構成（譲渡担保の実質を重視して、債権者は、譲渡担保権という担保権を取得するだけで、目的物の所有権は設定者に留まっていると構成するもの）との2説がありますが、判例は、基本的には、所有権的構成を採っていると解されています。

ココが出る!

ココが出る!

ら現実に当該動産の引渡しを受けなくても、譲渡担保の設定は、その効力を生じます。

　目的物は、財産的価値のあるもので、**譲渡性**があればよく、実務では、企業用動産、たとえば、工場内の機械や器具類がその目的となることが多いです。また、土地、建物、手形、小切手、ゴルフ会員権なども目的となっています。さらに、指名債権を譲渡担保に供することも多いです。 ココが出る!

　ところで、企業の倉庫内にある在庫商品のように、構成部分の変動する**集合動産**を譲渡担保の目的物とすることができるかという問題がありますが、この点につき判例は、「**構成部分の変動する集合動産であっても、その種類、所在場所および量的範囲を指定するなどなんらかの方法で目的物の範囲が特定される場合には、一個の集合物として譲渡担保の目的となりうる**」としています。 ココが出る!

第**4**章　債権の管理・回収と倒産処理

❸　譲渡担保の対抗要件

　不動産を目的とする譲渡担保の対抗要件は、登記であり、動産を目的とする譲渡担保の対抗要件は、引渡しです。**引渡しには、占有改定も含まれます**。占有改定とは、譲渡人が目的物の譲渡の後、譲受人の占有代理人として引き続きそれを所持する場合に、占有移転の合意だけで占有の移転、すなわち、引渡しをすることをいいます。たとえば、印刷会社を経営するAが、Bに対する借入金債務を担保するため、印刷機械をBに対して譲渡担保に供した後も引き続き印刷機械を使用するような場合です。動産の譲渡担保においては、その対抗要件たる引渡しとしては、占有改定が多く用いられています。

　なお、法人が動産を譲渡担保に供する場合には、「動産及び債 ココが出る!

注意 ⚠
第三者が即時取得により譲渡担保の目的物である動産の所有権を取得した場合、当該譲渡担保の効力は、当該第三者との関係で失われ、当該動産について譲渡担保を実行することはできないことに注意してください。

権の譲渡の対抗要件に関する民法の特例等に関する法律」（以下
「動産・債権譲渡特例法」という）による登記をもって対抗要件
とすることもでき、この場合になされる「譲渡の登記」は、民法
178条の「引渡し」とみなされます。

ココが出る！

また、債権を目的とする譲渡担保の対抗要件は、「通知または
承諾」ですが、法人が金銭の支払いを目的とする債権を譲渡担保
に供する場合には、動産・債権譲渡特例法による登記をもって対
抗要件とすることもでき、この場合になされる「譲渡の登記」
は、民法467条の「通知または承諾」とみなされます。

ココが出る！

この**動産・債権譲渡特例法による登記の対象**は、**法人が譲渡人
である動産譲渡・債権譲渡に限定される**ことに注意してくださ
い。

◀ 発　展 ▶

動産譲渡登記の対象
は、個別動産か集合
動産かを問いませ
ん。この登記の存続
期間は、原則とし
て、10年を超えるこ
とができません。当
該登記事項の概要に
ついては、何人も開
示を請求することが
できますが、すべて
の登記事項の開示を
請求することができ
るのは、譲渡の当事
者、一定の利害関係
人、譲渡人の使用人
に限られます。

❹　譲渡担保の実行

譲渡担保の実行には、①**帰属清算型**と②**処分清算型**とがありま
す。**裁判所の手続によることのない私的実行**です。

①　帰属清算型

これは、債権者が目的物を取得し、目的物の適正な価額と被
担保債権の価額との差額分を債務者に返還して清算する方法を
いいます。

②　処分清算型

これは、債権者が目的物を第三者に処分して、その代価の中
から債権者が優先弁済を受け、被担保債権の価額との差額分を
債務者に返還して清算する方法をいいます。

このように、いずれの類型においても、**譲渡担保の実行にお
いては、清算が必要**となります。

ココが出る！

❹ 再売買の予約

再売買の予約とは、売主がその所有物件を一旦買主に売却し、
将来買主が売主にその物件を再度売り渡すことについての予約を
いいます。この場合、売主が予約完結権を行使し、代金を支払え
ば、当該物件を取り戻すことができます。

たとえば、A社が、その所有する甲土地をB社に売却するに際し、将来、B社がA社に甲土地を売り渡す旨の再売買の予約をした場合、A社は、当該再売買の予約に基づき予約完結権を行使することにより、甲土地を取り戻すことができます。

⑤ 仮登記担保

❶ 意 義

仮登記担保とは、**金銭債権を担保するため**、その不履行があるときは債権者に債務者または第三者に属する所有権その他の権利（**通常は不動産所有権**）の移転等をすることを目的としてされた代物弁済の予約、停止条件付代物弁済契約その他の契約で、その契約による権利について仮登記または仮登録のできるもの（**仮登記担保契約**）から発生する債権者の権利をいいます。

仮登記担保契約をした場合には、仮登記担保権者は、債務不履行があるときは、裁判所による競売手続によらずに、契約の目的となっている権利を取得し、これによって自己の債権を回収（代物弁済）することができます（**私的実行**）。

しかも、仮登記担保権者は、将来取得する権利を仮登記または仮登録することにより、第三者に対する関係においても、当該権利を主張することができ、**優先的な債権の回収が可能**となります。

ココが出る！

❷ 仮登記担保の設定

仮登記担保は、債権者と設定者（債務者または物上保証人）との間の仮登記担保契約によって設定されます。

被担保債権は、金銭債権に限定されますが、目的物は、仮登記または仮登録できるものであれば何でもかまいません。ただ、実際には、**不動産所有権を目的物とすることがほとんど**です。

ココが出る！

代物弁済予約・停止条件付代物弁済契約は、例示であり、債務不履行があるときに所有権その他の権利の移転・設定をすることが内容となっている契約（売買予約等）であればかまいません。

❸ 仮登記担保の実行

　前述のとおり、仮登記担保権者は、債務不履行があるときは、裁判所による競売手続によらずに、契約の目的となっている権利を取得し、これによって自己の債権を回収（代物弁済）することができます（**私的実行**）。

　たとえば、AがBに対する5,000万円の金銭債権を担保するため、Bとの間で、Bに債務不履行があるときは、B所有の甲土地（価額6,000万円）の所有権をAに移転する旨の停止条件付代物弁済契約を締結し、甲土地につき所有権移転の仮登記をした場合、Aは、Bに債務不履行があるときは、この仮登記担保権を私的に実行して、甲土地の所有権を取得し、これにより、債権を回収することができます。

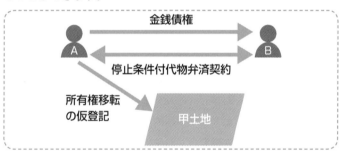

　ただし、この私的実行においては、仮登記担保権者が、債権額よりも価額の高い目的物を取得して、その債権額との差額を不当に利得するおそれがあるため、仮登記担保法は、仮登記担保権者に**清算義務**を課しています。すなわち、仮登記担保契約が土地または建物の所有権の移転を目的とするものである場合には、仮登記担保権者は、清算金の見積額（清算金がないと認めるときは、その旨）をその契約の相手方である債務者等に通知し、かつ、その通知が債務者等に到達した日から2か月（この2か月の期間を「**清算期間**」という）を経過しなければ、その所有権の移転の効力を生じないものとしました。

　債務者等は、清算金の支払いの債務の弁済を受けるまでは、債権等の額（債権が消滅しなかったものとすれば、債務者が支払うべき債権等の額をいう）に相当する金銭を債権者に提供して、土地等の所有権の受戻しを請求することができます（**受戻権**）。

ココが出る！

なお、担保仮登記がされている土地または建物につき、他の債権者が強制競売または担保権の実行としての競売手続等をとったときは、当該仮登記担保権者は、**他の債権者に優先して、その債権の弁済を受けること**ができます。この場合における順位に関しては、当該担保仮登記にかかる権利は抵当権とみなされ、その担保仮登記のされた時にその抵当権の設定の登記がされたものとみなされます。

⑥ 所有権留保

❶ 意 義

所有権留保とは、売買の目的物の売主が、その代金の完済を受けるまで、買主に引き渡した目的物の所有権を留保することをいいます。所有権留保は、代金債権を確保するための一種の担保物権としての機能を果たしています。たとえば、Aが自動車をBに割賦販売する場合のように、**動産の割賦販売において所有権留保が利用されること**が多いです。

所有権留保は、目的物の売買契約中に、売主から買主への所有権移転を代金完済まで留保する旨の特約を付けることにより行われます。

なお、所有権留保の約定がなされている場合において、買主が売買代金の支払いを完了する前に当該目的物を第三者に売却したとしても、**買主と第三者との間の当該目的物の売買契約が当然に無効となるわけではありません**。この場合、第三者には即時取得等が成立する余地があります。

たとえば、先の事例で、買主Bが代金完済前に自動車を第三者Cに売却したとしても、BC間の売買契約は無効となるわけではなく、かりにCが善意・無過失であったならば、Cは、甲の所有権を即時取得する場合があります。

❷ 所有権留保の実行

一般に、買主に代金債務の履行遅滞がある場合に、売主が売買契約を解除し、原状回復請求権に基づいて目的物の返還を請求す

注 意 ⚠

所有権留保は、目的物の売買契約中に、売主から買主への所有権移転を代金完済まで留保する旨の特約を付けることにより行われ、当事者間で当該特約につき合意をした時点で成立します。目的物の引渡しを要しない諾成契約であることに注意してください。

るという方法がとられています。

目的物の価額が残存代金債権額を超過する場合には、売主は、その**超過額を買主に清算する義務を負います**。

7 保　証

❶ 意　義

保証債務とは、主たる債務者がその債務を履行しないときに、これに代わって保証人が履行する責任を負う債権担保の方法をいいます。

保証債務は、債権者と保証人との間の保証契約によって成立しますが、**保証契約は、書面またはその内容を記録した電磁的記録によってしなければ、その効力を生じません**。このことは、連帯保証契約や個人根保証契約等についても同様であることに注意してください。

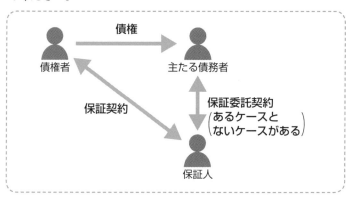

❷ 保証人の求償権

① 事後求償権

保証人は、債権者に対しては自己の債務（保証債務）を弁済するものですが、その実質は、他人の債務の弁済です。それゆえ、保証人は、弁済その他自己の財産をもって債務を消滅させる行為をしたときは、主たる債務者に対して**求償権**を取得します。

求償の範囲は、次のとおりです。

イ　主たる債務者の委託を受けて保証人となった場合

a　保証人が主たる債務者の委託を受けて保証をした場合において、主たる債務者に代わって弁済その他自己の財産をもって債務を消滅させる行為（債務の消滅行為）をしたときは、その保証人は、主たる債務者に対し、そのために支出した財産の額（その財産の額がその債務の消滅行為によって消滅した主たる債務の額を超える場合にあっては、その消滅した額）の求償権を有します。

この求償の範囲には、弁済その他免責があった日以後の法定利息および避けることができなかった費用その他の損害賠償が含まれます。

◀ ココが出る!

b　保証人が主たる債務者の委託を受けて保証をした場合において、主たる債務の弁済期前に債務の消滅行為をしたときは、その保証人は、主たる債務者に対し、主たる債務者がその当時利益を受けた限度において求償権を有します。この場合において、主たる債務者が債務の消滅行為の日以前に相殺の原因を有していたことを主張するときは、保証人は、債権者に対し、その相殺によって消滅すべきであった債務の履行を請求することができます。

この場合の求償は、主たる債務の弁済期以後の法定利息およびその弁済期以後に債務の消滅行為をしたとしても避けることができなかった費用その他の損害の賠償を包含しますが、主たる債務の弁済期以後でなければ、求償権を行使することができません。

ロ　主たる債務者の委託を受けないで保証人となった場合

a　保証人となったことが主たる債務者の意思に反しないとき

弁済等によって主たる債務を消滅させた当時主たる債務者が利益を受けた限度で求償できます。

b　保証人となったことが主たる債務者の意思に反するとき

求償の時点で主たる債務者が現に利益を受けている限度で求償できます。

ハ　通知を怠った保証人の求償の制限等

a　保証人が主たる債務者の委託を受けて保証をした場合において、**主たる債務者にあらかじめ通知しないで債務の消滅行為をしたとき**は、主たる債務者は、債権者に対抗することができた事由をもってその保証人に対抗することができます。この場合において、相殺をもってその保証人に対抗したときは、その保証人は、債権者に対し、相殺によって消滅すべきであった債務の履行を請求することができます。

b　保証人が主たる債務者の委託を受けて保証をした場合において、**主たる債務者が債務の消滅行為をしたことを保証人に通知することを怠ったため**、その保証人が善意で債務の消滅行為をしたときは、その保証人は、その債務の消滅行為を有効であったものとみなすことができます。

②　事前求償権

主たる債務者の委託を受けて保証人となった者には、一定の要件のもとで**事前求償権**が認められます。

委託を受けた保証人は、次の場合に事前求償権を行使することができます。

イ　主たる債務者が破産手続開始の決定を受け、かつ、債権者がその破産財団の配当に加入しないとき。

ロ　債務が弁済期にあるとき（保証契約の後に債権者が主たる債務者に期限の猶予を与えても保証人に対抗することができません）。

ハ　保証人が過失なく債権者に弁済をすべき旨の裁判の言渡しを受けたとき。

❸　連帯保証

連帯保証とは、保証人が主たる債務者と連帯して保証債務を負担する場合をいいます。

連帯保証人には①催告の抗弁権も②検索の抗弁権もなく、また、いわゆる③分別の利益もないため、連帯保証の有する債権の担保的効力は大きいといえます。それゆえ、実務では連帯保証が

ココが出る!

通常の保証人との違いを押さえてください。

広く利用されています。

① 催告の抗弁権

　　債権者が保証人に債務の履行を請求したときは、保証人は、まず主たる債務者に催告をすべき旨を請求することができます。ただし、主たる債務者が破産手続開始の決定を受けたとき、またはその行方が知れないときは、この抗弁権を行使できません。

② 検索の抗弁権

　　債権者が主たる債務者に催告をした後であっても、保証人が主たる債務者に弁済をする資力があり、かつ、執行が容易であることを証明したときは、債権者は、まず主たる債務者の財産について執行をしなければなりません。

③ 分別の利益

　　同一の主たる債務について数人の保証人がある場合、各保証人は、原則として、債権額を全保証人間に均分した部分（負担部分）についてのみ保証すればよく、これを「分別の利益」といいます。

❹ 情報の提供義務

① 保証人の請求による主たる債務の履行状況に関する情報提供義務

　　保証人が主たる債務者の委託を受けて保証をした場合において、保証人の請求があったときは、債権者は、保証人に対し、遅滞なく、主たる債務の元本および主たる債務に関する利息、違約金、損害賠償その他その債務に従たる全てのものについての不履行の有無ならびにこれらの残額およびそのうち弁済期が到来しているものの額に関する情報を提供しなければなりません。

　　この情報提供義務は、保証人が個人であるか法人であるかを問わず、債権者に課せられることに注意してください。

② 主たる債務者が期限の利益を喪失した場合の情報提供義務

　　主たる債務者が期限の利益を有する場合において、その利益を喪失したときは、債権者は、保証人（法人を除く）に対し、

ココが出る！

その利益の喪失を知った時から2か月以内に、その旨を通知しなければなりません。

　この期間内に通知をしなかったときは、債権者は、保証人（法人を除く）に対し、主たる債務者が期限の利益を喪失した時から通知をするまでに生ずべき遅延損害金（期限の利益を喪失しなかったとしても生ずべきものを除く）にかかる保証債務の履行を請求することができません。

❺　共同保証

①　意　義

◀ 発 展 ▶

実務では、保証の担保的機能を減殺する分別の利益を認めない保証連帯が広く利用されています。

　共同保証とは、同一の主たる債務について数人の保証人がある場合をいいます。

　たとえば、BがAに対して負担する2,000万円の貸金債務について、CとDの2人が保証人となったような場合をいいます。

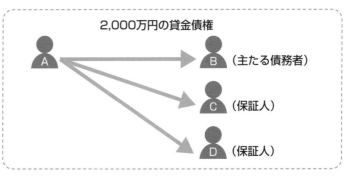

2,000万円の貸金債権

A → B （主たる債務者）
A → C （保証人）
A → D （保証人）

　共同保証には、数人の保証人が普通の保証人または連帯保証人である場合のほか、普通の保証人ではあるが、保証人相互間に全額弁済の特約がある**保証連帯**の場合もあります。

②　分別の利益

　共同保証においては、各保証人は、原則として、債権額を全保証人間に均分した部分（負担部分）についてのみ保証します（**分別の利益**）。

　たとえば、債権額が1,200万円である場合に、保証人が3人いるときは、各保証人は、400万円だけ責任を負えばよいことになります。ただし、①連帯保証の場合と、②保証連帯の場合

には、分別の利益はなく、債権額の全部について責任を負うことに注意してください。

③ **共同保証人の求償権**

共同保証人の1人が弁済等をなすことによって、主たる債務者が免責を得たときは、主たる債務者に求償することができます。

そして、共同保証人相互間においても、求償権が認められます。

◀ココが出る!

❻ **個人根保証契約**

① **意　義**

個人根保証契約とは、一定の範囲に属する不特定の債務を主たる債務とする保証契約（根保証契約）であって保証人が法人でないものをいいます。

そして、個人根保証契約であってその主たる債務の範囲に金銭の貸渡しまたは手形の割引を受けることによって負担する債務（貸金等債務）が含まれるものを「**個人貸金等根保証契約**」といいます。

② **個人根保証契約の内容**

イ　**極度額の定め**

個人根保証契約の保証人は、主たる債務の元本、主たる債務に関する利息、違約金、損害賠償その他その債務に従たるすべてのものおよびその保証債務について約定された違約金または損害賠償の額について、その全部にかかる**極度額**を限度として、その履行をする責任を負います。

個人根保証契約は、極度額を定めなければ、その効力を生じません。 これは、保証人に過大な責任を負わせないためです。

◀ココが出る!

ロ　**個人貸金等根保証契約の元本確定期日**

個人貸金等根保証をした保証人は、元本確定期日までの間に行われた融資に限って保証債務を負担することとされています。

個人貸金等根保証契約において主たる債務の元本の確定

すべき期日（元本確定期日）を定める場合には、その元本確定期日は、その個人貸金等根保証**契約の締結の日から5年以内の日**としなければなりません。その元本確定期日が、その貸金等根保証契約の締結の日から5年を経過する日より後の日と定められているときは、その元本確定期日の定めは、その効力を生じないものとされます。

　個人貸金等根保証契約において元本確定期日の定めがない場合（元本確定期日の定めがその効力を生じない場合を含む）には、その元本確定期日は、その貸金等根保証**契約の締結の日から3年を経過する日**となります。

　なお、**元本確定期日を定めなくても個人貸金等根保証契約は有効であること**、**元本確定期日は当事者間の合意により変更することができる**ことに注意してください。

ココが出る！

ハ　個人根保証契約の元本確定事由

a　次に掲げる場合には、個人根保証契約における主たる債務の元本が確定します。

　ⅰ　債権者が、保証人の財産について、金銭の支払いを目的とする債権についての強制執行または担保権の実行を申し立てたとき。ただし、強制執行または担保権の実行の手続の開始があったときに限ります。

　ⅱ　保証人が破産手続開始の決定を受けたとき。

　ⅲ　主たる債務者または保証人が死亡したとき。

b　前記の場合のほか、個人貸金等根保証契約における主たる債務の元本は、次に掲げる場合にも確定します。

　ⅰ　債権者が、主たる債務者の財産について、金銭の支払いを目的とする債権についての強制執行または担保権の実行を申し立てたとき。ただし、強制執行または担保権の実行の手続の開始があったときに限ります。

　ⅱ　主たる債務者が破産手続開始の決定を受けたとき。

❼　事業にかかる債務についての保証契約の特則

①　公正証書の作成と保証の効力

事業のために負担した貸金等債務を主たる債務とする保証

契約または主たる債務の範囲に事業のために負担する貸金等債務が含まれる根保証契約（保証人になろうとする者が法人である場合を除く）は、その契約の締結に先立ち、その締結の日前1か月以内に作成された公正証書で保証人になろうとする者が保証債務を履行する意思を表示していなければ、その効力を生じません。

　従来、主たる債務が多額になる傾向が強い事業性の借入れの場合、保証人が予想外に多額の保証債務を負わされて、その生活が破綻することが少なくありませんでした。そこで、民法は、保証人になろうとする者に対して慎重に確認する機会を与えてその保護を図るため、前記のような規定を設けたのです。

　ただし、前記の規定は、主たる債務者が法人である場合の経営者（法人の理事、取締役、執行役またはこれらに準ずる者）・オーナー（主たる債務者の総株主の議決権の過半数を有する者等）や、個人事業者である主たる債務者の共同事業者・事業従事配偶者等が保証人になろうとする保証契約については、適用されません。これらの者は、主たる債務者の経営状態を認識しており、保証によるリスクを把握できる立場にあるからです。

② **契約締結時の情報提供義務**

　主たる債務者は、事業のために負担する債務を主たる債務とする保証または主たる債務の範囲に事業のために負担する債務が含まれる根保証の委託をするときは、委託を受ける者（法人を除く）に対し、次に掲げる事項に関する情報を提供しなければなりません。

　　イ　財産および収支の状況

　　ロ　主たる債務以外に負担している債務の有無ならびにその額および履行状況

　　ハ　主たる債務の担保として他に提供し、または提供しようとするものがあるときは、その旨およびその内容

この節で学習すること

1 代理受領
債務者が第三者に対してもっている債権について、債権者が代わりに弁済を受領できるようにすることです。

2 代物弁済
たとえば、お金を借りたけど返せないので持っていた車を代わりに渡すことです。

3 準消費貸借
すでに金銭債務がある場合に、その債務金額を金銭消費貸借で借りたことにするという契約です。

4 債権譲渡
債権は譲渡が自由です。ただし、制限することもできます。ここに問題があります。

5 債務引受
債務引受契約により、債務者以外の第三者が債務の履行義務を負うことをいいます。併存的債務引受と免責的債務引受の2種類があります。

6 相殺
お互いに債権があるとき、それぞれの債権を意思表示だけで簡易に決済することです。

7 債権者代位権
債権者が、債務者が第三者に対してもっている権利を代わりに行使する（弁済を求める）ことをいいます。

8 詐害行為取消権
債務者はその財産を特定の債権者に与えてしまうことがあります。これを詐害行為として制限しています。

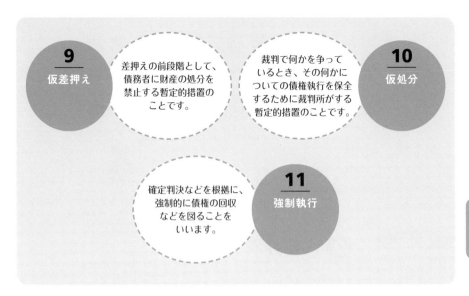

❶ 代理受領

　代理受領とは、債権者が債務者に融資する際に、融資先の債務者が第三債務者に対して有する債権について、その弁済を受領する権限を債権者が債務者から委任という形で受け、融資元である債権者が実際に弁済を受領した金銭を融資債権に充てることで回収するという担保の方法をいい、**債権譲渡制限特約がある場合の迂回手段としても利用されています。**

　たとえば、AがBに対して有する債権を担保するため、BがC（第三債務者）に対して有する債権の弁済の受領について、AがBから委任を受け、Bに代わってCから直接弁済を受領し、その受領をもってBに対する債権の弁済に充てるような場合が代理受領にあたります。

注 意 ⚠

左記の事例の場合、ＢＣ間では、債権者はあくまでもＢであることから、Ｃが当該代理受領の合意を知らずにＢに対して弁済したときは、当該弁済は有効となります。その後、ＡがＣに取立てをしてきても、Ｃはこれに応じる必要はありません。
また、取立委任は、これにより取立ての対象となった債権に関する法律関係に何ら影響を及ぼすものではないため、債務者が債権者に対して同時履行の抗弁権を有する場合には、当該抗弁権を行使して取立委任を受けた者からの取立てを拒むことができます。

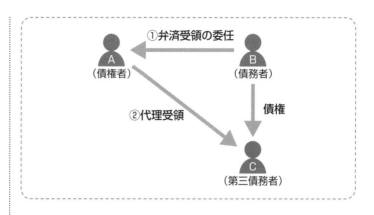

①弁済受領の委任
A（債権者）
B（債務者）
②代理受領
債権
C（第三債務者）

◀ 発 展 ▶

債務者がその負担した給付に代えて、不動産所有権の譲渡をもって代物弁済する場合の債務消滅の効力は、原則として、単に所有権移転の意思表示をするだけでは足りず、所有権移転登記その他引渡行為の完了によって生じます（判例）。

注 意 ⚠

代物弁済をするには、債権者の承諾が必要です。

② 代物弁済

　代物弁済とは、本来の給付に代えて他の給付をなすことにより債権を消滅させる債権者と弁済者との契約をいいます。

　弁済をすることができる者（弁済者）が、債権者との間で、債務者の負担した給付に代えて他の給付をすることにより債務を消滅させる旨の契約をした場合において、その**弁済者が当該他の給付をしたときは、その給付は、弁済と同一の効力を有します**。

　たとえば、AがBに金銭債務を負担している場合に、金銭の代わりに自動車を給付してその債務を消滅させるような場合が代物弁済にあたります。

③ 準消費貸借

　準消費貸借とは、金銭その他の代替物を給付する義務を負う者がその物を消費貸借の目的とすることを約する契約をいいます。

　たとえば、AがBに対して1,000万円の代金債権を有しており、その債権を担保するためにB所有の甲土地に抵当権の設定を受けた場合において、代金の一部である900万円を支払ったBが、残代金債務相当額である100万円をAから借り入れたという形式に切り替えるようなケースを準消費貸借といいます。

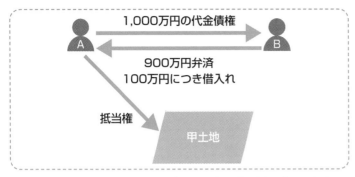

上記のケースの場合、1,000万円の代金債権（債務）は消滅し、100万円の貸金債権（債務）が成立することになり、原則として、この100万円の貸金債権（債務）を担保するために、抵当権はなお存続すると解されています（判例）。

④ 債権譲渡

❶ 意 義

債権譲渡とは、債権をその同一性を変えないで移転する契約をいいます。

❷ 譲渡制限特約

債権は、原則として、自由にこれを譲渡することができますが、当事者（債権者と債務者）は、債権の譲渡を禁止し、または制限する旨の意思表示（**譲渡制限特約**）をすることができます。

ただし、**譲渡制限特約に反して行われた債権譲渡も有効**であることに注意してください。したがって、特約に反して債権譲渡が行われた場合でも、その債権は譲受人に帰属することになり、譲受人が債権者となります。

もっとも、譲渡制限特約の存在につき悪意または重過失の譲受人その他の第三者に対しては、債務者は、その債務の履行を拒むことができ、かつ、譲渡人に対する弁済その他の債務を消滅させる事由をもってその第三者に対抗することができます。

＜ココが出る！

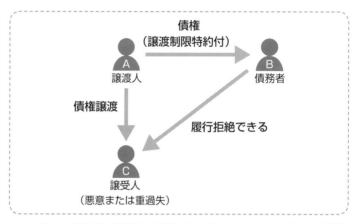

ただし、債務者が債務を履行しない場合において、第三者が相当の期間を定めて譲渡人への履行の催告をし、その期間内に履行がないときは、その債務者は、第三者が悪意または重過失であったとしても、債務の履行を拒むことができず、また、譲渡人に対する弁済その他の債務を消滅させる事由をもってその第三者に対抗することができません。

❸ 債権譲渡の対抗要件

① **債務者その他の第三者に対する対抗要件**

債権の譲渡（現に発生していない債権の譲渡を含む）は、譲渡人が債務者に通知をし、または債務者が承諾をしなければ、債務者その他の第三者に対抗することができません。

債権譲渡は、当事者間では意思表示のみでその効力を生じますが、その通知または承諾を必要としないと、債務者が譲渡人と譲受人とに二重に支払う危険性があるため、これらが必要とされたのです。

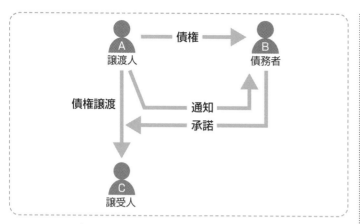

また、通知または承諾が債務者以外の第三者に対する関係で
も対抗要件とされたのは、債務者の債権譲渡の有無についての
認識を、債権を譲り受けようとする者に対する公示方法として
機能させ、債権取引の安全を図るためです。

通知は、**譲渡人から債務者に対してすることを要し、譲受人
から通知をしたり、譲受人が譲渡人を代位して通知をすること
はできません**（判例）。面識のない譲受人から通知を受けても
信用できませんし、また、通知は譲渡人の義務であって、権利
ではないため、債権者代位権の対象ともなりえないからです。
ただし、**譲受人が譲渡人の代理人として通知をすることはでき
ます**（判例）。

ココが出る!

承諾の相手方は、譲渡人・譲受人のいずれでもかまいません
（判例）。

② **債務者以外の第三者に対する対抗要件**

通知または承諾は、**確定日付のある証書によってしなけれ
ば、債務者以外の第三者に対抗することができません**。

債権譲渡が当事者間の意思表示のみによってその効力を生
ずるものであることからすれば、債権が二重に譲渡されること
もありえます。そこで、その場合の譲受人間の優劣を、確定日
付のある証書による通知または承諾をもって決しようとしたの
です。

確定日付のある証書には、公正証書、登記所または公証人役
場において日付印を押した私署証書、官庁または公署において

債務者に対して債権
譲渡を対抗するため
には、当該通知また
は承諾が確定日付の
ある証書によるもの
である必要はありま
せん。

ある事項を記入し日付を記入した私署証書、郵便局の内容証明郵便などがあります。

③ **債権が二重譲渡された場合の優劣決定の基準**

イ　AのBに対する債権が、CとDとに二重に譲渡された場合において、Cについて確定日付のある証書による通知または承諾がなく、Dについてそれがあるときは、DがCに優先します。

ココが出る！▶　この場合、**債務者との関係でも、確定日付のある証書による通知または承諾のみが対抗要件としての効力を有します**（判例）。したがって、確定日付のある証書による通知または承諾を備えたDのみが債務者であるBに対する対抗要件を備えたことになり、Cは、Bに対する対抗要件を備えたことにはなりません。したがって、Bが、Cから債権の弁済の請求を受けたときは、Bは、その弁済を拒絶することができます。

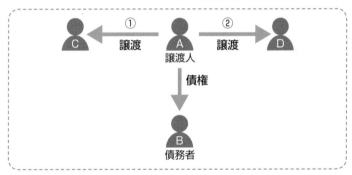

ロ　差押命令の第三債務者への送達は、確定日付のある証書による通知と同様に扱われます。

したがって、AのBに対する債権が、まずCに譲渡された後、Dによって差し押さえられ、Bに差押命令の送達がなされた場合、Cについて確定日付のある証書による通知または承諾がないときは、DがCに優先します。

ハ　AのBに対する債権が、CとDとに二重に譲渡された場合において、CとDのいずれも確定日付のある証書による通知または承諾を備えているときは、どのように解すべきでしょうか。

この点については、確定日付の先後によって優劣を決すべ

きであるとする見解（確定日付説）もありますが、判例は、**確定日付のある証書による通知が債務者に到達した日時の先後、または確定日付のある証書による債務者の承諾の日時の先後によって優劣を決すべきである**(到達時説)としています。

◀ ココが出る!

　また、一方が確定日付のある証書による承諾、他方が確定日付のある証書による通知の場合は、承諾の日付と通知の到達の先後で決することになります。

ニ　それでは、債権が二重譲渡され、いずれの譲受人も確定日付のある証書による通知を備えている場合において、その通知が同時に債務者に到達したときは、どのように解すべきでしょうか。

　判例は、このような場合には、**各譲受人は債務者に対して各々の譲受債権についてその全額の弁済を請求することができ、他方、債務者は単に同順位の譲受人が他に存在することを理由として弁済の責任を免れることはできない**としています。

◀ ココが出る!

④　**債権譲渡の対抗要件の特例**

イ　法人が債権（金銭の支払いを目的とするものに限る）を譲渡した場合において、当該債権の譲渡につき債権譲渡登記ファイルに譲渡の登記がされたときは、当該債権の債務者以外の第三者については、民法の規定による確定日付のある証書による通知があったものとみなされます。すなわち、**債権譲渡登記ファイルへの譲渡の登記は、債務者以外の第三者に対する対抗要件**となります（債務者に対する対抗要件とはならないことに注意)。この場合、当該登記の日付が確定日付とされます。

　したがって、確定日付のある証書による通知と債権譲渡登記との優劣については、**確定日付のある証書による通知が債務者に到達した日時と債権譲渡登記がなされた日時の先後により決せられます。**

ロ　債権譲渡登記がされた場合において、当該債権の譲渡およびその譲渡につき債権譲渡登記がされたことについて、譲渡人もしくは譲受人が当該債権の債務者に対して登記官から交付を受けた登記事項証明書を交付して通知をし、または当該

第**4**章　債権の管理・回収と倒産処理

◀ **発 展** ▶
債権譲渡登記の登記事項には「債務者」は含まれていません。そのため、債務者が特定していない将来発生する債権の譲渡についても、債権譲渡登記をすることが可能です。

債務者が承諾をしたときは、当該債務者については、民法の規定による通知または承諾があったものとみなされます。

❹ 債権の譲渡における債務者の抗弁

　債務者は、対抗要件具備時までに譲渡人に対して生じた事由（抗弁事由）をもって譲受人に対抗することができます。たとえば、債権不成立、無効、取消し、解除、弁済その他の事由により債権の全部または一部が消滅したこと、**同時履行の抗弁権**、相殺適状にある反対債権を有していることなどの抗弁事由をもって、そのまま譲受人にも対抗することができます。

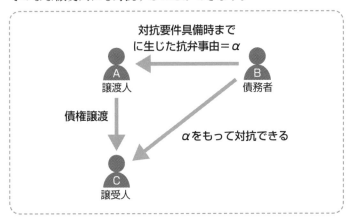

❺ 債権譲渡と相殺

　債務者は、**対抗要件具備時より前に取得した譲渡人に対する債権**による相殺をもって譲受人に対抗することができます。

⑤ 債務引受

　債務引受とは、債務引受契約により、債務者以外の第三者が債務の履行義務を負うことをいいます。債務を引き受けた第三者を「**引受人**」といいます。
　債務引受には、「**併存的債務引受**」と「**免責的債務引受**」の2種類があります。

❶　併存的債務引受

①　意　義

　併存的債務引受とは、引受人が、債務者と連帯して、債務者が債権者に対して負担する債務と同一の内容の債務を負担することをいいます。

ココが出る！

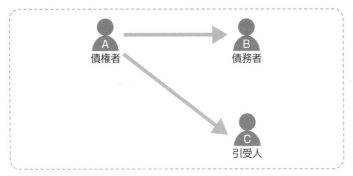

②　要　件

　併存的債務引受は、**債権者・債務者・引受人の三者間の契約**で行うこともできますが、**債権者と引受人となる者との契約**や、**債務者と引受人となる者との契約**によってもすることができます。

ココが出る！

　債務者と引受人となる者との契約による場合、併存的債務引受は、債権者が引受人となる者に対して承諾をした時に、その効力を生じます。債務者と引受人となる者との契約によって成立した併存的債務引受については、「**第三者のためにする契約**」に関する規定が適用されます。

③　効　果

　引受人は、債務者と連帯して、債務者が債権者に対して負担する債務と同一の内容の債務を負担します。この場合、**債務者と引受人の債務は、連帯債務**となります。

　引受人は、併存的債務引受により負担した自己の債務について、その効力が生じた時に債務者が主張することができた抗弁をもって債権者に対抗することができます。たとえば、AがBに100万円を貸し付けた場合において、Cの併存的債務引受の効力が生じた時は、BがすでにAに対して50万円を弁済していたならば、Cは、引き受けた100万円の債務のうち50万円につ

用　語

「第三者のためにする契約」とは、契約当事者の一方が第三者に対してある給付をすることを約する契約をいいます。たとえばAがBに100万円を貸し付け、AB間で「BはCに対して100万円を弁済する。」と約したような場合、Aを「要約者」、Bを「諾約者」、Cを「第三者・受益者」といいます。

ココが出る！

いては、Aに対してその弁済を拒むことができます。

　債務者が債権者に対して取消権または解除権を有するときは、引受人は、これらの権利の行使によって債務者がその債務を免れるべき限度において、債権者に対して債務の履行を拒むことができます。

❷　免責的債務引受

①　意　義

ココが出る！▶

　免責的債務引受とは、引受人が、債務者が債権者に対して負担する債務と同一の内容の債務を負担することによって、債務者が自己の債務を免れることをいいます。併存的債務引受と異なり、**引受人のみが債務者**となります。

A 債権者 → 債権 → B 債務者

↓

Cの債務引受により消滅

A 債権者 → 債権 → C 引受人・債務者

②　要　件

ココが出る！▶

　免責的債務引受についても、**債権者・債務者・引受人の三者間の契約**で行うことができるほか、**債権者と引受人となる者との契約**や、**債務者と引受人となる者との契約**によってもすることができます。

　債権者と引受人となる者との契約による場合、債務者が一切関与しないまま債権債務関係から離脱すると債務者に予期しない効果が発生するおそれがあることから、免責的債務引受は、債権者が債務者に対してその契約をした旨を通知した時に、その効力を生じます。債務者と引受人となる者との契約による場合は、債権者の関与なく債務者が交替することを認めると、債権者の利益を害するため、**債権者の承諾が必要**となり、債権者が引受人となる者に対して承諾をした時に、その効力を生じま

278

す。

③ 効　果

　引受人は、免責的債務引受により負担した自己の債務につい
て、その効力が生じた時に債務者が主張することができた抗弁
をもって債権者に対抗することができます。

　たとえば、AがBに100万円を貸し付けた場合において、C
の免責的債務引受の効力が生じた時は、BがすでにAに対して
50万円を弁済していたならば、Cは、引き受けた100万円の債
務のうち50万円については、Aに対してその弁済を拒むことが
できます。

　債務者が債権者に対して取消権または解除権を有するとき
は、引受人は、免責的債務引受がなければこれらの権利の行使
によって債務者がその債務を免れることができた限度におい
て、債権者に対して債務の履行を拒むことができます。

　なお、免責的債務引受の引受人は、債務者に対して求償権を
取得しません。これに対し、併存的債務引受の引受人は、債務
者に対して求償権を取得します。

④ **免責的債務引受による担保の移転**

　債権者は、債務者が免れる債務の担保として設定された担保
権や保証について、引受人が負担する債務に移すことができま
す。ただし、**引受人以外の者がこれを設定した場合には、その
承諾を得なければなりません。**

　この場合の担保権の移転等は、あらかじめ、または同時に引
受人に対してする意思表示によってしなければなりません。

⑥ 相　殺

❶　意　義

　相殺とは、債務者がその債権者に対して自分もまた同種の債権
を有する場合に、その債権と債務とを対当額において消滅させる
単独の意思表示（一方的意思表示）をいいます。

　たとえば、AがBに対して100万円の貸金債権を有しており、
他方、BもAに対して80万円の代金債権を有しているという場

注　意

相殺の意思表示を受
ける側の承諾は不要
であることに注意し
てください。

合、AがBに対して相殺の意思表示をすれば、互いの債権が対当額である80万円について消滅し、後は、AがBに対して20万円の貸金債権を有することになります。

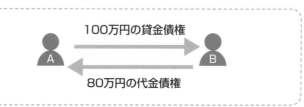

100万円の貸金債権

80万円の代金債権

この場合において、相殺の意思表示をなした方（相殺者）であるAが有する貸金債権を**自働債権**といい、相殺の意思表示をなされた方（被相殺者）であるBが有する代金債権を**受働債権**といいます。そして、対当額とは、同額の意味であり、具体的には、自働債権と受働債権とを比べて小さい方の額を指します。

◀ 発 展 ▶

連帯債務者の１人が債権者に対して債権を有する場合において、その連帯債務者が相殺を援用しない間は、その連帯債務者の負担部分の限度において、他の連帯債務者は、債権者に対して債務の履行を拒むことができます。また、主たる債務者が債権者に対して相殺権を有するときは、その相殺権の行使によって主たる債務者がその債務を免れるべき限度において、保証人は、債権者に対して債務の履行を拒むことができます。

❷ 　相殺の要件

相殺をするには、双方の債権が**相殺適状**にあることが必要です。ここに「相殺適状」とは、以下の要件を具備する債権の対立状態をいいます。

① 　**債権が対立していること**

自働債権は、相殺者が被相殺者に対して有する債権でなければなりません。

また、受働債権は、原則として、被相殺者が相殺者に対して有する債権でなければなりません。したがって、被相殺者が第三者に対して有する債権と相殺することはできません。この点に関して、判例は、抵当不動産の第三取得者が抵当権者に対して債権を有している場合に、その債権をもって抵当権者が債務者に対して有する債権と相殺することはできないとしています。

なお、**自働債権が時効によって消滅していた場合でも、その消滅以前に相殺適状にあったときは、その債権者は相殺をする**ことができます。債権が相殺適状にあったときは、当事者双方は債権関係が決済されたものと考えるのが通常だからです。

② **双方の債権が同種の目的を有すること**

「同種の目的」とは、貸金債権と代金債権のように、双方の債権がともに金銭の給付を目的とする場合などをいいます。したがって、目的が異なる債権間、たとえば、100万円の貸金債権と100万円相当の自動車の引渡債権とは、価値が同等であっても、相殺することはできません。

③ **双方の債権が弁済期にあること**

民法の規定上は、双方の債権が弁済期にあることが要件とされていますが、実際には、**自働債権の弁済期さえ到来していれば、受働債権の弁済期は到来していなくても相殺することができます**。なぜならば、受働債権の債務者は、**期限の利益**を放棄することができるからです。

たとえば、今日が2023年8月10日であるとして、AがBに対して100万円の貸金債権（弁済期：2023年7月31日）を有しており、他方、BもAに対して100万円の代金債権（弁済期：2023年8月31日）を有している場合には、Aの有する貸金債権の弁済期は到来していますので、Aは、代金債権についての期限の利益を放棄すれば、相殺することができるのです。

◀ ココが出る！

用　語

「期限の利益」とは、期限が付されていることによって、当事者が受ける利益をいいます。
期限は、債務者の利益のために定めたものと推定されます。

100万円の貸金債権
（弁済期：2023年7月31日）

A　　　　　　　　　　　B

100万円の代金債権
（弁済期：2023年8月31日）

これに対し、自働債権の弁済期は必ず到来していなければなりません。なぜならば、上記の例で、逆に、Bの方から2023年8月10日において相殺の意思表示をすることが許されるとするならば、Aは、Bによって一方的にその期限の利益を奪われることになり、期限前に弁済させられたのと同じ結果となって、不当だからです。

④ **双方の債権が有効に存在すること**

いずれか一方の債権が無効であるときは、相殺も無効となります。

⑤ 相殺が禁止されていないこと

イ 債務の性質が相殺を許さない場合には、相殺することができません。

たとえば、相互に労務を提供する債務を負担している場合のように、現実の履行がないと意味がない場合には、債務の性質上、相殺をすることができません。

ココが出る！▶

また、**自働債権に同時履行の抗弁権が付着している場合（債務者が同時履行の抗弁権を有する債権）にも、相殺することはできません**。たとえば、BがAに対して貸金債権を有している場合において、AB間でAの所有する自動車の売買契約が締結されたときは、AはBに対して自動車の代金債権を取得し、他方、BはAに対して自動車の引渡債権を取得しますが、このような場合に、Aが、自動車の代金債権を自働債権として、BのAに対する貸金債権と相殺することを認めると、BのAに対する自動車の引渡債権だけが孤立して残ることになり、Bは、もはや代金支払との同時履行を主張して自動車の引渡しを受けることができなくなってしまい、不当だからです。

用　語

双務契約の当事者の一方は、相手方がその債務の履行を提供するまでは、自己の債務の履行を拒むことができます。これを「同時履行の抗弁権」といいます。

ロ 当事者が相殺禁止の特約をした場合には、相殺することができません。

ココが出る！▶

ただし、**相殺禁止・制限の特約は、第三者が悪意または重過失の場合に限り、その第三者に対抗できる**とされていますので、相殺禁止・制限特約の存在につき善意・無重過失で債権を譲り受けた者は、相殺することができます。

ハ 相殺が法律の規定によって禁止されている場合には、相殺することができません。

民法は、受働債権が現実に履行されることを確保するた

め、以下の a ～ e の 5 つの場合において相殺を禁止していま
す。

a 受働債権が悪意による不法行為に基づく損害賠償債権で
あるとき

　Bに対して100万円の金銭を貸し付け、貸金債権を有し
ているAが、借金を返済しないBに腹を立てて、Bに暴行
を働いたため、BがAに対して100万円の不法行為に基づ
く損害賠償債権を取得したという場合、Aは、Bに対する
貸金債権を自働債権とし、BのAに対する**不法行為に基づ
く損害賠償債権を受働債権とする相殺をすることはできま
せん**。これは、もしこのような相殺を許すならば、債権者
の不法行為を誘発するおそれがあるからとの趣旨によりま
す。

◀ ココが出る！

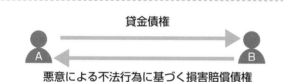

貸金債権

A　　　　　　　　　　B

悪意による不法行為に基づく損害賠償債権

　もっとも、かかる趣旨からすれば、不法行為の被害者
であるBの方から相殺をすること（**不法行為に基づく損害
賠償債権を自働債権とする相殺**）は認められます。

⚠ 注　意
ハのaまたはbの場
合でも、当該債権が
他人から譲り受けた
ものであるときは、
これを受働債権とし
て相殺をすることが
できます。

◀ ココが出る！

b 受働債権が人の生命または身体の侵害による損害賠償債
権（悪意による不法行為に基づく損害賠償債権を除く）で
あるとき

　人の生命または身体の侵害による損害賠償債権につい
ては、被害者に現実の弁済を受けさせる必要がある（薬代
は現金で）という被害者保護の要請が強いことから相殺が
禁止されています。

c 受働債権が差押禁止債権であるとき

　扶養料請求権、給料債権等の一定の債権については、
民事執行法等で差押えが禁止されています。これらの債権
は、現実に給付されることに意義があるからです。

d 差押えを受けた債権を受働債権とする相殺の禁止

ココが出る！▶

　差押えを受けた債権の第三債務者は、差押え後に取得した債権による相殺をもって差押債権者に対抗することができません。

　たとえば、AがBに対して500万円の貸金債権を有している場合に、Aの債権者Cがこの貸金債権を差し押さえた後に、BがAに対して700万円の売掛代金債権を取得したときは、B（第三債務者）は、Aに対する売掛代金債権を自働債権とし、AのBに対する貸金債権を受働債権とする相殺をもってC（差押債権者）に対抗することはできません。もしこのような相殺を許すならば、第三債務者は、受働債権について差押えがあった場合には、反対債権を作って差押えの効力をなきものにし、差押債権者を害するおそれがあるからです。

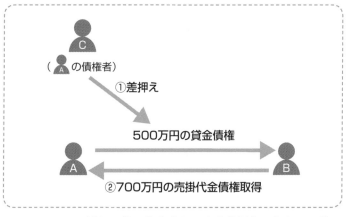

ココが出る！▶

　これに対し、第三債務者が、当該差押えがなされる前に債権を取得していた場合には、相殺をもって差押債権者に対抗することができます。すなわち、前例において、BがAに対する売掛代金債権を取得したのが、Cによる差押えの前であったときは、Bは、相殺をもってCに対抗することができます。この場合には、Bの相殺に対する合理的期待を保護する必要があるからです（差押え後に反対債権を取得した場合には、そもそも相殺に対する合理的期待はありません）。そして、この場合には、Cの差押えの時点では相殺適状になく、差押え後に相殺適状に達したとして

も、また、Bの債権（自働債権）の弁済期が差し押さえられたAの債権（受働債権）の弁済期よりも後に到来するものであったとしても、Bは相殺することができます。

さらに、受働債権の差押え後に取得した債権であっても、受働債権の差押え前の原因により発生した債権であれば、第三債務者は、これを自働債権とする相殺をすることができる（ただし、差押え後に他人から自働債権を取得した場合を除く）としています。これは、自働債権の発生が差押え前の原因に基づくものであるときは、第三債務者の相殺に対する期待は保護に値すると考えられるからです。

e 受働債権が株式払込請求権（出資の履行請求権）であるとき

ココが出る！

会社法は、株式会社における資本充実・維持の原則から、**募集株式の引受人が会社に対して有する債権を自働債権とし、会社が株式引受人に対して有する株式払込請求権（出資の履行請求権）を受働債権とする相殺を禁止**しています。

❸ 相殺の効果

① 債権の消滅

相殺は、当事者の一方から相手方に対する意思表示によってしますが、これによって、双方の債権は対当額において消滅します。

② 相殺の遡及効

相殺は、双方の債権が相殺適状を生じた時にさかのぼってその効力を生じます。双方の債権が相殺適状にあるときは、すでに双方の債権関係は決済されたと解するのが当事者の意思に合致するからです。

⑦ 債権者代位権

❶ 意 義

債権者代位権とは、債権者が自己の債権を保全する必要がある場合に、債務者に属する権利（**被代位権利**）を債務者に代わって

◀ 発 展 ▶

銀行取引においては、一定の事由が発生した場合に、意思表示を待たずに、当然に相殺の効力が発生する旨を定めることがありますが、このような定めを「停止条件付相殺契約」といいます。

行使することができる権利をいいます。

　たとえば、AがBに対して100万円の貸金債権を有しており、BもCに対して100万円の売掛代金債権を有しているという場合において、Bが他に見るべき財産を有していないにもかかわらず、Cから債権の取立てをしようとせず、これを放置しているため、その債権が時効消滅寸前の状態にあり、AのBに対する債権の回収があやうくなっているときは、Aは、自己の債権を保全するため、Bに代わってCから債権の取立てをすることができます。

　この場合において、Aの債権を「被保全債権」、Bの債権を「被代位権利」といいます。

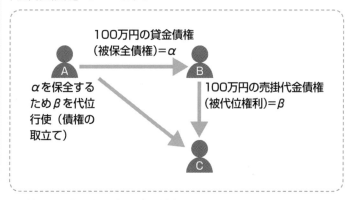

100万円の貸金債権
（被保全債権）＝α

αを保全するためβを代位行使（債権の取立て）

100万円の売掛代金債権
（被代位権利）＝β

◀ 発 展 ▶

債権者代位権・詐害行為取消権は、保全手続を超える機能を果たしており、差押え抜きで終局的な債権回収の効果が実現されるような結果が判例により認められています。そのため、両制度は、実質的に、強制執行手続に代替する機能も営んでいます。

　債権は、債務者の全財産に執行することをもって、その最後の保障とするものですから、債務者の財産（責任財産）が維持されることは、一般の債権の最後の効力を確保するために欠くことのできないことです。そこで、民法は、債務者の責任財産の保全を図る制度として、後述する詐害行為取消権とともに債権者代位権を設け、債務者がその責任財産の減少を放置している場合には、債権者がこれを防止する行為をなしうることとしたのです。

❷ 要　件

　債権者代位権を行使しうるための要件は、次のとおりです。

① **債権者が自己の債権を保全する必要があること**

　債権者代位権は、債務者の責任財産保全のための手段として認められたものであるため、債権保全の必要性とは、債務者の総財産がその全債権者の債権を満足させるのに足りないこと、

すなわち、債務者の無資力を意味します（判例）。したがって、債務者が他に十分な財産を有する場合には、債権者代位権の行使は認められません。

もっとも、判例は、**登記請求権、賃借権のような金銭債権以外の「特定債権」を保全するための債権者代位権の行使**（これを「債権者代位権の転用」といいます）を認めており、これらの債権は、債務者の資力の有無とは無関係であることから、特定債権保全のために**債権者代位権を行使する場合には、債務者の無資力を要しない**ものとしています。

そして、民法も、登記請求権または登録請求権を保全するための債権者代位権の行使を認める明文の規定を設けています。すなわち、**登記または登録をしなければ権利の得喪および変更を第三者に対抗することができない財産を譲り受けた者は、その譲渡人が第三者に対して有する登記手続または登録手続をすべきことを請求する権利を行使しないときは、その権利を行使することができます。**

② **債務者が自らその被代位権利を行使していないこと**

これが要件とされるのは、被代位権利は、そもそも債務者の権利であることからすれば、その行使がなされている場合にまで債権者が干渉するのは、債務者の財産管理の自由に対する不当な干渉となるからです。

③ **債権が原則として履行期にあること**

これが要件とされるのは、本来、債権者代位権は、強制執行の準備手続としての意味を有するものであるため、代位債権者の債権が強制執行の可能な状態にあること、すなわち、履行期にあることが必要とされるからです。

ただし、「**保存行為**」たとえば債務者の未登記の権利について登記をするというような行為については、**履行期前でも行使することができます。**

なお、債権者代位権は、責任財産を保全して強制執行の準備をすることを目的とする制度であることから、債権者は、その**債権（被保全債権）が強制執行により実現することができない**ものであるときは、**債権者代位権を行使することができないこ**

とに注意してください。

④ **被代位権利が一身専属権または差押えを禁じられた権利でないこと**

夫婦間の契約取消権のように、債務者の一身に専属する権利は、代位の対象とはなりません。

被代位権利が差押えを禁じられた権利である場合にも、代位行使はできません。たとえば、給料債権については、その支払期に受けるべき給付の4分の3に相当する部分は、差し押さえてはならないとされていますが、当該部分については、代位行使も許されないことになります。

◀ 発 展 ▶

ここにいう「一身専属権」とは、その権利を行使するか否かを権利者の個人的意思に委ねなければならないとされる権利、すなわち、「行使上の一身専属権」を指します。

❸ **行　使**

① **行使の方法**

ココが出る! ▶

イ　**債権者代位権は、債権者が自己の名において債務者の権利を行使するのであって、債務者の代理人として行使するのではありません。**

しかし、**代位権行使の相手方（第三債務者）は、**債務者自身がその権利を行使するときより不利益な地位に立つべきではないので、**債務者に対するすべての抗弁を代位債権者に対して主張することができます。**たとえば、債務者Bが売主として買主C（第三債務者）に対して有する代金債権を債権者Aが代位行使する場合には、買主Cは、同時履行の抗弁権を行使できます。

ココが出る! ▶

ロ　**債権者代位権は、**詐害行為取消権の場合と異なり、**裁判外でも行使することができます。**

ハ　債権者代位権の行使により相手方（第三債務者）に対して物の引渡しを求める場合、債権者は、直接自己に引き渡すよう請求することができるでしょうか。

a　動産や金銭の引渡しを請求する場合

この場合には、**債権者は、直接自己に引き渡すよう請求することができます。**なぜなら、これを認めないと、債務者がその受領を拒んだり、受領してもこれを隠匿し、または費消する危険性があって、そのような場合には、責任

注 意 ⚠

代位債権者は、第三債務者から受領した金銭を債務者に引き渡す債務と自己の債務者に対する債権とを相殺することにより、事実上優先弁済を受けることができます。

財産の保全という代位権の目的を達成することができないからです。

  b 登記の移転を請求する場合

この場合には、**債権者は、債務者の名義に移転すべきことを請求できるにとどまり、直接自己の名義に移転すべきことを請求することはできません。**

ココが出る!

たとえば、不動産がA→B→Cと順次譲渡されたが、登記がいまだAの下にある場合、Cは、Bに対する登記請求権を保全するため、BのAに対する登記請求権を代位行使することができますが、この場合、Cは、Bを飛び越してAから直接自己名義に登記を移転するよう請求することはできず、B名義に移転すべきことを請求しうるにとどまります。なぜなら、登記の移転は、債務者がこれを拒んだとしても、判決により単独で債務者名義にすることができ、これにより責任財産の保全という代位権の目的を達成することができるからです。

② **行使の範囲**

債権者代位権は、債権保全のため例外的に認められるものであることから、代位権行使の範囲も必要にして最小限の範囲に限られます。

したがって、たとえば、**債権者が債務者に代位して、債務者が第三債務者に対して有する金銭債権の取立てをする場合には、その金銭債権の全額を取り立てることはできず、自己の債権額の範囲内**に限定されます。

ココが出る!

⑧ 詐害行為取消権

❶ 意　義

詐害行為取消権とは、債務者が債権者を害することを知ってした法律行為の取消しを裁判所に請求することができる権利をいいます。

たとえば、AがBに対して1,000万円の貸金債権を有している場合に、Bが時価3,000万円相当の甲土地以外に見るべき財産を

有していないにもかかわらず、その甲土地をCに贈与したため無資力となってしまったときは、Aは、BのCに対する贈与を取り消して、甲土地をBの下に取り戻すことができます。

　この場合において、Aの債権を「被保全債権」、BのCに対する贈与を「詐害行為」、Cを「受益者」といいます。Cからさらに甲土地を譲り受けたDがいる場合には、Dは「転得者」と呼ばれます。

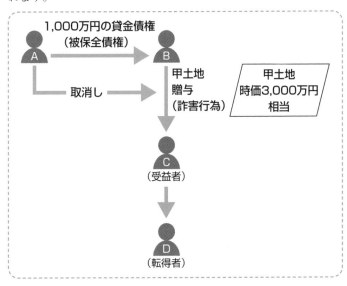

❷　受益者に対する詐害行為取消権の要件

　債権者は、債務者が債権者を害することを知ってした行為（**詐害行為**）の取消しを裁判所に請求することができます。ただし、その行為によって利益を受けた者（**受益者**）がその行為の時において債権者を害することを知らなかったときは、詐害行為取消権を行使することはできません。

　すなわち、受益者に対する詐害行為取消権が認められるためには、**債務者および受益者の双方が悪意**であったことが必要となります。

　なお、債権者が詐害行為取消権を行使するには、債権者代位権の場合と同様に、債務者が無資力であること（債務者の資力が不十分であり、債権者が債務者の行為を取り消さなければ自己の債

権の完全な満足を得られないこと）が必要であることに注意してください。

❸　相当の対価を得てした財産の処分行為の特則

　債務者が、その有する財産を処分する行為をした場合において、受益者から相当の対価を取得しているときは、債権者は、次に掲げる要件のいずれにも該当する場合に限り、その行為について、詐害行為取消請求をすることができます。

①　その行為が、不動産の金銭への換価その他の当該処分による財産の種類の変更により、債務者において隠匿、無償の供与その他の債権者を害することとなる処分（隠匿等の処分）をするおそれを現に生じさせるものであること。

②　債務者が、その行為の当時、対価として取得した金銭その他の財産について、隠匿等の処分をする意思を有していたこと。

③　受益者が、その行為の当時、債務者が隠匿等の処分をする意思を有していたことを知っていたこと。

❹　特定の債権者に対する担保の供与等の特則

　債務者がした既存の債務についての担保の供与（抵当権の設定等）または債務の消滅に関する行為（弁済）について、債権者は、次に掲げる要件のいずれにも該当する場合に限り、詐害行為取消請求をすることができます。

①　その行為が、債務者が支払不能（債務者が、支払能力を欠くために、その債務のうち弁済期にあるものにつき、一般的かつ継続的に弁済することができない状態をいう）の時に行われたものであること。

②　その行為が、債務者と受益者とが通謀して他の債権者を害する意図をもって行われたものであること。

　なお、上記の債務者がした既存の債務についての担保の供与または債務の消滅に関する行為が、債務者の義務に属せず、またはその時期が債務者の義務に属しないものである場合において（代物弁済等）、次に掲げる要件のいずれにも該当するときは、債権者は、その行為について、詐害行為取消請求をすることができま

す。

① その行為が、債務者が支払不能になる前30日以内に行われた
ものであること。

② その行為が、債務者と受益者とが通謀して他の債権者を害す
る意図をもって行われたものであること。

❺ 過大な代物弁済等の特則

債務者がした債務の消滅に関する行為であって、受益者の受け
た給付の価額がその行為によって消滅した債務の額より過大であ
るものについて、債務者が債権者を害することを知ってしたこ
と、受益者が悪意であること等一定の要件に該当するときは、債
権者は、その消滅した債務の額に相当する部分以外の部分につい
ては、詐害行為取消請求をすることができます。

これにより、**過大な代物弁済等による債務消滅行為について
は、過大な部分に関しては、支払不能前であっても、債務者が債
権者を害することを知って当該行為をした場合には、取消権の対
象となります。**

❻ 転得者に対する詐害行為取消請求

債権者は、受益者に対して詐害行為取消請求をすることができ
る場合において、受益者に移転した財産を転得した者があるとき
は、次の①または②に掲げる区分に応じ、それぞれ当該①または
②に定める場合に限り、その転得者に対しても、詐害行為取消請
求をすることができます。

① **その転得者が受益者から転得した者である場合**

……その転得者が、転得の当時、債務者がした行為が債権者
を害することを知っていたとき（悪意）。

すなわち、**受益者からの転得者が現れた場合、詐害行為の一
般的な成立要件（債務者の行為当時、債務者と受益者が共に債
権者を害することを知っていた（悪意）こと）に加え、転得者
が、転得の当時、債務者の行為が債権者を害することを知って
いた（悪意）ときにのみ、債権者は、転得者に対し、詐害行為
取消請求をすることができます。**

転得者に対する詐害行為取消請求が認められるためには、債務者・受益者・転得者のすべてが悪意であったことが必要であることに注意してください。

② **その転得者が他の転得者から転得した者である場合**

……その転得者およびその前に転得したすべての転得者が、それぞれの転得の当時、債務者がした行為が債権者を害することを知っていたとき（**悪意**）。

すなわち、最初の転得者以後、さらに転得者が現れた場合、すべての転得者が、それぞれの転得の当時、債務者の行為が債権者を害することを知っていた（悪意）ときにのみ、債権者は、当該転得者に対し、詐害行為取消請求をすることができます。

❼ 詐害行為取消権の行使の方法等

詐害行為取消権は、必ず、訴え（詐害行為取消訴訟）によってこれを行使することを要します。詐害行為取消権は、債権者代位権と比べて債務者の財産管理に対する干渉の度合いが強いため、その行使を制限して債務者の利益と調整する必要があるからです。

① **行使の相手方（詐害行為取消請求にかかる訴えの被告）および訴訟告知**

詐害行為取消請求にかかる訴えについては、次のイまたはロに掲げる区分に応じ、それぞれ当該イまたはロに定める者を被告とします。つまり、詐害行為取消訴訟の相手方（被告）は、受益者または転得者のみであり、**債務者は、被告とはなりません**。

イ　受益者に対する詐害行為取消請求にかかる訴え
　　……受益者
ロ　転得者に対する詐害行為取消請求にかかる訴え
　　……その詐害行為取消請求の相手方である転得者
　　債権者は、詐害行為取消請求にかかる訴えを提起したときは、遅滞なく、債務者に対し、訴訟告知をしなければなりません。

▶**ココが出る！**
債権者代位権は訴えによらなくても行使できることとの違いを押さえてください。

② 財産の返還または価額の償還の請求

    イ　債権者は、受益者に対する詐害行為取消請求において、債務者がした行為の取消しとともに、その行為によって受益者に移転した財産の返還を請求することができます。受益者がその財産の返還をすることが困難であるときは、債権者は、その価額の償還を請求することができます。

    ロ　債権者は、転得者に対する詐害行為取消請求において、債務者がした行為の取消しとともに、転得者が転得した財産の返還を請求することができます。転得者がその財産の返還をすることが困難であるときは、債権者は、その価額の償還を請求することができます。

③ **詐害行為の取消しの範囲**

    イ　債権者は、詐害行為取消請求をする場合において、債務者がした行為の目的が可分であるとき（金銭債務の弁済等）は、自己の債権の額の限度においてのみ、その行為の取消しを請求することができます。

    ロ　債権者が価額の償還を請求する場合についても、自己の債権の範囲で取消権を行使することができます。

④ **債権者への支払いまたは引渡し**

    イ　**債権者は、受益者または転得者に対して財産の返還を請求する場合において、その返還の請求が金銭の支払いまたは動産の引渡しを求めるものであるときは、受益者に対してその支払いまたは引渡しを、転得者に対してその引渡しを、自己に対してすることを求めることができます。**

      この場合において、受益者または転得者は、債権者に対してその支払いまたは引渡しをしたときは、債務者に対してその支払いまたは引渡しをする義務を免れます。

      なお、**債権者は、自己に対して金銭の支払いを受けた場合、当該受領した金銭につき債務者が債権者に対して有する返還請求権と被保全債権とを相殺することにより、事実上優先弁済を受けることができます。**

    ロ　債権者が受益者または転得者に対して価額の償還を請求する場合についても、上記イの場合と同様です。

⑤ **認容判決の効力が及ぶ者の範囲**

詐害行為取消請求を認容する確定判決は、債務者およびそのすべての債権者に対してもその効力を有します。

⑨ 仮差押え

❶ 意　義

仮差押えとは、金銭債権につき、債務者の財産の現状を維持しておかなければ、後日、強制執行が不能または著しく困難となるおそれがある場合に、その執行保全の目的で債務者の財産の処分を禁ずる暫定的措置をいいます。

❷ 仮差押えの目的物

財産的価値を有し換価可能なものであれば、差押禁止財産でない限り、動産・不動産・債権・株式など、すべて仮差押えの目的物となりえます。

❸ 仮差押えの要件

仮差押えは、債権者の申立てにより、裁判所の仮差押命令の発令によって行われますが、この仮差押命令の申立てにあたっては、債権者は、①**被保全債権の存在**（債権者の債務者に対する金銭債権の存在）および②**保全（仮差押え）の必要性**（本案訴訟を提起して判決を待っていたのでは強制執行をすることができなくなり、または著しい困難を生ずるおそれがあること）を**疎明**する必要（証明することまでは不要）があります（債務名義は不要）。

なお、**仮差押命令の発令・執行に際しては**、債務者がその仮差押えの執行によって被ることがある損害を担保するため、**債権者には**、通常、裁判所により、**担保を立てること（保証金の供託）**が求められます。

❹ 仮差押えの効果

債務者の動産または不動産に仮差押えが執行された場合、債務者は、当該財産を勝手に処分したり、担保に供したりすることが

◀ **発　展** ▶

仮差押えによって保全される債権には、金銭債権に限らず、「金銭債権に換えることができる請求権」も含まれます。

用　語

「疎明」とは、一応確からしいとの推測を裁判官が得た状態、またそれに達するよう証拠を提出する当事者の行為をいいます。これに対し、「証明」とは、合理的な疑いを差し挟まない程度に真実らしいと裁判官に確信を抱かせることをいいます。

注　意 ⚠

保全すべき金銭債権の弁済期が到来していない場合や条件付債権の場合でも、仮差押えの申立てをすることができます。

ココが出る！▶

できなくなります。仮に**債務者が当該財産を勝手に処分しても、その処分を仮差押債権者に対抗することはできません**（その処分は、仮差押債権者との関係で無効となります）。

ココが出る！▶

また、債務者の有する債権に仮差押えが執行された場合、**第三債務者**（当該債権の債務者）**が、これに反して債務者**（差押債権者の債務者）**に弁済をしても、差押債権者に対抗できません**。すなわち、仮差押債権者が本執行に移行して当該債権の弁済を請求してきた場合、第三債務者は、差押債権者に対してさらに弁済しなければならなくなります。

たとえば、AがBに対して有する貸金債権を保全するため、BがC（第三債務者）に対して有する代金債権につき仮差押えをした場合、Cは、Bに代金債務の弁済をしても、その後、Aが本執行に移行して当該代金債権の弁済を請求してきたときは、Cは、Aに対してさらに弁済をしなければなりません。

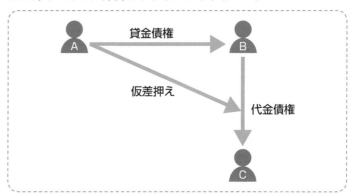

ココが出る！▶

ただし、**仮差押えには、優先弁済効はない**ことに注意してください。つまり、債権者は、仮差押えをしたからといって、その後本執行に移行した場合に、当該財産から他の債権者に優先して弁済を受けられるわけではないのです。また、**仮差押えがなされた場合でも、他の債権者が仮差押えの目的物につき強制執行をすることは妨げられません**。この場合、仮差押債権者に配当すべき金額は供託されます。

◀ 発 展 ▶

仮差押えは、金銭債権につき、債務者の財産の現状を維持しておかなければ、後日、強制執行が不能または著しく困難となるおそれがある場合に、その執行保全の目的で 債務者の財産の処分を禁ずる暫定的措置にすぎま

⑩ 仮処分

❶ 意　義

　仮処分とは、**金銭債権以外の債権**の執行を保全するため（**係争物に関する仮処分**）、または、さまざまな権利について係争中に現実に生じている損害から債権者を保護するため（**仮の地位を定める仮処分**）、裁判所により暫定的になされる措置をいいます。

①　係争物に関する仮処分

　係争物に関する仮処分は、動産の引渡請求権や建物の明渡請求権などの金銭債権以外の債権の強制執行を保全するために行われます。

　係争物に関する仮処分命令は、その**現状の変更により、債権者が権利を実行することができなくなるおそれがあるとき、または権利を実行するのに著しい困難を生ずるおそれがあるとき**に発することができます。

②　仮の地位を定める仮処分

　仮の地位を定める仮処分命令は、**争いがある権利関係について債権者に生ずる著しい損害または急迫の危険を避けるためこれを必要とするときに発することができます。**

　仮の地位を定める仮処分には、たとえば、建築禁止仮処分、営業妨害禁止仮処分、建物明渡しの仮処分、商品引渡しの仮処分、賃金仮払いの仮処分などがあります。

　裁判所は、仮処分命令の申立ての目的を達するため、債務者に対し一定の行為を命じ、もしくは禁止し、もしくは給付を命じ、または保管人に目的物を保管させる処分その他の必要な処分をすることができます。

❷ 仮処分の要件

　仮処分の要件は、①被保全権利の存在、および②保全の必要性です。

　なお、仮処分の場合も、仮差押えと同様に、債権者には、担保を立てること（保証金の供託）が求められます。

せん。したがって、仮差押命令を根拠として、債権者が第三債務者から直接その債権の弁済を受けることはできません。

⑪ 強制執行

❶ 意　義

　強制執行とは、国家権力の関与により強制的に債権の回収等を図る手続をいいます。

❷ 強制執行の手続

① 債務名義

　強制執行の申立てをするには、**債務名義**（請求権の存在および内容を公証する文書等）が必要となります。債務名義には、確定判決、和解調書、調停調書、仮執行宣言付支払督促、**強制執行認諾文言付公正証書**（債務者が、公正証書の文言中において、債務不履行があった場合には直ちに強制執行を受けても異議はない旨の認諾をしたもの）などがあります。

　強制執行認諾文言が入った公正証書を**執行証書**といいますが、この**強制執行認諾文言によって強制執行ができるのは、金銭の一定額の支払い、または代替性のある物の引渡しの場合に限られます。土地や建物のような特定物の引渡しは、たとえ、強制執行認諾文言があったとしても、これにより強制執行をすることはできません。**

② 執行文

　債務名義のみでは、強制執行をすることはできません。さらに、執行力の存在を証明する**執行文**（債務名義に記載された債権者と債務者の間に債権が現実に存在し、執行力を有することを公に証明するもの）が必要となります。

　執行文は、申立てにより、執行証書以外の債務名義については事件の記録の存する裁判所の裁判所書記官が、執行証書についてはその原本（執行証書が電磁的記録をもって作成されている場合は、当該電磁的記録）を保存する公証人が付与します。

③ 強制執行の目的物

　法律で差押えが禁止されている財産（**差押禁止財産**）でない限り、財産的価値を有し換価可能なものであれば、動産・不動産・債権など、すべて強制執行の目的物となりえます。

注 意 ⚠

仮差押命令は、債務名義とはなりません。

ココが出る！

◀ **発 展** ▶

判決の電子化等の文書のデジタル化の改正法が成立していますが、未施行です。

ココが出る！

◀ **発 展** ▶

執行文には、債務名義に記された当事者間で債務名義の記載のとおりの債務内容を実現することができることを示す「単純執行文」のほか、債務者や債権者に承継が生じた場合に新たな当事者間で債務内容を実現できることを示す「承継執行文」、債務名義が条件付の場合に当該条件が成就したときに付与される「条件成就執行文」などがあります。

なお、民事執行法は、債務者の生活保障や生業維持の要請から、一定範囲の動産および債権について、差押えを禁止しています。たとえば、**給料債権については、その支払期に受けるべき給付の4分の3に相当する部分**（その額が標準的な世帯の必要生計費を勘案して政令で定める額を超えるときは、政令で定める額に相当する部分）**は、差し押さえてはならない**とされています。

　なお、強制執行は、**債権者の執行債権**の満足を図る制度であることから、その**満足と執行費用の弁済に必要な範囲を超えて差押えをすること（超過差押え）はできません**。たとえば、Aが、Bに対して貸し付けた200万円の返還を求める民事訴訟を提起し、その主張を認容する確定判決および執行文の付与を得た場合において、BがCに対して500万円の代金債権を有しているとき、Aは、当該代金債権のうち200万円について差押えを申し立てることができます。

　金銭債権を差し押さえた債権者は、債務者に対して**差押命令が送達された日から1週間を経過したとき**は、その債権を取り立てることができます。

④　**財産開示手続**

　財産開示手続とは、強制執行による権利実現の実効性を確保するため、債権者の申立てにより、裁判所が債務者に財産の開示を命じる制度をいいます。

　たとえば、金銭債権につき確定判決を有する債権者が、強制執行手続において完全な弁済を得ることができなかった場合、当該債権者は、裁判所に対し、財産開示手続の申立てをすることができます。

⑤　**配当手続**

　強制執行は、配当手続をもって終了します。強制執行を申し立てた債権者以外の債権者は、一定の場合を除き、二重差押えまたは配当要求によらなければ、配当を受けることができません。

イ　**二重差押え**

　二重差押えとは、すでに他の債権者が強制執行手続の開始

ココが出る！

第4章　債権の管理・回収と倒産処理

を申し立てて差し押さえられた目的物について、さらに強制執行手続の開始を申し立てて差押えをすることをいいます。

ココが出る！

執行力のある債務名義の正本を有する一般債権者（有名義債権者）は、二重差押えにより、すでに他の債権者に差し押さえられた不動産または債権から配当を受けることができます。

なお、動産については、二重差押えをすることは禁止されています。動産執行における差押えは、不動産執行や債権執行における差押えとは異なって、執行官による現実占有ないし実力的支配下におくという事実上の処分によって行われるため、その性質上、二重差押えは相当でないものとされたのです。ただし、有名義債権者は、すでに他の債権者に差し押さえられた動産について、さらに動産執行の申立てをすることができ、その場合、当該動産執行と先行する動産執行とは併合されます（事件の併合）。そして、事件の併合の場合、後の申立ては、配当要求の効力を有します。

ロ　**配当要求**

配当要求とは、すでに他の債権者の申立てにより開始されている強制執行手続等に参加することをいいます。

ココが出る！

a　**執行力のある債務名義の正本を有する一般債権者（有名義債権者）は、配当要求により、すでに他の債権者に差し押さえられた不動産または債権から配当を受けることができます。**

注　意

先行する不動産担保権（抵当権等）の実行としての競売手続が取下げまたは取消しにより終了した場合にも、配当要求の効力は失われ、配当要求の手続は続行されません。

ただし、配当要求は、他の強制執行手続等が先行していることを前提に、その手続において自らも配当を受けるために先行する強制執行手続等に加わることであるため、**先行する強制執行手続等が取り下げられ、または取り消されたときは、当該配当要求の手続は続行されないことに注意してください。**

なお、有名義債権者が強制執行しようとする不動産について仮差押えの登記をしている場合において、その登記が他の債権者による差押えの登記に先行するときは、当該有名義債権者は、配当要求によることなく配当を受けることができま

す。

b　**執行力のある債務名義の正本を有しない一般債権者（無名 ◀ ココが出る！
義債権者）**は、不動産については、他の債権者の差押えの登
記に先行して仮差押えの登記を経ている場合には、本案訴訟
などで勝訴するなど、権利が確定した段階で配当を受けるこ
とができます（**配当要求は不要**）。

　これに対し、他の債権者の差押え後に仮差押えの登記を経
た場合には、配当要求が必要となります。

　債権については、無名義債権者は、原則として、配当要求
により配当を受けることはできませんが、当該債権に仮差押
えをした場合には、本案訴訟などで勝訴するなど、権利が確
定した段階で配当を受けることができます（**配当要求は不
要**）。

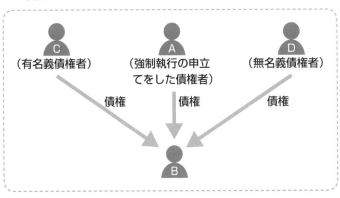

　たとえば、Bに対して債権を有するAが、強制執行の申立
てをし、B所有の甲土地につき差押えをした場合、C（有名
義債権者）は、配当要求または甲土地について二重差押えを
することにより、甲土地から配当を受けることができます。
また、Cが強制執行しようとする不動産について仮差押えの
登記をしている場合において、その登記がAによる差押えの
登記に先行するときは、Cは、配当要求によることなく配当
を受けることができます。

　これに対し、D（無名義債権者）は、Aの差押えの登記に
先行して仮差押えの登記を経ている場合には、本案訴訟など
で勝訴するなど、権利が確定した段階で配当を受けることが

できます（配当要求は不要）。しかし、Aの差押え後に仮差押えの登記を経た場合には、配当要求が必要となります。

c　一般債権者については、以上のとおりです。それでは、**担保権者**の場合はどうでしょうか。

ココが出る！▶

まず、不動産に対する強制執行の場合、強制競売の開始決定にかかる**差押えの登記前に登記がされた先取特権、質権または抵当権で売却により消滅するものを有する債権者は、配当要求をすることなく当然に売却代金の配当を受けることができます。**

次に、動産の強制執行の場合、先取特権または質権を有する者は、その権利を証する文書又は電磁的記録を提出して配当要求をすることにより、配当を受けることができます。

そして、債権の強制執行の場合には、質権者または先取特権者は、二重差押えにより、債権から配当を受けることができます。さらに、文書又は電磁的記録により先取特権を有することを証明した債権者は、配当要求をすることもできます。

第3節 倒産処理

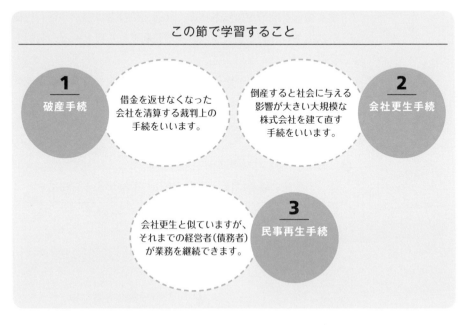

この節で学習すること

1
破産手続

借金を返せなくなった会社を清算する裁判上の手続をいいます。

倒産すると社会に与える影響が大きい大規模な株式会社を建て直す手続をいいます。

2
会社更生手続

会社更生と似ていますが、それまでの経営者(債務者)が業務を継続できます。

3
民事再生手続

倒産処理手続には、法的整理と任意整理とがあり、それぞれ再建型と清算型とに分かれます。

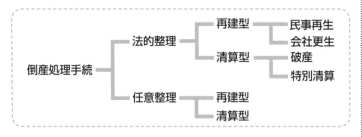

```
                              ┌ 再建型 ┬ 民事再生
                ┌ 法的整理 ┤        └ 会社更生
                │             └ 清算型 ┬ 破産
倒産処理手続 ┤                         └ 特別清算
                │             ┌ 再建型
                └ 任意整理 ┤
                              └ 清算型
```

① 破産手続

❶ 意義・特徴

破産手続とは、債務者が総債務を完済する見込みがない場合に、裁判所の監督の下で破産管財人が債務者の全財産を強制的に

換価して、総債権者に平等の割合で配当し、清算することを目的とする裁判上の手続をいいます。

破産手続には、以下の特徴があります。

① 手続全般に裁判所が関与する厳格な手続であり、債権者に対する公正な配当が保障される。反面、債権者は個別の権利行使が禁止され、破産手続への参加が強制されるなど種々の制約を受ける。

② 他の法的整理手続が失敗した場合、その後の清算手続が破産手続に移行するため、最終的な整理手続と位置づけられる。

③ 自然人のほか、法人もその対象となる。

❷ 破産手続のフロー

法人の破産の場合には、以下の流れで手続が進められます。

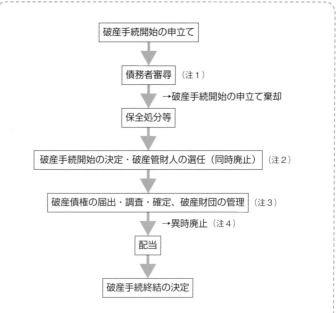

(注1) **債務者審尋**とは、裁判所が破産手続開始決定をするのが適当か否かを判断するために、債務者本人（法人の場合は代表者）と面談して事情（破産に至る経緯や現在の財産、負債の状況等）を聴取する手続をいう。破産原因が認められない、予納金を納付しない、不正目的の申立てと認められた場合等には、申立てが棄却される。

(注2) 債務者が破産手続の費用を償うに足らぬ財産しか保有していない場合には、手続開始と同時に手続廃止（**同時廃止**）の決定がなされ、債権者への配当も行われないまま破産手続が終了する。

(注3) **破産財団**とは、破産者の財産または相続財産もしくは信託財産であって、破産手続において破産管財人にその管理および処分をする権利が専属するもの

をいう。
（注4） 破産手続開始の決定後、破産財団では破産手続きの費用をこれ以上支弁できないこととなった場合には、破産手続廃止（異時廃止）の決定がなされ、債権者に対する配当の支払いは行われない。

❸ 破産手続開始の申立て

① 破産原因

　破産原因とは、破産手続開始決定の実質的要件をいいますが、破産原因には、次のものがあります。

イ 支払不能

　支払不能とは、債務者が、支払能力を欠くために、その債務のうち弁済期にあるものにつき、一般的かつ継続的に弁済することができない状態をいいます。

　支払不能は、法人・自然人に共通する破産原因です。

ロ 支払停止

　支払停止とは、支払不能であることを表示する債務者の行為をいいます。

　たとえば、夜逃げ、手形の不渡りなどがこれに該当します。

　支払停止は、それ自体は破産原因ではありませんが、この事実があれば、支払不能であることが推定されます。

ハ 債務超過

　債務超過とは、債務者が、その債務につき、その財産をもって完済することができない状態をいいます。

　債務超過は、法人に特有の破産原因です。 ◀ ココが出る!

② 申立権者

イ 債権者

　債権者が破産手続開始の申立てをするときは、その有する債権の存在および破産手続開始の原因となる事実を**疎明**しなければなりません（証明まですることはありません）。 ◀ ココが出る!

ロ 債務者

　債務者が自ら破産手続開始の申立てをする場合の破産を「自己破産」といいます。

ハ　理事・取締役・業務を執行する社員

　法人の破産手続開始の申立ては、理事（一般社団法人または一般財団法人の場合）、取締役（株式会社または相互会社の場合）、業務を執行する社員（合名会社、合資会社または合同会社の場合）がすることができます。これらの者がする破産手続開始の申立てを「準自己破産申立て」といいます。

❹　他の手続の中止命令

ココが出る！ ▶

　裁判所は、破産手続開始の申立てがあった場合において、必要があると認めるときは、**利害関係人の申立てによりまたは職権**で、破産手続開始の申立てにつき決定があるまでの間、債務者の財産に対してすでにされている**強制執行、仮差押え、仮処分等の手続の中止を命ずる**ことができます。

❺　包括的禁止命令

　裁判所は、破産手続開始の申立てがあった場合において、❹の個別の中止命令によっては破産手続の目的を十分に達成することができないおそれがあると認めるべき特別の事情があるときは、利害関係人の申立てによりまたは職権で、破産手続開始の申立てにつき決定があるまでの間、すべての債権者に対し、債務者の財産に対する強制執行、仮差押え、仮処分等の手続の禁止を命ずること（包括的禁止命令）ができます。

❻　債務者の財産に関する保全処分

　裁判所は、破産手続開始の申立てがあった場合には、利害関係人の申立てによりまたは職権で、破産手続開始の申立てにつき決定があるまでの間、債務者の財産に関し、その財産の処分禁止の仮処分その他の必要な保全処分を命ずることができます。

❼　破産手続開始の決定

　裁判所は、破産手続開始の申立てがあった場合において、破産手続開始の原因となる事実があると認めるときは、次のいずれかに該当する場合を除き、破産手続開始の決定をします。

① 破産手続の費用の予納がないとき

② 不当な目的で破産手続開始の申立てがされたとき、その他申立てが誠実にされたものでないとき

　裁判所は、破産手続開始の決定と同時に、1人または数人の破産管財人を選任し、かつ、次に掲げる事項を定めなければなりません。

① 破産債権（破産者に対し破産手続開始前の原因に基づいて生じた財産上の請求権であって、財団債権に該当しないもの）の届出をすべき期間

② 破産者の財産状況を報告するために招集する債権者集会の期日

③ 破産債権の調査をするための期間

　この破産手続開始決定が出されると、破産者が破産手続開始の時において有する財産（日本国内にあるかどうかを問わない）は、一定のものを除き、破産財団とされ、破産者の財産の管理処分権は、原則として破産管財人に移行します。

破産手続開始の決定があった場合には、破産財団に属する財産に対する強制執行（差押え）、仮差押え、仮処分、一般の先取特権の実行または企業担保権の実行で、破産債権もしくは財団債権に基づくものまたは破産債権もしくは財団債権を被担保債権とするものは、することができなくなります。また、原則として、破産財団に属する財産に対する強制執行（差押え）、仮差押え、仮処分、一般の先取特権の実行および企業担保権の実行の手続で、破産財団に属する財産に対してすでにされているものは、破産財団に対してはその効力を失います。

ココが出る！

ココが出る！

❽ 取引先との関係

① **破産手続開始決定後の取引の相手方**

　破産手続開始の決定があった場合には、破産財団に属する財産の管理および処分をする権利は、原則として、裁判所が選任した破産管財人に専属します。それゆえ、破産手続開始決定後に破産者との取引を行う場合、その取引の相手方は、破産管財人となります。

ココが出る！

② 一般債権者の場合

イ 破産手続開始決定前に発生原因のある債権の取扱い

破産者に対し破産手続開始前の原因に基づいて生じた財産上の請求権であって、財団債権に該当しないものを**破産債権**といいます。破産債権については、原則として、配当手続を経て配当を受けます。破産手続に参加しようとする破産債権者は、破産債権の届出をすべき期間（債権届出期間）内（一般調査期間内または一般調査日まで）に、一定の事項を裁判所に届け出なければなりません。

◀ 発 展 ▶

債権届出期間内に届出がなされなかった場合には、破産債権者の責めに帰することができない事由によって届出をすることができなかったときを除いて、以後届出をすることができなくなります。

なお、破産手続によらないで破産財団から随時弁済を受けることができる債権を**財団債権**といい、破産債権に先立って弁済されます。

ロ 破産手続開始決定前からの未解決の法律関係

破産手続開始決定がなされると、破産者の財産関係は、すべて、破産財団との関係に切り替えられて処理されますが、破産者を当事者の一方とする従前からの契約その他の法律関係が破産手続開始決定当時なお継続している場合には、財団の整理清算を推進するために、それに一定の決着をつける必要があります。

そこで、破産法は、破産者の相手方の利益の保護に配慮しつつ、破産手続開始決定前からの未解決の法律関係に実体的な変更を加えて、財団の整理を図っています。

a 一方のみが未履行の場合

双務契約の当事者のいずれか一方が破産手続開始決定がなされた当時すでに債務の履行を完了している場合には、特に問題は生じません。

すなわち、

i 破産者の相手方が破産手続開始決定前にその債務の履行を完了したが、破産者からの反対給付をまだ受けていない場合には、相手方は、自己の債権を破産債権者として行使しうるだけです。

ii 破産者が履行を完了して相手方が未履行の場合には、破産者の債権は破産財団に属する債権であるため、破産

財団の管理処分権を有する破産管財人が相手方に履行を求めることになるだけです。

b 双方ともに未履行の場合

破産法は、破産者と相手方の双方がともに債務の履行を完了していない場合には、破産管財人は、

i 契約を解除して決済する

ii 破産財団から債務を履行して相手方の債務の履行を求める

ココが出る!

のいずれかを選択できることとしています。

それは、破産者と相手方の双方がともに債務の履行を完了していない場合に、もし上記aの一方のみが未履行の場合の通則をあてはめるとすれば、明らかに不合理な結果となるからです。すなわち、相手方としては、自己の債務は完全に履行しなければならないのに、自己の受けるべき反対給付については破産債権者として比例的満足しか得られないことになり、双方の債務が対価的関係に立つ双務契約の性質に反し、公平を欠く結果となるからです。

破産管財人が履行を選択した場合には、相手方の債権は**財団債権として保護**されます。これに対し、解除を選択した場合には、**解除により相手方に損害が生じれば、その損害賠償債権は破産債権となり、破産債権者としてその権利を行使できます。**解除の際、相手方がすでに一部を履行しているときは、破産財団中にその給付した目的物が現存していればその返還を請求でき、現存しないときは、その価額について財団債権者としてその権利を行使できます。

ココが出る!

何が財団債権となり、何が破産債権となるかを押さえてください。

なお、相手方は、破産管財人に対し、相当の期間を定め、その期間内に契約の解除をするか、または債務の履行を請求するかを確答すべき旨を催告することができます。この場合において、破産管財人がその期間内に確答をしないときは、**契約の解除**をしたものとみなされます。

ココが出る!

ココが出る!

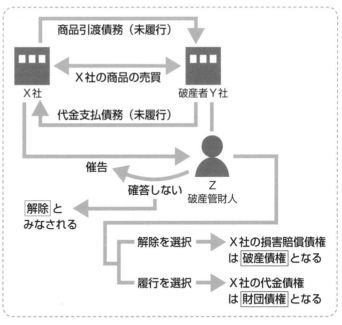

ハ　破産手続開始決定後に発生原因のある債権

　　破産手続開始の決定がされた後であっても、破産管財人は、裁判所の許可を得て、破産者の事業を継続することができます。**破産管財人との取引の結果、取引先の取得する債権は財団債権とされ、破産手続によらないで破産財団から随時弁済を受けることができます。**

③　破産者の特定の財産に担保権を有する債権者の場合

　　破産者の特定の財産に抵当権等の担保権を有する債権者は、破産手続によらないでその担保権を実行することにより債権の回収を図ることができます。このように、破産財団に属する特定の財産から、破産手続によらないで、他の債権者に優先して弁済を受けることのできる権利を**別除権**といいます。

　　別除権が認められるのは、破産法上は、抵当権、根抵当権、特別の先取特権（動産の先取特権、不動産の先取特権）、質権、商事留置権ですが、仮登記担保権も、破産手続においては、仮登記担保法により、抵当権と同じく別除権として認められています。判例は、さらに、譲渡担保や所有権留保にも別除権を認めています。

ココが出る！

ココが出る！

ココが出る！

これに対し、一般の先取特権は、債務者の特定の財産から優先弁済を受ける権利ではなく、債務者の総財産から優先弁済を受ける権利であるため、別除権は認められません。また、商事留置権については、特別の先取特権とみなされて別除権が認められますが、民事留置権には別除権は認められません。それは、留置権には優先弁済請求権がないこと、留置権者は同時に特別の先取特権を有する場合が多いので保護に欠けることは実際上少ないことなどが理由とされています。

別除権者は、破産手続の円滑な進行を図るため、**別除権の目的である財産および別除権の行使によって弁済を受けることができないと見込まれる債権の額**を裁判所に届け出なければなりません。

なお、破産管財人は、一定の要件を満たせば、売得金の一部を裁判所に納付して別除権を消滅させ、その対象である財産を任意に売却することができます（担保権消滅請求制度）。また、商事留置権については、当該留置権の目的となっている財産が破産者の事業継続に必要なものであるとき、その他当該財産の回復が破産財団の価値の維持または増加に資するときは、破産管財人は、裁判所の許可を得て、留置権者に対し、当該財産の価額に相当する金銭を弁済することにより、当該留置権の消滅を請求することができます（商事留置権消滅請求）。

たとえば、倉庫業者であるＡ社が、破産者であるＢ社の商品を、Ａ社の倉庫内で保管しており、その保管料債権の額が500万円である場合、倉庫内にあるＢ社の商品の価額が100万円であるときは、本来ならば、500万円を支払わなければ、倉庫内の商品を取り戻すことができません。しかし、破産管財人は、商事留置権消滅請求権を行使することにより、100万円を支払いさえすれば、商品を取り戻すことができるのです。

④ **相殺権**

破産債権者は、破産手続開始の時において破産者に対して債務を負担するときは、破産手続によらないで、相殺をすることができます。

ただし、破産債権者が、**債務者（破産者）が経済的破綻に瀕**

動産の売主が売買代金債権について当該動産を目的物として有する法定担保物権を動産売買の先取特権といいますが、破産法上、動産売買の先取特権は別除権として扱われるため、動産の売主は、動産競売手続（管財人または再生債務者が目的物を保有する場合）や転売代金債権等に対する物上代位（転売等により目的物が第三者に引き渡された場合）により債権回収を図ることが可能です。

第**4**章 債権の管理・回収と倒産処理

ココが出る！

していることを知りながら取得した**債権**や負担した**債務**をもって**相殺すること**は**禁止**されています。なぜなら、このような場合に相殺を認めると、不当に破産財団を減少させることになり、債権者間の公平を害するからです。

⑤　**否認権**

破産手続開始決定前においては、債務者（破産者）は、財産の管理処分権を有しているため、有効に財産の処分行為を行うことができるのが原則です。しかし、債務者が経済的破綻に瀕している場合に、本来破産財団に属する財産に関して行った財産の処分や担保の設定、特定債権者に対する弁済等は、破産財団を減少させ、破産債権者を害するものであり、債権者間の公平を害するものといえます。そこで、破産法は、破産手続開始決定前に破産者のなした一定の行為につき破産管財人が破産財団との関係でその効力を否認し、減少した財産を破産財団のために回復させることができるものとしました。このような破産管財人の有する権利を**否認権**といいます。

❾　**破算手続の終了**

①　**破産手続開始の決定と同時にする破産手続廃止の決定**

ココが出る！▶

裁判所は、破産財団をもって破産手続の費用を支弁するのに不足すると認めるときは、破産手続開始の決定と同時に、破産手続廃止（**同時廃止**）の決定をしなければなりません。

②　**破産手続開始の決定後の破産手続廃止の決定**

裁判所は、破産手続開始の決定があった後、破産財団をもって破産手続の費用を支弁するのに不足すると認めるときは、破産管財人の申立てによりまたは職権で、破産手続廃止（**異時廃止**）の決定をしなければなりません。この場合においては、裁判所は、債権者集会の期日において破産債権者の意見を聴かなければなりません。

注意 ⚠
債務者は、破産手続開始決定を受けただけでは自己の債務の支払義務を免れることはできず、免責許可の決定を受けてはじめて債務の支払義務を免れることができます。

312

❷ 会社更生手続

❶ 意義・特徴

会社更生手続とは、経済的に窮境にある株式会社について、債権者、株主その他の利害関係人の利害を適切に調整しながら、当該株式会社の事業の維持更生を図る手続をいいます。

会社更生手続には、以下の特徴があります。

① その**対象が株式会社に限定**されている（会社更生法は、倒産すると社会に与える影響が大きい大規模会社を想定している）。

② 他の倒産処理手続では、担保権の行使についての制約が少ないが、会社更生手続では、**更生手続中の担保権については更生手続外で実行することが禁止されており（別除権は認められない）、担保権者であっても、更生手続に参加しなければ担保権を実行できない。**

ココが出る!

③ 裁判所および更生管財人（管財人）の権限が強大であり、この強大な権限の下で事業の再建に重点を置いて手続が進められる。

❸ 民事再生手続

❶ 意義・特徴

民事再生手続とは、経済的に窮境にある債務者の事業または経済生活の再生を図ることを目的とする手続をいいます。

民事再生手続には、以下の特徴があります。

① 株式会社以外の法人や**自然人（個人）も対象**となる。

② **再生手続開始後も、債務者自ら引き続き業務を行い、財産の管理を行うことができる。**ただし、管理命令が発せられた場合には、債務者（再生債務者）の業務遂行権・財産の管理処分権は、裁判所が選任した管財人に専属します。

ココが出る!

❷ 民事再生手続のフロー

民事再生手続は、以下の流れで進められます。

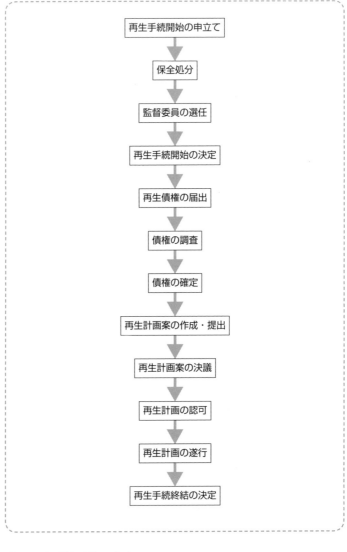

再生手続開始の申立て

↓

保全処分

↓

監督委員の選任

↓

再生手続開始の決定

↓

再生債権の届出

↓

債権の調査

↓

債権の確定

↓

再生計画案の作成・提出

↓

再生計画案の決議

↓

再生計画の認可

↓

再生計画の遂行

↓

再生手続終結の決定

❸ 再生手続開始の申立て

① 申立原因

　再生手続開始の申立ては、次のいずれかの事実（再生手続開始の原因となる事実）があるときにすることができます。

イ　破産手続開始の原因となる事実の生ずるおそれがあるとき

ロ　事業の継続に著しい支障を来すことなく弁済期にある債務を弁済することができないとき

② **申立権者**

再生手続開始の申立ては、次の者がすることができます。

イ　債務者

ロ　債権者（破産手続開始の原因となる事実の生ずるおそれがあるときに限りなしうる）

ハ　他の法律の規定により法人の理事またはこれに準ずる者がその法人に対して破産手続開始または特別清算開始の申立てをしなければならない場合における当該理事またはこれに準ずる者

❹　**保全処分**

再生手続開始の申立てをすると、まず、保全処分が発令されるのが一般的です。この保全処分においては、必要に応じて、他の手続の中止命令、強制執行等の包括的禁止命令、仮差押え・仮処分その他の保全処分、担保権の実行手続の中止命令等が発令されます。

◀ ココが出る!

（注）**担保権の実行手続の中止命令**

裁判所は、再生手続開始の申立てがあった場合において、再生債権者の一般の利益に適合し、かつ、競売申立人に不当な損害を及ぼすおそれがないものと認めるときは、利害関係人の申立てによりまたは職権で、相当の期間を定めて、再生債務者の財産につき存する担保権の実行手続の中止を命ずることができます。

なお、保全処分が発令された場合には、裁判所の許可を得なければ、再生手続開始の申立てを取り下げることはできません。

❺　**監督委員の選任**

裁判所は、再生手続開始の申立てがあった場合において、必要があると認めるときは、利害関係人の申立てによりまたは職権で、監督委員による監督を命ずる処分（**監督命令**）をすることができます。

◀ **発　展** ▶

監督委員は、再生債務者の一定の行為に同意を与える権限を有し、再生債務者等に対して、再生債務者の業務および財産の状況につき報告を求め、再生債務者の帳簿、書類その他の物件を検査することができます。

❻　再生手続開始の決定

　裁判所は、再生手続開始の申立てがあったときは、当該申立ての要件である再生手続開始の原因となる事実が認められ、かつ、申立棄却事由がない限り、再生手続開始の決定をします。

　再生債務者は、再生手続が開始された後も、その業務を遂行する権利やその財産を管理・処分する権利を有するのが原則です。しかし、裁判所は、再生債務者（法人である場合に限る）の財産の管理または処分が失当であるとき、その他再生債務者の事業の再生のために特に必要があると認めるときは、利害関係人の申立てによりまたは職権で、再生手続の開始の決定と同時にまたはその決定後、再生債務者の業務および財産に関し、管財人による管理を命ずる処分（**管理命令**）をすることができます。

　この管理命令が発せられた場合には、再生債務者の業務遂行権、財産の管理処分権は、裁判所が選任した**管財人に専属**します。

❼　別除権

　再生手続開始の時において再生債務者の財産につき存する担保権（特別の先取特権、質権、**抵当権**または商事留置権）を有する者は、その目的である財産について、**別除権**を有し、再生手続によらないで、これを行使することができます。

　ただし、前述の担保権の実行手続の中止命令が発令された場合には、担保権を行使することはできませんし、さらに、当該財産が再生債務者の事業の継続に欠くことのできないものであるときは、再生債務者等は、裁判所に対し、当該財産の価額に相当する金銭を裁判所に納付して当該財産につき存するすべての担保権を消滅させることについての許可の申立てをすることができ（担保権消滅制度）、これが許可されると、担保権は消滅することになります。

❽　再生計画の作成・決議

　裁判所は、再生手続開始の決定と同時に、再生債権の届出をすべき期間および再生債権の調査をするための期間を定めなければ

なりません。再生債務者等（管財人が選任されていない場合に
あっては再生債務者、管財人が選任されている場合にあっては管
財人をいう）は、債権届出期間の満了後裁判所の定める期間内
に、再生計画案を作成して裁判所に提出しなければなりません。
ただし、**裁判所は、申立てによりまたは職権で、この期間を伸長
することができます。**

◀ **発 展** ▶

「裁判所の定める期
間」は、原則とし
て、再生債権の一般
調査期間の末日から
2か月以内の日がそ
の末日とされます。

　再生計画案の提出があったときは、裁判所は、原則として、当
該再生計画案を決議に付する旨の決定をします。そして、裁判所
は、決議に付する旨の決定において、議決権を行使することがで
きる再生債権者（議決権者）の議決権行使の方法（**債権者集会の
期日において議決権を行使する方法または書面等投票により裁判
所の定める期間内に議決権を行使する方法**のいずれか）等を定め
なければなりません。

❾　取引先との関係

①　再生手続開始決定後の取引の相手方

**　イ　管財人が選任されない場合**

　　　この場合は、再生債務者に業務遂行権・財産管理処分権が
　　　ありますので、取引の相手方は、再生債務者となります。

**　ロ　管財人が選任された場合**

　　　この場合は、管財人に業務遂行権・財産管理処分権があり
　　　ますので、取引の相手方は、管財人となります。

②　取引先の債権の扱い

　　再生債務者に対し再生手続開始前の原因に基づいて生じた
　財産上の請求権（一定の債権を除く）は、**再生債権**となり、再
　生債権については、再生手続開始後は、原則として、再生計画
　の定めるところによらなければ、弁済をし、弁済を受け、その
　他これを消滅させる行為（免除を除く）をすることができませ
　ん。

　　これに対し、再生手続によらないで随時弁済され、再生債権
　に先立って弁済される請求権を**共益債権**といい、**再生手続開始
　決定後の取引に基づく再生会社に対する債権は、共益債権**とし
　て、取引条件に従い随時弁済されます。

◀ **ココが出る!**

◀ **ココが出る!**

なお、再生債務者（保全管理人が選任されている場合を除く）が、再生手続開始の申立て後再生手続開始前に、資金の借入れ、原材料の購入その他再生債務者の事業の継続に欠くことができない行為をする場合には、**裁判所**は、その行為によって生ずべき相手方の請求権を共益債権とする旨の**許可**をすることができます（裁判所が監督委員に対し裁判所の許可に代わる承認をする権限を付与した場合には、**監督委員の承認**により共益債権とされます）。これは、再生手続開始の申立て後再生手続開始前までになされた取引によって生じた債権を原則どおり再生債権として扱うと、取引先が再生債務者との取引を拒否し、その結果、再生債務者の事業の継続に重大な支障が生ずるおそれがあるため、これを防止するために認められたものです。

③ **再生債権の届出**

裁判所は、再生手続開始の決定と同時に、再生債権の届出をすべき期間および再生債権の調査をするための期間を定めなければなりません。そして、この期間が定められたときは、再生債権者は、この債権届出期間内に、一定の事項について裁判所に届出をしなければならず、この期間内に届出をしないときは、原則として失権します。

④ **再生手続開始決定後の他の手続の中止等**

再生手続開始の決定があったときは、破産手続開始、再生手続開始、更生手続開始等の新たな手続の申立てはすることができず、すでに進行中の強制執行等の手続は中止されます。

⑤ **相殺権**

再生債権者が再生手続開始当時再生債務者に対して債務を負担する場合において、債権および債務の双方が債権届出期間の満了前に相殺に適するようになったときは、再生債権者は、当該**債権届出期間内に限り**、再生計画の定めるところによらないで、**相殺をすることができます**。

ただし、再生手続開始後に再生債務者に対して債務を負担したときや、支払停止等を知りながら再生債務者に対して債務を負担したようなときには、相殺することはできません。

❿ 再生債権者表に基づく強制執行

　再生計画認可の決定が確定したときは、裁判所書記官は、再生計画の条項を再生債権者表に記載しなければなりません。再生債権に基づき再生計画の定めによって認められた権利については、その**再生債権者表の記載は**、再生債務者、再生債権者および再生のために債務を負担し、または担保を提供する者に対し、原則として、**確定判決と同一の効力**を有します。

ココが出る！

　再生債権に基づき再生計画の定めによって認められた権利で金銭の支払いその他の給付の請求を内容とするものを有する者は、再生債務者および再生のために債務を負担した者に対して、訴訟を提起することなく、その**再生債権者表の記載により**、**再生債務者の財産に対して強制執行**をすることができます。

注意 ⚠

再生債権者は、民事訴訟等を経て債務名義を取得する必要はありません。

⓫ 再生手続から破産手続への移行

　破産手続開始前の再生債務者について再生手続開始の申立ての棄却、再生手続廃止、再生計画不認可または再生計画取消しの決定が確定した場合において、裁判所は、当該再生債務者に破産手続開始の原因となる事実があると認めるときは、職権で、破産法に従い、破産手続開始の決定をすることができます。

ココが出る！

　また、破産手続開始後の再生債務者について再生計画認可の決定の確定により破産手続が効力を失った後に再生手続廃止または再生計画取消しの決定が確定した場合には、裁判所は、職権で、破産法に従い、破産手続開始の決定をしなければなりません（破産手続開始の申立てに基づいて破産手続開始の決定をする場合を除く）。

⓬ 個人再生手続

① 意 義

　個人再生手続とは、借金などの返済ができなくなった人が、全債権者に対する返済総額を少なくし、その少なくなった後の金額を原則3年間で分割して返済する再生計画を立て、債権者の意見を聞いたうえで裁判所が認めれば、その計画どおりの返済をすることによって、残りの債務（養育費・税金など一部の

債務を除く）などが免除されるという手続です。

② 種 類

個人再生手続には、次の２つの種類があります。

イ 小規模個人再生手続

主に、個人商店主や小規模の事業を営んでいる人などを対象とした手続です。利用するためには、次の条件を充たしていることが必要です。

i 借金などの総額（住宅ローンを除く）が5,000万円以下であること

ii 将来にわたり継続的に収入を得る見込みがあること

ロ 給与所得者等再生手続

主に、サラリーマンを対象とした手続です。利用するためには、次の条件を充たしていることが必要です。

i 借金などの総額（住宅ローンを除く）が5,000万円以下であること

ii 将来にわたり継続的に収入を得る見込みがあること

iii 収入が給料などで、その金額が安定していること

第 **1** 節 債権の管理

抵当権

問 1

□□□

　　Aは、Bに金銭を貸し付け、その際、当該貸付けに基づく貸金債権を被担保債権として、Bの所有する賃貸マンションに一番抵当権の設定を受け、その旨の登記を経た。Aが本件抵当権の設定を受けるより前に、Cは、Bとの間で賃貸マンションの1室の賃貸借契約を締結し、その引渡しを受けて居住している。この場合、Bに対して有する貸金債権につき弁済期が到来したときは、Aは、本件抵当権に基づく物上代位権を行使して、賃料がCからBに支払われる前にBの有する賃料債権を差し押さえ、当該賃料からBに対して有する貸金債権の弁済を受けることができる。

(45-7-2-ア改)

問 2

□□□

　　Aは、Bのために自己の所有するX土地に抵当権を設定し、その旨の登記を経た後、X土地上にY建物を建築し、Y建物の所有権保存登記を経た。その後、X土地について抵当権が実行され、CがX土地の買受人となりX土地の所有者となった。この場合、Aは、X土地につきY建物のために法定地上権を取得する。

(44-3-2-④改)

問 3

□□□

　　債務者は、自己の債権者のために自己の所有する土地に抵当権を設定し、その旨の登記を経た後、当該土地上に建物を建築した。この場合、当該債権者は、民法上、当該抵当権を実行するのに際し、当該土地とともに当該建物も競売に付すことができるが、当該土地の代価についてのみ、担保権を有しない一般債権者に優先して弁済を受けることができる。

(42-4-3-ウ)

解 1 ○ 抵当権者は、目的物の売却、賃貸、滅失、損傷により抵当目的物の所有者が受ける金銭その他の物（売却代金、賃料、保険金請求権、損害賠償請求権等）に対しても権利を行使しうる（物上代位）。そして、物上代位をするためには、抵当目的物の所有者に賃料等が払い渡され、または引き渡される前に、差押えをしなければならない。

解 2 × 法定地上権が成立するためには、①抵当権設定当時、土地の上に建物が存在すること、②抵当権設定当時、土地とその上に存する建物が同一の所有者に属すること、③土地・建物の一方またはその双方につき抵当権が設定されたこと、④抵当権の実行により、土地とその上の建物の所有者を異にするに至ったこと、という要件を充たすことが必要である。本問の場合、抵当権設定当時においては、建物は存在していなかったのであるから、法定地上権の成立要件を充たしていないので、Aは、X土地につきY建物のために法定地上権を取得しない。

解 3 ○ 抵当権の設定後に抵当地に建物が築造されたときは、抵当権者は、その建物の所有者が抵当地を占有するについて抵当権者に対抗することができる権利を有する場合を除き、土地とともにその建物を競売することができる。これを一括競売という。ただし、その優先権は、土地の代価についてのみ行使することができるにすぎない。

　　Aは、Bに金銭を貸し付け、その際、当該貸付けに基づく貸金債権を被担保債権として、Bの所有する賃貸マンションに一番抵当権の設定を受け、その旨の登記を経た。Aが本件抵当権の設定を受け、その旨の登記を経た後に、Fは、Bとの間で賃貸マンションの1室の賃貸借契約を締結し、その引渡しを受けて居住している。その後、Aが本件抵当権の実行としての競売を申し立てた結果、Gが賃貸マンションの買受人となりその所有権移転登記を経た。この場合であっても、Fは、Gの買受けの時から一定の期間が経過するまでは、Gに対し、賃貸マンションの1室を明け渡す必要はない。

(45-7-2-ウ改)

　　Aは、Bのために自己の所有するX土地に抵当権を設定し、その旨の登記を経た後、Cとの間で、CにX土地を売却する旨の売買契約を締結した。この場合、Cは、Bに対して、「Bが民法所定の期間内に抵当権を実行して競売の申立てをしないときは、CがBに対し一定の金額を弁済しまたは供託すべき旨を記載した書面」等を送付して抵当権消滅請求をすることができる。

(44-3-2-②改)

根抵当権

　　根抵当権は、債務者との特定の継続的取引契約によって生ずる不特定の債権その他債務者との一定の種類の取引によって生ずる不特定の債権を担保するものであり、債務者との間に現在または将来生じ得るすべての債権を根抵当権の担保すべき債権と定めて根抵当権を設定することはできない。

(41-7-3-ア)

　　金銭消費貸借契約における貸主は、借主の所有する土地に極度額5000万円の根抵当権の設定を受け、その旨の登記を経た。その後、当該根抵当権の実行により当該土地は競売に付され、6000万円で買い受けられた。この場合において、当該根抵当権の被担保債権の総額が5500万円であり、後順位抵当権者がいないときであっても、当該貸主は、5000万円を限度として配当を受けられるのみである。

(46-2-4-④)

解 4 ○ 抵当権者に対抗することができない賃貸借により抵当権の目的である建物の使用または収益をする者であって次に掲げるもの（抵当建物使用者）は、その建物の競売における買受人の買受けの時から6か月を経過するまでは、その建物を買受人に引き渡すことを要しない（建物明渡猶予制度）。

① 競売手続の開始前から使用または収益をする者

② 強制管理または担保不動産収益執行の管理人が競売手続の開始後にした賃貸借により使用または収益をする者

解 5 ○ 抵当不動産の第三取得者は、抵当権消滅請求をすることができる。抵当不動産の第三取得者が抵当権消滅請求をするためには、抵当権者等の登記をした債権者に対して民法所定の書面を送付することが必要である。抵当権者は、当該書面の到達の日から2か月以内に競売の申立てをしなければ、この消滅請求を承諾したものとみなされ、第三取得者の申し出た代価の支払いをもって満足しなければならない。

解 6 ○ 根抵当権とは、一定の範囲に属する不特定の債権を極度額の限度において担保する抵当権をいう。根抵当権は、当事者間の設定契約により、債務者との特定の継続的取引契約によって生ずるものその他債務者との一定の種類の取引によって生ずるものを被担保債権として設定することができる。したがって、債務者との間に現在または将来生じ得るすべての債権を根抵当権の担保すべき債権と定めて根抵当権を設定することはできない。

解 7 ○ 根抵当権者は、競売代金に余剰が生じた場合に、後順位抵当権者等の他の債権者が存在しなくても、極度額を超える部分については当該競売手続において配当を受けることはできない（判例）。

譲渡担保

問 8 □□□　債権者は、債務者の所有する動産を目的として譲渡担保の設定を受ける場合、債務者との間で譲渡担保を設定する旨の合意をするのに加え、債務者から当該動産の引渡しを受けなければ、譲渡担保設定契約は有効に成立しない。　　　　　　　　　　　　　　　　　　　　　　　　　　　　　（44-1-2-ア）

問 9 □□□　A社は、B社に売却する燃料の売買代金債権の担保として、B社の倉庫内に存在する、構成部分の変動する原材料について、その種類、所在場所および量的範囲を指定する方法によって目的物の範囲を特定し、一個の集合物として譲渡担保の設定を受けた。この場合、当該譲渡担保の設定時に当該倉庫内に存在しなかった原材料については、当該譲渡担保の実行時にB社が所有し当該倉庫内に存在したとしても、当該譲渡担保の効力は及ばない。　　　　　　　　　　　　　　　　　　　　　　　　　　　　（46-5-3-イ）

問 10 □□□　A社は、B社に売却するA社製品の売買代金債権の担保として、B社の所有する有名芸術家の美術品1点に譲渡担保の設定を受けることとした。この場合、A社は、B社から当該美術品の占有改定ではなく現実の引渡しを受けなければ、当該譲渡担保の設定を第三者に対抗することはできない。　　　　　　　　　　　　　　　　　　　　　　　　　　　　　　　（46-5-3-ウ）

問 11 □□□　債権者は、法人の所有する動産を目的として譲渡担保の設定を受ける場合、「動産及び債権の譲渡の対抗要件に関する民法の特例等に関する法律」による動産譲渡登記を経ることにより、譲渡担保の設定を第三者に対抗することができる。　　　　　　　　　　　　　　　　　　　　（44-1-2-エ）

問 12 □□□　X社は、Y社がZ社に対して有する1000万円の売掛金債権について、譲渡担保権の設定を受けた。この場合、X社は、当該譲渡担保権の設定につき、動産・債権譲渡特例法に基づく債権譲渡登記を経ることで、当該譲渡担保権を第三者に対抗することができる。　　　　　　　　　　（43-2-1-③）

解 8 × 譲渡担保は、債権者と債務者または第三者（物上保証人）との間の契約によって設定されるが、この譲渡担保設定契約は、当事者間の合意だけで成立する諾成契約である。したがって、目的物である動産や不動産の引渡しは、譲渡担保設定契約の成立要件ではない。

解 9 × 倉庫内に存する複数の在庫商品のように、構成部分の変動する集合動産であっても、その種類、所在場所および量的範囲を指定するなどなんらかの方法で目的物の範囲が特定される場合には、一個の集合物として譲渡担保の目的となりうる（判例）。したがって、当該譲渡担保の効力は、設定時に当該倉庫内に存在しなかった原材料についても及ぶ。

解 10 × 動産を目的とする譲渡担保の対抗要件は、引渡しであるが、引渡しには、占有改定も含まれる。したがって、A社は、B社から当該美術品の現実の引渡しを受けなくても、占有改定による引渡しを受ければ、当該譲渡担保の設定を第三者に対抗することができる。

解 11 ○ 債権者は、債務者所有の動産に譲渡担保の設定を受ける場合、当該債務者が法人であるときに限り、「動産及び債権の譲渡の対抗要件に関する民法の特例等に関する法律」に基づく動産譲渡登記をすることによって、譲渡担保権を第三者に対抗することができる。

解 12 ○ 債権者は、法人である債務者がその取引先に対して有する金銭債権を目的として譲渡担保の設定を受ける場合、「動産及び債権の譲渡の対抗要件に関する民法の特例等に関する法律」による債権譲渡登記を経ることで、当該譲渡担保につき、第三者に対する対抗要件を具備することができる。

問13 債権者は、債務者の所有する動産に設定を受けた譲渡担保を実行する場合、裁判所に譲渡担保の実行を申し立てる必要はなく、当該動産の売却または債権者自身の取得という方法で譲渡担保の実行をすることができる。

(44-1-2-オ)

問14 A社は、B社に売却する燃料の売買代金債権の担保として、B社が所有する土地に譲渡担保の設定を受けた。B社が期限を徒過してもA社に売買代金を支払わない場合、A社は、譲渡担保を実行して当該土地を取得することができ、当該土地の適正評価額が売買代金債権の額を上回っているときは、B社に対しその差額を清算する義務を負う。 (46-5-3-エ)

仮登記担保

問15 X社は、Y社に対して有する貸金債権を担保する目的でY社所有の甲土地につき代物弁済の予約を行い、その仮登記を経た。その後、Y社は、約定の期日までに借入金を弁済することができなくなった。この場合において、担保権を有しない他の債権者により甲土地が強制競売に付されたときは、仮登記担保法上、X社は、当該他の債権者に優先して弁済を受けることができる。 (42-9-4-ウ)

所有権留保

問16 X社は、その所有する機械甲をY社に売却するに際し、売買契約において、Y社が代金の全額を支払う前にX社が機械甲をY社に引き渡すが、機械甲の所有権は代金全額の支払いが完了するまでX社に留保される旨の所有権留保の約定をした。この場合において、Y社が、売買代金の支払いを完了する前に機械甲を第三者であるZ社に売却したときは、Y社とZ社との間の売買契約は、所有権留保の約定に基づき無効となる。(42-9-4-ア)

保証

問17 民法上、連帯保証契約は書面によってなされることを要するが、通常の保証契約は書面によってなされる必要はない。 (42-2-3-ア)

解 13 ○ 　譲渡担保権者は、裁判所の競売手続を経ずに、譲渡担保権を私的に実行（目的物を第三者に売却または債権者自身の取得という方法で譲渡担保の実行をすること）することができ、これにより債権を回収することができる。

解 14 ○ 　譲渡担保権者は、譲渡担保を実行する際に、目的物の評価額と被担保債権額との間に差額が生じている場合には、当該差額を清算する義務を負う。

解 15 ○ 　担保仮登記がされている土地または建物につき、他の債権者が強制競売または担保権の実行としての競売手続等をとったときは、当該仮登記担保権者は、他の債権者に優先して、その債権の弁済を受けることができる。

解 16 × 　所有権留保の約定がなされている場合において、買主が売買代金の支払いを完了する前に当該目的物を第三者に売却したとしても、買主と第三者との間の当該目的物の売買契約が当然に無効となるわけではない。

解 17 × 　保証債務は、債権者と保証人との間の保証契約によって成立するが、保証契約は、書面またはその内容を記録した電磁的記録によってしなければ、その効力を生じない。このことは、連帯保証と通常の保証とで変わりはない。

問 18 　保証人とすることについて主たる債務者が反対の意思を表示した者を保証人とする保証契約は、無効である。　　　　　　　　　　　（45−2−2−①）

問 19 　債権者は、主たる債務の弁済期が到来したので、連帯保証人に対し、連帯保証債務の履行を請求した。この場合、連帯保証人は、債権者に対し、まず主たる債務者に催告すべき旨を請求することができる。

（45−2−2−②）

問 20 　主たる債務につき、複数の連帯保証人が連帯保証債務を負う場合において、連帯保証人のうちの１人が当該連帯保証債務の全部を民法の規定に従い履行した。この場合、当該連帯保証債務を履行した連帯保証人は、主たる債務者に求償することはできるが、他の連帯保証人に求償することはできない。　　　　　　　　　　　　　　　　　　　　　　　　　（45−2−2−④）

第2節 債権の回収　　　　　　　　　重要度 A

相殺

問 1 　弁済期の到来した賃料債務を負う債務者が、当該賃料債務と、当該賃料債務の債権者が当該債務者に対して負う弁済期の到来した借入金債務とを対当額で相殺するには、民法上、当該債務者が当該債権者に対し相殺の意思表示をし、これを当該債権者が承諾することが必要である。

（45−4−3−⑤）

債権者代位権

問 2 　Ｘ社は、Ｙ社に対し500万円の貸金債権を有しており、Ｙ社がＺ社に対して有する300万円の売掛金債権について、債権者代位権を行使した。この場合、Ｘ社は、Ｚ社に対し、Ｙ社ではなくＸ社に300万円を直接引き渡すよう求めることができる。　　　　　　　　　　　　　　　（42−10−3−オ）

解 18 ✕ 　保証契約は、債権者と保証人との間の保証契約によって有効に成立する。主たる債務者の意思いかんは、保証契約の成否や効力の有無とは無関係である。

解 19 ✕ 　債権者が保証人に債務の履行を請求したときは、保証人は、まず主たる債務者に催告をすべき旨を請求することができる（催告の抗弁権）。通常の保証人は、この催告の抗弁権を有するが、連帯保証人は、催告の抗弁権を有しない。

解 20 ✕ 　保証人が複数いる場合において、そのうちの1人が主たる債務の全額につき弁済をしたときは、民法上、他の保証人に対して求償することができる（共同保証人間の求償権）。このことは、連帯保証と通常の保証とで変わりはない。

解 1 ✕ 　相殺とは、債務者がその債権者に対して自分もまた同種の債権を有する場合に、その債権と債務とを対当額において消滅させる単独の意思表示（一方的意思表示）をいう。したがって、相殺をするためには、相手方に対して一方的な意思表示をすれば足り、相手方の承諾を得る必要はない。

解 2 ◯ 　債権者は、被代位権利を行使する場合において、被代位権利が金銭の支払または動産の引渡しを目的とするものであるときは、相手方に対し、その支払または引渡しを自己に対してすることを求めることができる。なぜなら、これを認めないと、債務者がその金銭または動産の受領を拒んだり、受領してもこれを隠匿し、または費消する危険性があって、そのような場合には、責任財産の保全という債権者代位権の目的を達成することができないからである。

　A社は、B社との間で、B社に金銭を貸し付ける旨の金銭消費貸借契約を締結し、本件金銭消費貸借契約に基づく貸金債権の弁済期が到来した。A社は、債権者代位権に基づき、B社がD社に対して有する売掛金債権を代位行使し、D社から売掛金を受領した。この場合、A社は、当該売掛金をB社に返還する義務を負うが、本件貸金債権とB社がA社に対して有する当該売掛金の返還請求権とを対当額で相殺することができる。

(43-6-2-エ改)

詐害行為取消権

　債権者が詐害行為取消権を行使するには、債務者の資力が不十分であり、債権者が債務者の行為を取り消さなければ自己の債権の完全な満足を得られないこと、すなわち債務者が無資力であることが必要である。

(45-4-3-②)

仮差押え

　X社は、Y社に対して有する貸金債権を保全するため、Y社の財産に対する仮差押えを行うことを検討しているが、X社は、仮差押命令を得るためには、裁判所における審理において、Y社に対して有する貸金債権の存在および仮差押えの必要性について、疎明をするだけでは足りず、証明をしなければならない。

(42-1-3-④改)

　債権者が他の債権者に先んじて債務者の財産につき仮差押えを申し立てた場合、仮差押えを申し立てた債権者は、当該財産から他の債権者に優先して債務の弁済を受けることができる。

(45-4-3-④)

解 3　○　債権者が、債権者代位権に基づいて、債務者が第三者に対して有する金銭債権を代位行使して、当該第三者から金銭を受領した場合、債権者は、第三者から受領した金銭を債務者に引き渡す債務と自己の債務者に対する債権とを相殺することにより、事実上優先弁済を受けることができる。

解 4　○　債権者が詐害行為取消権を行使するには、債務者の資力が不十分であり、債権者が債務者の行為を取り消さなければ自己の債権の完全な満足を得られないこと、すなわち債務者が無資力であることが必要である。

解 5　×　仮差押命令の申立てにあたっては、債権者は、①被保全債権の存在（債権者の債務者に対する金銭債権の存在）および②保全（仮差押え）の必要性（本案訴訟を提起して判決を待っていたのでは強制執行をすることができなくなり、または著しい困難を生ずるおそれがあること）を「疎明」する必要があるが、「証明」することまでは不要である。

解 6　×　仮差押えには、優先弁済効はない。すなわち、債権者は、仮差押えをしたからといって、その後本執行に移行した場合に、当該財産から他の債権者に優先して弁済を受けられるわけではない。

強制執行

問 7 強制執行の申立ては、確定判決、仮執行宣言付判決、和解調書等の裁判所が作成した債務名義に基づく必要があり、公証人が作成した公正証書は債務名義とはなり得ないため、これに基づく強制執行の申立てはなし得ない。
(45−4−3−③)

問 8 A社は、自社の所有する建物甲をB社に賃貸しているが、B社が賃料を支払わないため、B社との間の賃貸借契約を解除し建物甲の明渡しをB社に求めたところ、B社との間で3ヶ月後に建物甲の明渡しを受ける旨の和解が成立した。A社は、当該和解について公正証書を作成し、かつ、当該公正証書に建物甲の明渡しについての強制執行認諾文言が付されていれば、当該公正証書を債務名義として建物甲の明渡しの強制執行をすることができる。
(43−6−4−③)

問 9 債権者が、債務者が第三者に対して有する金銭債権につき強制執行を申し立て、当該金銭債権の差押えがなされた。この場合、当該申立てを行った債権者は、債務者に対して差押命令が送達された日から一定の期間を経過したときは、自ら当該金銭債権を取り立てることができる。
(44−2−1−⑤)

問10 債権者が、債務者が第三者に対して有する金銭債権につき強制執行を申し立て、当該金銭債権の差押えがなされた。この場合、当該申立てを行った債権者以外の債権者は、執行力のある債務名義の正本を有していても、当該金銭債権につき、さらに強制執行を申し立てて、差し押さえることはできない。
(44−2−1−④)

解 7 ✕ 　強制執行の申立てをするには、債務名義が必要であるが、債務名義には、確定判決、仮執行宣言付判決、和解調書等の裁判所が作成したもののほか、公証人が作成した強制執行認諾文言付公正証書（債務者が、公正証書の文言中において、債務不履行があった場合には直ちに強制執行を受けても異議はない旨の認諾をしたもの）も含まれる。
　※　債務名義となる確定判決等については、判決の電子化等の文書のデジタル化の改正法が成立しているが、未施行。

解 8 ✕ 　強制執行認諾文言が入った公正証書を執行証書というが、この強制執行認諾文言によって強制執行ができるのは、金銭の一定額の支払い、または代替性のある物の引渡しの場合に限られる。土地や建物のような特定物の引渡しは、たとえ、強制執行認諾文言があったとしても、これにより強制執行をすることはできない。したがって、A社は、当該公正証書を債務名義として建物甲の明渡しの強制執行をすることはできない。

解 9 〇 　金銭債権を差し押さえた債権者は、債務者に対して差押命令が送達された日から１週間を経過したときは、自ら当該金銭債権を取り立てることができる。

解 10 ✕ 　執行力のある債務名義の正本を有する一般債権者（有名義債権者）は、二重差押えにより、すでに他の債権者に差し押さえられた債権から配当を受けることができる。したがって、「さらに強制執行を申し立てて、差し押さえることはできない」という記述は、適切でない。

破産手続

問 1 ☐☐☐　A社が、その債務につき、その財産をもって完済することができない債務超過の状態にある場合において、A社の債権者であるB社が破産手続開始の申立てをするには、B社は、その有する債権の存在と破産手続開始の原因となる事実を裁判所に疎明すれば足り、これを証明する必要はない。

（46-1-3-ア）

問 2 ☐☐☐　裁判所は、破産手続開始の申立てがあった場合において、必要があると認めるときは、利害関係人の申立てまたは職権で、当該申立てにつき決定があるまでの間、債務者の財産に対して行われている強制執行などの個別の手続の中止を命じることができる。　（44-5-1-③）

問 3 ☐☐☐　A社は、裁判所に破産手続開始の申立てを行い、破産手続開始の決定を受けた。A社の事業所は、店舗を兼ねている本社社屋のみであり、C社との間の賃貸借契約に基づきC社から賃借しているものである。A社に対して貸金債権を有しているD社は、A社に破産手続開始の決定がなされる前に、本件賃貸借契約に基づきA社がC社に対して有する敷金返還請求権について差押命令を得ているが、いまだ弁済を受けていない。この場合、A社に破産手続開始の決定がなされた後も、当該差押命令は破産財団に対して引き続き効力を有し、D社は、他の破産債権者に優先して当該敷金返還請求権から弁済を受けることができる。　（43-10-2-ア改）

解 1 ○ 法人の場合、債務超過は破産原因となる。そして債権者が破産手続開始の申立てをするときは、その有する債権の存在および破産手続開始の原因となる事実を疎明（一応確からしいとの推測を裁判官が得た状態、またそれに達するよう証拠を提出する当事者の行為をいう）しなければならないが、証明（合理的な疑いを差し挟まない程度に真実らしいと裁判官に確信を抱かせることをいう）までする必要はない。

解 2 ○ 裁判所は、破産手続開始の申立てがあった場合において、必要があると認めるときは、利害関係人の申立てまたは職権で、当該申立てにつき決定があるまでの間、債務者の財産に対して行われている強制執行、仮差押え、仮処分などの個別の手続の中止を命じることができる。

解 3 × 破産手続開始の決定があった場合には、原則として、破産財団に属する財産に対する強制執行、仮差押え、仮処分、一般の先取特権の実行及び企業担保権の実行の手続で、破産財団に属する財産に対して既にされているものは、破産財団に対してはその効力を失う。したがって、「A社に破産手続開始の決定がなされた後も、当該差押命令は破産財団に対して引き続き効力を有し、D社は、他の破産債権者に優先して当該敷金返還請求権から弁済を受けることができる」という記述は、適切でない。

　A社は、B社との間で、A社の所有する土地をB社に売却する旨の売買契約を締結したが、土地の引渡しも代金の支払いもなされないうちに、A社が破産手続開始の決定を受けた。この場合において、B社が、A社の破産管財人Cに対し、相当の期間を定め、本件売買契約に基づき土地を引き渡すか、または本件売買契約を解除するか、いずれを選択するかにつき確答を求めたのに対し、Cがその期間内に確答をしないときは、本件売買契約は、解除されたものとみなされる。　　　　　　　　　　（46−1−3−ウ）

問 5　　A社に対して貸金債権を有するB社がA社所有の土地に抵当権の設定を受け、その旨の登記を経た後に、A社について破産手続開始の決定がなされた。この場合、B社は、当該抵当権を実行して当該貸金債権の回収を図ることができない。　　　　　　　　　　　　　　　　　（46−1−3−エ）

問 6　　裁判所は、破産財団をもって破産手続にかかる費用を支弁するのに不足すると認めるときは、破産手続開始の決定と同時に、破産手続廃止の決定をしなければならない。　　　　　　　　　　　　　　　（45−3−4−②改）

民事再生手続

問 7　　民事再生法上、再生手続開始の決定がなされた後は、事業経営権や財産の管理処分権などは、再生債務者の帰属を離れ、監督委員に移る。

（46−6−4−①）

問 8　　再生計画案の決議については、債権者集会を開催して議決権の行使を求めるほか、書面による決議も認められている。　　　　（45−8−4−③）

解 4 ○ 破産手続開始の時において、双務契約について破産者およびその相手方がともにその履行を完了していない場合、破産管財人は、当該契約の解除をし、または破産者の債務を履行して相手方の債務の履行を請求することができる。他方、相手方は、破産管財人に対し、相当の期間を定め、その期間内に契約の解除をするか、または債務の履行を請求するかを確答すべき旨を催告することができる。この場合において、破産管財人がその期間内に確答をしないときは、契約の解除をしたものとみなされる。

解 5 × 破産者の特定の財産に抵当権、特別の先取特権（動産売買の先取特権等）、質権、商事留置権、譲渡担保等の担保権を有する債権者は、破産手続によらないでその担保権を実行することにより債権の回収を図ることができる（別除権）。

解 6 ○ 裁判所は、破産財団をもって破産手続の費用を支弁するのに不足すると認めるときは、破産手続開始の決定と同時に、破産手続廃止（同時廃止）の決定をしなければならないものとされている。

解 7 × 民事再生法上、原則として、再生債務者は、再生手続が開始された後も、その業務を遂行する権利やその財産を管理・処分する権利を有する。例外として、管理命令が発せられた場合には、再生債務者の業務遂行権・財産の管理処分権は、裁判所が選任した管財人に専属するが、監督委員に移ることはない。

解 8 ○ 再生計画案の決議については、債権者集会を開催して議決権の行使を求める方法のほか、書面による決議の方法も認められている。

問 9 　民事再生法上、再生債権者が、再生手続開始当時、再生債務者に対して再生債権を有しているとともに債務も負担していた場合において、再生債権と当該債務とが債権届出期間の満了前に相殺適状となったときは、再生債権者は、原則として、当該債権届出期間内に限り、再生計画の定めるところによらないで、相殺をすることができる。　　　　　　　（46−6−4−②）

- -

問 10 　X社は、民事再生法に基づき、再生手続開始の申立てを行った。X社の再生手続開始の申立てを裁判所が棄却した場合、裁判所の職権によりX社について破産手続開始の決定がなされることがある。　（44−7−3−③改）

解 9 ○ 　民事再生法上、再生債権者が、再生手続開始当時、再生債務者に対して再生債権を有しているとともに債務も負担していた場合において、再生債権と当該債務とが債権届出期間の満了前に相殺適状となったときは、再生債権者は、原則として、当該債権届出期間内に限り、再生計画の定めるところによらないで、相殺をすることができる。

- -

解 10 ○ 　破産手続開始前の再生債務者について再生手続開始の申立ての棄却、再生手続廃止、再生計画不認可または再生計画取消しの決定が確定した場合において、裁判所は、当該再生債務者に破産手続開始の原因となる事実があると認めるときは、職権で、破産法に従い、破産手続開始の決定をすることができる。

第 5 章

企業活動に関わる法規制

本章では、企業活動を規制する各種の法律について学習します。

　試験対策としては、まず、出題のもっとも多い独占禁止法を重点的に学習する必要があります。次いで、不正競争防止法、消費者契約法、特定商取引法および個人情報保護法に力を入れて学習してください。

この節で学習すること

1 私的独占
他の事業者の事業活動を排除・支配して競争を実質的に制限することをいいます。

複数事業者が共同して価格をそろえるなど、競争を実質的に制限することをいいます。いわゆる「カルテル」のことです。
2 不当な取引制限

取引を拒絶するとか、不当な安値で販売するなど、公正ではない方法で優位に立とうとする行為をいいます。
3 不公正な取引方法

4 企業結合に対する規制
企業結合（合併など）は巨大な企業が誕生するので、独占禁止法はさまざまな規制を設けています。

5 独占禁止法の運用
主役は公正取引委員会です。

独占禁止法は、公正かつ自由な競争を確保するために、①私的独占、②不当な取引制限、③不公正な取引方法を禁止し、企業結合による市場集中等を規制しています。

以下、これらの禁止される行為等について説明します。

① 私的独占

私的独占とは、**事業者**が、単独に、または他の事業者と結合し、もしくは通謀し、その他いかなる方法をもってするかを問わず、他の事業者の事業活動を排除し、または支配することにより、公共の利益に反して、一定の取引分野における競争を実質的に制限することをいいます。

「**他の事業者の事業活動を排除する**」とは、他の事業者の事業活動に不当な競争制限的行為により圧力を加えて、その事業活動の継続を困難にして、その事業者を市場から実質的に締め出すことをいいます。

そして、「**他の事業者の事業活動を支配する**」とは、他の事業者に圧力を加えて、自己の意思に従わせ、または自由な判断に基づいた事業活動を行えなくすることをいいます。

正常な事業活動の結果、高い市場占拠率を実現したとしても、それのみでは私的独占には該当しません。

② 不当な取引制限

❶ 意　義

不当な取引制限とは、事業者が、契約、協定その他何らの名義をもってするかを問わず、他の事業者と共同して対価を決定し、維持し、もしくは引き上げ、または数量、技術、製品、設備もしくは取引の相手方を制限する等相互にその事業活動を拘束し、または遂行することにより、公共の利益に反して、一定の取引分野における競争を実質的に制限することをいいます。

不当な取引制限は、一般に、カルテルと呼ばれています。

用　語

「事業者」とは、商業、工業、金融業その他の事業を行う者をいいます。

注　意

不当な取引制限の行為主体となるのは、メーカー同士あるいは卸売業者同士というように取引段階の同じ独立した複数の事業者に限られません。メーカーと卸売業者というように、取引段階の異なる事業者間の行為であっても、不当な取引制限に該当することがあることに注意してください。

❷ 相互拘束と共同遂行

不当な取引制限の本質は、事業者が他の事業者と相互に事業活動を拘束すること（相互拘束）、または共同して事業活動を遂行すること（共同遂行）にあります。

ココが出る！

相互拘束とは、事業者間で協定した事項をお互いに守るように精神的圧迫を加えることをいい、必ずしも罰金や取引停止などの罰則を規定している必要はありません。したがって、**紳士協定のような弱い協定も相互拘束あり**とされます。

共同遂行とは、複数の事業者が意思を連絡して、同一の目標に向かって行動することをいい、①**行為の外形の一致**、②**事業者間の意思の連絡**の2つがあるかどうかが決め手となります。

❸ 不当な取引制限の主な類型

① 価格協定（標準価格の設定等）

たとえば、標準価格、基準価格、目標価格、最低販売価格など価格設定の基準を決定する協定がこれに該当します。

ココが出る！

しかし、たとえば、ビール会社A社が、原材料の高騰のため、その製造・販売するビールの価格を5％値上げした場合に、A社のライバル会社B社がこれに追随してビールの価格を5％値上げする、というような**価格の同調的引上げ**は、意思の連絡を欠くため、価格協定に該当しません。

② 生産制限協定

たとえば、製品の販売数量や出荷量を制限する協定がこれに該当します。

③ 入札談合

これは、競争入札に参加する建設業者等の間で、あらかじめ談合して特定の者を受注予定者とする行為や、入札価格を決める行為をいいます。

ココが出る！

公共事業などで、競争入札が義務づけられているにもかかわらず、発注者が受注者を指名するなど、発注者側（行政などの「官」）がカルテルを主導する場合を**官製談合**といいますが、これを規制するために、「入札談合等関与行為の排除及び防止並びに職員による入札等の公正を害すべき行為の処罰に関する法

律」（官製談合防止法）が制定されています。

　同法によれば、**公正取引委員会は、公共事業の発注機関の職員が入札談合に関与していた場合には、当該発注機関の長等に対して改善措置を講ずるよう求めることができる**とされています。

　また、当該発注機関の長等は、この求めがあったときは、当該入札談合等関与行為による国等の損害の有無について必要な調査を行わなければならず、調査の結果、当該入札談合等関与行為を行った職員が**故意または重大な過失**により国等に損害を与えたと認めるときは、当該職員に対し、速やかにその賠償を求めなければならないとされています。

注　意 ⚠
職員に故意または重大な過失がない限り、職員に対して損害賠償請求できないことに注意してください。

③ 不公正な取引方法

❶　意　義

　不公正な取引方法とは、公正ではない方法で競争を行い、有利な立場に立とうとする行為をいいます。

❷　不公正な取引方法の主な類型

　不公正な取引方法の行為類型については、独占禁止法に規定されているほか、公正取引委員会の告示により指定されています（一般指定および特殊指定）。**一般指定**とは、あらゆる業種に一般的に適用されるものをいい、15の行為類型が指定されています。**特殊指定**とは、特定の業種の特定の行為についてのみ適用されるものをいい、新聞、物流、大規模小売業の3分野で指定されています。

　以下では、主な行為類型について説明します。

①　共同の取引拒絶

　正当な理由がないのに、自己と競争関係にある他の事業者（以下「競争者」という）と共同して、次のいずれかに掲げる行為をすること。

　i　ある事業者に対し取引を拒絶しまたは取引にかかる商品もしくは役務の数量もしくは内容を制限すること。

◀ **発　展** ▶
不公正な取引方法は、私的独占や不当な取引制限と異なり、競争を実質的に消滅させる行為ではなく、競争自体はすることに注意してください。

注意 ⚠️

採算の範囲内での値引きは、不当廉売に該当しません。

注意 ⚠️

2つ以上の商品・役務（サービス）を組み合わせた販売であっても、①それにより別個の特徴を持つ商品になる、②顧客がそれぞれ単独に購入することができる、③2つの商品・役務（サービス）間に機能上補完関係がある場合（レンタカーと保険、歯磨き粉と歯ブラシなど）には、抱き合わせ販売等に該当しません。

◀ **発 展** ▶

メーカーが特約店契約を締結している小売店に対して小売価格を定め、これを守らせる行為は、再販売価格の拘束に該当します。

ⅱ　他の事業者に i に該当する行為をさせること。

② **不当廉売**

　　正当な理由がないのに商品または役務をその供給に要する費用を著しく下回る対価で継続して供給し、その他不当に商品または役務を低い対価で供給し、他の事業者の事業活動を困難にさせるおそれがあること。

③ **不当な利益による顧客誘引**

　　正常な商慣習に照らして不当な利益をもって、競争者の顧客を自己と取引するように誘引すること。

④ **抱き合わせ販売等**

　　相手方に対し、不当に、商品または役務の供給に併せて他の商品または役務を自己または自己の指定する事業者から購入させ、その他自己または自己の指定する事業者と取引するように強制すること。

⑤ **排他条件付取引**

　　不当に、相手方が競争者と取引しないことを条件として当該相手方と取引し、競争者の取引の機会を減少させるおそれがあること。

⑥ **再販売価格の拘束**

　　自己の供給する商品を購入する相手方に、正当な理由がないのに、次のいずれかに掲げる拘束の条件をつけて、当該商品を供給すること。

ⅰ　相手方に対しその販売する当該商品の販売価格を定めてこれを維持させることその他相手方の当該商品の販売価格の自由な決定を拘束すること。

ⅱ　相手方の販売する当該商品を購入する事業者の当該商品の販売価格を定めて相手方をして当該事業者にこれを維持させることその他相手方をして当該事業者の当該商品の販売価格の自由な決定を拘束させること。

⑦ **拘束条件付取引**

　　⑤・⑥に該当する行為のほか、相手方とその取引の相手方との取引その他相手方の事業活動を不当に拘束する条件をつけて、当該相手方と取引すること。

⑧　**優越的地位の濫用**

　自己の取引上の地位が相手方に優越していることを利用して、正常な商慣習に照らして不当に、次のいずれかに掲げる行為をすること。

ⅰ　継続して取引する相手方（新たに継続して取引しようとする相手方を含む。ⅱにおいて同じ）に対して、当該取引にかかる商品または役務以外の商品または役務を購入させること。

ⅱ　継続して取引する相手方に対して、自己のために金銭、役務その他の経済上の利益を提供させること。

ⅲ　取引の相手方からの取引にかかる商品の受領を拒み、取引の相手方から取引にかかる商品を受領した後当該商品を当該取引の相手方に引き取らせ、取引の相手方に対して取引の対価の支払いを遅らせ、もしくはその額を減じ、その他取引の相手方に不利益となるように取引の条件を設定し、もしくは変更し、または取引を実施すること。

⑨　**競争者に対する取引妨害**

　自己または自己が株主もしくは役員である会社と国内において競争関係にある他の事業者とその取引の相手方との取引について、契約の成立の阻止、契約の不履行の誘引その他いかなる方法をもってするかを問わず、その取引を不当に妨害すること。

❹ 企業結合に対する規制

　独占禁止法は、企業結合に対する規制（株式保有の規制、役員兼任の制限、会社間の合併・分割・事業の譲受け等の規制）を設けています。

❶　事業支配力が過度に集中することとなる会社の規制

①　他の国内の会社の株式を所有することにより事業支配力が過度に集中することとなる会社は、これを設立してはならず、会社は、他の国内の会社の株式を取得し、または所有することに

◀ 発 展 ▶

「独占禁止法所定の
基準額」とは、①持
株会社（子会社の株
式の取得価額の合計
額の当該会社の総資
産の額に対する割合
が100分の50を超え
る会社)にあっては、
6,000億円、②銀行
業、保険業または第
一種金融商品取引業
を営む会社（持株会
社を除く）にあって
は、8兆円、③①・
②に掲げる会社以外
の会社にあっては、
2兆円とされていま
す。

より国内において事業支配力が過度に集中することとなる会社
となってはならないとされています。

②　会社およびその子会社の総資産合計額で国内の会社に係るも
のが**独占禁止法所定の基準額**を超える場合には、当該会社は、
原則として、毎事業年度終了の日から3か月以内に、当該会社
およびその子会社の事業に関する報告書を公正取引委員会に提
出しなければならないとされています。

❷　会社の株式保有の規制

会社は、他の会社の株式を取得し、または所有することによ
り、一定の取引分野における競争を実質的に制限することとなる
場合には、当該株式を取得し、または所有してはならず、および
不公正な取引方法により他の会社の株式を取得し、または所有し
てはならないとされています。

❸　銀行・保険会社の議決権保有の制限

◀ 発 展 ▶

「金融会社」とは、
銀行、保険会社、証
券会社などをいいま
す。

銀行または保険会社は、公正取引委員会の認可を受けた場合等
を除き、金融会社以外の他の国内の会社の議決権をその総株主の
議決権の5％（保険会社にあっては、10%）を超えて有すること
となる場合には、その議決権を取得し、または保有してはならな
いとされています。

❹　役員兼任の制限

会社の役員または従業員は、他の会社の役員の地位を兼ねるこ
とにより一定の取引分野における競争を実質的に制限することと
なる場合には、当該役員の地位を兼ねてはならないとされていま
す。

❺　会社合併・会社分割・事業譲受け等の制限

会社合併・会社分割・事業譲受け等により一定の取引分野にお
ける競争を実質的に制限することとなる場合または不公正な取引
方法によりこれらの行為が行われる場合には、これらの行為また
はその脱法行為は禁止されます。

⑤ 独占禁止法の運用

❶ 公正取引委員会による行政上の措置

① 公正取引委員会の事件処理手続

公正取引委員会は、独占禁止法違反の疑いのある事件について調査を行いますが、この調査には、任意調査と強制調査とがあります。

任意調査は、相手方の任意の協力を前提として行うもので、比較的軽微な事件について行われます。

強制調査には、行政調査と犯則調査とがあります。**犯則調査**は、犯罪捜査の目的で行うもので、刑事告発によって刑事手続に移行することを当然の前提としており、一定の範囲で相手方の抵抗を実力で排除して調査することができます。

② 排除措置命令

公正取引委員会は、独占禁止法に違反する行為があるときは、事業者に対し、当該行為の差止めその他違反行為を排除するために必要な措置を命ずることができます（**排除措置命令**）。

公正取引委員会は、排除措置命令をしようとするときは、当該排除措置命令の名あて人となるべき者に対し、あらかじめ、意見を述べ、および証拠を提出する機会を付与しなければなりません。

③ 課徴金納付命令

事業者が、不当な取引制限等をしたときは、公正取引委員会は、当該事業者に対し、課徴金を国庫に納付することを命じなければなりません（**課徴金納付命令**）。

課徴金の対象となる違反行為としては、①**商品または役務の対価に影響を及ぼす不当な取引制限**、②**私的独占**（**支配型私的独占については、商品または役務の対価に影響を及ぼすものに限る**）、③**不公正な取引方法に該当する行為のうち一部の行為**（共同の取引拒絶、差別対価、不当廉売、再販売価格の拘束、優越的地位の濫用）があります。ただし、③に該当する行為については、優越的地位の濫用を除き、一定の期間内に同一の違反行為が繰り返された場合に課徴金の対象となります。

◀ **発 展** ▶

何人も、独占禁止法の規定に違反する事実があると思料するときは、公正取引委員会に対し、その事実を報告し、適当な措置をとるべきことを求めることができ、この報告があったときは、公正取引委員会は、事件について必要な調査をしなければなりません。

◀ **ココが出る！**

注 意 ⚠

公正取引委員会の排除措置命令・課徴金納付命令に不服があるときは、東京地方裁判所に命令取消しの訴えを提起することができます。

なお、事業者が自ら関与したカルテル・談合について、その違反内容を公正取引委員会に自主的に報告した場合、課徴金が減免される制度が設けられています（**課徴金減免制度**）。公正取引委員会による調査開始日前に早期に報告するほど、課徴金の減免割合が大きくなる仕組みとなっており、調査開始日以後も適用されます。事業者自らが他に先んじてその違反内容を報告し、資料を提出するインセンティブを与えることにより、カルテルの発見、解明を容易化し、競争秩序を早期に回復することを目的としています。

調査開始日	申請順位	申請順位に応じた減免率	協力度合いに応じた減算率
前	1位	100%（全額免除）	
	2位	20%	＋最大40%
	3〜5位	10%	
	6位以下	5%	
後	最大3社まで	10%	＋最大20%
	上記以下	5%	

④ **確約手続**

独占禁止法違反の疑いのある行為について、**公正取引委員会と事業者との合意により事件を解決する仕組みとして「確約手続」**が設けられています。

イ　公正取引委員会は、独占禁止法の規定に違反する疑いのある行為をしている事業者に対し、その行為の概要、法令の条項等を書面により通知することができます。

ロ　通知を受けた事業者は、疑いの理由となった行為を排除するために必要な排除措置計画を作成し、これを当該通知の日から60日以内に公正取引委員会に提出して、その認定を申請することができます。

ハ　事業者からの申請を受けた公正取引委員会は、当該排除措置が疑いの理由となった行為を排除するために十分なものであること、当該排除措置が確実に実施されると見込まれるものであることのいずれの要件も充たすと認めるときは、当該排除措置計画を認定します。

ニ　公正取引委員会が排除措置計画の認定をした場合、当該認
定にかかる疑いの理由となった行為および排除措置にかかる
行為については、公正取引委員会は、排除措置命令・課徴金
納付命令を出しません。

❷　刑事上の措置

　私的独占または不当な取引制限をした者、独占禁止法の規定に
違反して一定の取引分野における競争を実質的に制限した者は、
5年以下の懲役（拘禁刑：令和7年6月1日施行）または500万
円以下の罰金に処せられます。そしてさらに、そのような違反行
為をした者を使用する法人等に対しても、5億円以下の罰金が科
されます（両罰規定）。

　なお、**不公正な取引方法については、刑事罰の定めはないこと**
に注意してください。

◀ ココが出る！

❸　民事上の措置

①　差止請求

　不公正な取引方法によってその利益を侵害され、または侵害
されるおそれがある者は、これにより著しい損害を生じ、また
は生ずるおそれがあるときは、その利益を侵害する事業者もし
くは事業者団体または侵害するおそれがある事業者もしくは事
業者団体に対し、その侵害の停止または予防を請求することが
できます。

②　損害賠償請求

　独占禁止法に違反する行為によって損害を受けた者は、公正
取引委員会の排除措置命令または審決が確定した後に、違反行
為者である事業者および事業者団体に対して損害賠償を請求す
ることができます。

　この場合、**違反行為者である事業者および事業者団体は、故
意または過失がなかったことを証明して、損害賠償責任を免れ
ることはできない**とされています。

◀ ココが出る！

　また、排除措置命令等の確定の有無と関係なく、民法709条（不
法行為）の規定に基づき損害賠償請求をすることもできます。

第2節 下請代金支払遅延等防止法

この節で学習すること

1 下請法の適用対象
大きな会社と小さな会社の下請関係について、取引の公正、下請企業の保護をテーマにした法律です。

大きな会社である親事業者には、さまざまな義務があります。
2 親事業者（発注者）の義務

義務に加えて、してはいけない禁止事項も定められています。
3 親事業者（発注者）の禁止事項

4 公正取引委員会の処分・罰則等
本法による処分も、独禁法と同じく、公正取引委員会が行います。

　下請取引における下請代金の支払遅延等の行為は、独占禁止法が禁止する不公正な取引方法（優越的地位の濫用）に該当しますが、独占禁止法による規制のみでは、下請事業者の保護が不十分であるため、下請代金支払遅延等防止法（以下「下請法」という）が定められています。

　この下請法は、下請代金の支払遅延等を防止することによって、**親事業者の下請事業者に対する取引を公正ならしめる**とともに、下請事業者の利益を保護し、もって国民経済の健全な発達に寄与することを目的としています。

❶ 下請法の適用対象

　下請法は、資本金の額が一定額を超える法人事業者と資本金の額が一定額以下の法人事業者または個人事業者との間の下請取引

に適用されます。

　下請法は、その適用対象となる親事業者・下請事業者の範囲について、次のように定めています。

◀ 発 展 ▶

公益法人であっても、出資があってその総額が左記の資本金区分に該当すれば、下請法上の親事業者に該当します。

❶ 　物品の製造委託・修理委託、プログラムの作成委託、運送・物品の倉庫における保管および情報処理に係る役務提供委託の場合

親事業者	下請事業者
資本金3億円超の法人事業者 ⟶	資本金3億円以下の法人事業者または個人事業者
資本金1,000万円超3億円以下の法人事業者 ⟶	資本金1,000万円以下の法人事業者または個人事業者

❷ 　情報成果物作成委託（プログラムの作成を除く）、役務提供委託（運送・物品の倉庫における保管および情報処理に係るものを除く）の場合

親事業者	下請事業者
資本金5,000万円超の法人事業者 ⟶	資本金5,000万円以下の法人事業者または個人事業者
資本金1,000万円超5,000万円以下の法人事業者 ⟶	資本金1,000万円以下の法人事業者または個人事業者

❷ 親事業者（発注者）の義務

❶ 　書面の交付義務

　発注に際して、直ちに、給付の内容、給付を受領する期日等を記載した書面を下請事業者に交付しなければなりません。

　ただし、書面の交付は、**下請事業者の承諾**を得て、**電子メール等の方法**に代えることができます。

◀ココが出る！

❷ 　書類の作成・保存義務

　下請事業者に対して製造委託、修理委託、情報成果物作成委託または役務提供委託をした場合は、給付の内容、下請代金の額等

第5章　企業活動に関わる法規制

について記載した書類を作成し、2年間保存しなければなりません。

なお、当該書類の作成および保存に代えて電磁的記録を作成し、これを保存することもできますが、この場合、**下請事業者の承諾は不要**であることに注意してください。

❸ 支払期日を定める義務

ココが出る！▶

物品等を受領した日（役務提供委託の場合は、下請事業者が役務の提供をした日）から起算して60日以内のできる限り短い期間内において、下請事業者との合意の下に下請代金を支払う期日を定めなければなりません。

❹ 遅延利息の支払義務

注意 ⚠
遅延利息の利率について、親事業者と下請事業者との合意で自由に決定することはできません。

支払期日までに下請代金を支払わなかったときは、物品等を受領した日（役務提供委託の場合は、下請事業者が役務の提供をした日）から起算して60日を経過した日から実際に支払いをする日までの期間について、その日数に応じて遅延利息（未払金額に年率14.6%を乗じた額）を支払わなければなりません。

❸ 親事業者（発注者）の禁止事項

❶ 受領拒否の禁止

下請事業者に責任がないのに、注文した物品等の受領を拒んではなりません。

❷ 下請代金の支払遅延の禁止

物品等を受領した日（役務提供委託の場合は、役務が提供された日）から起算して、60日以内に定めた支払期日までに下請代金を全額支払わなければなりません。

❸ 下請代金の減額の禁止

下請事業者に責任がないのに、あらかじめ定めた下請代金を減額してはなりません。

❹　返品の禁止

　受領した物に瑕疵があるなど明らかに下請事業者に責任がある場合などを除いて、すでに受け取った給付の目的物を返品してはなりません。

❺　買いたたきの禁止

　下請事業者の給付の内容と同種または類似の内容の給付に対し通常支払われる対価に比し著しく低い下請代金の額を不当に定めてはなりません。

❻　購入・利用強制の禁止

　下請事業者の給付の内容を均質にしまたはその改善を図るため必要がある場合その他正当な理由がある場合を除き、下請事業者に親事業者が指定する物・役務を強制的に購入・利用させてはなりません。

❼　報復措置の禁止

　下請事業者が親事業者の下請法違反行為を公正取引委員会または中小企業庁長官に知らせたことを理由として、その下請事業者に対して取引数量の削減・取引停止等の不利益な取扱いをしてはなりません。

❽　有償支給原材料等の対価の早期決済の禁止

　下請事業者の給付に必要な半製品、部品、附属品または原材料を有償で支給している場合に、下請事業者に責任がないのに、この有償で支給した原材料等の対価を、有償支給原材料等を用いて製造または修理した物品の下請代金の支払期日よりも早い時期に相殺したり、支払わせたりしてはなりません。

❾　割引困難な手形の交付の禁止

　下請代金を手形で支払う場合に、一般の金融機関で割引を受けることが困難な手形〔手形のサイト（振出日から支払期日までの期間）が長い手形〕を交付してはなりません。

◀ **ココが出る！**

◀ **発 展** ▶

下請事業者の責めに帰すべき理由があるとして返品することができるのは、①注文と異なる物品等が納入された場合、②汚損・毀損等のある物品が納入された場合に限られます。ただし、親事業者が発注後に恣意的に検査基準を変更し、従来の検査基準では合格とされた物品を不合格とした場合の返品は認められません。

用 語

「半製品」とは、製造途中にある製品をいいます。

第**5**章　企業活動に関わる法規制

⑩ 不当な経済上の利益の提供要請の禁止

　下請事業者に対して、自己のために金銭、役務その他の経済上の利益を提供させることにより、下請事業者の利益を不当に害してはなりません。

⑪ 不当な給付内容の変更および不当なやり直しの禁止

　下請事業者に責任がないのに、発注内容の変更を行い、または受領後にやり直しをさせることにより、下請事業者の利益を不当に害してはなりません。

④ 公正取引委員会の処分・罰則等

　親事業者が禁止行為を行ったときは、公正取引委員会からその行為の差止措置や原状回復措置などをとるべき旨の勧告を受けます。また、勧告をした旨の公表もなされます。

　公正取引委員会は、親事業者の下請事業者に対する製造委託等に関する取引を公正ならしめるため必要があると認めるときは、親事業者もしくは下請事業者に対しその取引に関する報告をさせ、またはその職員に親事業者もしくは下請事業者の事務所もしくは事業所に立ち入り、帳簿書類その他の物件を検査させることができます。

　また、親事業者が、書面の交付義務、書類の作成・保存義務に違反したときは、当該違反行為をした者（代表者等）には、50万円以下の罰金が科せられます。そしてさらに、当該親事業者（法人）に対しても罰金が科せられます（**両罰規定**）。

ココが出る!

◀ 発 展 ▶

公正取引委員会および中小企業庁は、昭和41年以降、支払手形の手形期間を繊維製品に係る下請取引においては90日以内、その他の下請取引においては120日以内とするように指導しています。現在では、上記手形期間以内の手形を交付することが商慣習となっており、公正取引委員会および中小企業庁は、上記手形期間を超えるいわゆる長期手形は、割引困難な手形の交付の禁止に違反するおそれがあるものとして取り扱い、すべて上記期間内に改善するよう指導しています。

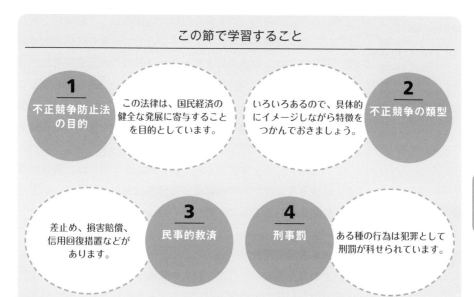

第3節 不正競争防止法

重要度 A

この節で学習すること

1 不正競争防止法の目的
この法律は、国民経済の健全な発展に寄与することを目的としています。

いろいろあるので、具体的にイメージしながら特徴をつかんでおきましょう。
2 不正競争の類型

差止め、損害賠償、信用回復措置などがあります。
3 民事的救済

4 刑事罰
ある種の行為は犯罪として刑罰が科せられています。

❶ 不正競争防止法の目的

　不正競争防止法は、事業者間の公正な競争およびこれに関する国際約束の的確な実施を確保するため、不正競争の防止および不正競争に係る損害賠償に関する措置等を講じ、もって国民経済の健全な発展に寄与することを目的とします。

❷ 不正競争の類型

不正競争とは、次の行為をいいます。

❶　商品・営業主体混同惹起行為

　他人の商品等表示（業務に関する氏名、商号、商標、標章、商品の容器や包装として需要者の間に広く認識（**周知**）されている

◀ **発　展** ▶

商標法の規定により、『①先行登録商標の権利者の承諾を得ていること』、かつ、『②先行登録商標との間で出所混同のおそれがないこと』を要件として、先行登録商標と商標

第5章 企業活動に関わる法規制

や商品・役務が同
一・類似の商標が商
標登録を受けること
ができることになっ
た場合、先行登録商
標と後行登録商標の
うち、一方が周知性
や著名性を獲得した
としても、他方の商
標権者等が不正の目
的なく当該登録商標
を使用する行為は、
商品営業主体混同惹
起行為違反や著名表
示使用行為違反とは
ならないという適用
除外規定がありま
す。

ココが出る!

注意 ⚠

商品・営業主体混同
惹起行為にあたるた
めには、他人の商品
または営業と「混
同」を生じさせるこ
とが必要ですが、著
名表示使用行為にあ
たるためには、「混
同」の要件は不要で
あることに注意して
ください。

ココが出る!

ココが出る!

ものなど）と同一または類似の商品等表示を使用し、またはその
ような表示が使用された商品を譲渡したり、引き渡したりして、
他人の商品または営業と混同を生じさせることです。

たとえば、A社が、香水の製造・販売を営むB社が商標登録を
している「乙」と同一の名称を自社の店舗名として飲食店を営む
ように、**他人の商品等を表示するものとして需要者の間に広く認
識（周知）されているものと同一または類似の表示**を使用し、ま
たはそのような表示が使用された商品を譲渡、引渡し等をするこ
とにより他人の商品または営業と混同を生じさせる行為は、「**商
品・営業主体混同惹起行為**」として不正競争防止法上の不正競争
に該当します。

この商品・営業主体混同惹起行為にあたるか否かは、**当該商品
または営業表示について商標権の設定登録がなされているか否か
とは無関係**であることに注意してください。

❷ 著名表示使用行為

自己の商品等表示として、他人の**著名**な商品等表示と同一また
は類似の商品等表示を使用し、またはそのような表示が使用され
た商品を譲渡、引渡し等をすること（**混同の要件は不要**）です。

たとえば、C社が、自社の商品（カップ麺）に、競合他社であ
るD社の商品（カップ麺）の名称として全国的に知られている著
名な「甲」と同一の名称を表示して販売するように、自己の商品
等表示として、**他人の著名な商品等表示と同一または類似の商品
等表示**を使用し、またはそのような表示が使用された商品を譲
渡、引渡し等をすることは、「**著名表示使用行為**」として不正競
争に該当します。

なお、この著名表示使用行為にあたるか否かと、**当該商品名等
について商標権の設定登録がなされているか否かとは、無関係**で
す。

❸ 商品形態模倣行為（いわゆるデッドコピーの禁止）

他人の**商品の形態**（当該商品の機能を確保するために不可欠な
形態を除く）を模倣した商品を譲渡したり、貸し渡したり、電気

通信回線を通じて提供する行為などをすることです。

　ただし、最初に他人の商品が販売された日から3年を経過した場合や他人の商品が同種の商品が通常有する形態と変わらない場合などは不正競争とされません。

　また、他人の商品の形態を模倣した商品を譲り受けたときに、それが模倣作品であることを知らず、かつ、知らないことについて重大な過失がない者が、その商品を譲渡したり、貸し渡したり電気通信回線を通じて提供する行為などについては、差止請求や損害賠償請求または刑事罰の対象とはなりません。

　なお、**意匠法によって保護を受ける商品の形状等についても不正競争防止法の保護の対象**となります。 ◀━**ココが出る!**

❹　営業秘密にかかる不正競争行為

　営業秘密とは、秘密として管理されている生産方法、販売方法その他の事業活動に有用な技術上または営業上の情報であって、公然と知られていないものをいいます。

　営業秘密といえるためには、①**秘密として管理されていること**（秘密管理性）、②**事業活動に有用な情報であること**（有用性）、③**公然と知られていないこと**（非公知性）という3つの要件を充たすことが必要です。

　不正競争防止法は、営業秘密にかかる不正競争行為として、次の7つの類型を規定しています。

① **不正取得**

　　窃取、詐欺、強迫その他の不正の手段により営業秘密を取得する行為（不正取得行為）または不正取得行為により取得した営業秘密を使用し、もしくは開示する行為（秘密を保持しつつ特定の者に示すことを含む。以下同じ）

② **不正取得後の転得**

　　その営業秘密について不正取得行為が介在したことを知って、もしくは重大な過失により知らないで営業秘密を取得し、またはその取得した営業秘密を使用し、もしくは開示する行為

③ **不正取得に関する事後的悪意による使用・開示**

　　その取得した後にその営業秘密について不正取得行為が介

第5章 企業活動に関わる法規制

在したことを知って、または重大な過失により知らないでその取得した営業秘密を使用し、または開示する行為

④ **不正使用・開示**

　営業秘密を保有する事業者（保有者）からその営業秘密を示された場合において、不正の利益を得る目的で、またはその保有者に損害を加える目的で、その営業秘密を使用し、または開示する行為

⑤ **不正開示後の転得**

　その営業秘密について不正開示行為であることもしくはその営業秘密について不正開示行為が介在したことを知って、もしくは重大な過失により知らないで営業秘密を取得し、またはその取得した営業秘密を使用し、もしくは開示する行為

⑥ **不正開示に関する事後的悪意による使用・開示**

　その取得した後にその営業秘密について不正開示行為があったこともしくはその営業秘密について不正開示行為が介在したことを知って、または重大な過失により知らないでその取得した営業秘密を使用し、または開示する行為

⑦ **不正使用行為により生じた物の譲渡・輸出入等**

　技術上の情報である営業秘密の不正使用行為により生じた物を譲渡し、引き渡し、譲渡もしくは引渡しのために展示し、輸出し、輸入し、または電気通信回線を通じて提供する行為

❺　限定提供データにかかる不正競争行為

　『限定提供データ』とは、業として特定の者に提供する情報として電磁的方法（電子的方法、磁気的方法その他人の知覚によっては認識することができない方法）により相当量蓄積され、及び管理されている技術上又は営業上の情報であって、『営業秘密を除く』ものをいいます。

　不正競争防止法は、限定提供データにかかる不正競争行為として、次の6類型を規定しています。

① 窃取、詐欺、強迫その他の不正の手段により限定提供データを取得する行為（限定提供データ不正取得行為）または限定提供データ不正取得行為により取得した限定提供データを使用

し、もしくは開示する行為

② その限定提供データについて限定提供データ不正取得行為が介在したことを知って限定提供データを取得し、またはその取得した限定提供データを使用し、もしくは開示する行為

③ その取得した後に、その限定提供データについて限定提供データ不正取得行為が介在したことを知ってその取得した限定提供データを開示する行為

④ 限定提供データを保有する事業者（限定提供データ保有者）からその限定提供データを示された場合において、不正の利益を得る目的で、またはその限定提供データ保有者に損害を加える目的で、その限定提供データを使用する行為（その限定提供データの管理に係る任務に違反して行うものに限る。）または開示する行為

⑤ その限定提供データについて限定提供データ不正開示行為（上記④の場合において、そこで規定する目的でその限定提供データを開示する行為）であることもしくはその限定提供データについて限定提供データ不正開示行為が介在したことを知って限定提供データを取得し、またはその取得した限定提供データを使用し、もしくは開示する行為

⑥ その取得した後にその限定提供データについて限定提供データ不正開示行為があったことまたはその限定提供データについて限定提供データ不正開示行為が介在したことを知ってその取得した限定提供データを開示する行為

❻ 技術的制限手段（不正コピー防止装置等）の無効化行為

営業上用いられている技術的制限手段により制限されている影像・音の視聴・プログラム等（不正コピー防止のために実施している技術的制限手段）の効果を妨害する機能を有する装置・機器やプログラム（記憶媒体・機器）を譲渡したり、引き渡したりすること、またはそのプログラムの有線送信等、役務を提供する行為

❼ ドメイン名の不正取得・使用

不正の利益を得る目的あるいは他人に損害を加える目的で、他

◀ 発 展 ▶

商標登録されたドメイン名を商標に係る商品・役務を提供する際に用いる行為については、商標法で規制できますが、取得したドメイン名を使用しなかったり、ドメイン名を商標登録された商品・役務と異なるものに使用したような場合につ

いては、商標法で規
制することができま
せん。そのため、登
録商標等と同一また
は類似するドメイン
名を取得したうえで
これを商標権者に買
い取らせる行為が横
行しました。そこで
不正競争防止法は、
上記の行為について
規制を行うことにし
たのです。

人の特定商品等表示と同一または類似のドメイン名（インター
ネットにおいて、個々の電子計算機を識別するために割り当てら
れる番号、記号または文字の組合せに対応する文字、番号、記号
その他の符号またはこれらの結合）を使用する権利を取得・保有
し、またはそのドメイン名を使用すること

❽　原産地等誤認惹起行為

　商品の広告等に、その商品の原産地、品質、内容、製造方法、
用途、数量につき誤認させるような表示をし、またはその表示を
した商品を譲渡したり、引き渡したりすること

❾　営業誹謗行為

　競争関係にある他人の営業上の信用を害する虚偽の事実を告知
し、または流布する行為

◀ **発　展** ▶

❿は、国際的な不正
競争の防止という観
点から、商標権は当
該登録国においての
み効力を有するとい
う属地主義の原則を
緩和したものです。

❿　代理人等による商標冒用行為

　パリ条約の同盟国等において商標に関する権利を有する者の代
理人または代表者等が、正当な理由がないのに、その権利を有す
る者の承諾を得ないで、その権利に係る商標を冒用する行為

用　語

「冒用」とは、権利
者に無断で使用する
ことをいいます。

❸ 民事的救済

❶　差止請求権

　不正競争によって営業上の利益を侵害され、または侵害される
おそれがある者は、その営業上の利益を侵害する者または侵害す
るおそれがある者に対し、その侵害の停止または予防を請求する
ことができます。

❷　損害賠償請求権

　故意または過失により不正競争を行って他人の営業上の利益を
侵害した者は、これによって生じた損害を賠償する責任を負います。
　不正競争によって営業上の利益を侵害された者が故意または過
失により自己の営業上の利益を侵害した者に対しその侵害により

自己が受けた損害の賠償を請求する場合において、当該侵害をした者がその**侵害の行為により利益を受けているときは、その利益の額は、その営業上の利益を侵害された者が受けた損害の額と推**定されます。

◀ ココが出る!

　裁判所は、不正競争による営業上の利益の侵害に係る訴訟においては、当事者の申立てにより、当事者に対し、当該侵害行為について立証するため、または当該侵害の行為による損害の計算をするため必要な書類の提出を命ずることができ、この場合、**裁判官のみが対象書類を精査し、当該書類の提出を拒む正当な理由があるかどうかの判断を行う、「インカメラ手続」が認められて**います。

　なお、不正競争による営業上の利益の侵害に係る訴訟において、損害が生じたことが認められる場合において、損害額を立証するために必要な事実を立証することが当該事実の性質上極めて困難であるときは、裁判所は、相当な損害額を認定することができます。

❸　信用回復措置

　故意または過失により不正競争を行って他人の営業上の信用を害した者に対しては、裁判所は、その営業上の信用を害された者の請求により、損害の賠償に代え、または損害の賠償とともに、その者の営業上の信用を回復するのに必要な措置を命ずることができます。

❹ 刑事罰

　営業秘密侵害行為をした者には、刑事罰が科されます（営業秘密侵害罪）。

　そして、法人の代表者または法人もしくは人の代理人、使用人その他の従業者が、その法人または人の業務に関し、営業秘密侵害行為をしたときは、当該行為者が罰せられるほか、その法人または人に対しても、5億円以下の罰金刑が科されます（両罰規定）。

注　意

営業秘密侵害罪は、
非親告罪です。

この節で学習すること

1　消費者契約法

本法は、消費者の利益を擁護し、国民生活の安定向上等に寄与することを目的とします。

分割払いで商品を購入したときに適用される法律で、消費者保護を目的とします。

2　割賦販売法

訪問販売、通信販売、電話勧誘販売などを特定商取引と呼び、特別な規制をして消費者を保護しています。

3　特定商取引法

4　景品表示法

過大な景品を禁止したり、優良と誤認させるような広告（表示）を禁止したりしています。

保険や株式などを販売するときのルールを定めた法律です。

5　金融サービス提供法

❶ 消費者契約法

❶ 目 的

消費者契約法は、①**事業者の一定の行為により消費者が誤認**し、**または困惑した場合等について契約の申込みまたはその承諾の意思表示を取り消すことができる**こととするとともに、②事業者の損害賠償の責任を免除する条項その他の**消費者の利益を不当に害することとなる条項の全部または一部を無効とする**ほか、③消費者の被害の発生または拡大を防止するため**適格消費者団体が事業者等に対し差止請求をすることができる**こととすることにより、消費者の利益の擁護を図り、もって国民生活の安定向上と国民経済の健全な発展に寄与することを目的とします。

❷ 適用対象となる契約

消費者契約法は、**消費者契約**、すなわち、消費者と事業者との間で締結される契約（**労働契約を除く**）に適用されます。

ここに**消費者**とは、個人（事業としてまたは事業のために契約の当事者となる場合におけるものを除く）をいいます。したがって、**法人や個人事業主が事業としてまたは事業のために契約当事者となる場合は、個人に含まれず、消費者に該当しません。**

たとえば、電器店を営むA社の店舗において、弁護士であるBがパソコンを購入した場合、Bが、趣味の風景写真の編集のために当該パソコンを購入したときは、A社は事業者であり、Bは消費者に該当するため、A社とBとの間のパソコンの売買契約には、消費者契約法が適用されます。

これに対し、Bが、訴訟資料の整理など弁護士業務のために当該パソコンを購入したときは、Bは事業者に該当するため、A社とBとの間のパソコンの売買契約には、消費者契約法は適用されません。

また、**事業者**とは、法人その他の団体および事業としてまたは事業のために契約の当事者となる場合における個人をいいます。したがって、**事業者には、法人のほか個人も含まれ**、また、**法人については公益法人であるか非公益法人であるかは問われません。**

消費者保護関連法（消費者保護法）は、消費者を保護し、事業者と対等な関係で取引ができるようにするため、①事業者の事業活動が適正に行われること、②消費者の私法上の権利を強化することをその内容としています。

第**5**章 企業活動に関わる法規制

ココが出る！

ココが出る！

ココが出る！

そして、**適格消費者団体**とは、不特定かつ多数の消費者の利益のために消費者契約法の規定による差止請求権を行使するのに必要な適格性を有する法人である消費者団体として内閣総理大臣の認定を受けた者をいいます。

❸ 事業者および消費者の努力
① 事業者は、次に掲げる措置を講ずるよう努めなければなりません。
　イ　消費者契約の条項を定めるにあたっては、消費者の権利義務その他の消費者契約の内容が、その解釈について疑義が生じない明確なもので、かつ、消費者にとって平易なものになるよう配慮すること。
　ロ　消費者契約の締結について勧誘をするに際しては、消費者の理解を深めるために、物品、権利、役務その他の消費者契約の目的となるものの性質に応じ、**事業者が知ることができた個々の消費者の年齢、心身の状態、知識および経験を総合的に**考慮した上で、消費者の権利義務その他の消費者契約の内容についての必要な情報を提供すること。
　ハ　民法548条の2第1項に規定する定型取引合意に該当する消費者契約の締結について勧誘をするに際しては、消費者が同項に規定する定型約款の内容を容易に知り得る状態に置く措置を講じているときを除き、消費者が同法548条の3第1項に規定する請求を行うために必要な情報を提供すること。
　ニ　消費者の求めに応じて、消費者契約により定められた当該消費者が有する解除権の行使に関して必要な情報を提供すること。
　ホ　事業者は、消費者に対し、消費者契約の解除に伴う損害賠償の額を予定し、または違約金を定める条項に基づき損害賠償または違約金の支払を請求する場合において、当該消費者から説明を求められたときは、損害賠償の額の予定または違約金の算定の根拠の概要を説明すること。
　ヘ　適格消費者団体の要請を受けた場合の契約条項や差止請求を受けて講じた措置を開示すること。

② 消費者は、消費者契約を締結するに際しては、事業者から提供された情報を活用し、消費者の権利義務その他の消費者契約の内容について理解するよう努めるものとします。

❹ 取り消すことができる行為

① 消費者は、事業者が消費者契約の締結について勧誘をするに際し、当該消費者に対して次に掲げる行為をしたことにより誤認をし、それによって当該消費者契約の申込みまたはその承諾の意思表示をしたときは、これを取り消すことができます。

　イ　重要事項について事実と異なることを告げること（**契約の重要事項に関する不実の告知**）。

　ロ　物品、権利、役務その他の当該消費者契約の目的となるものに関し、将来におけるその価額、将来において当該消費者が受け取るべき金額その他の将来における変動が不確実な事項につき断定的判断を提供すること（**契約における不確実な事項についての断定的判断の提供**）。

② 消費者は、事業者が消費者契約の締結について勧誘をするに際し、当該消費者に対してある重要事項または当該重要事項に関連する事項について当該消費者の利益となる旨を告げ、かつ、当該重要事項について当該消費者の不利益となる事実（当該告知により当該事実が存在しないと消費者が通常考えるべきものに限る）を故意または重大な過失によって告げなかったことにより、当該事実が存在しないとの誤認をし、それによって当該消費者契約の申込みまたはその承諾の意思表示をしたときは、これを取り消すことができます（**不利益事実の故意または重過失による不告知**）。

　ただし、当該事業者が当該消費者に対し当該事実を告げようとしたにもかかわらず、当該消費者がこれを拒んだときは、取り消すことができません。

③ 消費者は、事業者が消費者契約の締結について勧誘をするに際し、当該消費者に対して次に掲げる行為をしたことにより困惑し、それによって当該消費者契約の申込みまたはその承諾の意思表示をしたときは、これを取り消すことができます。

注意

消費者契約の取消事由には、大別して、①誤認類型、②困惑類型、③過量契約の3つがあることを押さえましょう。

◀ 発 展 ▶

消費者契約の「重要事項」とは、以下のものをさします（消費者契約法4条5項）。

(1) 当該消費者契約の目的となるものの質、用途その他の内容であって、消費者の当該消費者契約を締結するか否かについての判断に通常影響を及ぼすべきもの

(2) 当該消費者契約の目的となるものの対価その他の取引条件であって、消費者の当該消費者契約を締結するか否かについての判断に通常影響を及ぼすべきもの

(3) 当該消費者契約の目的となるものが当該消費者の生命・身体、財産その他の重要な利益についての損害または危険を回避するために通常必要であると判断される事情

ex. 事業者が、シロアリの被害などないにも関わらず、床下にシロアリがいて、家が倒壊するおそれがある、お肌チ

ェックで健康な肌で
あったにも関わら
ず、肌が傷んでい
て、化粧水などで対
策しないとすぐに肌
がボロボロになるな
どの不実告知をして
契約させたような場
合でも、消費者は、
契約の重要事項に関
する不実告知を理由
に当該消費者契約を
取り消すことができ
る。

ココが出る！

イ　当該事業者に対し、当該消費者が、その住居またはその業
　　務を行っている場所から退去すべき旨の意思を示したにもか
　　かわらず、それらの場所から退去しないこと（**不退去**）。

ロ　当該事業者が当該消費者契約の締結について勧誘をしてい
　　る場所から当該消費者が退去する旨の意思を示したにもかか
　　わらず、その場所から当該消費者を退去させないこと（**退去
　　妨害**）。

ハ　当該消費者に対し、当該消費者契約の締結について勧誘を
　　することを告げずに、当該消費者が任意に退去することが困
　　難な場所であることを知りながら、当該消費者をその場所に
　　同行し、その場所において当該消費者契約の締結について勧
　　誘をすること（**退去困難な場所へ同行されての勧誘**）。

ニ　当該消費者が当該消費者契約の締結について勧誘を受けて
　　いる場所において、当該消費者が当該消費者契約を締結する
　　か否かについて相談を行うために電話等の方法によって当該
　　事業者以外の者と連絡する旨の意思を示したにもかかわら
　　ず、威迫する言動を交えて、当該消費者が当該方法によって
　　連絡することを妨げること（**威迫による相談妨害**）。

ホ　当該消費者が、社会生活上の経験が乏しいことから、次に
　　掲げる事項に対する願望の実現に過大な不安を抱いているこ
　　とを知りながら、その**不安をあおり、裏付けとなる合理的な
　　根拠がある場合その他の正当な理由がある場合**でないのに、
　　物品、権利、役務その他の当該消費者契約の目的となるもの
　　が当該願望を実現するために必要である旨を告げること（**就
　　職セミナー商法等**）。

　　ａ．進学、就職、結婚、生計その他の社会生活上の重要な事
　　　　項

　　ｂ．容姿、体型その他の身体の特徴または状況に関する重要
　　　　な事項

ヘ　当該消費者が、社会生活上の経験が乏しいことから、当該
　　消費者契約の締結について勧誘を行う者に対して恋愛感情そ
　　の他の好意の感情を抱き、かつ、当該勧誘を行う者も当該消
　　費者に対して同様の感情を抱いているものと誤信しているこ

とを知りながら、これに乗じ、当該消費者契約を締結しなければ当該勧誘を行う者との関係が破綻することになる旨を告げること（**デート商法等**）。

ト　当該消費者が、加齢または心身の故障によりその判断力が著しく低下していることから、生計、健康その他の事項に関しその現在の生活の維持に過大な不安を抱いていることを知りながら、その不安をあおり、裏付けとなる合理的な根拠がある場合その他の正当な理由がある場合でないのに、当該消費者契約を締結しなければその現在の生活の維持が困難となる旨を告げること（**判断力の低下の不当な利用**）。

チ　当該消費者に対し、霊感その他の合理的に実証することが困難な特別な能力による知見として、そのままでは当該消費者に重大な不利益を与える事態が生ずる旨を示してその不安をあおり、当該消費者契約を締結することにより確実にその重大な不利益を回避することができる旨を告げること（**霊感商法等**）。

リ　当該消費者が当該消費者契約の申込みまたはその承諾の意思表示をする前に、当該消費者契約を締結したならば負うこととなる義務の内容の全部もしくは一部を実施し、または当該消費者契約の目的物の現状を変更し、その実施または変更前の原状の回復を著しく困難にすること（**契約締結前における債務の内容の実施等を理由とする事実上の契約締結の強要**）。

ヌ　当該消費者が当該消費者契約の申込みまたはその承諾の意思表示をする前に、当該事業者が調査、情報の提供、物品の調達その他の当該消費者契約の締結を目指した事業活動を実施した場合において、当該事業活動が当該消費者からの特別の求めに応じたものであったことその他の取引上の社会通念に照らして正当な理由がある場合でないのに、当該事業活動が当該消費者のために特に実施したものである旨および当該事業活動の実施により生じた損失の補償を請求する旨を告げること（**契約締結を目指した事業活動による事業者への損害発生を理由とする事実上の契約締結の強要**）。

④ 事業者が勧誘をするに際し、契約の目的物の分量、回数または期間（以下「分量等」という）が当該消費者にとっての通常の分量等を著しく超えるものであることを知っていた場合において、消費者が、その勧誘によりこの消費者契約の申込み・承諾の意思表示をしたとき、消費者は、その契約を取り消すことができます（**過量契約の取消権**）。

消費者契約法に基づいて意思表示が取り消された場合、当該契約は**遡及的に無効**となり、事業者と消費者は、相互に原状回復義務を負います。事業者は、すでに受け取った代金などを返還しなければならず、他方、消費者は、引渡しを受けた商品などを返還しなければなりません。

なお、消費者契約に基づく債務の履行として給付を受けた消費者は、当該消費者契約の申込みまたはその承諾の意思表示を取り消した場合において、**給付を受けた当時その意思表示が取り消すことができるものであることを知らなかった**ときは、当該消費者契約によって**現に利益を受けている限度**において、**返還の義務**を負うものとされています。

この取消権は、追認をすることができる時から**1年間**（霊感等による知見を用いた告知による困惑にかかる取消権については3年間）行使しないときは、時効によって消滅します。当該消費者契約の締結の時から**5年**（霊感等による知見を用いた告知による困惑にかかる取消権については10年）を経過したときも、同様です。また、**取消しは、これをもって善意でかつ過失がない第三者に対抗することができません**。

なお、**消費者契約に取消原因がある場合、消費者は、消費者契約法に基づく取消権の行使のほか、民法の詐欺または強迫の規定に基づく取消権の行使もでき、そのどちらを主張することも可能です**。

したがって、消費者契約法に基づく取消権が時効消滅しても、民法の規定に基づく取消権がまだ時効消滅していなければ、消費者は、民法の規定に基づく取消権の行使ができることになります。

◀ 発 展 ▶

「過量契約の取消権」は、主として、高齢者の判断能力の低下等につけ込んで、大量に商品を購入させる（食べきれない量の健康食品やサプリメントを売りつける等）被害事案が多く発生したことから、これに対応するために設けられたものです。

ココが出る！

◀ 発 展 ▶

消費者契約法による取消権成立の立証責任は、すべて消費者側にあります。

❺ 無効となる契約条項

次に掲げる消費者契約の条項は、無効とされます。

ココが出る！

① 事業者の債務不履行により消費者に生じた損害を賠償する責任の全部を免除する条項

② 事業者側の故意または重大な過失による債務不履行により消費者に生じた損害を賠償する責任の一部を免除する条項

③ 消費者契約における事業者の債務の履行に際してされた当該事業者の不法行為により消費者に生じた損害を賠償する民法の規定による責任の全部を免除する条項

④ 消費者契約における事業者の債務の履行に際してされた当該事業者側の故意または重大な過失による不法行為により消費者に生じた損害を賠償する民法の規定による責任の一部を免除する条項

⑤ 事業者に自らの債務不履行や不法行為による損害賠償責任の限度を決定する権限を付与する条項

⑥ 消費者契約が有償契約である場合において、引き渡された目的物が種類または品質に関して契約の内容に適合しないときに、これにより消費者に生じた損害を賠償する事業者の責任を免除する条項

⑦ 事業者の債務不履行により生じた消費者の解除権を放棄させ、または当該事業者にその解除権の有無を決定する権限を付与する消費者契約の条項

ココが出る！

⑧ 事業者に対し、消費者が後見開始、保佐開始または補助開始の審判を受けたことのみを理由とする解除権を付与する消費者契約（消費者が事業者に対し物品、権利、役務その他の消費者契約の目的となるものを提供することとされているものを除く）の条項

⑨ 事業者の債務不履行（当該事業者、その代表者またはその使用する者の故意または重大な過失によるものを除く）または消費者契約における事業者の債務の履行に際してされた当該事業者の不法行為（当該事業者、その代表者またはその使用する者の故意または重大な過失によるものを除く）により消費者に生じた損害を賠償する責任の一部を免除する消費者契約の条項で

あって、当該条項において事業者、その代表者またはその使用する者の重大な過失を除く過失による行為にのみ適用されることを明らかにしていないもの

⑩　当該消費者契約の解除に伴う損害賠償の額を予定し、または違約金を定める条項であって、これらを合算した額が、当該条項において設定された解除の事由、時期等の区分に応じ、当該消費者契約と同種の消費者契約の解除に伴い当該事業者に生ずべき平均的な損害の額を超えるものにおける**当該超える部分**

ココが出る！
⑪　消費者が負担する遅延損害金等の率が年率**14.6％を超える場合における当該超える部分**

⑫　消費者の不作為をもって当該消費者が新たな消費者契約の申込みまたはその承諾の意思表示をしたものとみなす条項その他の法令中の公の秩序に関しない規定の適用による場合に比して消費者の権利を制限しまたは消費者の義務を加重する消費者契約の条項であって、信義誠実の原則に反して消費者の利益を一方的に害するもの

ココが出る！
なお、上記の**契約条項が無効となる場合でも、消費者契約全体が無効となるわけではない**ことに注意してください。

❻　消費者団体訴訟制度

消費者団体訴訟制度とは、一定の要件を満たしたNPO法人や公益法人が、内閣総理大臣の認定を受けることによって適格消費者団体になったうえで、消費者契約法に違反している事業者がいる場合に、不特定多数の消費者の利益を保護するため、当該事業者に対して差止請求訴訟を提起するという制度をいいます。

❼　消費者の財産的被害の集団的な回復のための民事の裁判手続の特例に関する法律（消費者裁判手続特例法）

①　**共通義務確認の訴え**

特定適格消費者団体（消費者契約法の適格消費者団体のうち、特に内閣総理大臣の認定を受けた者）は、事業者が消費者に対して負う金銭の支払義務であって、消費者契約に関する債務の履行の請求、債務不履行や不法行為に基づく損害賠償請求

用　語

「共通義務」とは、事業者が相当多数の消費者に対して負う共通する事実上および法律上の原因に基づく金銭支払義務をいいます。

等について、**共通義務確認の訴えを提起**することができます。

　共通義務確認の訴えにより、裁判所は、事業者が消費者に対して負う金銭の支払いに関する共通義務の存否を判断します。

② **簡易確定手続**

　共通義務確認の訴えによる請求を認容する判決が確定した場合（消費者側が勝訴した場合）、特定適格消費者団体の申立てにより**簡易確定手続**が開始されます。

　共通義務確認の訴えで確認された共通義務に基づき、共通義務にかかる請求権を有する消費者が債権の届出を行った場合において、事業者が当該届出債権の内容の全部を認めたときは、当該届出債権の内容は確定し、確定した届出債権については、届出消費者表に記載され、**届出消費者表の記載は、確定判決と同一の効力**を有します。

❷ 割賦販売法

割賦販売法の規制の対象となる取引は、次のとおりです。

❶ 割賦販売

購入者等から商品代金等を2か月以上の期間にわたり、かつ、3回以上に分割して受領することを条件として、指定商品・指定権利を販売し、指定役務を提供すること。

❷ ローン提携販売

購入者等の債務（商品代金等に充当するための金銭の借入れで、2か月以上の期間にわたり、かつ、3回以上に分割して返済することを条件とするもの）の保証をして、指定商品・指定権利を販売し、指定役務を提供すること。

❸ 信用購入あっせん

① **意　義**

　信用購入あっせんとは、特定の販売業者等が行う購入者等への商品の販売等を条件として、その代金等を販売業者等に交付

するとともに、購入者等からその代金等相当額を、契約を締結した時から2か月を超えるあらかじめ定められた時期までに受領することをいいます。

　信用購入あっせんには、クレジットカード等のカード等を利用して行う**包括信用購入あっせん**とカード等を利用しない**個別信用購入あっせん**とがあります。

　信用購入あっせんについては、指定商品・指定役務は廃止され（指定権利は存続）、**すべての商品・役務が規制の対象**となります。

② **個別信用購入あっせん**

　個別信用購入あっせん（以下「**個別クレジット**」という）は、販売店がいわゆるクレジットカードなどのカード等を利用することなく消費者に商品を販売することを条件として、信販会社が、商品の代金の全部または一部に相当する金額を販売店に交付するとともに、消費者から所定の時期までに当該金額を受領するものです。

　個別クレジットにおいては、消費者は、商品の購入にあたり、個別信用購入あっせん関係販売業者である販売店との間で「**個別信用購入あっせん関係販売契約（以下「クレジット販売契約」という）**」を、個別信用購入あっせん業者である信販会社との間で「**個別信用購入あっせん関係受領契約（以下「立替払委託契約」という）**」をそれぞれ締結することになります。また、信販会社と販売店との間では、**加盟店契約**が締結されます。

　クレジット販売契約は、個別クレジットにより商品を販売することを内容として、販売店と消費者との間で締結される売買契約であり、**立替払委託契約**は、クレジット販売契約により消費者が販売店から購入する商品の代金相当額の支払いおよび受領について、信販会社と消費者との間で締結される契約です。

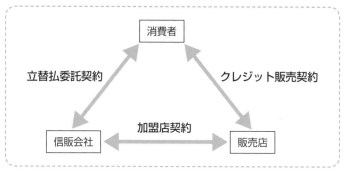

　個別クレジットは、（ a ）消費者が販売点に商品などの購入を申し込む⇒（ b ）販売店が信販会社に消費者の信用調査を依頼する⇒（ c ）信販会社が消費者の支払能力の調査を行う⇒（ d ）信用調査の過程で信販会社が消費者に電話をして契約意思の確認を行う⇒（ e ）信用調査の結果、信販会社が契約を承諾すれば、そこで立替払委託契約は成立し（同時にクレジット販売契約も成立する）、信販会社から販売店に代金が一括払いされる⇒（ f ）消費者が商品を受け取り、信販会社に代金を分割払いする、という過程を経て行われます。

イ　取引条件の表示

　　個別信用購入あっせん業者（信販会社）および個別信用購入あっせん関係販売業者（販売店）は、個別クレジットの方法により**商品等を販売しようとするときは、その相手方に対して、当該商品等に関する一定の事項**（商品等の現金販売価格、購入者の支払総額、個別クレジットにかかる商品等の代金の全部または一部の支払の期間および回数、個別クレジットの手数料の料率等）**を示さなければなりません。**

ロ　書面の交付

　　個別信用購入あっせん業者（信販会社）は、**立替払委託契約を締結したときは、遅滞なく、**当該立替払委託契約に関する所定の事項を記載した書面**を購入者に交付しなければなりません**（購入者の承諾を得て電磁的方法による提供も可能）。

　　また、**個別信用購入あっせん関係販売業者**（販売店）は、**クレジット販売契約を締結したときは、**遅滞なく、当該契約に関する一定の事項（商品等の種類、購入者の支払総額、個

◀ 発 展 ▶

個別クレジット販売契約等が訪問販売等の場合には、個別信用購入あっせん業者（信販会社）は、当該販売契約等にかかる立替払委託契約の申込みを受けたときは、遅滞なく、当該契約に関する所定の事項を記載した申込書面を申込者に交付しなければなりません。ただ、この申込書面は、申込者の承諾を得て電磁的方法で提供することができます。

ココが出る！

第5章　企業活動に関わる法規制

ココが出る！▶

別クレジットにかかる各回ごとの商品等の代金の全部または一部の支払分の額ならびにその支払の時期および方法、商品の引渡時期等）を記載した書面を購入者に交付しなければなりません（購入者の承諾を得て電磁的方法による提供も可能）。

ハ　契約の解除等の制限

信販会社は、立替払委託契約について賦払金の支払いの義務が履行されない場合において、20日以上の相当な期間を定めてその支払いを書面で催告し、その期間内にその義務が履行されないときでなければ、賦払金の支払いの遅滞を理由として、契約を解除し、または支払時期の到来していない賦払金の支払いを請求することができません。

ニ　契約の解除等に伴う損害賠償等の額の制限

信販会社は、立替払委託契約が解除された場合には、損害賠償額の予定または違約金の定めがあるときにおいても、当該契約にかかる支払総額に相当する額にこれに対する法定利率による遅延損害金の額を加算した金額を超える額の金銭の支払を購入者に対して請求することができません。

ホ　過量販売による解除

訪問販売または電話勧誘販売により日常必要とされる分量を著しく超える商品等を購入した者は、特定商取引法に基づき当該購入契約を解除することができます。そして、さらに、当該購入契約が個別クレジットを利用して行われた場合には、割賦販売法に基づき当該個別クレジットにおける立替払委託契約を解除することができます。

ヘ　不実告知等による取消し

購入者は、個別クレジットを利用して訪問販売や電話勧誘販売等の契約を締結するに際し、販売業者等から契約内容に関して不実告知を受け、または故意の不告知により誤認して契約を締結した場合には、当該契約を取り消すことができます。また、当該個別クレジットにおける立替払委託契約も取り消すことができます。この場合、信販会社は、受領済みの賦払金を購入者に返還しなければなりません。

なお、不実告知等を原因とする取消しは、善意・無過失の第三者に対抗することはできません。

ト　クーリング・オフ

　個別クレジットを利用した契約が訪問販売や電話勧誘販売等に該当する場合、申込者または契約の相手方は、一定期間内に、立替払委託契約の申込みを撤回し、または立替払委託契約の解除をすることができます（**クーリング・オフ**）。

　この申込みの撤回または解除は、申込みの撤回または解除をする旨を記載した書面を発した時に、その効力を生じます。そして、**立替払委託契約について申込みの撤回または解除がなされた場合、当該商品等のクレジット販売契約についても、撤回または解除がなされたものとみなされます。**

　なお、この**クーリング・オフの規定は強行規定**であり、この規定に反する契約条項や特約は無効となります。

チ　支払停止の抗弁

　購入者は、クレジット販売契約にかかる商品等の代金の支払いの請求を受けたときは、当該契約にかかる個別信用購入あっせん関係販売業者（販売店）に対して生じている事由（**抗弁事由**）をもって、当該支払いの請求をする個別信用購入あっせん業者（信販会社）に対抗することができます（**支払停止の抗弁：包括・個別ともにある**）。

　たとえば、消費者Aが、販売店Bからクレジット販売契約により商品を購入したところ、当該契約はBの詐欺によるものであったため、当該契約を取り消した場合、その後、Aが、当該商品について信販会社Cから立替払委託契約に基づき賦払金の支払請求を受けても、Aは、Bとの間のクレジット販売契約を取り消したことをもって、Cに対し、賦払金の支払いを拒絶することができます。

ココが出る！

ココが出る！

第**5**章　企業活動に関わる法規制

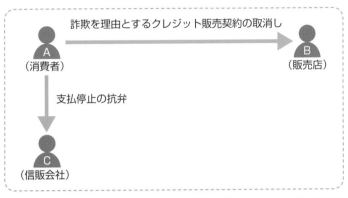

詐欺を理由とするクレジット販売契約の取消し

A（消費者）→ B（販売店）

支払停止の抗弁

C（信販会社）

　　　この抗弁事由には、前記の**詐欺取消し**のほか、**錯誤取消し、同時履行の抗弁権**等があります。

③ 特定商取引法

❶ 目　的

　特定商取引に関する法律（以下「特定商取引法」という）は、特定商取引（訪問販売、通信販売および電話勧誘販売にかかる取引、連鎖販売取引、特定継続的役務提供にかかる取引、業務提供誘引販売取引ならびに訪問購入にかかる取引をいう）を公正にし、および購入者等が受けることのある損害の防止を図ることにより、購入者等の利益を保護し、あわせて商品等の流通および役務の提供を適正かつ円滑にし、もって国民経済の健全な発展に寄与することを目的とします。

❷ 訪問販売

① 意　義

ココが出る！

　　訪問販売とは、次のものをいいます。

　イ　販売業者等が営業所等以外の場所において、契約の申込みを受け、もしくは契約を締結して行う商品・特定権利・役務の有償での提供

　ロ　販売業者等が、営業所等において、営業所等以外の場所において呼止め等により誘引した者から契約の申込みを受け、もしくは契約を締結して行う商品・特定権利の販売または役

務の提供（いわゆる**キャッチセールス**や**アポイントメントセ**
ールス）

② **販売業者・役務提供事業者の義務**

イ　**訪問販売における氏名等の明示**

　　販売業者または役務提供事業者は、訪問販売をしようとす
るときは、その勧誘に先立って、その相手方に対し、販売業
者または役務提供事業者の氏名または名称、売買契約または
役務提供契約の締結について勧誘をする目的である旨および
当該勧誘にかかる商品もしくは権利または役務の種類を明ら
かにしなければなりません。

ロ　**契約を締結しない旨の意思を表示した者に対する勧誘の禁**
止等

　　販売業者または役務提供事業者は、訪問販売をしようとす
るときは、その相手方に対し、勧誘を受ける意思があること
を確認するよう努めなければならず、訪問販売にかかる売買
契約または役務提供契約を締結しない旨の意思を表示した者
に対し、当該売買契約または当該役務提供契約の締結につい
て勧誘をしてはなりません。

ハ　**訪問販売における書面の交付**

　　販売業者または役務提供事業者は、営業所等以外の場所に
おいて商品もしくは特定権利につき売買契約の申込みを受
け、もしくは役務につき役務提供契約の申込みを受けたとき
または営業所等において特定顧客から商品もしくは特定権利
につき売買契約の申込みを受け、もしくは役務につき役務提
供契約の申込みを受けたときは、直ちに、一定の事項（クー
リング・オフ等）についてその申込みの内容を記載した書面
をその申込みをした者に交付しなければなりません。

　　なお、書面の交付に代えて、**購入者等の承諾を得て**、当該
書面に記載すべき事項を**電磁的方法により提供**することがで
きます。

③ **クーリング・オフ**

　　訪問販売においては、販売業者等の相手方となった消費者
（申込者等）は、原則として、**クーリング・オフできる旨の書**

ココが出る！

面等（法定書面等）の交付を受けた日から起算して8日間は、書面または電磁的記録により申込みの撤回または契約の解除（申込みの撤回等）を行うことができます。

ココが出る！

この場合、申込みの撤回等は、当該申込みの撤回等に係る書面または電磁的記録による通知を発した時に、その効力を生じ、販売業者等は、その申込みの撤回等に伴う損害賠償または違約金の支払いを請求することができません。これらに反する特約で申込者等に不利なものは、無効となります。

なお、消費者は、販売業者との間で、訪問販売の方法により日常生活で通常必要とされる分量を著しく超える商品の売買契約を締結した場合には、契約締結後1年以内であれば、原則として当該契約の解除をすることができます。

そして、販売業者は、訪問販売に該当する売買契約の締結をした場合において、その売買契約が解除されたときは、損害賠償額の予定または違約金の定めがあるときにおいても、特定商取引法所定の額にこれに対する法定利率による遅延損害金の額を加算した金額を超える額の金銭の支払いを購入者に対して請求することができないものとされています。

❸　通信販売

①　意　義

通信販売とは、販売業者等が郵便、新聞等のメディアの広告、インターネット等により行う商品等の販売等であって電話勧誘販売に該当しないものをいいます。

②　誇大広告等の禁止

販売業者等は、通信販売をする場合の商品等について広告をするときは、当該商品等について、著しく事実に相違する表示をし、または実際のものよりも著しく優良であり、もしくは有利であると人を誤認させるような表示（誇大広告等）をしてはなりません。

③　合理的な根拠を示す資料の提出

主務大臣は、誇大広告等に該当するか否かを判断するため必要があると認めるときは、当該表示をした販売業者等に対し、

◀ 発　展 ▶
通信販売においては、クーリング・オフの適用はないことに注意してください。通信販売の場合は、訪問販売の場合と異なり、消費者にとって不意打ちになる販売方法ではないからです。

期間を定めて、当該表示の裏付けとなる合理的な根拠を示す資料の提出を求めることができます。この場合において、**当該販売業者等が当該資料を提出しないときは、当該表示は、誇大広告等に該当するものとみなされます。**

④ **承諾をしていない者に対する電子メール広告の提供の禁止**

販売業者等は、一定の場合を除き、通信販売をする場合の商品等の販売条件等について、その相手方となる者の請求または承諾を得ないで電子メール広告をしてはなりません。

⑤ **申込みの撤回等**

通信販売においてはクーリング・オフの制度はありませんが、消費者は、一定の場合には、申込みの撤回または契約の解除をすることができます。すなわち、**販売業者が当該商品等の広告に契約解除の可否や解除に伴う商品等の返品条件など所定の事項を表示していなかったときは、消費者は、商品等の引渡し等を受けた日から起算して8日以内に限り、申込みの撤回または契約の解除をすることができます。**

◀ココが出る!

❹ 電話勧誘販売

① **意 義**

電話勧誘販売とは、販売業者等が、電話をかけ、または政令で定める方法により電話をかけさせ、その電話において行う売買契約または役務提供契約の締結についての勧誘により、電話または郵便等の方法で商品等の購入の契約等を行わせる方法をいいます。

② **販売業者等の義務**

イ **電話勧誘販売における氏名等の明示**

販売業者等は、電話勧誘販売をしようとするときは、その勧誘に先立って、その相手方に対し、販売業者等の氏名または名称、その勧誘を行う者の氏名、商品等の種類、その電話が売買契約等の締結について勧誘をするためのものであることを告げなければなりません。

ロ　契約を締結しない旨の意思を表示した者に対する勧誘の禁止

　　　販売業者等は、電話勧誘販売にかかる売買契約等を締結しない旨の意思を表示した者に対し、当該売買契約等の締結について勧誘をしてはなりません。

③　**クーリング・オフ**

　　電話勧誘販売においても、訪問販売と同様に、消費者には8日以内のクーリング・オフが認められています。

　　販売業者等は、クーリング・オフの行使により消費者が契約の申込みを撤回しまたは契約を解除することを妨げる目的で、特定商取引法所定の重要事項について不実の告知、故意の不告知、威迫・困惑行為をしてはなりません。

④　**電話勧誘販売における契約の解除等に伴う損害賠償等の額の制限**

　　販売業者等は、電話勧誘販売にかかる売買契約等の締結をした場合において、その売買契約等が解除されたときは、損害賠償額の予定または違約金の定めがあるときにおいても、**特定商取引法に定める額にこれに対する法定利率による遅延損害金の額を加算した金額を超える額の金銭の支払いを購入者等に対して請求することができません。**

❺　連鎖販売取引

①　**意　義**

　　連鎖販売取引とは、物品の販売等の事業であって、再販売、受託販売もしくは販売のあっせん等をする者を、**特定利益**（紹介料や販売マージン、ボーナス等）が得られると誘引し、その者とする**特定負担**（入会金、商品購入費、研修費等の金銭的負担）を伴う物品の販売等の取引をいいます。いわゆる**マルチ商法**のことです。

②　**クーリング・オフ**

　　連鎖販売取引においても、消費者には、クーリング・オフが認められています。すなわち、消費者は、契約内容を明らかにした書面等を受領した日（再販売のときは、商品を受領した

◀ 発 展 ▶

マルチ商法は、「ねずみ講」と異なり、法律の規制を遵守して活動する範囲においては、違法なものではないことに注意してください。

日）から起算して**20日間**は、当該連鎖販売契約の解除を行うことができます。

　クーリング・オフの期間が、訪問販売や電話勧誘販売の場合の8日間よりも長いことに注意してください。

❻　業務提供誘引販売取引

①　意　義

　業務提供誘引販売取引とは、物品の販売等の事業であって、**業務提供利益**（報酬や手数料等）が得られると相手方を誘引し、その者とする**特定負担**（商品代金、役務提供料、登録料等の金銭的負担）を伴う商品の販売等の取引をいいます。いわゆる**内職・モニター商法**のことです。

②　クーリング・オフ

　業務提供誘引販売取引においても、消費者には、連鎖販売取引と同様に、20日以内のクーリング・オフが認められています。

❼　特定継続的役務提供

①　意　義

　特定継続的役務提供とは、役務の提供を受ける者の身体の美化または知識、技能の向上その他のその者の心身または身上に関する目的を実現させることをもって誘引が行われるものであって、役務の性質上、これらの目的が実現するかどうかが確実でないものとして、政令で定める役務（役務の提供を受ける権利）のうち、その提供期間・提供金額が政令で定める期間・金額以上の役務の提供（役務の提供を受ける権利の販売）をいいます。

　現在、政令により、**特定継続的役務として、エステティック・サロン**（期間が1か月を超えて、金額が5万円を超えるもの）、**美容医療**（期間が1か月を超えて、金額が5万円を超えるもの）、**語学教室**（期間が2か月を超えて、金額が5万円を超えるもの）、**家庭教師派遣**（期間が2か月を超えて、金額が5万円を超えるもの）、**学習塾**（期間が2か月を超えて、金額が5万円を超えるもの）、**結婚情報サービス**（期間が2か月を

「内職・モニター商法」は、「内職しませんか？」「モニターになりませんか？」などと仕事を提供することを約束するもので、収入が得られるからと誘い、その仕事に必要であるからと、商品の購入や役務の提供などの契約をさせる商法です。実際には、「毎月得られる収入によって商品代金の負担は十分に賄える」などという勧誘時に説明された仕事の紹介がなかったり、紹介されても次第に仕事が減少するなどして、結局は高額の負担が残るという被害が多発しています。

特定継続的役務提供は、勧誘方法とは無関係であり、訪問販売・通信販売・電話勧誘販売による販売だけでなく、消費者が広告等を見て自ら営業所や教室等に出向いて契約をした場合もこれに該当し得ます。

超えて、金額が5万円を超えるもの）、**パソコン教室**（期間が2か月を超えて、金額が5万円を超えるもの）**の7種類**が指定されています。

② **特定継続的役務提供における書面の交付**

役務提供事業者は、特定継続的役務の提供を受けようとする者と特定継続的役務提供契約を締結しようとするときは、当該特定継続的役務提供契約を締結するまでに、当該特定継続的役務提供契約の概要について記載した書面をその者に交付しなければなりません。

また、役務提供事業者は、特定継続的役務提供契約を締結したときは、遅滞なく、一定の事項について当該特定継続的役務提供契約の内容を明らかにする書面を当該特定継続的役務の提供を受ける者に交付しなければなりません。

なお、これらの書面の交付に代えて、**役務の提供を受ける者の承諾を得て**、当該書面に記載すべき事項を**電磁的方法により提供**することができます。

③ **クーリング・オフ等**

消費者は、当該特定継続的役務提供契約の内容を明らかにする書面等を受領した日から起算して8日間、クーリング・オフをすることができます。

ココが出る！▶

また、**クーリング・オフの期間を経過した後であっても、違約金を支払えば、いつでも将来に向かってその特定継続的役務提供契約の解除（中途解約）を行うことができます。**

ココが出る！▶

なお、**クーリング・オフおよび中途解約は、特定継続的役務の提供に密接に関連する商品（関連商品）の購入契約**（たとえば、英会話講座の受講に不可欠なテキストの購入契約）**も含めて行うことができる**ことに注意してください。

❽ 　訪問購入

① **意　義**

訪問購入とは、物品の購入を業として営む者（購入業者）が営業所等以外の場所において、売買契約の申込みを受け、または売買契約を締結して行う指定物品の購入をいいます。

② 訪問購入における氏名等の明示

　購入業者は、訪問購入をしようとするときは、その勧誘に先立って、その相手方に対し、購入業者の氏名または名称、売買契約の締結について勧誘をする目的である旨および当該勧誘にかかる物品の種類を明らかにしなければなりません。

③ 勧誘の要請をしていない者に対する勧誘の禁止等

　購入業者は、訪問購入にかかる売買契約の締結についての勧誘の要請をしていない者に対し、営業所等以外の場所において、当該売買契約の締結について勧誘をし、または勧誘を受ける意思の有無を確認してはなりません。

　購入業者は、訪問購入をしようとするときは、その勧誘に先立って、その相手方に対し、勧誘を受ける意思があることを確認することをしないで勧誘をしてはなりません。

④ 禁止行為

　購入業者は、訪問購入にかかる売買契約の締結について勧誘をするに際し、または訪問購入にかかる売買契約の申込みの撤回もしくは解除を妨げるため、物品の種類・性能・品質等の重要事実につき、不実のことを告げる行為をしてはなりません。

　また、購入業者は、訪問購入にかかる売買契約の締結について勧誘をするに際し、重要事実につき、故意に事実を告げない行為をしてはなりません。

　さらに、購入業者は、訪問購入にかかる売買契約を締結させ、または訪問購入にかかる売買契約の申込みの撤回もしくは解除を妨げるため、人を威迫して困惑させてはなりません。

⑤ クーリング・オフ

　訪問購入に該当する方法により、売買契約を締結した場合、売主は、購入業者からクーリング・オフできる旨の書面等（法定書面等）の交付を受けた日から起算して8日以内であれば、特定商取引法に基づき、当該売買契約についてクーリング・オフを行うことができます。

❾ ネガティブオプション

① 意 義

ネガティブオプションとは、消費者が商品の購入申込みをしていないにもかかわらず、事業者が一方的に商品を送付し、消費者からの返品や購入しない旨の通知がない限り、売買契約が成立したとして、代金を請求する販売形態をいいます。いわゆる**送りつけ**商法のことです。これによっては、売買契約は成立しません。

ココが出る！ ▶

◀ **発 展** ▶

ネガティブオプションにより海外から日本国内に居住する消費者に送り付けられた商品についても、特定商取引法の規定が適用されます。

② 売買契約に基づかないで送付された商品

事業者（販売業者）は、ネガティブオプションにより送付した**商品の返還を請求する**ことができません。したがって、当該商品については、消費者は直ちに処分することができます。

商品の送付があったとしても、それにより売買契約は成立していませんので、消費者は、代金を支払う必要はありません。かりに、売買契約に基づかないで一方的に商品の送付を受けた者が、当該商品を処分したことを理由に事業者から代金の支払いを請求され、代金支払義務が存在しているものと誤解して代金を支払ってしまった場合でも、事業者に対して、その誤って支払った金銭の返還を請求することができます。

❿ クーリング・オフの妨害と期間の延長

販売業者が、消費者との間で、訪問販売の方法により商品の売買契約を締結する際に、消費者に対し、そのクーリング・オフの行使を妨害する目的で、当該契約ではクーリング・オフは行使できない旨の不実の告知をした場合には、消費者は、原則として、クーリング・オフの期間を経過していてもクーリング・オフをすることができます。ただし、**販売業者が改めてクーリング・オフを行使できる旨の書面等を交付して説明した場合には、消費者は、その書面等を受領してから所定の期間**（特定商取引法が取引形態ごとに規定する期間である8日または20日）**が経過するまで、当該契約につきクーリング・オフをすることができます。**

⓫　合理的根拠を示す資料の提出義務

　広告において、商品や役務の効能、効果等に関して虚偽または誇大な表示を行っている疑いのある事業者に対しては、主務大臣は、当該表示の裏付けとなる合理的な根拠を示す資料の提出を求めることができます（**合理的な根拠を示す資料の提出義務**）。この場合において、当該資料が主務大臣の求めから15日以内に提出されないときは、当該表示は、主務大臣の指示および業務停止命令の規定の適用については、誇大広告等（不実証広告）とみなされ、改善指導等の行政処分がなされます。

❹ 景品表示法

❶　目　的

　不当景品類及び不当表示防止法（以下「景品表示法」という）は、商品および役務の取引に関連する不当な景品類および表示による顧客の誘引を防止するため、一般消費者による自主的かつ合理的な選択を阻害するおそれのある行為の制限および禁止について定めることにより、一般消費者の利益を保護することを目的とします。

❷　景品類の制限および禁止

① **景品類**とは、顧客を誘引するための手段として、事業者が取引に付随して相手方に提供する物品、金銭その他の経済上の利益であって、内閣総理大臣が指定するものをいいます。

② 内閣総理大臣は、不当な顧客の誘引を防止し、一般消費者による自主的かつ合理的な選択を確保するため必要があると認めるときは、景品類の価額の最高額もしくは総額、種類もしくは提供の方法その他景品類の提供に関する事項を制限し、または景品類の提供を禁止することができます。

③ 規制の対象となる景品類提供行為の類型

　イ　総付景品（ベタ付景品）

　　これは、取引に付随して必ず景品類が提供される場合（懸賞によらないで景品類が提供される場合）をいいます。

◀ 発　展 ▶

正常な商慣習に照らして値引きまたはアフターサービスと認められる経済上の利益および正常な商慣習に照らして当該取引に係る商品または役務に付随すると認められる経済上の利益は、景品類に該当しません。

ロ　一般懸賞

これは、取引に付随して懸賞によって景品類が提供される場合をいいます。

ハ　共同懸賞

これは、特定の地域・業界の事業者が共同して行うもので、取引に付随して懸賞によって景品類が提供される場合をいいます。

各類型においては、景品類の最高額の限度が定められていますが、景品類の総額の限度については、一般懸賞と共同懸賞の場合にのみ定められており、総付景品の場合には定められていません。

ココが出る！ ▶

		最高額の限度	総額の限度
総付景品	取引価額1,000円未満	200円・正常な商慣習の範囲内	なし
	取引価額1,000円以上	取引価額の10分の2・正常な商慣習の範囲内	
一般懸賞	取引価額5,000円未満	取引価額の20倍	懸賞により販売しようとする商品の売上予定総額の2％
	取引価額5,000円以上	10万円	
共同懸賞		取引価額にかかわらず30万円	懸賞により販売しようとする商品の売上予定総額の3％

❸　不当な表示の禁止

表示とは、顧客を誘引するための手段として、事業者が自己の供給する商品または役務の内容または取引条件等について行う広告その他の表示であって、内閣総理大臣が指定するものをいいます。たとえば、**商品の容器による広告**、ビラ・パンフレット、インターネット上の広告、看板・ネオンサイン・新聞・雑誌・放送による広告等がこれにあたります。

景品表示法は、**不当な表示**として、次の3つの類型を規定しています。

① 商品または役務の品質、規格その他の内容について、一般消費者に対し、実際のものよりも著しく優良であると示し、または事実に相違して当該事業者と同種もしくは類似の商品もしくは役務を供給している他の事業者にかかるものよりも著しく優良であると示す表示（**優良誤認表示**）

なお、合理的な根拠なく優良性を強調する表示は、いわゆる**不実証広告**として禁止されています。

② 商品または役務の価格その他の取引条件について、実際のものまたは当該事業者と同種もしくは類似の商品もしくは役務を供給している他の事業者にかかるものよりも取引の相手方に著しく有利であると一般消費者に誤認される表示（**有利誤認表示**）

③ 商品または役務の取引に関する事項について一般消費者に誤認されるおそれがある表示であって、不当に顧客を誘引し、一般消費者による自主的かつ合理的な選択を阻害するおそれがあると認めて内閣総理大臣が指定するもの

なお、内閣総理大臣（消費者庁長官）は、事業者がした表示が上記①の優良誤認表示に該当するか否かを判断するため必要があると認めるときは、当該表示をした事業者に対し、期間を定めて、当該表示の裏付けとなる合理的な根拠を示す資料の提出を求めることができます。この場合において、**当該事業者が当該資料を提出しないときは、当該表示**は「**不実証広告**」として**優良誤認表示とみなされます**。

❹ 景品類の提供および表示の管理上の措置

① 事業者は、商品・役務の取引について、景品類の提供または表示により不当に顧客を誘引し、一般消費者による自主的かつ合理的な選択を阻害することのないよう、景品類の提供に関する事項および商品・役務の内容にかかる表示に関する事項を**適正に管理するために必要な体制の整備その他の必要な措置**を講じなければなりません。

② 内閣総理大臣（消費者庁長官）は、事業者が講ずべき措置に関して、当該事業者に対し、その措置について必要な指導およ

◀ **発 展** ▶

内閣総理大臣が指定するものとして、『事業者が自己の供給する商品又は役務の取引について行う表示であって、一般消費者が当該表示であることを判別することが困難であると認められるもの（広告であるにもかかわらず広告であることを隠すいわゆる「ステルスマーケティング」）』も含まれます。

◀**ココが出る!**

第**5**章 企業活動に関わる法規制

び助言をすることができ、事業者が正当な理由がなくて事業者が講ずべき措置を講じていないと認めるときは、当該事業者に対し、景品類の提供または表示の管理上必要な措置を講ずべき旨の勧告をすることができます。そして、勧告を行った場合において当該事業者がその勧告に従わないときは、その旨を公表することができます。

注 意

事業者が、不特定かつ多数の一般消費者に対して、優良誤認表示や有利誤認表示を現に行いまたは行うおそれがあるときは、消費者契約法に規定する適格消費者団体が当該行為の停止、予防等の措置をとることを請求することができます（適格消費者団体の差止請求権）。

❺ 違反行為に対する措置

① 措置命令

　内閣総理大臣（消費者庁長官）は、景品類の制限もしくは禁止、または不当な表示の禁止の規定に違反する行為があるときは、当該事業者に対し、その行為の差止めやその行為が再び行われることを防止するために必要な事項等を命ずることができます（**措置命令**）。措置命令は、当該違反行為がすでになくなっている場合においても、することができます。

② 課徴金納付命令

ココが出る！

用 語

「課徴金対象期間」とは、課徴金対象行為をした期間（課徴金対象行為をやめた後そのやめた日から6か月を経過する日（同日前に、当該事業者が当該課徴金対象行為にかかる表示が不当に顧客を誘引し、一般消費者による自主的かつ合理的な選択を阻害するおそれを解消するための措置として内閣府令で定める措置をとったときは、その日）までの間に当該事業者が当該課徴金対象行為にかかる商品または役務の取引をしたときは、当該

　内閣総理大臣（消費者庁長官）は、事業者が**課徴金対象行為**（**優良誤認表示**または**有利誤認表示**）をしたときは、当該事業者に対し、当該課徴金対象行為にかかる**課徴金対象期間**に取引をした当該課徴金対象行為にかかる商品または役務の政令で定める方法により算定した売上額に100分の3を乗じて得た額に相当する額の課徴金を国庫に納付することを命じなければなりません。

　ただし、当該事業者が当該課徴金対象行為をした期間を通じて当該課徴金対象行為にかかる表示が優良誤認表示または有利誤認表示のいずれかに該当することを知らず、かつ、知らないことにつき相当の注意を怠った者でないと認められるとき、またはその額が150万円であるときは、その納付を命ずることができません。

　なお、事業者が課徴金対象行為に該当する事実を所定の方法により内閣総理大臣（消費者庁長官）に報告したときは、原則として、課される課徴金の額が2分の1に減額されます（**課徴金の減額制度**）。

③ 刑事罰

(1) 措置命令に違反した者は、2年以下の懲役（拘禁刑：令和7年6月1日施行）または300万円以下の罰金を科されることがあります。

(2) 優良誤認表示違反行為や有利誤認表示違反行為をした者は、100万円以下の罰金を科されることがあります（令和7年11月までに施行）。

5 金融サービス提供法

❶ 目 的

金融サービスの提供に関する法律（以下「金融サービス提供法」という）は、金融商品販売業者等が金融商品の販売等に際し顧客に対して説明をすべき事項、金融商品販売業者等が顧客に対して当該事項について説明をしなかったこと等により当該顧客に損害が生じた場合における金融商品販売業者等の損害賠償の責任その他の金融商品の販売等に関する事項を定めるとともに、**金融サービス仲介業を行う者について登録制を実施**し、その業務の健全かつ適切な運営を確保することにより、金融サービスの提供を受ける顧客の保護を図り、もって国民経済の健全な発展に資することを目的とします。

❷ 金融サービス仲介業

① 意 義

金融サービス仲介業とは、預金等媒介業務、保険媒介業務、有価証券等仲介業務または貸金業貸付媒介業務のいずれかを業として行うことをいいます。

預金等媒介業務とは、預金等・資金の貸付け・為替取引に関する仲介をいい、**保険媒介業務**とは、生命保険・損害保険等に関する仲介をいいます。また、**有価証券等仲介業務**とは、有価証券の売買等に関する仲介を指し、**貸金業貸付媒介業務**とは、資金の貸付けまたは手形の割引を内容とする契約の締結の媒介をいいます。

課徴金対象行為をやめてから最後に当該取引をした日までの期間を加えた期間とし、当該期間が3年を超えるときは、当該期間の末日から遡って3年間とする）をいいます。

② 登録

　金融サービス仲介業は、**内閣総理大臣の登録**を受けた者でなければ、行うことができません。

　登録申請の際に、預金等媒介業務、保険媒介業務、有価証券等仲介業務および貸金業貸付媒介業務のいずれの業務を行うかを指定することとされ、これにより複数の登録等を経ることなく、金融サービス仲介業の1つの登録のみで複数の分野の仲介業務を行うことが認められます。

❸ 金融商品販売業

① 金融商品の販売等

　金融商品の販売等とは、金融商品（預金、信託、保険、証券、市場デリバティブ取引、店頭デリバティブ取引等）の販売またはその代理もしくは媒介（顧客のために行われるものを含む）をいいます。

② 金融商品販売業者等

　金融商品販売業者等とは、金融商品の販売等を業として行う者をいい、銀行、信託銀行、信用金庫、保険会社（その代理店も含む）、証券会社などだけでなく、金融商品の販売の代理または媒介を業として行う者も、金融商品販売業者等に該当します。

③ 金融商品販売業者等の義務

ココが出る！

　金融商品販売業者等は、金融商品の販売等を業として行うときは、当該金融商品の販売等にかかる**金融商品の販売が行われるまでの間に、顧客に対し、一定の重要事項について説明をしなければなりません。**

　金融商品販売業者等は、金融商品の販売等を業として行うときは、当該金融商品の販売等にかかる金融商品の販売が行われるまでの間に、顧客に対し、**当該金融商品の販売に係る事項について、不確実な事項について断定的判断を提供し、または確実であると誤認させるおそれのあることを告げる行為を行ってはなりません。**

　金融商品販売業者等は、顧客に対し重要事項について説明を

しなければならない場合において当該重要事項について説明をしなかったとき、または断定的判断の提供等を行ったときは、これによって生じた当該顧客の損害を賠償する責任を負います。

顧客が損害の賠償を請求する場合には、**元本欠損額**（払い込んだ額より受け取った額が少ない場合におけるその差額）**は、金融商品販売業者等が重要事項について説明をしなかったことまたは断定的判断の提供等を行ったことによって当該顧客に生じた損害の額と推定**されます。これにより、金融商品販売業者等の説明義務違反等と損害発生との因果関係および損害額が推定され、顧客は、損害賠償の請求をするには、**重要事項の説明がなかったことおよび元本欠損額を主張・証明すれば足り**ることになります。

ココが出る！

この節で学習すること

1 目的
デジタル社会の進展に伴い、個人情報の適正な取扱いに関する政府の基本方針などを定めた法律です。

特定の個人を識別できる情報、特有の符号（免許の番号など）を含む情報をいいます。
2 個人情報等

個人情報の集合体であって、コンピュータで体系的に検索可能になっているもの等をいいます。
3 個人情報データベース等

4 個人情報取扱事業者
個人情報データベース等を事業の用に供している者をいいます。

5 個人情報取扱事業者の義務
利用目的、適正な取得方法など、個人情報保護のためのルールが定められています。

個人情報保護委員会が監督しています。
6 個人情報取扱事業者等に対する監督等

個人情報に対して氏名を削除する等の加工を施して、加工後のデータ単体では特定の個人を識別できないようにしたものをいいます。
7 仮名加工情報

8 匿名加工情報
一定の措置を講じて特定の個人を識別することができないように個人情報を加工して得られる個人に関する情報であって、個人情報を復元することができないようにしたものをいいます。

❶ 目　的

　個人情報の保護に関する法律（以下「個人情報保護法」という）は、デジタル社会の進展に伴い個人情報の利用が著しく拡大していることにかんがみ、個人情報の適正な取扱いに関し、基本理念および政府による基本方針の作成その他の個人情報の保護に関する施策の基本となる事項を定め、国および地方公共団体の責務等を明らかにし、個人情報を取り扱う事業者および行政機関等についてこれらの特性に応じて遵守すべき義務等を定めるとともに、個人情報保護委員会を設置することにより、行政機関等の事務および事業の適正かつ円滑な運営を図り、ならびに個人情報の適正かつ効果的な活用が新たな産業の創出ならびに活力ある経済社会および豊かな国民生活の実現に資するものであることその他の個人情報の有用性に配慮しつつ、個人の権利利益を保護することを目的とします。

❷ 個人情報等

　「**個人情報**」とは、生存する個人に関する情報であって、次のいずれかに該当するものをいいます。

ココが出る！

①　当該情報に含まれる氏名、生年月日その他の記述等〔文書、図画もしくは電磁的記録〔電磁的方式（電子的方式、磁気的方式その他人の知覚によっては認識することができない方式をいう）で作られる記録をいう〕に記載され、もしくは記録され、または音声、動作その他の方法を用いて表された一切の事項（個人識別符号を除く）をいう〕により特定の個人を識別することができるもの（他の情報と容易に照合することができ、それにより特定の個人を識別することができることとなるものを含む）

②　個人識別符号が含まれるもの

　　「**個人識別符号**」とは、次のいずれかに該当する文字、番号、記号その他の符号のうち、政令で定めるものをいう。

　イ　特定の個人の身体の一部の特徴を電子計算機の用に供する

ために変換した文字、番号、記号その他の符号であって、当該特定の個人を識別することができるもの（**指紋認識データ**や**顔認識データ**等が該当します）

ロ　個人に提供される役務の利用もしくは個人に販売される商品の購入に関し割り当てられ、または個人に発行されるカードその他の書類に記載され、もしくは電磁的方式により記録された文字、番号、記号その他の符号であって、その利用者もしくは購入者または発行を受ける者ごとに異なるものとなるように割り当てられ、または記載され、もしくは記録されることにより、特定の利用者もしくは購入者または発行を受ける者を識別することができるもの（**自動車運転免許証番号**や**パスポート番号**等が該当します）

　外国人の氏名や住所などの情報も、生存する個人に関する情報である以上、**個人情報に該当**します。また、**個人の映像や音声による情報であっても、それによって特定の個人を識別することができる場合には、個人情報に該当**します。

　メールアドレスも、個人名をそのままアドレスとして使用している場合など、特定の個人を識別できるものは、個人情報に該当します。これに対し、文字や数字の羅列等の場合は、他の容易に照合可能な情報との照合により特定の個人を識別できるものでなければ、個人情報には該当しません。

ココが出る!

　また、「**要配慮個人情報**」とは、本人の人種、信条、社会的身分、病歴、犯罪の経歴、犯罪により害を被った事実その他本人に対する不当な差別、偏見その他の不利益が生じないようにその取扱いに特に配慮を要するものとして政令で定める記述等が含まれる個人情報をいいます。

　なお、個人情報によって識別される特定の個人を「本人」といいます。

❸ 個人情報データベース等

　個人情報データベース等とは、個人情報を含む情報の集合物で

あって、次に掲げるもの（利用方法からみて個人の権利利益を害するおそれが少ないものとして政令で定めるものを除く）をいいます。

① 特定の個人情報を電子計算機を用いて検索することができるように体系的に構成したもの

② 特定の個人情報を容易に検索することができるように体系的に構成したものとして政令で定めるもの

　ここに個人データとは、個人情報データベース等を構成する個人情報をいいます。また、法人が顧客の氏名・住所・生年月日等の個人情報をデータベース化してコンピュータで検索できるようにした**顧客名簿（顧客情報のデータベース）は、個人情報データベース等に該当**します。

◀ 発 展 ▶

個人情報を取得した個人情報取扱事業者が、個人情報を管理しているコンピュータにその情報を入力することにより、当該個人情報は個人データに該当することになります。

ココが出る!

④ 個人情報取扱事業者

　個人情報取扱事業者とは、個人情報データベース等を事業の用に供している者をいいます。ただし、国の機関、地方公共団体、独立行政法人、地方独立行政法人は、除かれます。

⑤ 個人情報取扱事業者の義務

① 利用目的の特定

　個人情報取扱事業者は、個人情報を取り扱うにあたっては、その利用目的をできる限り特定しなければならず、利用目的を変更する場合には、変更前の利用目的と関連性を有すると合理的に認められる範囲を超えて行ってはなりません。

ココが出る!

② 利用目的による制限

　個人情報取扱事業者は、一定の場合（法令に基づく場合等）を除き、あらかじめ本人の同意を得ないで、特定された**利用目的の達成に必要な範囲**を超えて、個人情報を取り扱ってはなりません。

③ 不適正な利用の禁止

　個人情報取扱事業者は、違法または不当な行為を助長し、ま

たは誘発するおそれがある方法により個人情報を利用してはなりません。

④ 適正な取得

個人情報取扱事業者は、偽りその他不正の手段により個人情報を取得してはなりません。

また、個人情報取扱事業者は、法令に基づく場合、人の生命・身体・財産の保護のために必要がある場合であって本人の同意を得ることが困難であるときその他**一定の場合を除き**、あらかじめ**本人の同意を得ないで**、**要配慮個人情報を取得してはなりません**。

⑤ 取得に際しての利用目的の通知等

個人情報取扱事業者は、個人情報を取得した場合は、**あらかじめその利用目的を公表している場合を除き**、速やかに、その利用目的を、本人に通知し、または公表しなければなりません。

ココが出る!

「通知」または「公表」の一方のみで足ります。

⑥ データ内容の正確性の確保

個人情報取扱事業者は、利用目的の達成に必要な範囲内において、個人データを正確かつ最新の内容に保つとともに、利用する必要がなくなったときは、当該個人データを遅滞なく消去するよう努めなければなりません。

⑦ 安全管理措置

個人情報取扱事業者は、その取り扱う個人データの漏えい、滅失または毀損の防止その他の個人データの安全管理のために必要かつ適切な措置を講じなければなりません。

◀ 発 展 ▶

経済産業省は、安全管理措置について、「個人情報の保護に関する法律についての経済産業分野を対象とするガイドライン」において、組織的安全措置・人的安全措置・物理的安全措置・技術的安全措置を規定しています。

⑧ 従業者の監督

個人情報取扱事業者は、その従業者に個人データを取り扱わせるにあたっては、当該個人データの安全管理が図られるよう、当該従業者に対する必要かつ適切な監督を行わなければなりません。

⑨ 委託先の監督

個人情報取扱事業者は、個人データの取扱いの全部または一部を委託する場合は、その取扱いを委託された個人データの安全管理が図られるよう、委託を受けた者に対する必要かつ適切な監督を行わなければなりません。

⑩　**漏えい等の報告等**

　個人情報取扱事業者は、その取り扱う個人データの漏えい、滅失、毀損その他の個人データの安全の確保にかかる事態であって個人の権利利益を害するおそれが大きいものとして個人情報保護委員会規則で定めるものが生じたときは、原則として、当該事態が生じた旨を個人情報保護委員会に報告しなければなりません。

　また、この場合には、原則として、本人に対し、当該事態が生じた旨を通知しなければなりません。

⑪　**第三者提供の制限**

　個人情報取扱事業者は、一定の場合（法令に基づく場合等）を除き、あらかじめ本人の同意を得ないで、個人データを第三者に提供してはなりません。この**第三者には、当該個人情報取扱事業者と法人格を異にする主体すべてが該当し、その子会社やグループ会社等も含まれます。**

　ただし、第三者に提供される個人データについて、本人の求めに応じて当該本人が識別される個人データの第三者への提供を停止することとしている場合であって、一定の事項について、あらかじめ、本人に通知し、または本人が容易に知りうる状態に置くとともに、個人情報保護委員会に届け出たときは、あらかじめ本人の同意を得ずに、当該個人データを第三者に提供することができます（これを**オプトアウト**といいます）。

　なお、次に掲げる場合において、当該個人データの提供を受ける者は、第三者に該当しません。

イ　**個人情報取扱事業者が利用目的の達成に必要な範囲内において個人データの取扱いの全部または一部を委託することに伴って当該個人データが提供される場合**

　　たとえば、個人情報をコンピュータに入力する作業を外部の業者に委託する場合、当該委託を受けた業者は、第三者に該当しません。したがって、この場合には、その委託につきあらかじめ本人の同意を得る必要はありません。

注意 ⚠️

要配慮個人情報については、オプトアウトによって第三者に提供することはできません。また、不正の手段により取得した個人データ、他の個人情報取扱事業者からオプトアウトにより提供された個人データについても、オプトアウトによる第三者提供が禁止されます。

ココが出る！

ロ　合併その他の事由による事業の承継に伴って個人データが提供される場合

　ハ　共通利用目的で一定の範囲内（グループ会社など）において共同利用する場合（共同利用する旨や共同して利用する者の範囲、共同利用目的等、一定事項についてあらかじめ明確にしておく必要はある）

　個人データを第三者に提供した個人情報取扱事業者は、**当該第三者の氏名等に関する記録を作成し、一定期間保存**しなければならず、個人データを**第三者から受領した個人情報取扱事業者は、当該第三者の氏名や個人データの取得の経緯等に関する記録を作成し、一定期間保存**しなければなりません。

　なお、個人情報保護委員会は、前記のオプトアウトによる第三者提供についての届出があったときは、個人情報保護委員会規則で定めるところにより、当該届出にかかる事項を公表しなければならないものとされています。

⑫　**保有個人データに関する事項の公表等**

　個人情報取扱事業者は、**保有個人データ**に関し、当該個人情報取扱事業者の氏名または名称、すべての保有個人データの利用目的（一定の場合を除く）等一定の事項について、**本人の知り得る状態**（本人の求めに応じて遅滞なく回答する場合を含む）に置かなければなりません。

⑬　**開　示**

　個人情報取扱事業者は、本人から、当該本人が識別される保有個人データの開示（当該本人が識別される保有個人データが存在しないときにその旨を知らせることを含む）を求められたときは、原則として、本人に対し、**遅滞なく、当該保有個人データを開示**しなければなりません。

⑭　**訂正等**

　個人情報取扱事業者は、本人から、当該本人が識別される保有個人データの内容が事実でないという理由によって当該保有個人データの内容の訂正、追加または削除（以下「訂正等」という）を求められた場合には、その内容の訂正等に関して他の法令の規定により特別の手続が定められている場合を除き、利

用　語

「保有個人データ」とは、個人情報取扱事業者が、開示、内容の訂正、追加または削除、利用の停止、消去および第三者への提供の停止を行うことのできる権限を有する個人データであって、その存否が明らかになることにより公益その他の利益が害されるものとして政令で定めるもの以外のものをいいます。

ココが出る！

用目的の達成に必要な範囲内において、遅滞なく必要な調査を行い、その結果に基づき、当該保有個人データの内容の訂正等を行わなければなりません。

⑮ **利用停止等**

本人は、個人情報取扱事業者に対し、当該本人が識別される保有個人データが利用目的による制限の規定に違反して取り扱われているときまたは適正な取得の規定に違反して取得されたものであるときは、当該保有個人データの利用の停止または消去（以下「利用停止等」という）を請求することができます。

個人情報取扱事業者は、保有個人データの利用停止等の請求を受けた場合であって、その請求に理由があることが判明したときは、違反を是正するために必要な限度で、遅滞なく、当該保有個人データの利用停止等を行わなければなりません。ただし、当該保有個人データの利用停止等に多額の費用を要する場合その他の利用停止等を行うことが困難な場合であって、本人の権利利益を保護するため必要なこれに代わるべき措置をとるときは、この限りではありません。

⑯ **個人情報取扱事業者による苦情の処理**

個人情報取扱事業者は、個人情報の取扱いに関する苦情の適切かつ迅速な処理に努めなければなりません。また、個人情報取扱事業者は、その目的を達成するために必要な体制の整備に努めなければなりません。

❻ 個人情報取扱事業者等に対する監督等

① 個人情報保護委員会は、個人情報保護法の規定の施行に必要な限度において、個人情報取扱事業者等に対し、必要な報告もしくは資料の提出を求め、またはその職員に、事務所その他必要な場所に立ち入らせ、個人情報等の取扱いに関し質問させ、もしくは帳簿書類その他の物件を検査させることができます。

② 個人情報保護委員会は、個人情報取扱事業者等が個人情報保護法の一定の規定に違反した場合において個人の権利利益を保護するため必要があると認めるときは、当該個人情報取扱事業

者等に対し、当該違反行為の中止その他違反を是正するために
必要な措置をとるべき旨を勧告することができます。
③　個人情報保護委員会は、②の勧告を受けた個人情報取扱事業
者等が正当な理由がなくてその勧告にかかる措置をとらなかっ
た場合において個人の重大な権利利益の侵害が切迫していると
認めるときは、当該個人情報取扱事業者等に対し、その勧告に
かかる措置をとるべきことを命ずることができます。
④　③の命令に違反した者に対しては、刑事罰が適用されます。
⑤　個人情報取扱事業者やその従業者またはこれらであった者が、
その業務に関して取り扱った個人情報データベース等を自己も
しくは第三者の不正な利益を図る目的で提供し、または盗用し
たときは、**データベース提供罪**として刑事罰が科されます。

❼ 仮名加工情報

❶　仮名加工情報とは

仮名加工情報とは、当該個人情報に含まれる記述等の一部を削
除したり、当該個人情報に含まれる個人識別符号の全部を削除す
る等の措置を講じて、**他の情報と照合しない限り特定の個人を識
別することができない**ように個人情報を加工して得られる個人に
関する情報をいいます。

たとえば、「1980年4月1日生まれの水道橋太郎（男性）」とい
う情報は、氏名を削除し、または記号に置き換えて、「1980年4
月1日生まれのA（男性）」等とすることにより、元の情報等と
照合しない限り特定の個人を識別することができなくなりますの
で、これは仮名加工情報に当たります。

要するに、「仮名加工情報」とは、個人情報に対して氏名を削
除する等の加工を施して、加工後のデータ単体では特定の個人を
識別できないようにしたものをいいます。

❷　仮名加工情報取扱事業者

仮名加工情報取扱事業者とは、仮名加工情報を含む情報の集合
物であって、特定の仮名加工情報を電子計算機を用いて検索する

ココが出る！

ことができるように体系的に構成したものその他特定の仮名加工情報を容易に検索することができるように体系的に構成したものとして政令で定めるもの（「**仮名加工情報データベース等**」という）を事業の用に供している者（国の機関、地方公共団体、独立行政法人等、地方独立行政法人を除く）をいいます。

❸　仮名加工情報取扱事業者の義務

① **個人情報取扱事業者**は、**仮名加工情報（仮名加工情報データベース等を構成するものに限る）を作成**するときは、他の情報と照合しない限り特定の個人を識別することができないようにするために必要なものとして**個人情報保護委員会規則で定める基準に従い、個人情報を加工**しなければなりません。

② 個人情報取扱事業者は、仮名加工情報を作成したとき、または仮名加工情報および当該仮名加工情報にかかる**削除情報等**を取得したときは、削除情報等の漏えいを防止するために必要なものとして個人情報保護委員会規則で定める基準に従い、削除情報等の安全管理のための措置を講じなければなりません。

③ 利用目的変更の制限は、「仮名加工情報」には適用されません。

④ また、「仮名加工情報」だけが漏えいした場合は、個人情報取扱事業者は漏えい等の報告等の義務を負いません。

⑤ 「仮名加工情報」である保有個人データについては、開示等の請求等の対象になりません。

⑧ 匿名加工情報

❶　匿名加工情報とは

　匿名加工情報とは、一定の措置（氏名の全部または一部の削除、マイナンバー・免許証番号・健康保険証番号等の個人識別符号の全部の削除、委託先に渡すために分割したデータとひも付けるIDの削除等）を講じて特定の個人を識別することができないように個人情報を加工して得られる個人に関する情報であって、当該**個人情報を復元することができないようにしたもの**をいいま

> **用　語**
> 「削除情報等」とは、仮名加工情報の作成に用いられた個人情報から削除された記述等および個人識別符号ならびに加工の方法に関する情報をいいます。

> **注　意** ⚠
> 仮名加工情報と異なり、匿名加工情報については、第三者に提供することは禁止されていないことに注意してください。

> **ココが出る！**

す。

匿名加工情報取扱事業者とは、匿名加工情報を含む情報の集合物であって、特定の匿名加工情報を電子計算機を用いて検索することができるように体系的に構成したものその他特定の匿名加工情報を容易に検索することができるように体系的に構成したものとして政令で定めるもの（「**匿名加工情報データベース等**」という）を事業の用に供している者（国の機関、地方公共団体、独立行政法人等、地方独立行政法人を除く）をいいます。

① **個人情報取扱事業者**は、**匿名加工情報（匿名加工情報データベース等を構成するものに限る）を作成**するときは、特定の個人を識別することおよびその作成に用いる個人情報を復元することができないようにするために必要なものとして**個人情報保護委員会規則で定める基準**に従い、当該**個人情報を加工**しなければなりません。

② 個人情報取扱事業者は、匿名加工情報を作成したときは、その作成に用いた個人情報から削除した記述等および個人識別符号ならびに行った加工の方法に関する情報の漏えいを防止するために必要なものとして個人情報保護委員会規則で定める基準に従い、これらの情報の安全管理のための措置を講じなければなりません。

③ 個人情報取扱事業者は、匿名加工情報を作成したときは、個人情報保護委員会規則で定めるところにより、当該匿名加工情報に含まれる個人に関する情報の項目を公表しなければなりません。

④ 匿名加工情報取扱事業者は、匿名加工情報（自ら個人情報を加工して作成したものを除く）を第三者に提供するときは、個人情報保護委員会規則で定めるところにより、あらかじめ、第三者に提供される匿名加工情報に含まれる個人に関する情報の項目およびその提供の方法について公表するとともに、当該第

三者に対して、当該提供に係る情報が匿名加工情報である旨を明示しなければなりません。

⑤　匿名加工情報取扱事業者は、匿名加工情報を取り扱うにあたっては、当該匿名加工情報の作成に用いられた個人情報にかかる本人を識別するために、当該個人情報から削除された記述等もしくは個人識別符号もしくは加工の方法に関する情報を取得し、または当該匿名加工情報を他の情報と照合してはなりません。

⑥　匿名加工情報取扱事業者は、匿名加工情報の安全管理のために必要かつ適切な措置、匿名加工情報の取扱いに関する苦情の処理その他の匿名加工情報の適正な取扱いを確保するために必要な措置を自ら講じ、かつ、当該措置の内容を公表するよう努めなければなりません。

重要度
B

この節で学習すること

1
目的

マイナンバー法は、個人番号等を活用した効率的な情報管理、利用や迅速な情報の授受等を目的として定められた法律です。

いわゆるマイナンバーのことです。

2
個人番号

個人番号をその内容に含む個人情報をいいます。

3
特定個人情報

4
罰則

個人番号利用事務に従事する者等に違反があった場合には刑事罰が科せられます。

❶目　的

　行政手続における特定の個人を識別するための番号の利用等に関する法律（マイナンバー法）は、行政機関等の行政事務を処理する者による**効率的な情報の管理・利用、迅速な情報の授受、行政運営の効率化・行政分野におけるより公正な給付と負担の確保、手続の簡素化による国民の負担の軽減**等を目的とします。

❷個人番号

　個人番号とは、住民票コードを変換して得られる番号であって、当該住民票コードが記載された住民票にかかる者を識別するために指定されるものをいいます。いわゆる**マイナンバー**のことです。

① 　市町村長（特別区の区長を含む）は、**住民票に住民票コード**
を記載したときは、速やかに、**機構**（行政機関の長、地方公共
団体の機関、独立行政法人等、地方独立行政法人および地方公
共団体情報システム機構をいう）**から通知された個人番号とす**
べき番号をその者の個人番号として指定し、その者に対し、当
該個人番号を通知しなければなりません。

② 　**市町村長**は、当該市町村が備える住民基本台帳に記録されて
いる者に対し、その**申請により**、その者にかかる**個人番号カー**
ドを**交付**するものとします。この場合において、当該市町村長
は、その者が本人であることを確認するための措置として政令
で定める措置（住民票の写しの提示を受けること等）をとらな
ければなりません。

（注）　**個人番号カード**とは、いわゆる**マイナンバーカード**のこ
とで、氏名、住所、生年月日、性別、個人番号（マイナン
バー）その他政令で定める事項が記載され、本人の写真が
表示され、かつ、これらの事項その他主務省令で定める事
項（以下「カード記録事項」という）が電磁的方法（電子
的方法、磁気的方法その他の人の知覚によって認識するこ
とができない方法をいう）により記録されたカードであっ
て、マイナンバー法またはマイナンバー法に基づく命令で
定めるところによりカード記録事項を閲覧し、または改変
する権限を有する者以外の者による閲覧または改変を防止
するために必要なものとして主務省令で定める措置が講じ
られたものをいいます。

　　　この**個人番号カード**は、本人確認のための身分証明書と
して利用できるほか、自治体サービス、e-Tax等の電子証
明書を利用した電子申請等、さまざまな行政サービスを受
ける際にも用いることができます。

③ 　**個人番号利用事務実施者**（個人番号利用事務を処理する者お
よび個人番号利用事務の全部または一部の委託を受けた者）お
よび**個人番号関係事務実施者**（個人番号関係事務を処理する者
および個人番号関係事務の全部または一部の委託を受けた者）
は、**個人番号の漏えい、滅失または毀損の防止**その他の個人番

ココが出る！

ココが出る！

号の適切な管理のために必要な措置を講じなければなりません。

❸ 特定個人情報

　特定個人情報とは、個人番号（個人番号に対応し、当該個人番号に代わって用いられる番号、記号その他の符号であって、住民票コード以外のものを含む）をその内容に含む個人情報をいいます。

① **何人も**、本人またはその代理人が個人番号利用事務等実施者に対し、当該本人の個人番号を含む特定個人情報を提供するときその他**一定の場合を除き、特定個人情報の提供をしてはなりません。**

② **何人も**、本人またはその代理人が個人番号利用事務等実施者に対し、当該本人の個人番号を含む特定個人情報を提供するときその他**一定の場合を除き、特定個人情報**（他人の個人番号を含むものに限る）**を収集し、または保管してはなりません。**

③ **個人情報保護委員会**は、特定個人情報の適正な取扱いを確保するため、**特定個人情報ファイル**（個人番号をその内容に含む個人情報ファイルをいう）を保有しようとする者が、特定個人情報保護評価（特定個人情報の漏えいその他の事態の発生の危険性および影響に関する評価をいう）を自ら実施し、これらの事態の発生を抑止することその他**特定個人情報を適切に管理するために講ずべき措置を定めた指針を作成し、公表**するものとします。

❹ 罰　　則

① **個人番号利用事務に従事する者**等が、**正当な理由がないのに**、その業務に関して取り扱った個人の秘密に属する事項が記録された**特定個人情報ファイル**（その全部または一部を複製し、または加工した特定個人情報ファイルを含む）**を提供した**ときは、刑事罰が科されます。

② 　**個人番号利用事務に従事する者**等が、その業務に関して知り得た**個人番号**を自己もしくは第三者の**不正な利益を図る目的で提供**し、または盗用したときは、刑事罰が科されます。

③ 　人を欺き、人に暴行を加え、もしくは人を脅迫する行為により、または財物の窃取、施設への侵入、不正アクセス行為その他の個人番号を保有する者の管理を害する行為により、個人番号を取得した者は、刑事罰が科されます。

この節で学習すること

1 電子署名法
PDFファイルにデータ上で署名をするなどの電子署名のルールについて定めた法律です。

なりすましや、セキュリティホールの攻撃を不正アクセスとして禁止しています。
2 不正アクセス禁止法

発信者情報を開示できるようにしたうえで、プロバイダ等の責任を制限する法律です。
3 プロバイダ責任制限法

4 迷惑メール防止法
広告宣伝メールのうち、特定の類型のものについて迷惑メールとして規制しています。

❶ 電子署名法

❶ 目　的

　電子署名及び認証業務に関する法律（電子署名法）は、電子署名に関し、電磁的記録の真正な成立の推定、特定認証業務に関する認定の制度その他必要な事項を定めることにより、電子署名の円滑な利用の確保による情報の電磁的方式による流通および情報処理の促進を図り、もって国民生活の向上および国民経済の健全な発展に寄与することを目的とします。

❷ 電磁的記録の真正な成立の推定

　電磁的記録であって情報を表すために作成されたもの（公務員が職務上作成したものを除く）は、当該電磁的記録に記録された情報について本人による電子署名（これを行うために必要な符号

および物件を適正に管理することにより、本人だけが行うことができることとなるものに限る）が行われているときは、真正に成立したものと推定されます。

◀ ココが出る！

② 不正アクセス禁止法

　不正アクセス行為の禁止等に関する法律（不正アクセス禁止法）は、次の行為を**不正アクセス行為**として禁止しています。

① 　アクセス管理者が、コンピュータにアクセス制御機能を付加して第三者の不正な利用を制限している場合において、当該コンピュータの正当な管理・利用権限を有しない者が、インターネットを通じて、利用権限を有する者の識別符号（IDやパスワード）を当該コンピュータに無断で入力して利用制限を解除し、当該コンピュータを利用できるようにする行為（**なりすまし行為**）

② 　アクセス管理者が、コンピュータの利用についてIDやパスワードの設定等によりアクセス制御機能を付加して第三者の不正な利用を制限している場合において、当該コンピュータの正当な管理・利用権限を有しない者が、当該コンピュータのプログラムの不備等（セキュリティホール）を利用して、インターネットを通じて、当該アクセス制御機能による利用制限を解除することができるデータ（指令）を当該コンピュータに無断で入力し、当該コンピュータを利用できる状態にする行為（**セキュリティホールの攻撃**）

　　また、同法は、他人のIDやパスワードをそれらの利用権限を有する者およびアクセス管理者以外の者に無断で提供する行為を、**不正アクセス行為を助長する行為**として禁止しています。

③ プロバイダ責任制限法

❶ 　法の趣旨

　特定電気通信役務提供者の損害賠償責任の制限及び発信者情報

◀ **発　展** ▶

都道府県公安委員会は、不正アクセス行為が行われたと認められる場合において、当該不正アクセス行為に係る特定電子計算機に係るアクセス管理者から、その再発を防止するため、援助を受けたい旨の申出があり、その申出を相当と認めるときは、必要な資料の提供、助言、指導その他の援助を行うものとされています。
また、国家公安委員会、総務大臣および経済産業大臣は、毎年少なくとも１回、不正アクセス行為の発生状況およびアクセス制御機能に関する技術の研究開発の状況を公表するものとされています。

の開示に関する法律（プロバイダ責任制限法）は、特定電気通信（インターネットでのウェブページや電子掲示板等の不特定の者により受信されることを目的とするような電気通信の送信）による情報の流通によって権利の侵害があった場合について、特定電気通信役務提供者の損害賠償責任の制限および発信者情報の開示を請求する権利について定めるとともに、発信者情報開示命令事件に関する裁判手続に関し必要な事項を定めるものです。

❷ 用語の定義

① 特定電気通信役務提供者

特定電気通信役務提供者とは、**プロバイダ等（プロバイダ、サーバの管理・運営者等）**のことであり、プロバイダ責任制限法では、「特定電気通信役務（**特定電気通信設備を用いて提供する電気通信役務（電気通信事業法に規定する電気通信役務をいう））を提供する者をいう」と定義されています。

プロバイダは、①権利侵害情報にかかる通信を媒介する通信事業者（インターネットサービスプロバイダ）である「**アクセスプロバイダ（AP）**」と、②権利侵害情報が書き込まれる掲示板・SNSなどのユーザー投稿型サービスを提供する事業者である「**コンテンツプロバイダ（CP）**」に分類できます。

② 発信者

発信者とは、特定電気通信役務提供者の用いる特定電気通信設備の記録媒体（当該記録媒体に記録された情報が不特定の者に送信されるものに限る）に情報を記録し、または当該特定電気通信設備の送信装置（当該送信装置に入力された情報が不特定の者に送信されるものに限る）に情報を入力した者をいいます。

具体的には、ウェブサイトで情報を発信した人や、掲示板に情報を投稿した人などがこれに該当します。

③ 侵害情報・発信者情報

侵害情報とは、特定電気通信による情報の流通によって自己の権利を侵害されたとする者が当該権利を侵害したとする情報をいいます。

414

発信者情報とは、氏名、住所その他の侵害情報の発信者の特定に資する情報であって総務省令で定めるもの（発信者その他侵害情報の送信にかかる者の氏名または名称、発信者その他侵害情報の送信にかかる者の住所、発信者の電子メールアドレス、侵害情報にかかるIPアドレス等）をいいます。

❸　損害賠償責任の制限

①　特定電気通信による情報の流通（インターネット上のウェブページや電子掲示板などでの情報の流通・掲載等）により他人の権利が侵害されたときは、当該特定電気通信の用に供される特定電気通信設備を用いる特定電気通信役務提供者（**関係役務提供者**）は、これによって生じた損害については、**権利を侵害した情報の不特定の者に対する送信を防止する措置を講ずることが技術的に可能な場合であって、次のいずれかに該当するときでなければ、原則として、賠償の責任を負いません。**　◀ ココが出る！

　　イ　当該関係役務提供者が当該特定電気通信による情報の流通によって**他人の権利が侵害されている**ことを知っていたとき。

　　ロ　当該関係役務提供者が、当該特定電気通信による情報の流通を知っていた場合であって、当該特定電気通信による情報の流通によって**他人の権利が侵害されている**ことを知ることができたと認めるに足りる相当の理由があるとき。

②　特定電気通信役務提供者は、特定電気通信による情報の送信を防止する措置を講じた場合において、当該措置により送信を防止された情報の発信者に生じた損害については、**当該措置が当該情報の不特定の者に対する送信を防止するために必要な限度において行われたものである場合であって、次のいずれかに該当するときは、賠償の責任を負いません。**　◀ ココが出る！

　　イ　当該特定電気通信役務提供者が当該特定電気通信による情報の流通によって**他人の権利が不当に侵害されている**と信じるに足りる相当の理由があったとき。

　　ロ　特定電気通信による情報の流通によって自己の権利を侵害されたとする者から、侵害情報、侵害されたとする権利およ

用　語

「侵害関連通信」とは、侵害情報の発信者が当該侵害情報の送信にかかる特定電気通信役務を利用し、またはその利用を終了するために行った当該特定電気通信役務にかかる識別符号（特定電気通信役務提供者が特定電気通信役務の提供に際して当該特定電気通信役務の提供を受けることができる者を他の者と区別して識別するために用いる文字、番号、記号その他の符号をいう）その他の符号の電気通信による送信であって、当該侵害情報の発信者を特定するために必要な範囲内であるものとして総務省令で定めるものをいいます。

ココが出る！

び権利が侵害されたとする理由（侵害情報等）を示して当該特定電気通信役務提供者に対し侵害情報の送信を防止する措置（送信防止措置）を講ずるよう申出があった場合に、当該特定電気通信役務提供者が、当該侵害情報の発信者に対し当該侵害情報等を示して当該送信防止措置を講ずることに同意するかどうかを照会した場合において、**当該発信者が当該照会を受けた日から7日を経過しても当該発信者から当該送信防止措置を講ずることに同意しない旨の申出がなかったとき。**

❹　発信者情報の開示請求等

① 発信者情報の開示請求

イ　**特定電気通信による情報の流通によって自己の権利を侵害されたとする者**は、当該特定電気通信の用に供される特定電気通信設備を用いる特定電気通信役務提供者に対し、当該特定電気通信役務提供者が保有する当該権利の侵害にかかる発信者情報のうち、**特定発信者情報**（発信者情報であってもっぱら**侵害関連通信**にかかるものとして総務省令で定めるものをいう）以外の発信者情報については次のaおよびbのいずれにも該当するとき、特定発信者情報については次のa～cのいずれにも該当するときは、それぞれその**開示を請求する**ことができます。

a　当該開示の請求にかかる侵害情報の流通によって当該開示の請求をする者の権利が侵害されたことが明らかであるとき。

b　当該発信者情報が当該開示の請求をする者の損害賠償請求権の行使のために必要である場合その他当該発信者情報の開示を受けるべき正当な理由があるとき。

c　次のⅰからⅲまでのいずれかに該当するとき。

ⅰ　当該特定電気通信役務提供者が当該権利の侵害にかかる特定発信者情報以外の発信者情報を保有していないと認めるとき。

ⅱ　当該特定電気通信役務提供者が保有する当該権利の侵

害にかかる特定発信者情報以外の発信者情報が次に掲げ
る発信者情報以外の発信者情報であって総務省令で定め
るもののみであると認めるとき。

　　　1）　当該開示の請求にかかる侵害情報の発信者の氏名お
　　　　　よび住所
　　　2）　当該権利の侵害にかかる他の開示関係役務提供者を
　　　　　特定するために用いることができる発信者情報
　　　ⅲ　当該開示の請求をする者が開示を受けた発信者情報
　　　　（特定発信者情報を除く）によっては当該開示の請求に
　　　　かかる侵害情報の発信者を特定することができないと認
　　　　めるとき。

ロ　特定電気通信による情報の流通によって自己の権利を侵害
　　されたとする者は、次のa、bのいずれにも該当するとき
　　は、当該特定電気通信にかかる侵害関連通信の用に供される
　　電気通信設備を用いて電気通信役務を提供した者（**関連電気
　　通信役務提供者**）に対し、当該関連電気通信役務提供者が保
　　有する当該侵害関連通信にかかる発信者情報の開示を請求す
　　ることができます。

　　a　当該開示の請求にかかる侵害情報の流通によって当該開
　　　示の請求をする者の権利が侵害されたことが明らかである
　　　とき。
　　b　当該発信者情報が当該開示の請求をする者の損害賠償請
　　　求権の行使のために必要である場合その他当該発信者情報
　　　の開示を受けるべき正当な理由があるとき。

② 　**開示関係役務提供者の義務等**
　　イ　**開示関係役務提供者**（特定電気通信役務提供者および関連
　　　電気通信役務提供者をいう）は、開示の請求を受けたとき
　　　は、当該開示の請求にかかる侵害情報の発信者と連絡するこ
　　　とができない場合その他特別の事情がある場合を除き、**当該
　　　開示の請求に応じるかどうかについて当該発信者の意見（当
　　　該開示の請求に応じるべきでない旨の意見である場合には、
　　　その理由を含む）を聴かなければなりません。**
　　ロ　開示関係役務提供者は、発信者情報開示命令を受けたとき

用　語

「開示関係役務提供者」とは、要するに、コンテンツプロバイダ（CP）とアクセスプロバイダ（AP）のことです。

▶**ココが出る！**

は、①の意見の聴取（当該発信者情報開示命令にかかるものに限る）において開示の請求に応じるべきでない旨の意見を述べた当該発信者情報開示命令にかかる侵害情報の発信者に対し、遅滞なくその旨を通知しなければなりません（当該発信者に対し通知することが困難であるときを除く）。

ハ　開示関係役務提供者は、開示の請求に応じないことにより当該開示の請求をした者に生じた損害については、当該開示関係役務提供者が当該開示の請求にかかる侵害情報の発信者である場合を除き、**故意または重大な過失があるときでなければ、賠償の責任を負いません。**

ニ　発信者情報の開示を受けた者は、当該発信者情報をみだりに用いて、不当に当該発信者情報にかかる発信者の名誉または生活の平穏を害する行為をしてはなりません。

❺　発信者情報開示命令事件に関する裁判手続

ココが出る！

①　発信者情報開示命令

裁判所は、特定電気通信による情報の流通によって自己の権利を侵害されたとする者の申立てにより、決定で、当該権利の侵害にかかる開示関係役務提供者（プロバイダ）に対し、発信者情報の開示を命ずることができます。

ココが出る！

②　提供命令

イ　本案の発信者情報開示命令事件が係属する裁判所は、**発信者情報開示命令の申立てにかかる侵害情報の発信者を特定することができなくなることを防止するため必要があると認めるときは、**当該発信者情報開示命令の申立人の申立てにより、決定で、当該発信者情報開示命令の申立ての相手方である開示関係役務提供者（コンテンツプロバイダ）に対し、アクセスプロバイダの氏名または名称および住所（氏名等情報）を当該申立人に対して提供することを命ずること（**提供命令**）ができます。

ロ　また、この提供命令によりアクセスプロバイダの氏名等情報の提供を受けた当該申立人から、当該アクセスプロバイダを相手方として当該侵害情報についての発信者情報開示命令

の申立てをした旨の通知を受けたときは、コンテンツプロバイダは、当該アクセスプロバイダに対し、当該コンテンツプロバイダが保有する発信者情報を提供することを命ずることができます。

③ **消去禁止命令**

◀━**ココが出る!**

本案の発信者情報開示命令事件が係属する裁判所は、**発信者情報開示命令の申立てにかかる侵害情報の発信者を特定することができなくなることを防止するため必要があると認めるとき**は、当該発信者情報開示命令の申立てをした者の申立てにより、決定で、当該発信者情報開示命令の申立ての相手方である開示関係役務提供者（アクセスプロバイダ）に対し、当該発信者情報開示命令事件（当該発信者情報開示命令事件についての決定に対して異議の訴えが提起されたときは、その訴訟）が終了するまでの間、当該開示関係役務提供者が保有する発信者情報（当該発信者情報開示命令の申立てにかかるものに限る）を消去してはならない旨を命ずることができます。

❹ 迷惑メール防止法

❶ 目 的

特定電子メールの送信の適正化等に関する法律（迷惑メール防止法）は、一時に多数の者に対してされる特定電子メールの送信等による電子メールの送受信上の支障を防止する必要性が生じていることにかんがみ、特定電子メールの送信の適正化のための措置等を定めることにより、電子メールの利用についての良好な環境の整備を図り、もって高度情報通信社会の健全な発展に寄与することを目的とします。

❷ 特定電子メールの送信の制限

特定電子メールとは、電子メールの送信をする者（営利を目的とする団体および営業を営む場合における個人に限る。以下「送信者」という）が自己または他人の営業につき広告または宣伝を行うための手段として送信をする電子メールをいいます。

　送信者は、原則として、特定電子メールの送信をしてはなりません。ただし、特定電子メールを送信することにあらかじめ同意した者その他一定の者に対しては、これを送信することができます。

❸　表示義務

　特定電子メールの送信者は、あらかじめ特定電子メールの送信をすることに同意する旨を当該送信者に対し通知した者（通知者）に対して、**特定電子メールの送信をするに当たっては、その受信をする者が使用する通信端末機器の映像面に次に掲げる事項（一定の事項を除く）が正しく表示されるようにしなければなりません。**

①　当該送信者（当該電子メールの送信につき送信委託者がいる場合は、当該送信者または当該送信委託者のうち当該送信に責任を有する者）の氏名または名称

②　受信拒否の通知を受けるための電子メールアドレスまたは電気通信設備を識別するための文字、番号、記号その他の符号であって総務省令・内閣府令で定めるもの（URL）

③　その他総務省令・内閣府令で定める事項

❹　送信者情報を偽った送信の禁止

　送信者は、電子メールの送受信のために用いられる情報のうち送信者に関するものであって次に掲げるもの（**送信者情報**）を偽って特定電子メールの送信をしてはなりません。

①　当該電子メールの送信に用いた電子メールアドレス

②　当該電子メールの送信に用いた電気通信設備を識別するための文字、番号、記号その他の符号（URL等）

第8節 金融商品取引法

この節で学習すること

金融商品取引法 ← 株券等の有価証券の売買に関するルールを定めた法律です。

金融商品取引法の規制対象は、有価証券やみなし有価証券ですが、銀行法や保険業法で規制される預金や保険は、金融商品取引法の規制対象には含まれません。

なお、暗号資産（仮想通貨）も金融商品として、金融商品取引法の規制の対象とされています。

◀ ココが出る！

規　制	内　容
(1)**情報の開示（ディスクロージャー）制度**	①一般投資家が投資判断をできるように、有価証券の発行者が企業内容を提供する制度。 ②上場会社等またはその役員等がその業務に関して取引関係者に公表されていない重要情報の伝達を行う場合には、原則として、その伝達と同時にその重要情報を公表しなければならない（フェア・ディスクロージャー・ルール）。
(2)**公開買付制度**	①会社経営権の取得や自己株式取得を目的として、買付価格・買付数量・買付期間等を公告して、取引所金融商品市場外で不特定多数の者から株券等を買い付ける制度。 ②市場外で不特定多数の者（60日間で10名超）から買い付ける場合、その買付後の所有割合が**5％を超える**ときは、原則として公開買付によらなければならない。

ココが出る!	③著しく少数の者（60日間で10名以内）から買い付ける場合でも、買付後の所有割合が1／3を超えるときは公開買付によらなければならない。 ④買付価格は、**すべての応募株主について均一**でなければならない。
(3) 5％ルールの適用 ココが出る!	①公開会社の株式等の買い集めに伴う株価の乱高下の弊害から一般投資家を保護するための制度。 ②上場会社・店頭登録会社の株券等を発行済株式総数等の5％を超えて保有する者（大量保有者）は、大量保有者となった日から5営業日以内に、内閣総理大臣に大量保有報告書を提出し、その写しを発行会社および金融商品取引所（または金融商品取引業協会）に送付しなければならない。 ③株券等保有割合の1％以上の増減等、重要な事項に変更があった場合、内閣総理大臣（金融庁長官）に変更報告書を提出しなければならない。 ④大量保有報告書・変更報告書は、受理の日から5年間公衆の縦覧に供される。 ⑤保有割合は、保有者本人による株券等の保有のみならず、本人と共同して株券等の買付け等を行うことを合意している者や共同保有者とみなされる者（50％超の資本関係がある子会社等）の保有分も合算して判断する。
(4)**有価証券売買の勧誘を行える者の制限**	外務員（金融商品取引業者および登録金融機関の役員または使用人であって、その金融商品取引業者等のために有価証券売買の勧誘・取引等を行う者）は、外務員登録原簿に登録をしなければならない。
(5)**金融商品取引業**	①有価証券の売買・デリバティブ取引、これらの取引の媒介、取次ぎ、代理等を業として行う場合、営利性がなくても、金融商品取引業に該当する。 ②金融商品取引業は、内閣総理大臣の登録を受けた者でなければ、行うことができない。
(6)**有価証券売買の勧誘に対する規制**	①契約の締結・勧誘に関して顧客に対し虚偽のことを告げる行為の禁止。 ②「この株価は必ず上昇する」というような断定的な判断の提供による勧誘の禁止。 ③勧誘の要請をしていない顧客に対する訪問や電話による勧誘の禁止。 ④勧誘に先立って顧客に勧誘を受ける意思の有無を確認せずにする勧誘の禁止。 ⑤勧誘を受けた顧客が契約を締結しない旨の意思表示をした場合における以後の勧誘継続の禁止。 ⑥損失補てんの禁止、損失補てんの申込み・約束の禁止。

(7)**有価証券売買の委託**	①金融商品取引所上場の有価証券を売買するには、取引所の会員または取引参加者である金融商品取引業者に取引を委託することが必要。 ②金融商品取引業者は、商法上の問屋にあたるので、**指値遵守義務・通知義務を負う。** ③委託契約の詳細は、受託契約準則によらなければならない。
(8)**金融商品取引所**	①金融商品取引所は、売買取引の目的物になるものとして、特定の有価証券・有価証券指数等を認定する（これを上場という）。 ②上場するには、内閣総理大臣の承認を受けることが必要。
(9)**不公正取引の禁止**	①詐欺的行為・相場操縦の禁止。 ②**上場会社等**（当該上場会社等の親会社および子会社ならびに当該上場会社等が上場投資法人等である場合における当該上場会社等の資産運用会社およびその特定関係法人を含む。以下同じ）または**その役員等**（役員（会計参与が法人であるときは、その社員）、代理人、使用人その他の従業者（以下「役員等」という））は、その業務に関して、取引関係者に対し、**公表されていない重要情報の伝達を行う場合には、原則として、その伝達と同時に、その重要情報を公表しなければならない。** ③**インサイダー**（内部者）**取引**（会社の重要な情報に容易に接近しうる者（会社関係者）が、当該情報を知って、それがいまだ公表されていない段階で、その会社の株式等の売買などを行うこと）の禁止。 　金融商品取引法上、インサイダー取引として規制の対象となるのは、次の場合である。 イ　**当該上場会社等の役員等**の場合は、当該上場会社等にかかる業務等に関する**重要事実をその者の職務に関し知ったとき。** ロ　**当該上場会社等の会計帳簿閲覧権を有する株主等**の場合は、当該上場会社等にかかる業務等に関する**重要事実を当該権利の行使に関し知ったとき。** ハ　**当該上場会社等と契約を締結している者または締結の交渉をしている者**（その者が法人であるときはその役員等を、その者が法人以外の者であるときはその代理人または使用人を含む）であって、当該上場会社等の役員等以外のものの場合は、当該上場会社等にかかる業務等に関する**重要事実を当該契約の締結もしくはその交渉または履行に関し知ったとき。**

ココが出る！

インサイダー取引の類型を押さえてください。

	④上場会社の役員がインサイダー取引を行った場合、当該上場会社の株式の売買を行った者のほか、当該上場会社にも**両罰規定**によって刑事罰が科されることがある。
(10)**課徴金納付命令** ココが出る！	金融商品取引法上、**インサイダー取引規制に違反した場合、課徴金納付命令の対象になる。**また、虚偽記載のある有価証券報告書等を提出した場合も、その発行者は課徴金納付命令の対象となる。

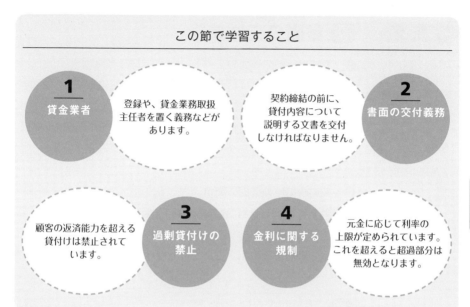

第**9**節　貸金業に対する規制

重要度

B

この節で学習すること

1
貸金業者

登録や、貸金業務取扱
主任者を置く義務などが
あります。

契約締結の前に、
貸付内容について
説明する文書を交付
しなければなりません。

2
書面の交付義務

顧客の返済能力を超える
貸付けは禁止されて
います。

3
過剰貸付けの
禁止

4
金利に関する
規制

元金に応じて利率の
上限が定められています。
これを超えると超過部分は
無効となります。

第**5**章　企業活動に関わる法規制

❶ 貸金業者

❶ 登　録

　貸金業を営もうとする者は、2以上の都道府県の区域内に営業
所または事務所を設置してその事業を営もうとする場合にあって
は内閣総理大臣（金融庁長官）の、1の都道府県の区域内にのみ
営業所または事務所を設置してその事業を営もうとする場合に
あっては当該営業所または事務所の所在地を管轄する都道府県知
事の登録を受けなければなりません。

❷ 貸金業務取扱主任者の設置

　貸金業者は、営業所または事務所ごとに、所定の数の貸金業務
取扱主任者を置かなければなりません。

　貸金業務取扱主任者は、当該営業所または事務所において、貸

金業の業務に従事する使用人その他の従業者に、貸金業に関する法令の規定を遵守して、貸金業の業務を適正に実施するために必要な助言または指導を行わなければなりません。

② 書面の交付義務

❶ 契約締結前の書面の交付

貸金業者は、貸付けにかかる契約（一定の契約を除く）を締結しようとする場合には、当該契約を締結するまでに、一定の事項を明らかにし、当該契約の内容を説明する書面を当該契約の相手方となろうとする者に交付しなければなりません。

❷ 契約締結時の書面の交付

貸金業者は、貸付けにかかる契約（一定の契約を除く）を締結したときは、遅滞なく、一定の事項についてその契約の内容を明らかにする書面をその相手方に交付しなければなりません。

③ 過剰貸付けの禁止

貸金業者は、貸付けの契約を締結しようとする場合には、顧客等の収入または収益その他の資力、信用、借入れの状況、返済計画その他の返済能力に関する事項を調査しなければなりません。

また、個人向けの貸付けの契約を締結しようとする場合には、貸金業者に信用情報機関が保有する信用情報を使用することが義務付けられるとともに、1業者で50万円超、または他の業者と合わせて100万円を超える貸付けを行う場合には、当該個人の収入等を明らかにする源泉徴収票などの提出を受けることが義務付けられています。

そして、貸金業者は、貸付けの契約を締結しようとする場合において、この調査により、当該貸付けの契約が個人過剰貸付契約その他顧客等の<u>返済能力を超える貸付けの契約</u>と認められるときは、当該貸付けの契約を締結してはなりません。

また、**貸金業者は、個人顧客の借入残高がその年収等の一定割**

◀ 発 展 ▶
貸金業者は、書面の交付に代えて、貸付けの契約の相手方の承諾を得て、当該書面に記載すべき事項を電磁的方法により提供することができます。この場合において、貸金業者は、当該書面の交付を行ったものとみなされます。

ココが出る！

ココが出る！

合（3分の1）を超えるときは、原則として、当該貸付けにかかる契約を締結してはならないものとされています。

④ 金利に関する規制

① 貸金業者は、利息制限法に規定する金額を超える利息の契約を締結してはなりません。

② 金銭を目的とする消費貸借における利息の契約は、その利息が次のイからハに掲げる場合に応じ当該イからハに定める利率により計算した金額を超えるときは、その**超過部分**について、**無効**となります。

　イ　元本の額が10万円未満の場合……年20%

　ロ　元本の額が10万円以上100万円未満の場合……年18%

　ハ　元本の額が100万円以上の場合……年15%

③ 貸金業を営む者が業として行う金銭を目的とする消費貸借の契約において、**年109.5%を超える割合による利息の契約をしたときは、当該消費貸借の契約は、無効**となります。

第**10**節 食品の安全・衛生・表示に関する法律

この節で学習すること

1 食品衛生法
食品の安全性確保のための措置を講じ、衛生上の危害の発生を防止し、国民の健康の保護を図ることを目的とした法律です。

乳幼児向けの食品の表示や、食品の栄養表示に関するルールや、受動喫煙の規制などを定めています。
2 健康増進法

食品の消費期限などのさまざまな表示についてのルールを定めています。
3 食品表示法

❶ 食品衛生法

❶ 目的

食品衛生法は、食品の安全性の確保のために公衆衛生の見地から必要な規制その他の措置を講ずることにより、飲食に起因する衛生上の危害の発生を防止し、もって国民の健康の保護を図ることを目的とします。

❷ 食品および添加物

① **販売の用に供する食品**または**添加物**の採取、製造、加工、使用、調理、貯蔵、運搬、陳列および授受は、清潔で衛生的に行われなければなりません。

② 腐敗、有毒・有害な物質の含入・付着、病原微生物による汚染またはその疑い、異物の混入等その他の事由により、**人の健**

康を損なうおそれがある食品または添加物は、これを販売し、または販売の用に供するために、採取し、製造し、輸入し、加工し、使用し、調理し、貯蔵し、もしくは陳列してはなりません。

❸ 表示および広告

① 内閣総理大臣は、一般消費者に対する食品、添加物、器具または容器包装に関する公衆衛生上必要な情報の正確な伝達の見地から、消費者委員会の意見を聴いて、販売の用に供する食品もしくは添加物または一定の規格もしくは基準が定められた器具もしくは容器包装に関する表示につき、必要な基準（表示基準）を定めることができます。

② 内閣総理大臣により表示基準が定められた食品、添加物、器具または容器包装は、その基準に合う表示がなければ、これを販売し、販売の用に供するために陳列し、または営業上使用してはなりません。

③ 食品、添加物、器具または容器包装に関しては、公衆衛生に危害を及ぼすおそれがある虚偽のまたは誇大な表示または広告をしてはなりません。

❹ 営業許可の取消し等

① 都道府県知事は、営業者が表示基準や広告規制等の義務に違反した場合には、その営業許可の取消し、営業の全部または一部の禁止、期間を定めての営業停止をすることができます。

② 表示義務等の違反者（法人を含む）には刑事罰が科されます。

② 健康増進法

❶ 特別用途表示の許可

販売に供する食品につき、乳児用、幼児用、妊産婦用、病者用その他内閣府令で定める特別の用途に適する旨の表示（特別用途表示）をしようとする者は、**内閣総理大臣**（消費者庁長官）の許

可を受けなければなりません。

　内閣総理大臣（消費者庁長官）の許可を受けずに特別用途表示をした者（法人を含む）には刑事罰が科されます。

❷ 栄養表示基準の遵守義務

　販売に供する食品（特別用途食品を除く）につき、栄養表示（厚生労働省令で定める栄養成分または熱量に関する表示）をしようとする者および**栄養表示食品を輸入する者**は、販売に供する食品（特別用途食品を除く）の容器包装およびこれに添付する文書以外の物に栄養表示をする場合その他政令で定める場合を除き、栄養表示基準に従い、必要な表示をしなければなりません。

　内閣総理大臣（消費者庁長官）は、栄養表示基準に従った表示をしない者があるときは、その者に対し、栄養表示基準に従い必要な表示をすべき旨の勧告をすることができます。内閣総理大臣（消費者庁長官）は、この勧告を受けた者が、正当な理由がなくてその勧告にかかる措置をとらなかったときは、その者に対し、その勧告にかかる措置をとるべきことを命ずることができます。この命令に違反した者（法人を含む）には刑事罰が科されます。

❸ 保健機能食品制度

　健康食品のうち、国が安全性や有効性等を考慮して設定した規格基準等を充たす食品を保健機能食品といいます。保健機能食品には、特定保健用食品と栄養機能食品と機能性表示食品とがありますが、**特定保健用食品の販売については、内閣総理大臣（消費者庁長官）の個別許可を受けることが必要**です。

ココが出る！➤

❹ 受動喫煙の防止等

①　**何人も、多数の者が利用する施設**のうち、一定の場所、すなわち、（ⅰ）学校、病院、児童福祉施設その他の受動喫煙により健康を損なうおそれが高い者が主として利用する施設や国および地方公共団体の行政機関の庁舎（**第一種施設**）、および（ⅱ）第一種施設以外の多数の者が利用する施設（**第二種施設**）においては、正当な理由がなくて、**各施設の区分に応じて定め**

用　語

「受動喫煙」とは、人が他人の喫煙によりたばこから発生した煙にさらされることをいいます。

ココが出る！➤

られた喫煙禁止場所で喫煙をしてはなりません。

② 上記施設の管理権原者等は、当該施設等の喫煙禁止場所に専ら喫煙の用に供させるための器具および設備を喫煙の用に供することができる状態で設置してはなりません。また、当該施設の喫煙禁止場所において、喫煙をし、または喫煙をしようとする者に対し、喫煙の中止または当該喫煙禁止場所からの退出を求めるよう努めなければなりません。そして、当該施設等における**受動喫煙を防止**するために必要な措置をとるよう努めなければなりません。

③ 食品表示法

❶ 目 的

食品表示法は、食品に関する表示が食品を摂取する際の安全性の確保および自主的かつ合理的な食品の選択の機会の確保に関し重要な役割を果たしていることに鑑み、販売の用に供する食品に関する表示について、基準の策定その他の必要な事項を定めることにより、その適正を確保し、もって一般消費者の利益の増進を図るとともに、国民の健康の保護および増進ならびに食品の生産および流通の円滑化ならびに消費者の需要に即した食品の生産の振興に寄与することを目的とします。

❷ 食品表示基準の策定

内閣総理大臣は、内閣府令で、食品および**食品関連事業者等**の区分ごとに、次に掲げる事項のうち当該区分に属する食品を消費者が安全に摂取し、および自主的かつ合理的に選択するために必要と認められる事項を内容とする販売の用に供する食品に関する表示の基準を定めなければなりません。

① 名称、アレルゲン、保存の方法、消費期限、原材料、添加物、栄養成分の量および熱量、原産地その他食品関連事業者等が食品の販売をする際に表示されるべき事項

② 表示の方法その他前記①に掲げる事項を表示する際に食品関連事業者等が遵守すべき事項

◀ 発 展 ▶

食品関連事業者等が、食品の安全性に関する食品表示基準に従った表示をしていない食品の自主回収（リコール）を行う場合、行政機関への届出が義務付けられます。

（注）　食品関連事業者等とは、次のいずれかに該当する者をいいます。

　　イ　食品関連事業者（食品の製造、加工もしくは輸入を業とする者または食品の販売を業とする者）

　　ロ　業としなくても食品の販売をする者

❸　食品表示基準の遵守

食品関連事業者等は、食品表示基準に従った表示がされていない食品の販売をしてはなりません。

❹　不適正な表示に対する措置

① 食品表示基準に定められた表示事項が表示されていない食品の販売をし、または販売の用に供する食品に関して表示事項を表示する際に食品表示基準に定められた遵守事項を遵守しない食品関連事業者があるときは、内閣総理大臣または農林水産大臣は、当該食品関連事業者に対し、表示事項を表示し、または遵守事項を遵守すべき旨の指示をすることができます。

② 内閣総理大臣は、上記指示を受けた者が、正当な理由がなくてその指示にかかる措置をとらなかったときは、その者に対し、その指示にかかる措置をとるべきことを命ずることができます。

③ 内閣総理大臣は、食品関連事業者等が、アレルゲン、消費期限、食品を安全に摂取するために加熱を要するかどうかの別等の食品を摂取する際の安全性に重要な影響を及ぼす事項について食品表示基準に従った表示がされていない食品の販売をし、または販売をしようとする場合において、消費者の生命または身体に対する危害の発生または拡大の防止を図るため緊急の必要があると認めるときは、当該食品関連事業者等に対し、食品の回収その他必要な措置をとるべきことを命じ、または期間を定めてその業務の全部もしくは一部を停止すべきことを命ずることができます。

④ 内閣総理大臣等は、上記の指示または命令をしたときは、その旨を公表しなければなりません。

❺ 適格消費者団体の差止請求権

　消費者契約法上の**適格消費者団体**は、食品表示法上、食品関連事業者が、不特定多数の者に対して、食品表示基準に違反して、販売の用に供する食品の栄養成分の量について著しく事実に相違する表示をする行為を行うおそれがあるときは、当該食品関連事業者に対し、**当該行為の予防に必要な措置をとることを請求する**ことができます。

この節で学習すること

1
目的・対象

行政手続きの公正と透明性の向上を図ることを目的とした法律です。

拒否する処分には、原則として理由を示さなければならないとされています。

2
申請に対する処分

原則として、不利益を受ける人の意見陳述の手続をとらなければなりません。

3
不利益処分

4
行政指導

行政指導に従わなかったことを理由として、不利益な取扱いをしてはならないとされています。

❶ 目的・対象

❶ 目 的

　行政手続法は、処分、行政指導および届出に関する手続ならびに命令等を定める手続に関し、共通する事項を定めることによって、行政運営における公正の確保と透明性（行政上の意思決定について、その内容および過程が国民にとって明らかであることをいう）の向上を図り、もって国民の権利利益の保護に資することを目的とします。

　もっとも、処分、行政指導および届出に関する手続ならびに命令等を定める手続に関し行政手続法に規定する事項について、他の法律に特別の定めがある場合は、その定めるところによります。

❷　対　象

行政手続法の対象は、次の事項に限られます。

① 　許可・認可・免許等の申請に対する処分

② 　許認可の取消し等の不利益処分

③ 　指導・助言・勧告等の行政指導

④ 　届出に関する手続

⑤ 　命令等を定める手続

したがって、**行政計画、行政契約**は、その対象とはならず、また、処分でも**行政上の強制執行や即時強制、行政調査**は、その対象となりません。

さらに、**地方公共団体の機関がする処分**（その根拠となる規定が条例または規則に置かれているものに限る）および**行政指導**、地方公共団体の機関に対する届出（その根拠となる規定が条例または規則に置かれているものに限る）ならびに地方公共団体の機関が命令等を定める行為については、**行政手続法の適用が除外**されています。

❷ 申請に対する処分

行政庁は、申請に対する処分について審査基準を定めるものとし、**審査基準を定めるにあたっては、**許認可等の性質に照らして**できる限り具体的なものとしなければなりません**。また、行政上特別の支障があるときを除き、法令により申請の提出先とされている機関の事務所における備付けその他の適当な方法により**審査基準を公にしておかなければなりません**。

行政庁は、**申請により求められた許認可等を拒否する処分をする場合**は、原則として、申請者に対し、同時に、当該**処分の理由を示さなければなりません**。

❸ 不利益処分

❶　処分の基準

行政庁は、不利益処分について処分基準を定め、かつ、これを

公にしておくよう努めなければならず、処分基準を定めるにあたっては、不利益処分の性質に照らしてできる限り具体的なものとしなければなりません。

❷ 不利益処分をしようとする場合の手続

ココが出る！

行政庁は、不利益処分をしようとする場合には、原則として、当該不利益処分の名あて人となるべき者について、意見陳述のための手続をとらなければなりません。

❸ 不利益処分の理由の提示

ココが出る！

行政庁は、不利益処分をする場合には、原則として、その名あて人に対し、同時に、当該不利益処分の理由を示さなければなりません。

❹ 行政指導

ココが出る！

行政指導に携わる者は、その相手方が**行政指導に従わなかったことを理由として、不利益な取扱いをしてはならない**とされています。

ココが出る！

申請の取下げまたは内容の変更を求める行政指導にあっては、行政指導に携わる者は、**申請者が当該行政指導に従う意思がない旨を表明**したにもかかわらず当該行政指導を継続すること等により当該申請者の権利の行使を妨げるようなことをしてはならないものとされています。

ココが出る！

なお、行政指導が口頭でされた場合において、その相手方から当該行政指導の趣旨・内容・責任者を記載した書面の交付を求められたときは、行政上特別の支障がない限り、これを交付しなければなりません。

第12節 企業と犯罪

この節で学習すること

1 総会屋に関する犯罪
総会屋とは、株主の権利を利用して企業から不正に利益を得ることを主たる活動としている者をいいます。

会社法に規定されている犯罪で、取締役などによる背任を特に重く処罰するものです。
2 特別背任罪

会社を攻撃するウソの中傷ビラをばらまいた場合、偽計業務妨害罪や信用毀損罪が成立する可能性があります。
3 信用および業務に対する罪

4 公益通報者保護法
いわゆる内部告発者を保護するための法律です。

1 総会屋に関する犯罪

❶ 利益供与罪

　総会屋とは、株主の権利行使に関して、企業から不正に利益を得ることを主たる活動としている者をいいます。会社法は、会社運営の健全性等を確保するため、**利益供与罪**を規定しました。すなわち、取締役・監査役等の役員または支配人その他の使用人が、株主等の権利の行使に関し、当該株式会社またはその**子会社の計算において財産上の利益を供与した**ときは、刑事罰が科され、また、利益の供与を受けた者（総会屋等）も刑事罰が科されます。

　なお、株式会社が、株主等の権利の行使に関し、財産上の利益の供与をしたときは、当該利益の供与をすることに関与した取締役等は、当該株式会社に対して、連帯して、供与した利益の価額

注 意
子会社の計算において利益を供与した場合にも利益供与罪が成立することに注意してください。

に相当する額を支払う義務を負います（ただし、**当該利益の供与をした取締役等以外の者は、その職務を行うについて注意を怠らなかったことを証明した場合には、義務を免れます**）。また、利益の供与を受けた者は、これを会社に返還しなければなりません。

ココが出る!

株主等の権利行使に関して利益を供与した場合、たとえ会社が相当の対価を得ているときでも、利益供与罪に問われる可能性があります。たとえば、甲社の取締役Aが、株主BからAの経営責任を株主総会で追及しないことの見返りとしてBの発行する業界誌の定期購読を要求された場合に、AがBの要求に応じて甲社の計算で業界誌を定期購読したときは、その購読料が不当に高価でなく合理的な金額であったとしても、Aは利益供与罪（Bは利益供与要求罪）に問われる可能性があります。

ココが出る!

また、**「財産上の利益」には、物品の対価として支払われる金銭のほか、融資として支払われる金銭も含まれます。**したがって、たとえば、上記の事例で、Bの要求がBに対する融資であった場合でも、Aが甲社の計算でこれに応じて金銭を支払ったときは、Aは利益供与罪（Bは利益供与要求罪）に問われる可能性があります。

❷ 利益供与要求罪

会社法は、総会屋の犯罪行為を早期に摘発するため、**利益供与要求罪**も規定しています。すなわち、株主の権利の行使に関し、株式会社またはその子会社の計算において財産上の利益を**自己または第三者に供与**することを取締役等に要求した者は、刑事罰が科されます。

ココが出る!

なお、**利益供与要求罪は、要求した相手方がこれに応じず、実際に利益の供与が行われなかった場合でも成立する**ことに注意してください。

❷ 特別背任罪

特別背任罪とは、刑法に規定されている背任罪の特別規定であ

り、会社法に規定されて、その刑が加重されています。すなわち、取締役・監査役等の役員、取締役・監査役等の職務を代行する者その他一定の者が、自己もしくは第三者の利益を図りまたは株式会社に損害を加える目的で、その任務に背く行為をし、当該株式会社に財産上の損害を加えたときは、刑事罰が科されます。

③ 信用および業務に対する罪

会社の活動を妨害する目的で嘘の中傷ビラを配った者に対しては、嘘の中傷ビラによって虚偽の風説を流布したことで当社の業務を妨害したとして**偽計業務妨害罪**が成立する可能性があり、また嘘の中傷ビラによって当社の経済的信用が傷つけられたとして**信用毀損罪**が成立する可能性があります。

④ 公益通報者保護法

❶ 目 的

公益通報者保護法は、公益通報をしたことを理由とする公益通報者の解雇の無効および不利益な取扱いの禁止等ならびに公益通報に関し事業者および行政機関がとるべき措置等を定めることにより、公益通報者の保護を図るとともに、国民の生命、身体、財産その他の利益の保護にかかわる法令の規定の遵守を図り、もって国民生活の安定および社会経済の健全な発展に資することを目的とします。

❷ 公益通報・公益通報者・通報対象事実の意義

① 公益通報

公益通報とは、事業者内部から国民の生命等にかかわる法令違反、一定の行政法違反などを通報することをいいます。

② 公益通報者

公益通報者とは、公益通報をした者をいいます。この公益通報者には、**労働者**（労働基準法9条に規定する労働者）のほかに、**退職者**（通報の日前1年以内に雇用元（勤務先）で働いていた労

働者であった者または通報の日前1年以内に派遣先で働いていた
派遣労働者であった者）および**役員**（法人の取締役、執行役、会
計参与、監査役、理事、監事および清算人、法令の規定に基づき
法人の経営に従事している者（会計監査人を除く））も含まれま
す。

ココが出る！

　労働者には、正社員、**派遣労働者**、**アルバイト**、**パートタイマ
ー**、請負契約に基づき委託元から受託した事業を行う企業の社員
や派遣労働者などのほか、公務員も含まれます。

　また、取引先の労働者や退職者については、現に契約に基づく
事業に従事している者や1年以内に従事していた者も公益通報の
主体になり得ます。

③　**通報対象事実**

　通報対象事実（公益通報の対象となる事実）とは、次のいずれ
かの事実をいいます。

　　イ　公益通報者保護法および個人の生命または身体の保護、消
　　　　費者の利益の擁護、環境の保全、公正な競争の確保その他の
　　　　国民の生命、身体、財産その他の利益の保護にかかわる法律
　　　　として公益通報者保護法別表に掲げるもの（刑法、会社法、
　　　　食品衛生法、金融商品取引法、日本農林規格等に関する法
　　　　律、大気汚染防止法、廃棄物の処理及び清掃に関する法律、

ココが出る！

　　　　個人情報の保護に関する法律等）に規定する罪の犯罪行為の
　　　　事実

　　ロ　公益通報者保護法別表に掲げる法律の規定に基づく処分に
　　　　違反することが前記イに掲げる事実となる場合における当該
　　　　処分の理由とされている事実（当該処分の理由とされている
　　　　事実が同表に掲げる法律の規定に基づく他の処分に違反し、
　　　　または勧告等に従わない事実である場合における当該他の処
　　　　分または勧告等の理由とされている事実を含む）

❸　**公益通報の相手方**

　公益通報の相手方として認められるのは、①**労務提供先等**（事
業者、労働者派遣先等）、②当該通報対象事実について処分・勧
告権限を有する**行政機関**、③公益通報を行うことがその発生また

はこれによる被害の拡大を防止するために必要であると認められる者（**報道機関、消費者団体、労働組合**等）とされています。

❹　**公益通報者が保護されるための要件**
　公益通報者が公益通報者保護法による保護を受けるための要件は、通報の相手方により異なります。

ココが出る!

❺　**解雇の無効等**
①　**解雇の無効**
　公益通報者が公益通報をしたことを理由として事業者が行った解雇は、無効とされます。

ココが出る!

②　**労働者派遣契約の解除の無効**
　事業者の指揮命令の下に労働する派遣労働者である**公益通報者**が公益通報をしたことを理由として事業者が行った**労働者派遣契約の解除**は、**無効**とされます。

ココが出る!

③　**不利益取扱いの禁止**
　事業者は、その使用し、または使用していた**公益通報者**が公益通報をしたことを理由として、当該公益通報者に対して、**降格、減給、派遣労働者の交代を求めること**その他不利益な取扱いをしてはならないとされています。

ココが出る!

④　**損害賠償の制限**
　事業者は、**公益通報によって損害を受けたことを理由として、公益通報者に対して賠償を請求することはできません。**
⑤　**事業者がとるべき措置**
　①　事業者は、公益通報を受け、ならびに当該公益通報にかかる通報対象事実の調査をし、およびその是正に必要な措置をとる業務（公益通報対応業務）に従事する者（公益通報対応業務従事者）を定めなければなりません。
　②　事業者は、公益通報者の保護を図るとともに、公益通報の内容の活用により国民の生命、身体、財産その他の利益の保護に関わる法令の規定の遵守を図るため、公益通報に応じ、適切に対応するために必要な体制の整備その他の必要な措置をとらなければなりません。

⑥　**公益通報対応業務従事者の守秘義務**

①　公益通報対応業務従事者または公益通報対応業務従事者であった者は、正当な理由がなく、その公益通報対応業務に関して知り得た事項であって公益通報者を特定させるものを漏らしてはなりません。

②　この守秘義務に違反した者は、30万円以下の罰金に処せられます。

第1節 独占禁止法

重要度
A

問1
□□□
　　A市において旅行業を営むX社およびY社は、A市内の公立小学校から受託する修学旅行手配の料金について最低価格を定め、当該最低価格を下回る料金とはしない旨を取り決めたが、X社およびY社が取り決めた内容に違反した際の罰則が定められていなかった。この場合、X社およびY社が当該最低価格を定めた行為は、公共の利益に反して、一定の取引分野における競争を実質的に制限するときは、原則として、独占禁止法上の不当な取引制限に該当する。　　　　　　　　　　　　　　　　　　（44−2−2−オ）

問2
□□□
　　A市において電子部品の製造販売業を営むX社およびY社は、電子部品に使用する原材料の価格が高騰したため、それぞれ意思を連絡することなく、両社の独自の判断で、ほぼ同時期に電子部品の販売価格の値上げを行った。その結果、X社およびY社の同種の電子部品の販売価格は同一となった。この場合、X社およびY社による当該電子部品の値上げ行為は、原則として、独占禁止法上の不当な取引制限に該当する。（44−2−2−ウ）

解 1 ○　事業者の行為が不当な取引制限に該当するための要件の1つとされ
ている「相互拘束」とは、事業者間で協定した事項をお互いに守るよ
うに精神的圧迫を加えることをいい、必ずしも罰金や取引停止などの
罰則を規定している必要はない。したがって、いわゆる紳士協定のよ
うに協定事項を遵守しなくても罰則などが科されないものも相互拘束
に当たり、当該協定を締結し遵守する行為は、不当な取引制限に該当
する。X社およびY社が当該最低価格を定めた行為は、公共の利益に
反して、一定の取引分野における競争を実質的に制限するときは、価
格協定として、独占禁止法上の不当な取引制限に該当する。

解 2 ×　事業者の行為が不当な取引制限に該当するための要件の1つとされ
ている「共同遂行」とは、複数の事業者が意思を連絡して、同一の目
標に向かって行動することをいい、①行為の外形の一致、②事業者間
の意思の連絡の2つがあるかどうかが決め手となる。X社およびY社
は、それぞれ意思を連絡することなく、両社の独自の判断で、ほぼ同
時期に電子部品の販売価格の値上げを行ったにすぎないので、事業者
間の意思の連絡があるとはいえない。したがって、X社およびY社に
よる当該電子部品の値上げ行為は、独占禁止法上の不当な取引制限に
該当しない。

第5章　企業活動に関わる法規制

　　X社は、防犯用品の製造および販売を業としている株式会社である。近時、X社の同業他社であるY社が新商品として発売した携帯防犯ブザーに人気が出始めたため、X社は、自社が製造し販売している携帯防犯ブザーを原価を著しく下回る価格で量販店や小売店等の取引先に継続して供給するとともに、インターネット上の自社の通信販売サイトでも同様の価格を定価として設定して販売を行った。その結果、Y社の携帯防犯ブザーの売上げは激減した。X社は、複数の量販店および小売店から、X社の携帯防犯ブザーの売上げが落ちているため、卸売価格を下げて欲しいとの要請を受けており、この値下げの要請に応じ、本件行為を行ったものであった。この場合、本件行為は、量販店および小売店の要請に応じて行ったものであるため、不公正な取引方法として独占禁止法に違反することはない。

(43-4-1-⑤改)

　　X社は、ゲームソフト甲を製造し、小売店に卸売販売をしている。X社は、A市の小売店であるY社の要請により、A市において甲を販売する小売店に対し、「甲をX社の指定した小売価格以上の価格で販売しない場合、甲の供給を停止する」旨を通知し、当該通知に従って小売店に甲を販売させた。この場合、X社が小売店の要請に応じて行った当該通知および当該通知に従って小売店に甲を販売させた行為は、原則として、独占禁止法上の不公正な取引方法に該当する。　　(44-2-2-ア)

　　公正取引委員会は、独占禁止法の規定に違反する行為があるときは、当該行為をした者に対して、意見聴取をすることなく排除措置命令を発令することができる。　　(46-6-3-①)

　　公正取引委員会が下した行政上の処分に対して不服がある場合は、公正取引委員会の審判官に命令の取消しを請求することができる。

(46-6-3-⑤)

解 3 × 　不公正な取引方法とは、公正ではない方法で競争を行い、有利な立場に立とうとする行為をいう。そして、X社のした本件行為は、正当な理由がないのに商品または役務をその供給に要する費用を著しく下回る対価で継続して供給し、その他不当に商品または役務を低い対価で供給し、他の事業者の事業活動を困難にさせるおそれがあるものであり、流通業者からの要請に基づく場合でも不当廉売に該当する。したがって、不公正な取引方法として独占禁止法に違反する。

解 4 ○ 　X社が小売店の要請に応じて行った当該通知および当該通知に従って小売店に甲を販売させた行為は、原則として、再販売価格の拘束として、独占禁止法上の不公正な取引方法に該当する。

解 5 × 　公正取引委員会は、独占禁止法に違反する行為があるときは、事業者に対し、当該行為の差止めその他違反行為を排除するために必要な措置を命ずることができる（排除措置命令）。そして、公正取引委員会は、排除措置命令をしようとするときは、当該排除措置命令の名あて人となるべき者に対し、あらかじめ、意見を述べ、および証拠を提出する機会を付与しなければならない。

解 6 × 　公正取引委員会が下した行政上の処分（排除措置命令、課徴金納付命令）に対して不服がある場合は、東京地方裁判所に命令取消しの訴えを提起することができる。公正取引委員会の審判官に命令の取消しを請求することはできない。

第2節 下請代金支払遅延等防止法

重要度 **A**

問 1　下請法上、下請事業者に対して物品の製造委託をした親事業者は、原則として、直ちに、下請事業者の給付の内容、下請代金の額、支払期日および支払方法等の所定の事項を記載した書面を下請事業者に交付しなければならない。　　　　　　　　　　　　　　　　　　　　（46-6-1-ウ改）

問 2　下請法上、下請代金の支払期日は、親事業者が下請事業者の給付を受領した日からできる限り短い期間内において定められなければならないが、具体的な日数の制限までは定められていない。　　　（44-6-1-イ改）

問 3　下請事業者に対して物品の製造委託をした親事業者は、下請事業者の給付の内容に下請事業者の責めに帰すべき理由に基づく欠陥があったときは、下請事業者の給付を受領した後に、下請事業者に当該給付にかかる物を引き取らせても、下請法には違反しない。　　　　　　（44-6-1-エ）

第3節 不正競争防止法

重要度 **A**

問 1　競合他社が、自社の使用する著名な商品名と同一の商品名を当該競合他社の製品に表示して販売している。この場合において、当該競合他社の行為が不正競争に該当するには、自社が当該商品名について商標登録を受けている必要がある。　　　　　　　　　　　　　　　（42-3-2-②）

解 1 ○ 　下請法上、親事業者は、下請事業者に対し製造委託等をした場合は、直ちに、下請事業者の給付の内容、下請代金の額、支払期日および支払方法その他の事項を記載した書面を下請事業者に交付しなければならない。

　　なお、書面の交付は、下請事業者の承諾を得て、電子メール等の方法に代えることができる。

解 2 × 　下請法上、親事業者は、物品等を受領した日（役務提供委託の場合は、下請事業者が役務の提供をした日）から起算して60日以内のできる限り短い期間内において、下請事業者との合意の下に下請代金を支払う期日を定めなければならない（支払期日を定める義務）。

解 3 ○ 　下請法上、親事業者が、下請事業者に対し製造委託等をした場合、下請事業者の責めに帰すべき理由がないのに、下請事業者の給付を受領した後、下請事業者にその給付にかかる物を引き取らせることは禁止されている。したがって、下請事業者の給付の内容に下請事業者の責めに帰すべき理由に基づく欠陥があったときは、下請事業者の給付を受領した後に、下請事業者に当該給付にかかる物を引き取らせても、下請法には違反しない。

解 1 × 　自己の商品等表示として、他人の著名な商品等表示と同一または類似の商品等表示を使用し、またはそのような表示が使用された商品を譲渡、引渡し等をすること（混同の要件は不要）は、著名表示使用行為として不正競争に該当する。この著名表示使用行為に該当するためには、当該商品名について商標登録を受けていることは不要である。

問 2 　企業の保有する情報が営業秘密として不正競争防止法上の保護を受けるためには、当該情報が刊行物に記載されていないなど、公然と知られていないものであることが必要である。　　　　　　　　　　　　　（45-2-4-ア）

問 3 　A社は、不正の利益を得る目的で、競合他社であるB社の商品甲の商標と類似のドメイン名を使用する権利を取得した。この場合、A社の行為は、不正競争に該当する。　　　　　　　　　　　　　　　　（43-1-1-⑤）

問 4 　不正競争によって営業上の利益を侵害された被害者が、故意または過失により被害者の利益を侵害して自己の利益を得ている加害者に対し、不正競争防止法に基づき損害賠償請求訴訟を提起する場合、同法上、被害者の損害額を推定する規定はないため、被害者は、加害者の不正競争により自己が受けた損害の額を自ら証明する必要がある。　　　　　（42-3-2-⑤）

第4節 消費者保護関連法 　　　　　　　　　　　　重要度 A

消費者契約法

問 1 　消費者契約法は、労働契約も含めて、事業者と消費者との間で締結されるあらゆる契約に適用される。　　　　　　　　　　　　　（46-1-1-ア）

解 2 ○　不正競争防止法において「営業秘密」とは、秘密として管理されている生産方法、販売方法その他の事業活動に有用な技術上または営業上の情報であって、公然と知られていないものをいう。したがって、企業の保有する情報が営業秘密として不正競争防止法上の保護を受けるためには、当該情報が刊行物に記載されていないなど、公然と知られていないものであることが必要である。

解 3 ○　不正の利益を得る目的あるいは他人に損害を加える目的で、他人の特定商品等表示と同一または類似のドメイン名（インターネットにおいて、個々の電子計算機を識別するために割り当てられる番号、記号または文字の組合せに対応する文字、番号、記号その他の符号またはこれらの結合）を使用する権利を取得・保有し、またはそのドメイン名を使用することは、ドメイン名の不正取得・使用として不正競争に該当する。

解 4 ×　不正競争によって営業上の利益を侵害された者が故意または過失により自己の営業上の利益を侵害した者に対しその侵害により自己が受けた損害の賠償を請求する場合において、当該侵害をした者がその侵害の行為により利益を受けているときは、その利益の額は、不正競争防止法上、その営業上の利益を侵害された者が受けた損害の額と推定される。したがって、被害者は、加害者の不正競争により自己が受けた損害の額を自ら証明する必要はない。

解 1 ×　消費者契約法は、消費者と事業者との間で締結される契約に適用されるが、労働契約には適用されない。

　　X社の営業所において、消費者Yは、X社の従業員から商品の仕様の説明を受けた際、当該従業員が商品の仕様について実際のものよりも著しく優良である旨の不実の告知を行ったため、これを事実だと誤認してX社との間で商品の売買契約を締結した。この場合、Yは、購入した商品に特に欠陥や不具合がなくても、当該売買契約を取り消すことができる。

(45−8−3−④)

問 3　　事業者が、消費者契約の締結について勧誘をするに際し、当該消費者に対して、当該消費者が加齢や心身の故障によりその判断力が著しく低下していることから、生計、健康等に関しその現在の生活の維持に過大な不安を抱いていることを知りながら、その不安をあおり、裏付けとなる合理的な根拠がある場合でないのに、当該消費者契約を締結しなければその現在の生活の維持が困難となる旨を告げることにより、当該消費者が困惑し、それによって当該消費者契約の申込みまたはその承諾の意思表示をしたときは、当該消費者は、これを取り消すことができる。　　(オリジナル)

問 4　　X社の営業所において、消費者Yは、X社の従業員から商品の販売の勧誘を受けた際、当該営業所から退去したい旨を申し出たが、当該従業員がこれを無視して執拗に勧誘を継続したため、困惑してX社との間で商品の売買契約を締結した。この場合、Yは、購入した商品に特に欠陥や不具合がなくても、当該売買契約を取り消すことができる。　　(45−8−3−③)

問 5　　X社は、消費者Yに対し、商品の販売の勧誘を行い、Yとの間で商品の売買契約を締結した。この場合において、YがX社による不適切な勧誘行為があったことを理由として当該売買契約を取り消したときは、すでに履行された債務につき、X社は原状回復義務を負うが、Yは原状回復義務を負わない。　　(45−8−3−⑤)

問 6　　事業者の債務不履行により生じた消費者の解除権を放棄させる条項は、消費者契約法上、無効である。　　(44−4−1−e)

解 2 ◯ 　消費者は、事業者が消費者契約の締結について勧誘をするに際し、当該消費者に対し、商品の仕様等契約の重要事項について事実と異なることを告げていた場合、これにより、誤認をし、それによって当該消費者契約の申込みまたはその承諾の意思表示をしたときは、これを取り消すことができる。

解 3 ◯ 　事業者が、消費者契約の締結について勧誘をするに際し、当該消費者が、加齢または心身の故障によりその判断力が著しく低下していることから、生計、健康その他の事項に関しその現在の生活の維持に過大な不安を抱いていることを知りながら、その不安をあおり、裏付けとなる合理的な根拠がある場合その他の正当な理由がある場合でないのに、当該消費者契約を締結しなければその現在の生活の維持が困難となる旨を告げること（判断力の低下の不当な利用）は、取消事由の1つとされている。

解 4 ◯ 　消費者は、事業者が消費者契約の締結について勧誘をするに際し、当該消費者に対して当該事業者が当該消費者契約の締結について勧誘をしている場所から当該消費者が退去する旨の意思を示したにもかかわらず、その場所から当該消費者を退去させないことをしたことにより困惑し、それによって当該消費者契約の申込みまたはその承諾の意思表示をしたときは、これを取り消すことができる。

解 5 ✕ 　消費者契約法に基づいて意思表示が取り消された場合、当該契約は遡及的に無効となり、事業者と消費者は、相互に原状回復義務を負う。事業者は、すでに受け取った代金などを返還しなければならず、他方、消費者は、引渡しを受けた商品などを返還しなければならない。

解 6 ◯ 　事業者の債務不履行により生じた消費者の解除権を放棄させる消費者契約の条項は、消費者契約法上、無効である。

割賦販売法

 消費者Xは、自ら請求していないにもかかわらず自宅に宝石商Yの訪問を受け、Yとの間で、割賦販売法上の個別信用購入あっせんに該当する方法により、代金を60回の分割払いとして宝石を購入する旨の売買契約を自宅において締結した。この場合、Xは、一定の期間内であれば、割賦販売法に基づきクーリング・オフをすることができる。 （41-2-2-イ）

特定商取引法

 消費者Yは、路上を通行中に美容用品の販売業を営む甲社の従業員Xに呼び止められ、甲社の営業所にXと同行し、甲社の営業所において甲社の販売する美容器具A（20万円）の売買契約を締結した。この場合、当該売買契約は、特定商取引法上の訪問販売には該当しない。

（46-7-4-イ改）

 消費者Yは、自ら要求していないにもかかわらず、自宅にX社の販売員の訪問を受け、特定商取引法上の訪問販売に該当する方法により、X社との間で同社の商品を購入する旨の売買契約を締結したが、クーリング・オフが可能であることを示す書面の交付又はYの承諾を得て電磁的方法による提供を受けなかった。この場合において、Yは、当該売買契約を締結した後一定の期間が経過したときは、当該書面を受領していなくても、当該売買契約につきクーリング・オフを行使することができなくなる。

（44-8-4-②改）

解 7 ○　個別信用購入あっせん関係販売契約（クレジット販売契約）が訪問販売や電話勧誘販売等に該当する場合、購入者は、一定期間内に、当該個別信用購入あっせん関係販売契約（クレジット販売契約）の解除をすることができる（クーリング・オフ）。設問の場合には、訪問販売により個別信用購入あっせんが行われているので、Xは、一定の期間内であれば、割賦販売法に基づきクーリング・オフをすることができる。

解 8 ×　Xの販売方法は、いわゆるキャッチセールスに該当し、当該売買契約は、特定商取引法上の訪問販売に該当する。

解 9 ×　X社の販売員の販売方法は、特定商取引法上の訪問販売に該当する。訪問販売においては、販売業者等の相手方となった消費者（申込者等）は、原則として、クーリング・オフできる旨の書面（法定書面）の交付又は消費者の承諾を得て電磁的方法による提供を受けた日から起算して8日間は、書面または電磁的記録による解約の通知で申込みの撤回または契約の解除（申込みの撤回等）を行うことができる。しかるに、Yは、クーリング・オフが可能であることを示す書面の交付等を受けなかったというのであるから、8日間の起算は開始されず、Yは、当該売買契約を締結した後一定の期間が経過したときでも、当該売買契約につきクーリング・オフを行使することができる。

X社は、自社のウェブサイトで、特定商取引法上の通信販売に該当する方法により、消費者Yに自社商品を販売する旨の売買契約を締結した。この場合、X社が自社のウェブサイト上に瑕疵のない商品の返品を認めない旨の表示を所定の方法により行っていたとしても、Yは、当該商品の引渡しを受けた後一定期間内であれば、無条件で当該売買契約を解除することができる。 (44-8-4-③改)

問11 ☐☐☐ 消費者が、事業者との間で、特定継続的役務提供の方法により役務の提供を受ける旨の契約と、当該役務の提供を受けるにあたり不可欠な物品（関連商品）を事業者から購入する旨の売買契約を締結した。この場合、消費者は、一定の期間内であれば、当該役務の提供を受ける旨の契約につきクーリング・オフを行使することができるが、関連商品の売買契約につきクーリング・オフを行使することはできない。 (42-10-2-③)

問12 ☐☐☐ 消費者Yは、購入の申込みをしていないにもかかわらず、X社から送付されてきた同社の商品を受け取った。Yが当該商品を受け取ってから1ヶ月後、X社の販売員がYの自宅を訪問し、当該商品を受け取ってから14日以内に返品がなければ売買契約が成立したことになる旨をYに説明し、当該商品の代金を請求した。この場合、Yは、X社に対し、当該商品の売買契約の申込みを承諾していないため、当該売買契約は成立していない旨を主張することができる。 (44-8-4-④改)

景品表示法

問13 ☐☐☐ 家庭用品メーカーであるX社は、新型の家庭用浄水器甲を発売した。X社は、甲のパンフレットに、「水道水に含まれる不純物を99％以上除去する機能がある」旨の表示をしたが、実際には、甲には水道水に含まれる不純物を除去する機能はほとんどなかった。X社が、この表示により、不当に顧客を誘引し、一般消費者による自主的かつ合理的な選択を阻害するおそれを生じさせた場合、当該表示は、景品表示法上の不当表示に当たる。 (44-1-1-オ改)

解 10 ✕ 　販売業者が、消費者との間で、通信販売の方法により商品の売買契約を締結した場合において、販売業者が当該商品の広告に契約解除の可否や解除に伴う商品の返品条件など所定の事項を表示していなかったときは、消費者は、商品の引渡しを受けた日から起算して8日以内であれば、当該契約を解除することができる。しかるに、X社は、自社のウェブサイト上に瑕疵のない商品の返品を認めない旨の表示を所定の方法により行っていたというのであるから、Yは、無条件で当該売買契約を解除することはできない。

解 11 ✕ 　消費者は、当該特定継続的役務提供契約の内容を明らかにする書面等を受領した日から起算して8日以内であれば、クーリング・オフをすることができるが、クーリング・オフは、特定継続的役務の提供に密接に関連する商品（関連商品）の購入契約（たとえば、英会話講座の受講に不可欠なテキストの購入契約）も含めて行うことができる。

解 12 〇 　X社の行為は、ネガティブオプション（消費者が商品の購入申込みをしていないにもかかわらず、事業者が一方的に商品を送付し、消費者からの返品や購入しない旨の通知がない限り、売買契約が成立したとして、代金を請求する販売形態）に該当するが、ネガティブオプションによっては、売買契約は成立しない。したがって、Yは、X社に対し、当該商品の売買契約の申込みを承諾していないため、当該売買契約は成立していない旨を主張することができる。

解 13 〇 　X社は、甲のパンフレットに、「水道水に含まれる不純物を99％以上除去する機能がある」旨の表示をしたが、実際には、甲には水道水に含まれる不純物を除去する機能はほとんどなかったというのであり、X社が、この表示により、不当に顧客を誘引し、一般消費者による自主的かつ合理的な選択を阻害するおそれを生じさせた場合には、当該表示は、優良誤認表示として、景品表示法上の不当表示に当たる。

問 14　インターネットのホームページ上で商品を販売する事業者は、そのホームページ上で、商品の価格その他の取引条件について、実際のものよりも取引の相手方に著しく有利であると一般消費者に誤認される表示であって、不当に顧客を誘引し、一般消費者による自主的かつ合理的な選択を阻害するおそれがあると認められるものを表示してはならない。

(46-9-2-①)

問 15　A社は、自社の人気商品甲の新聞広告において、甲の性能が実際よりも著しく優良である旨の表示をしたが、当該表示について内閣総理大臣（消費者庁長官）から一定期間内にその裏付けとなる合理的な根拠を示す資料の提出を求められた。この場合において、A社が当該期間内に合理的な根拠を示す資料を内閣総理大臣（消費者庁長官）に提出しないときは、当該新聞広告における表示は、内閣総理大臣（消費者庁長官）の行う措置命令については、不当な表示とみなされる。　　　　　(42-4-4-⑤)

金融サービス提供法

問 16　金融サービス提供法上の金融商品販売業者等であるX社が、顧客Yに対し、所定の重要事項について説明をしなかったことによってYに損害が生じた。この場合において、Yが、その損害の賠償を請求するときには、同法上、元本欠損額は、Yに生じた損害の額と推定される。

(43-8-4-イ改)

第 5 節　個人情報保護法　　重要度 A

問 1　個人情報保護法上、死亡した個人の氏名および生年月日の情報は、当該死亡した者の個人情報として同法の適用を受けない。　　(46-2-1-ア)

解14 ○ インターネットを利用した電子商取引にも景品表示法が適用され、本問のような表示は、有利誤認表示として景品表示法の広告規制を受ける。

解15 ○ 内閣総理大臣（消費者庁長官）は、事業者がした表示が優良誤認表示に該当するか否かを判断するため必要があると認めるときは、当該表示をした事業者に対し、期間を定めて、当該表示の裏付けとなる合理的な根拠を示す資料の提出を求めることができる。この場合において、当該事業者が当該資料を提出しないときは、当該表示は、「不実証広告」として優良誤認表示とみなされる。

解16 ○ 金融商品販売業者等は、顧客に対し重要事項について説明をしなければならない場合において当該重要事項について説明をしなかったとき、または断定的判断の提供等を行ったときは、これによって生じた当該顧客の損害を賠償する責任を負う。顧客が損害の賠償を請求する場合には、元本欠損額は、金融商品販売業者等が重要事項について説明をしなかったことまたは断定的判断の提供等を行ったことによって当該顧客に生じた損害の額と推定される。

解1 ○ 個人情報保護上、個人情報とは、生存する個人に関する情報で一定のものをいう。したがって、死亡した個人に関する情報（氏名、生年月日等）は、その死亡した者の個人情報に当たらず、同法の適用を受けない。

問 2　個人情報取扱事業者は、個人情報を取得した場合には、その利用目的を当該個人情報によって識別される個人に通知したときであっても、別途利用目的を公表しなければならない。　　　　　　　　　　（43－3－4－③）

問 3　個人情報取扱事業者は、その保有個人データについて、個人情報によって識別される個人から開示の請求を受けた場合であっても、当該請求に応じる必要はない。　　　　　　　　　　　　　　　　　（43－3－4－④）

問 4　個人情報取扱事業者であるE社は、その保有個人データについて、本人であるFから、その内容が事実でないことを理由として訂正を請求された場合、本人が請求している以上、何らの調査をせずにFの請求に応じ、当該保有個人データの内容を訂正しなければならない。　　（44－5－2－ウ）

第 6 節　マイナンバー法

重要度 **B**

問 1　マイナンバー法は、行政機関等の行政事務を処理する者による効率的な情報の管理・利用、迅速な情報の授受、行政運営の効率化・行政分野におけるより公正な給付と負担の確保、手続の簡素化による国民の負担の軽減等を目的とする。　　　　　　　　　　　　　　　　　（オリジナル）

問 2　個人番号カードは、本人確認のための身分証明書として利用できるほか、自治体サービス、e-Tax等の電子証明書を利用した電子申請等、様々な行政サービスを受ける際にも用いることができる。　　　　（オリジナル）

解 2 ✕ 個人情報取扱事業者は、個人情報を取得した場合は、あらかじめその利用目的を公表している場合を除き、速やかに、その利用目的を、本人に通知し、または公表しなければならない。通知または公表のいずれかだけでよい。

解 3 ✕ 個人情報取扱事業者は、本人から、当該本人が識別される保有個人データの開示（当該本人が識別される保有個人データが存在しないときにその旨を知らせることを含む）を求められたときは、原則として、本人に対し、遅滞なく、当該保有個人データを開示しなければならない。

解 4 ✕ 個人情報取扱事業者は、本人から、当該本人が識別される保有個人データの内容が事実でないという理由によって当該保有個人データの内容の訂正、追加または削除（以下「訂正等」という）を求められた場合には、その内容の訂正等に関して他の法令の規定により特別の手続が定められている場合を除き、利用目的の達成に必要な範囲内において、遅滞なく必要な調査を行い、その結果に基づき、当該保有個人データの内容の訂正等を行わなければならない。

解 1 ◯ マイナンバー法は、行政機関等の行政事務を処理する者による効率的な情報の管理・利用、迅速な情報の授受、行政運営の効率化・行政分野におけるより公正な給付と負担の確保、手続の簡素化による国民の負担の軽減等を目的とする。

解 2 ◯ 個人番号カードは、本人確認のための身分証明書として利用できるほか、自治体サービス、e-Tax等の電子証明書を利用した電子申請等、様々な行政サービスを受ける際にも用いることができる。

問 3 　個人番号利用事務実施者は、個人番号の漏えい、滅失または毀損の防止
その他の個人番号の適切な管理のために必要な措置を講じなければならな
い。 (オリジナル)

第 7 節　IT関連法

重要度
B

問 1 　電子署名及び認証業務に関する法律（電子署名法）上、電磁的記録で
あって情報を表すために個人事業主Hが作成したものは、当該電磁的記録
に記録された情報についてHによる電子署名が行われているときは、真正
に成立したものと推定される。 (46-3-2-オ)

問 2 　裁判所は、特定電気通信による情報の流通によって自己の権利を侵害さ
れたとする者の申立てにより、決定で、当該権利の侵害に係る開示関係役
務提供者（プロバイダ）に対し、発信者情報の開示を命ずることができ
る。 (オリジナル)

問 3 　E社は、自社の運営する通信販売サイトにおいて、消費者による商品購
入の申込みを受け、消費者に対し、自社商品を販売している。迷惑メール
防止法上、E社が、自社商品を購入した顧客に対して、広告または宣伝を
行うための手段として、特定電子メールを送信することができるのは、あ
らかじめ、特定電子メールの送信をするように求める旨または送信をする
ことに同意する旨をE社に対し通知した者など、所定の者に限られる。
(46-3-2-ウ改)

解 3 ○　個人番号利用事務実施者（個人番号利用事務を処理する者および個人番号利用事務の全部または一部の委託を受けた者）および個人番号関係事務実施者（個人番号関係事務を処理する者および個人番号関係事務の全部または一部の委託を受けた者）は、個人番号の漏えい、滅失または毀損の防止その他の個人番号の適切な管理のために必要な措置を講じなければならない。

解 1 ○　電磁的記録であって情報を表すために作成されたもの（公務員が職務上作成したものを除く）は、当該電磁的記録に記録された情報について本人による電子署名（これを行うために必要な符号及び物件を適正に管理することにより、本人だけが行うことができることとなるものに限る）が行われているときは、真正に成立したものと推定される。

解 2 ○　裁判所は、特定電気通信による情報の流通によって自己の権利を侵害されたとする者の申立てにより、決定で、当該権利の侵害に係る開示関係役務提供者（プロバイダ）に対し、発信者情報の開示を命ずることができる。

解 3 ○　迷惑メール防止法上、送信者は、原則として、特定電子メールの送信をしてはならない。ただし、特定電子メールを送信することにあらかじめ同意した者その他一定の者に対しては、これを送信することができる。

問 1 　X社は、金融商品取引法に基づき有価証券報告書の提出が義務付けられ
ているY社の経営権の取得を目的として、取引所金融商品市場外において
Y社の株券を買い付けることとした。この場合、X社が買付けにより取得
することとなるY社の株券の株券等所有割合が5％を超えるときは、同法
上、X社は、原則として、公開買付けの方法によらなければならない。

(43-8-4-オ)

問 2 　公開買付け制度は、会社経営権の取得などを目的として、買付期間や買
付数量を公告して、取引所金融商品市場外の場において、不特定多数の者
から株券等を買い付ける制度であり、買付価格については応募株主ごとに
自由に決めることができる。　　　　　　　　　　　　　(45-4-2-オ)

問 3 　上場会社の業務等に関する重要事実を、自らの職務に関し知った会社関
係者が、当該重要事実が公表される前に、当該会社の株式等の売買などを
行うことは、金融商品市場の公平性と透明性を害するため、いわゆるイン
サイダー取引として禁止されている。　　　　　　　　　(45-4-2-エ)

問 4 　金融商品取引法上、インサイダー取引規制に違反した場合、課徴金納付
命令の対象になるが、虚偽記載のある有価証券報告書等を提出したとして
も、その発行者は課徴金納付命令の対象とはならない。　(41-3-3-⑤)

解 1 ◯　市場外で不特定多数の者（60日間で10名超）から買い付ける場合、その買付後の所有割合が5％を超えるときは、原則として公開買付によらなければならない。

解 2 ✕　公開買付け制度は、会社経営権の取得などを目的として、買付期間や買付数量を公告して、取引所金融商品市場外の場において、不特定多数の者から株券等を買い付ける制度であるが、買付価格は、すべての応募株主について均一でなければならない。

解 3 ◯　上場会社の業務等に関する重要事実を、自らの職務に関し知った会社関係者が、当該重要事実が公表される前に、当該会社の株式等の売買などを行うことは、金融商品市場の公平性と透明性を害するため、いわゆるインサイダー取引として禁止されている。

解 4 ✕　金融商品取引法上、インサイダー取引規制に違反した場合、課徴金納付命令の対象になる。また、虚偽記載のある有価証券報告書等を提出した場合も、その発行者は課徴金納付命令の対象となる。

第 9 節 貸金業に対する規制

問 1　貸金業法上の貸金業者であるX社は、新たに個人事業主Yとの間で、Yに金銭を貸し付ける旨の金銭消費貸借契約を締結することとした。貸金業法上、X社は、Yとの間で金銭消費貸借契約を締結しようとする際には、Yの返済能力に関する事項を調査しなければならず、その返済能力を超える過剰な貸付けは禁止されている。　　　　　　　　　（45-5-3-①改）

第 10 節 食品の安全・衛生・表示に関する法律

重要度 C

健康増進法

問 1　D社は、健康増進法上、自社が製造する食品甲が特定保健用食品としての要件を充たしている場合、内閣総理大臣（消費者庁長官）の許可を受けずに、特定保健用食品としての特別用途表示をして食品甲を販売することができる。　　　　　　　　　　　　　　　（43-9-2-エ改）

第 11 節 行政手続法

重要度 B

問 1　行政庁は、国民に不利益処分をしようとする場合、当該不利益処分の名あて人となるべき者に対し、原則として、不利益処分の理由を示さなければならないが、当該不利益処分の名あて人となるべき者について、意見陳述のための手続をとる必要はない。　　　　　　　　　　（46-8-2-②）

問 2　行政庁は、行政指導に従わない者に対しては、行政指導に従わないことを理由として、不利益な取扱いをすることができる。　　（46-8-2-④）

解 1 ◯ 貸金業者は、貸付けの契約を締結しようとする場合には、顧客等の収入または収益その他の資力、信用、借入れの状況、返済計画その他の返済能力に関する事項を調査しなければならない。そして、貸金業者は、貸付けの契約を締結しようとする場合において、この調査により、当該貸付けの契約が個人過剰貸付契約その他顧客等の返済能力を超える貸付けの契約と認められるときは、当該貸付けの契約を締結してはならない。

解 1 × 健康食品のうち、国が安全性や有効性等を考慮して設定した規格基準等を充たす食品を保健機能食品といい、保健機能食品には、特定保健用食品と栄養機能食品と機能性表示食品とがあるが、特定保健用食品の販売については、内閣総理大臣（消費者庁長官）の許可を受けることが必要である。

解 1 × 行政庁は、不利益処分をする場合には、原則として、その名あて人に対し、同時に、当該不利益処分の理由を示さなければならない。また、原則として、当該不利益処分の名あて人となるべき者について、意見陳述のための手続をとらなければならない。

解 2 × 行政指導に携わる者は、その相手方が行政指導に従わなかったことを理由として、不利益な取扱いをしてはならない。

問 3 行政庁は、申請の取下げまたは内容の変更を求める行政指導にあっては、申請者が行政指導に従う意思がない旨を表明したにもかかわらず当該行政指導を継続すること等により当該申請者の権利の行使を妨げるようなことをしてはならない。 (46-8-2-①)

第12節 企業と犯罪

問 1 A株式会社の取締役Bは、A社の株主Cから、「次の株主総会においてBの解任を提案するつもりであり、やめて欲しければ、Cが経営するD社から観葉植物を賃借する旨の契約を締結して欲しい」と要求された。Bは、D社に対し、A社が観葉植物を賃借する旨の申込みを行い、A社の計算で賃借料を支払った。この場合、A社が観葉植物の賃借によりD社に支払う賃借料が適正な価格であっても、Bには会社法上の利益供与罪が成立し得る。 (44-7-1-ア改)

問 2 X株式会社の株主Cは、X社の取締役Dに対し、X社の次回の定時株主総会における議決権の行使に関し、X社の計算において金銭を供与することを要求したが、Dはこれに応じなかった。この場合、会社法上、Dは刑事罰を科される可能性はないが、Cは刑事罰を科される可能性がある。 (43-10-1-②)

問 3 株式会社の取締役が、自己または第三者の利益を図り、または当該株式会社に損害を加える目的で、その任務に背く行為をし、当該株式会社に財産上の損害を加えたときは、当該取締役に刑事罰が科されることがある。 (46-4-4-②)

問 4 金融機関の融資担当役員が、当該金融機関に損害を加える目的で、回収不能となることを認識しながら十分な担保をとらずに融資をする等の不良貸付行為には、特別背任罪が成立し得る。 (45-9-2-エ)

解 3 ○ 申請の取下げまたは内容の変更を求める行政指導にあっては、行政指導に携わる者は、**申請者が当該行政指導に従う意思がない旨を表明したにもかかわらず当該行政指導を継続すること等により当該申請者の権利の行使を妨げるようなことをしてはならない。**

解 1 ○ 取締役・監査役等の役員または支配人その他の使用人が、株主等の権利の行使に関し、当該株式会社またはその子会社の計算において財産上の利益を供与したときは、刑事罰が科される（利益供与罪）。株主等の権利行使に関して利益を供与した場合には、たとえ会社が相当の対価を得ている場合でも、利益供与罪が成立し得る。

解 2 ○ 株主の権利の行使に関し、株式会社またはその子会社の計算において財産上の利益を自己または第三者に供与することを取締役等に要求した者は、刑事罰が科される（利益供与要求罪）。この利益供与要求罪は、要求した相手方がこれに応じず、実際に利益の供与が行われなかった場合でも成立する。

解 3 ○ 株式会社の取締役が、自己または第三者の利益を図り、または当該株式会社に損害を加える目的で、その任務に背く行為をし、当該株式会社に財産上の損害を加えたときは、**特別背任罪**が成立し、当該取締役に刑事罰が科されることがある。

解 4 ○ 金融機関の融資担当役員が、当該金融機関に損害を加える目的で、回収不能となることを認識しながら十分な担保をとらずに融資をする等の不良貸付行為には、**特別背任罪**が成立し得る。

問 5　　競争関係にある他人の営業上の信用を害する虚偽の事実を告知し、または流布する行為は、刑法上の信用毀損罪または業務妨害罪の対象となり得る。　　　　　　　　　　　　　　　　　　　　　　　　　　　　(46-4-4-③)

問 6　　会社において公益通報者保護法で規定されている犯罪行為が行われている場合、当該会社に雇用されている労働者が当該犯罪行為について公益通報をすることができる相手方は、通報対象事実につき処分・勧告権限を有する行政機関に限られる。したがって、当該労働者は、当該行政機関以外の者に通報しても公益通報者保護法による保護を受けることはできない。
　　　　　　　　　　　　　　　　　　　　　　　　　　　　(45-9-2-ア)

問 7　　労働者が公益通報者保護法上の公益通報をする場合、労務提供先等、行政機関または報道機関等のいずれを通報先とするかにより、当該労働者が公益通報者保護法により保護されるための要件が異なる。(46-4-4-④)

問 8　　甲社の従業員Dは、甲社の取締役Eが特別背任罪に該当する行為を行ったことを知り、甲社の監査役Fに対し公益通報者保護法上の公益通報を行ったが、当該公益通報をしたことを理由として甲社から解雇された。この場合、公益通報者保護法上、当該解雇は、無効である。(43-7-3-②)

問 9　　労働者派遣法上の派遣労働者が、派遣先である事業者において生じた通報対象事実につき公益通報を行った。この場合、当該派遣先である事業者は、当該派遣労働者が公益通報をしたことを理由として、派遣元事業主に当該派遣労働者の交代を求めるなど、当該派遣労働者に対して不利益な取扱いをしてはならない。　　　　　　　　　　　　　　　　　　(46-4-4-⑤)

解 5 ○　競争関係にある他人の営業上の信用を害するような虚偽の事実を告知し、または流布する行為は、不正競争防止法上の不正競争に該当するほか、刑法上の信用毀損罪または業務妨害罪の対象となり得る。

解 6 ×　公益通報の相手方として認められるのは、①労務提供先等（事業者、労働者派遣先等）、②当該通報対象事実について処分・勧告権限を有する行政機関、③公益通報を行うことがその発生またはこれによる被害の拡大を防止するために必要であると認められる者（報道機関、消費者団体、労働組合等）とされている。通報対象事実につき処分・勧告権限を有する行政機関に限られるわけではない。

解 7 ○　労働者が公益通報者保護法上の公益通報をする場合、労務提供先等、行政機関または報道機関、消費者団体、労働組合等の一定の者のいずれを通報先とするかにより、当該労働者が公益通報者保護法により保護されるための要件が異なる。

解 8 ○　公益通報者が公益通報をしたことを理由として事業者が行った解雇は、無効とされる。

解 9 ○　事業者は、その使用し、または使用していた公益通報者が公益通報をしたことを理由として、当該公益通報者に対して、降格、減給、派遣労働者の交代を求めることその他不利益な取扱いをしてはならないとされている。

第6章

会社と従業員との
法律関係

本章では、会社と従業員との法律関係を規律する労働法（労働基準法、労働組合法等）および労災保険をはじめとする各種社会保険に関する法律（労災保険法、雇用保険法等）について学習します。

試験対策としては、労働組合法と労災保険法を重点的に学習してください。

この節で学習すること

1 労働組合
労働者が主体となって自主的に労働条件の改善を図る目的で組織する団体です。

労働組合と使用者の間で結ばれる労働条件に関する取決めをいいます。
2 労働協約

採用から退職までの労働条件や職場のルールを定めた規則で、労働者と使用者の双方が拘束されます。
3 就業規則

4 不当労働行為
使用者が労働者に対して行ってはならない行為で、4つの類型があります。

❶ 労働組合

労働組合とは、労働者が主体となって自主的に労働条件の維持改善その他**経済的地位の向上を図ることを主たる目的として組織する団体**またはその連合団体をいいます。

したがって、政治運動や社会運動を主たる目的とする団体、福利事業のみを目的とした団体は、労働組合に該当しません。

なお、労働組合は、労働者が自主的に組織する団体であることから、その結成にあたっては、使用者の承認等は不要です。

ココが出る！

❷ 労働協約

❶ 意 義

労働協約とは、労働組合と使用者またはその団体との間で結ば

れた労働条件等に関する取決めをいいます。

労働協約は、合意事項を書面に作成し、両当事者が署名または記名押印することによってその効力を生じます。

ココが出る!

❷ 労働協約の期間

労働協約には、3年を超える有効期間の定めをすることができません。3年を超える有効期間の定めをした労働協約は、3年の有効期間の定めをした労働協約とみなされます。

ココが出る!

有効期間の定めがない労働協約は、当事者の一方が、署名または記名押印した文書によって相手方に予告して、解約することができます。この予告は、解約しようとする日の少なくとも90日前にしなければなりません。

❸ 労働協約と労働契約・就業規則との関係

① 労働協約に定める労働条件その他の労働者の待遇に関する基準に違反する労働契約の部分は、無効となります。この場合において無効となった部分は、労働協約に定める基準によることとなります。
② 就業規則は、法令または当該事業場について適用される労働協約に反してはなりません。行政官庁（所轄労働基準監督署長）は、法令または労働協約に牴触する就業規則の変更を命ずることができます。

◀ 発 展 ▶
労働契約・就業規則より優先する労働協約の効力を「規範的効力」といいます。

ココが出る!

❹ 労働協約の一般的拘束力

労働協約は、当該労働協約を締結した労働組合の組合員にのみ適用されるのが原則ですが、1つの工場事業場に常時使用される同種の労働者の4分の3以上の数の労働者が1つの労働協約の適用を受けるに至ったときは、当該工場事業場に使用される他の同種の労働者に関しても、当該労働協約が適用されます。このような労働協約の効力を一般的拘束力といいます。

たとえば、A社が常時100名の労働者を使用しており、A社に75名の労働者で組織するB労働組合が存在する場合において、A社とB労働組合との間で労働協約が締結されたときは、当該労働

第
6
章

会社と従業員との法律関係

協約は、非組合員である25名の労働者にも適用されることになります。

③ 就業規則

❶ 意　義

　就業規則とは、採用から退職までの労働条件や職場の規律などを定めた規則をいいます。就業規則には、労働者だけでなく、使用者も拘束されます。

❷ 作成および届出の義務

◀ 発　展 ▶

常時9人以下の労働者を使用する使用者には、就業規則を作成する義務はありませんが、労務管理の観点から就業規則を作成することが望ましいとされています。

　常時10人以上の労働者（アルバイトやパートタイマーも含む）を使用する使用者は、一定の事項について就業規則を作成し、行政官庁（所轄労働基準監督署長）に届け出なければなりません。

語呂合わせ ▶ **就業規則の作成義務**

この就業規則は、
就業規則の作成義務
（内容が）上　等だぜ！
常時　10人以上労働者を使用する使用者

❸ 作成・変更の手続

　使用者は、就業規則の作成または変更について、当該事業場に、労働者の過半数で組織する労働組合がある場合においてはその労働組合、労働者の過半数で組織する労働組合がない場合においては労働者の過半数を代表する者の意見を聴かなければなりません。

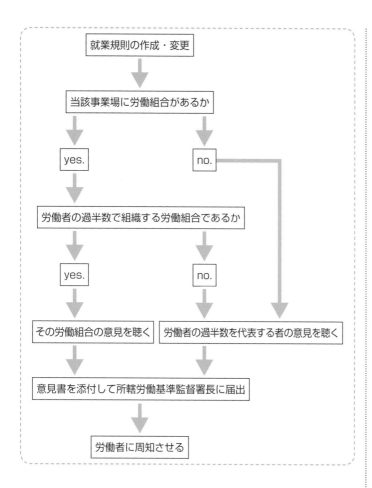

就業規則の作成・変更

↓

当該事業場に労働組合があるか

↓ yes. ↓ no.

労働者の過半数で組織する労働組合であるか

↓ yes. ↓ no.

その労働組合の意見を聴く | 労働者の過半数を代表する者の意見を聴く

↓

意見書を添付して所轄労働基準監督署長に届出

↓

労働者に周知させる

❹ 不当労働行為

　不当労働行為とは、使用者が労働組合およびその組合員に対して行ってはならない行為をいい、労働組合法は、以下の４つの類型を規定しています。

① 　正当な組合活動を理由とする不利益取扱いおよび黄犬契約の締結

　黄犬契約とは、労働組合への不加入または脱退を条件とする労働契約をいいます。

　ただし、労働組合が特定の工場事業場に雇用される労働者の過半数を代表する場合において、その労働者がその労働組合の組合

◀ 発 展 ▶

「黄犬契約」は、英語の「yellow-dog contract」に由来するものです。「yellow-dog」には、「卑劣な奴」という意味があり、労働者の団結を破り、使用者の圧力に屈する形で雇用契約を結ぶ行為を非難するニュアンスが込められています。1920年代のアメリカで、使用者が労働運動を弾圧するために黄犬契約を多く結んでいましたが、1932年に、黄犬契約は無効とされました。

員であることを雇用条件とする労働協約（**ユニオン・ショップ協定**）を締結することは認められます。

② 正当な理由がない団体交渉の拒否

ココが出る！

③ **労働組合の結成、運営に対する支配・介入および労働組合の運営経費に対する経理上の援助**

たとえば、会社の取締役が労働組合の理事の過半数を占めることは、労働組合の運営に関する支配・介入に該当します。

ただし、次の各行為は、不当労働行為とはなりません。

注意

労働者は、使用者が不当労働行為に該当する行為をした場合、その旨を労働委員会に申し立てることができます。

i 労働者が労働時間中に時間または賃金を失うことなく使用者と協議し、または交渉することを使用者が許すこと

したがって、労働時間中に行われた団体交渉に参加し、業務に従事していなかった労働者に対し、当該団体交渉中の時間に対する賃金を支給しても、不当労働行為とはなりません。

ii 厚生資金または経済上の不幸もしくは災厄を防止し、もしくは救済するための支出に実際に用いられる福利その他の基金に対する使用者の寄附

iii 最小限の広さの事務所の供与

④ 労働委員会の手続に関与（たとえば、労働者が労働委員会に対し、使用者が労働組合法の不当労働行為の禁止の規定に違反していることの申立てをする等）したことを理由とする不利益取扱い

この節で学習すること

労働者災害補償
保険法

業務上の事故などで
労働者が負傷、死亡など
した場合に、その損害を
補償する法律です。

① 労働者災害補償保険法（労災保険法）

❶ 目 的

　労働者災害補償保険（労災保険）は、業務上の事由、事業主が同一人でない２以上の事業に使用される労働者（以下「複数事業労働者」という）の２以上の事業の業務を要因とする事由または通勤による労働者の負傷、疾病、障害、死亡等に対して迅速かつ公正な保護をするため、必要な保険給付を行い、あわせて、業務上の事由、複数事業労働者の２以上の事業の業務を要因とする事由または通勤により負傷し、または疾病にかかった労働者の社会復帰の促進、当該労働者およびその遺族の援護、労働者の安全および衛生の確保等を図り、もって労働者の福祉の増進に寄与することを目的とします。

　労災保険は、強制適用の原則の下に、**労働者を1人でも使用している事業者には**その**加入義務が課されており**、保険料は、**事業主がその全額を負担**します。

❷ 労災保険の適用対象

　労災保険の適用の単位は、労働者個々人ではなく、労働者を使

注 意

折半するわけではないことに注意。

用する事業です。したがって、その事業に使用される労働者については、事業内における地位、雇用形態、勤続年数などの区別はなく、**労働者と認められる限りは、常用、臨時、アルバイト、パートタイマー**などの別なく**労災保険の適用対象**となります。

法人の役員は、通常、労働者ではありませんので、原則として労災保険の適用対象となりません。

事業主と同居している親族は、原則として労災保険の適用対象となりませんが、一般事務や現場作業等で働く人のうち、就労実態や賃金、労働時間等が就業規則等によりその事業場の他の労働者と同様に管理され、かつ、業務を行うにつき事業主の指揮命令に従っていることが明確であるときは、労災保険の適用対象となります。

中小事業主は、原則として労災保険の適用対象となりませんが、一定の要件を満たして、**特別加入**することによって労災保険の適用対象となります。

外国人労働者も労働者を使用する事業に使用される労働者である以上、労災保険の適用対象となり、たとえ**不法就労者であったとしても、労災保険の適用対象**となります。

❸ 業務災害と認められる要件

業務災害とは、労働者の業務上の負傷、疾病、障害または死亡をいいますが、業務災害と認められるためには、①業務遂行性と②業務起因性の2つの要件を満たすことが必要です。

① 業務遂行性

労働者が労働契約に基づき事業主の支配下・管理下にある状態で起きた災害であることが必要です。

労働者が**所定労働時間内や残業中に事業場施設で業務に従事しているときに負傷等をした場合**は、特段の事情がない限り、業務災害と認められます。また、**出張や社用での外出等により事業場施設外で業務に従事していたときに負傷等をした場合**も、特段の事情がない限り、業務災害と認められます。

休憩時間中の災害は、原則として業務災害とは認められません。

ココが出る!

注意

法人の役員であっても、業務執行権を有さず、代表取締役等の業務執行権を有する役員の指揮命令を受けて労働に従事し、その対償として賃金を受けている等の実態があれば、当該役員は、労働者として労災保険の適用対象となります。

◀ 発 展 ▶

労災保険法は、「特別加入制度」を設けています。特別加入制度とは、労働者以外の者のうち、業務の実態や、災害の発生状況からみて、労働者に準じて保護することがふさわしいと見なされる者に、一定の要件の下に労災保険に特別に加入することを認める制度です。特別加入できる者の範囲は、中小事業主等・一人親方等・特定作業従事者・海外派遣者の4種に大別されます。

ただし、以下の場合には、休憩時間中の被災であっても業務災害と認められます。

ⅰ　事業場施設またはその管理の欠陥に起因する災害

ⅱ　作業に関連する必要行為、合理的行為による災害

ⅲ　事業場施設の利用中の災害であって、施設またはその管理の欠陥によって生じたもの

ⅳ　事業場施設内で行動中の災害であって、施設またはその管理の欠陥によって生じたもの

　　たとえば、労働者が休憩時間中に社員食堂で食事をしている場合において、食堂の天井に吊るされていた照明が落下して負傷したときは、業務災害と認められます。

　　なお、用便等の生理的行為等については、業務に付随する行為として扱われ、生理的行為等のために一時的に業務から離れている際における災害も、業務災害と認められます。

②　業務起因性

　　災害が業務に起因することが必要であり、業務と災害との間に因果関係があることが必要です。

❹　通勤災害と認められる要件

　通勤災害とは、労働者の通勤による負傷、疾病、障害または死亡をいいます。**通勤**とは、労働者が、就業に関し、次に掲げる移動を、合理的な経路および方法により行うことをいい、業務の性質を有するものを除くものとされています。

①　住居と就業の場所との間の往復

②　厚生労働省令で定める就業の場所から他の就業の場所への移動

　　二重就労者が事業場間を移動する途中で被災した場合、たとえば、A社の労働者であるBが、就業規則で兼業が禁止されているにもかかわらず、別の事業主の事業場であるC社事業場にも二重に就労していたところ、A社事業場での業務終了後、C社事業場へ直接向かうために合理的な経路を移動中に交通事故に遭い負傷したというような場合については、①第一事業場（事例の場合はA社事業場）から第二事業場（事例の場合はC

社事業場）への直接移動であること（第一事業場・第二事業場のいずれも労災保険の適用にかかる事業場であることが必要）、②当該移動中に私的行為が一切介在していないこと、という要件を満たすときは、通勤災害に該当します。そして、この場合の保険関係の処理は、第二事業場への通勤と捉え、第二事業場において行われます。そうすると、事例の場合、A社の就業規則で兼業が禁止されていたとしても、Bの負傷は、第二事業場であるC社事業場への通勤災害に該当し、C社の保険関係で処理され、労災保険法に基づく保険給付の対象となります。

③　①に掲げる往復に先行し、または後続する住居間の移動（厚生労働省令で定める要件に該当するものに限る）

労働者が、上記①から③の移動の経路を逸脱し、または上記①から③の移動を中断した場合においては、当該逸脱または中断の間およびその後の上記①から③の移動は、通勤とはされません。ただし、**当該逸脱または中断が、日常生活上必要な行為であって厚生労働省令で定めるものをやむを得ない事由により行うための最小限度のものである場合は、当該逸脱または中断の間を除き、通勤とされます。**

たとえば、早退して診療所へ立ち寄ることや、共働きの夫婦が通常の経路にあるスーパーマーケットに立ち寄って食材を購入することなどは、日常生活上必要な最小限度の行為にあたり、診療所やスーパーマーケットに立ち寄っている間は通勤とはなりません（診療所やスーパーマーケットで生じた災害は通勤災害とはなりません）が、その後、通常の経路に復した後は通勤と認められ、そこで生じた災害は通勤災害となります。

なお、通勤と認定されるための要件である「**合理的な経路**」とは、鉄道、バスなどの通常利用する経路、これに代替する経路等をいいますが、交通機関の事故やストのため、迂回してとる経路も合理的な経路と認められます。また、共働きの夫婦がマイカーに相乗りで通勤する場合も、著しく遠回りでなければ、合理的な経路と認められます。そして、「**合理的な方法**」とは、公共交通機関を利用したり、自動車や自転車などを本来の用法に従って使用する場合など、通常用いられる交通方法をいいます。

◀ 発 展 ▶

単身赴任者が、単身赴任先の住居から自宅へ移動する場合なども、一定の要件の下で通勤とされます。赴任先住居から帰省先住居への移動が業務に従事した当日またはその翌日に行われた場合、帰省先住居から赴任先住居への移動が業務に就く当日またはその前日に行われた場合には、通勤と認められます。

ココが出る！

ココが出る！

❺ 複数業務要因災害に対する保険給付

① 複数事業労働者

　複数事業労働者とは、事業主が同一人でない2以上の事業に使用される労働者をいいます。

　したがって、労働者として就業しつつ、同時に労働者以外の働き方で就業している者については、複数事業労働者に該当しません。また、転職等、複数の事業場に同時に使用されていない者についても、複数事業労働者には該当しません。

② 複数業務要因災害

　複数業務要因災害とは、複数事業労働者の2以上の事業の業務を要因とする負傷、疾病、障害または死亡（以下「傷病等」という）をいいます。

　対象となる傷病等は、脳疾患、心臓疾患、精神障害等です。

③ 2以上の事業の業務を要因とする

　2以上の事業の業務を要因とするとは、1つの事業での業務上の負荷のみでは当該業務と傷病等との間に相当因果関係が認められず、複数の事業での業務上の負荷を総合的に評価した場合に、当該業務と傷病等との間に相当因果関係が認められることをいいます。

　たとえば、A社とB社に雇用されているCについて、それぞれの事業場における労働時間は時間外労働には該当しなくても、両事業場における労働時間を合算すると長時間の時間外労働に該当し、この長時間労働に起因して、Cが脳疾患、心臓疾患、精神障害等を発症したような場合には、労災認定がなされ、保険給付が認められることになります。

第 *1* 節 労働法 　　　　　　　　　　　　　　　　重要度 **A**

問 1　　X社では常時100名の労働者を使用しており、その過半数である60名の労働者で組織するY労働組合が存在する。X社とY労働組合との間の労働協約は、合意事項を書面に作成し、X社およびY労働組合が署名または記名押印することによってその効力を生ずる。　　　　　　（45−4−4−イ改）

問 2　　X社では常時100名の労働者を使用しており、その過半数である60名の労働者で組織するY労働組合が存在する。X社とY労働組合との間の労働協約の有効期間は、3年以下としなければならず、有効期間の定めのない労働協約や3年を超える期間を定めた労働協約は、労働協約自体が無効となる。　　　　　　（45−4−4−エ改）

問 3　　X社では常時100名の労働者を使用しており、その過半数である60名の労働者で組織するY労働組合が存在する。X社で作成した就業規則が、X社について適用される労働協約に牴触する場合、所轄労働基準監督署長は、その就業規則の変更を命ずることができる。　　（45−4−4−ア改）

問 4　　X社では常時100名の労働者を使用しており、その過半数である60名の労働者で組織するY労働組合が存在する。X社とY労働組合との間で労働協約が締結された場合、Y労働組合に加入していない労働者も含め、X社に使用されるすべての労働者が直ちに当該労働協約の適用を受ける。

（45−4−4−ウ改）

解 1 ○　労働協約とは、労働組合と使用者またはその団体との間で結ばれた労働条件等に関する取決めをいうが、労働協約は、合意事項を書面に作成し、両当事者が署名または記名押印することによってその効力を生ずる。

解 2 ×　労働協約には、3年を超える有効期間の定めをすることができない。3年を超える有効期間の定めをした労働協約は、3年の有効期間の定めをした労働協約とみなされる。労働協約自体が無効となるわけではない。また、有効期間の定めのない労働協約も認められる。労働協約自体が無効となるわけではない。

解 3 ○　労働協約は、就業規則よりも優先し、就業規則は、当該事業場について適用される労働協約に反してはならない。したがって、就業規則が労働協約に牴触する場合には、所轄労働基準監督署長は、その就業規則の変更を命ずることができる。

解 4 ×　労働協約は、当該労働協約を締結した労働組合の組合員にのみ適用されるのが原則であるが、1つの工場事業場に常時使用される同種の労働者の4分の3以上の数の労働者が1つの労働協約の適用を受けるに至ったときは、当該工場事業場に使用される他の同種の労働者に関しても、当該労働協約が適用される（労働協約の一般的拘束力）。

　Y労働組合は、X社に使用される全労働者の4分の3に満たない60名の労働者で組織されているにすぎないため、当該労働協約は、Y労働組合に加入していない労働者には適用されない。

　　X社では常時100名の労働者を使用しており、その過半数である60名の労働者で組織するY労働組合が存在する。X社は、Y労働組合の運営のための経費の支払いにつき、Y労働組合に対し経理上の援助をしなければならない。　　　　　　　　　　　　　　　　　　　　　　　（45-4-4-オ改）

第2節 労働者災害補償保険法　　　重要度 A

問 1
　　常時使用する労働者の数が5名であるA社は、労働者災害補償保険（労災保険）への加入義務を負う。　　　　　　　　　　　　　　（46-2-3-①）

問 2
　　労災保険の適用事業場であるB社は、労災保険の保険料の全額を負担する義務を負う。　　　　　　　　　　　　　　　　　　　　（46-2-3-②）

問 3
　　労災保険法の適用事業場において使用されている労働者が、所定労働時間内に完了できなかった業務について、上司の指示に従い所定労働時間の終了後に当該事業場の作業場で遂行していたところ、作業場の設備の不具合により負傷し療養を受けた。この場合、当該療養について、労災保険法に基づく保険給付は行われない。　　　　　　　　　　　　（42-4-2-③）

解 5 ✕　労働組合の運営経費に対する経理上の援助を行うことは、不当労働行為として禁止されている。

解 1 ◯　労働者を 1 人でも使用している事業者は、労働者災害補償保険（労災保険）への加入義務を負う。

解 2 ◯　労災保険料については、事業主がその全額を負担する義務を負う。

解 3 ✕　業務災害（労働者の業務上の負傷、疾病、障害または死亡）については、労災保険法に基づく保険給付が行われるが、業務災害と認められるためには、①業務遂行性（労働者が労働契約に基づき事業主の支配下・管理下にある状態で起きた災害であること）および②業務起因性（業務と災害との間に因果関係があること）の 2 つの要件を満たすことが必要である。本問の場合、当該労働者は、上司の指示に従い当該事業場の作業場で業務を遂行していたというのであるから、本問における労働者の負傷は、労働契約に基づき事業主の支配下・管理下にある状態で起きた災害であり、①の業務遂行性の要件を満たしている。また、作業場の設備の不具合により負傷したというのであるから、業務と災害との間に因果関係があり、②の業務起因性の要件も満たしている。したがって、当該負傷は、業務災害に該当するため、当該療養について、労災保険法に基づく保険給付が行われる。

　　労災保険法の適用事業場において使用されている労働者が、出張先において業務遂行中に作業場の設備の不具合により負傷し療養を受けた。この場合、当該療養について、労災保険法に基づく保険給付は行われない。

　　　　　　　　　　　　　　　　　　　　　　　　　　　　　　(42−4−2−⑤)

　　労災保険の適用事業場であるＣ社の従業員Ｄは、その休憩時間中にＣ社事業場の休憩室で座っていたところ、Ｃ社の備品である椅子の脚が老朽化により破損し、転倒して負傷した。この場合、Ｄの負傷は、労災保険法に基づく保険給付の対象となる。　　　　　　　　　　　　(46−2−3−③)

　　労災保険法の適用事業場において使用されている労働者が、業務終了後の帰宅途中に、通常利用している通勤経路外に所在する映画館に立ち寄り、映画を鑑賞中に、当該映画館の火災により負傷し療養を受けた。この場合、当該療養について、労災保険法に基づく保険給付は行われない。

　　　　　　　　　　　　　　　　　　　　　　　　　　　　　　(42−4−2−②)

解 4 ✕ 　当該災害が**業務遂行性**（労働者が労働契約に基づき事業主の支配下・管理下にある状態で起きた災害であること）および**業務起因性**（災害が業務に起因すること、すなわち、業務と災害との間に因果関係があること）の要件を満たす場合には、業務災害として労災保険法に基づく保険給付の対象となる。そうすると、労働者が、出張先において業務遂行中に作業場の設備の不具合により負傷した場合は、業務遂行性および業務起因性の要件をいずれも満たしている。したがって、当該療養について、労災保険法に基づく保険給付が行われる。

解 5 ◯ 　業務災害は、労災保険法に基づく保険給付の対象となるが、休憩時間中は業務を離れているので、休憩時間中の被災は、原則として、業務災害とは認められない。ただし、**事業場施設の利用中の災害であって、施設またはその管理の欠陥によって生じたものである場合には、休憩時間中の被災であっても業務災害と認められる**。Dは、休憩時間中ではあるが、C社の事業場内の休憩室で座っていたところ、当該休憩室の椅子の脚の老朽化による破損により、転倒して負傷しているので、Dの負傷は、業務災害と認められ、労災保険法に基づく保険給付の対象となる。

解 6 ◯ 　通勤災害は、労災保険法に基づく保険給付の対象となる。通勤災害とは、労働者の通勤による負傷、疾病、障害または死亡をいい、**通勤とは、労働者が、就業に関し、一定の移動を、合理的な経路および方法により行うことをいい、業務の性質を有するものを除く**。そして、労働者が、合理的な経路を逸脱し、または中断した場合においては、当該逸脱または中断の間は、通勤とはされない。したがって、労働者が、業務終了後の帰宅途中に、通常利用している通勤経路外に所在する映画館に立ち寄り、映画を鑑賞中に、当該映画館の火災により負傷し療養を受けた場合、当該負傷は、通勤災害とは認められず、当該療養について、労災保険法に基づく保険給付は行われない。

問 7 　労災保険の適用事業場であるE社の従業員Fは、E社事業場へ出勤する際、通常利用している鉄道の路線が荒天により運休となっていたため、やむを得ず他の路線を利用したところ、乗車した列車の事故により負傷した。この場合、Fの負傷は、労災保険法に基づく保険給付の対象となる。

(46−2−3−④)

解 7 ○ 　通勤災害は、労災保険法に基づく保険給付の対象となるが、通勤と認定されるための要件である「合理的な経路」とは、鉄道、バスなどの通常利用する経路、これに代替する経路等をいい、交通機関の事故やストのため、迂回してとる経路も合理的な経路と認められる。Fは、E社事業場へ出勤する際、通常利用している鉄道の路線が荒天により運休となっていたため、やむを得ず他の路線を利用したところ、乗車した列車の事故により負傷したのであるから、Fの負傷は、通勤災害として、労災保険法に基づく保険給付の対象となる。

第7章

企業活動をめぐる紛争の解決方法

本章では、企業活動をめぐる紛争の解決方法としての民事訴訟手続と、和解・調停・仲裁等の民事訴訟手続以外の解決方法について学習します。

試験対策としては、毎回出題されている民事訴訟手続を重点的に学習してください。

第1節 民事訴訟手続

この節で学習すること

1
民事訴訟手続の
流れ

手続の全体像を概観して
おきましょう。

訴えを起こす側(原告)は
何をするのか、起こされた
側(被告)は何をするのか、
整理しておきましょう。

2
訴えの提起〜
答弁書の提出

口頭弁論とは、
「裁判官の面前で
意見や主張をする」
という意味です。

3
第一回口頭弁論
期日

4
第二回口頭弁論
期日以降

決着がつくまで
繰り返します。

5
争点整理手続等

何が争いになって
いるのかを整理する手続
のことです。これにより、
口頭弁論のテーマを
絞り込みます。

判決は、送達から2週間
で確定します。不服がある
なら、それまでに上訴
しなければなりません。

6
判決

裁判は、国民が結論を
強制される制度なので、
裁判所が従うべき厳格な
ルールがあります。

7
民事訴訟における裁
判所の判断形成プロ
セスと基礎資料

8
少額訴訟

60万円以下の金銭支払い
を求める訴訟を少額訴訟
といい、簡便な手続が
用意されています。

9
民事訴訟手続の
IT化

訴状等のオンライン
提出、訴訟記録の電子化、
ウェブ会議等を活用した
期日進行などができる
ようになります。

民事訴訟手続は、第2節で述べる紛争解決方法によっては解決
できない紛争を解決する最終的手段として位置づけられます。

　まず初めに、民事訴訟手続の流れ（概略）を示しておきます。

❶ 民事訴訟手続の流れ（概略）

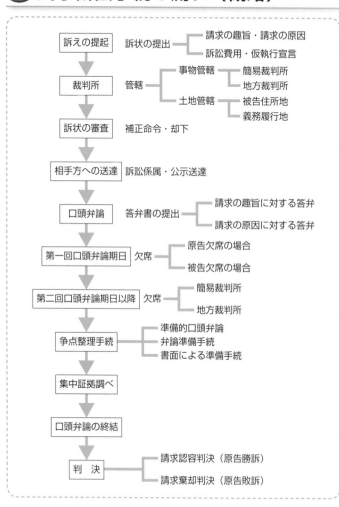

用 語

事物管轄の決定基準
となる「訴額」と
は、訴訟の目的の価
額（訴訟物の価額）
のことであり、金銭
の支払いを求める訴
えの場合であれば、
請求金額のことをい
います。
「訴訟係属」とは、
裁判所が事件につい
て審理・裁判すべき
状態をいい、訴状が
被告に送達されると
訴訟係属が生じるこ
とになります。

用 語

「事物管轄」とは、
第一審の訴訟手続
を、同じ管轄区域内
の簡易裁判所と地方
裁判所とで、どちら
に担当させるかの定
めをいいます。
「土地管轄」とは、
全国各地に同種類の
第一審裁判所（簡易
裁判所または地方裁
判所）があるとこ
ろ、特定の区域に関
係する事件をどこの
裁判所が担当するか
についての定めをい
います。

❷ 訴えの提起～答弁書の提出

(事例)

　東京都内に本店を有するＡ社は、大阪府内に本店を有するＢ社に対して、1,000万円の貸金債権を有していますが（貸金債務の弁済の場所はＡ社の本店と定められています）、弁済期を過ぎてもＢ社が貸金債務の返済をしないので、Ｂ社を相手に1,000万円の貸金返還請求訴訟を提起しようとしています。この場合、Ａ社は、どこの裁判所に本件訴訟を提起すべきでしょうか。

① 　まず、訴訟を提起すべき第一審の裁判所はどこになるかが問題となります。これは、「**事物管轄**」の問題です。事物管轄については、

イ　**訴額が140万円以下の場合には、簡易裁判所**
ロ　**訴額が140万円を超える場合には、地方裁判所**

とされています。

　事例の場合、訴額が140万円を超えるため、Ａ社が訴訟を提起すべき第一審の裁判所は、地方裁判所ということになります。

② 　ただ、地方裁判所といっても、全国に本庁が50か所あり、その管轄区域も北海道では４つに分かれています。そこで、次に、どこの地方裁判所に訴訟を提起すべきかが問題となります。これは、「**土地管轄**」の問題です。

　土地管轄については、**相手方（被告）の住所地を管轄する裁判所に管轄権があるほか、財産権上の訴訟についての義務履行地（金銭債務の場合は、債権者の現在の住所地）にも管轄権が認め**られており、債権者（原告）は、いずれかを選択することができます。

　事例の場合、当該訴訟は貸金返還請求訴訟であり、財産権上の訴訟です。そして、弁済の場所がＡ社の本店と定められていたのですから、当該貸金返還債務の履行地は、債権者であるＡ社の本店の所在地です。

　そうすると、被告であるＢ社の本店所在地を管轄する大阪地方裁判所に管轄権があるほか、債権者であるＡ社の本店所在地

を管轄する東京地方裁判所にも管轄権が認められることになり、A社は、その選択により、いずれかの裁判所に訴訟を提起することができます。

③　ただし、第一審については、当事者間の合意により書面またはその内容を記録した電磁的記録により管轄裁判所を定めた場合（**合意管轄**）には、原則として、その合意に基づく裁判所が管轄権を有します。

　　したがって、たとえば、A社とB社との合意により、名古屋地方裁判所が第一審の管轄裁判所と定められていた場合には、A社は、名古屋地方裁判所に訴えを提起すべきことになります。

訴えを提起する裁判所	事物管轄	①訴額が140万円以下の場合は簡易裁判所 ②訴額が140万円を超える場合は地方裁判所
	土地管轄	①相手方（被告）住所地を管轄する裁判所に管轄権がある。 ②財産権上の訴訟についての義務履行地（特定物の引渡債務以外、たとえば**金銭債務などは債権者の現在の住所地**）を管轄する裁判所にも管轄権がある（①と②の両方が認められる場合は、債権者（原告）が選択する）。
訴えの提起方法		①訴えの提起は、原告が訴状を提出して行う。 ②訴状には、次の事項を記載する。
	必要的記載事項	①請求の趣旨（原告がいかなる内容の判決を求めるのかを示す訴えの結論の部分） 貸金返還請求訴訟では、「被告は、原告に対し、金〇〇円を支払え。」と記載する。 ②請求の原因（請求の趣旨に掲げられた請求を基礎づける事実） ③当事者および法定代理人
	任意的記載事項	①「訴訟費用は被告の負担とする」旨 ②「**仮執行の宣言**を求める」旨（注１）
訴状の審査		①訴状の必要的記載事項に不備があるときは、**相当期間を定めて補正命令が出される。** ②原告が不備を補正しないときは、裁判長により訴状が却下される。

◖ **ココが出る！** ◗

表の中の波線部分は特に重要です。

注　意 ⚠

第一審については、当事者間の合意により書面またはその内容を記録した電磁的記録により管轄裁判所を定めた場合（合意管轄）には、原則として、その合意に基づく当該裁判所が管轄権を有します。

注　意 ⚠

訴状が却下されるのは、訴状の記載事項について形式的な不備があった（必要的記載事項が記載されていない、所定の手数料相当額の印紙が貼付されていない等）場合に限られます。審査、補正命令においては、請求の内容の当否の判断は行われません。

訴状の相手方への送達	①訴状が相手方に送達されると、訴訟が係属する。 ②被告が行方不明の場合には、**公示送達**がなされる。（注2）	
答弁書の提出	答弁書とは、被告が提出する第一回目の準備書面のことで、準備書面とは、当事者が口頭弁論において陳述しようとする事項を記載して裁判所へ提出する書面をいう。 答弁書には、請求の趣旨に対する答弁と請求の原因に対する答弁を記載しなければならない。	
	請求の趣旨に対する答弁	原告の請求を争う場合は、「一　原告の請求を棄却する。二　訴訟費用は原告の負担とする。との判決を求める。」と記載する。
	請求の原因に対する答弁	訴状に記載された各請求原因事実1つ1つに対して、「認める（**自白**）」、「**不知**（否認と扱われる）」、「**否認**」、「**争う**」の4つのうちのいずれかで答える。（注3～7）

（注1）　仮執行の宣言とは、確定していない終局判決にも執行力を付与する裁判をいいます。裁判は確定をもって執行することができる効力を生ずるものですが、相手方の上訴で確定が引き延ばされることによって生ずる勝訴者の不利益を考慮し、一定の要件のもとに認められている制度で、財産の請求に関する判決および支払命令について付けられます。

（注2）　公示送達とは、民事訴訟法上送達しなければならない書類を、送達を受けるべき者が出頭すればいつでも交付する旨を、一定期間裁判所の掲示場に掲示することによって送達の効果を生じさせる方法をいいます。

ココが出る！

（注3）　自白とは、被告が原告の主張する請求原因事実を認めることをいいます。裁判所において**当事者が自白した事実および顕著な事実は、証明することを要しません**。また、裁判所も当該事実に反する事実を認定することはできません。当該判決では、当該事実が存在すると認定されます。

（注4）　被告が否認した事実は、それが本来認否を要しない顕著な事実である場合を除き、これを認定するには証明が必要となります。被告は、否認するにあたっては、争点を明確にするため、その理由を記載しなければなりません。

ココが出る！

（注5）　不知の答弁は、**当該事実を争ったものと推定される**ため、裁判所が当該事実の存在を認定するには、当該事実が証拠により証明されることを要します。

（注6）　争うとは、被告が原告の主張する請求原因事実について争うことをいいます。

（注7）　被告が原告の主張する事実について何の認否もせずに「沈

黙」する場合、弁論の全趣旨からその事実を争っていると認められるときを除き、**その事実を自白したものとみなされます**。

③ 第一回口頭弁論期日

　口頭弁論は、公開の法廷において、定数の裁判官および書記官が出席し、直接、当事者双方の口頭による弁論を聞く手続です。

　訴訟は、判決をもって完結することが原則であり、判決で裁判をするには、原則として口頭弁論を開いて審理しなければならず、裁判の基礎となる資料は、必ず口頭弁論に現れたものでなければなりません（必要的口頭弁論主義）。これは、当事者に対し、口頭弁論による手続における攻撃防御の機会を保障する趣旨によるものです。

　口頭弁論は、原則として両当事者が出席して開かれますが、第一回口頭弁論期日に当事者が欠席した場合には、次のように取り扱われます。

◀ **発 展** ▶

決定で完結すべき事件については、裁判所が、口頭弁論をすべきか否かを定めるものとされています。

❶　原告が欠席した場合
　訴状が陳述（法律上の主張をし、または事実を供述すること）されたものとみなされます。

❷　被告が欠席した場合
① 答弁書を提出していたときは、その**答弁書を陳述したものとみなされます**。
② 答弁書を提出していないときは、訴状記載の請求を認めたものとみなされ、口頭弁論が終結して、請求認容判決（原告勝訴判決）がなされます。

▶**ココが出る！**

答弁書を提出していたときと、していないときの違いを押さえましょう。

④ 第二回口頭弁論期日以降

　口頭弁論期日には、原則として事前に準備書面を提出して、両当事者が互いに**攻撃防御**を繰り返していきます。

　また、対質（証人尋問・本人尋問）も行われますが、これは、

注 意 ⚠

被告が口頭弁論の期日において原告の請求を認諾した場合（請求の認諾）、これにより訴訟は終結します。そして、請求の認諾を調書に記載したときは、その記載は確定判決と同一の効力を有します。

第7章 企業活動をめぐる紛争の解決方法

用 語

「攻撃」とは、訴訟
資料（判断の基礎資
料である事実上の主
張および証拠）のう
ち原告が提出するも
のをいい、「防御」
とは、訴訟資料のう
ち被告が提出するも
のをいいます。

両当事者が互いの目の前で主尋問、反対尋問の順で証人や本人に事実を聞くという形で行われます。

第二回期日以降についての当事者の欠席の場合における取扱いは、簡易裁判所と地方裁判所とで異なります。

❶ 簡易裁判所の場合

当事者が欠席した場合において、準備書面が提出されていたときは、その準備書面を陳述したものとみなされます。

❷ 地方裁判所の場合

当事者が欠席した場合において、準備書面が提出されていたとしても、その準備書面を陳述したものとはみなされません。

❺ 争点整理手続等

❶ 準備的口頭弁論

これは、公開法廷で裁判所による通常の口頭弁論方式による争点整理手続をいいます。

❷ 弁論準備手続

これは、準備室等で行われる争点整理手続をいいます。裁判所は、争点および証拠の整理を行うため必要があると認めるときは、当事者の意見を聴いて、事件を弁論準備手続に付することができます。そして、裁判所は、弁論準備手続において、当事者に準備書面を提出させることができます。この**弁論準備手続は、原則として非公開の手続**であり、準備書面の提出、証拠の申出、文書の証拠調べ等が行われます。そして、当事者は、弁論準備手続が終了した後の口頭弁論において、弁論準備手続の結果を陳述しなければなりません。

❸ 書面による準備手続

これは、当事者・代理人の裁判所への出頭を要しない書面による争点整理手続をいいます。

現実の事件では、弁論準備手続が用いられることが多いです。なお、**争点整理手続の段階で必要な主張をし、重要な書証を提出しておかなければ、後にこれらを提出しても、時機に後れた攻撃防御方法として却下される可能性があります**。すなわち、**攻撃または防御の方法は、訴訟の進行状況に応じ適切な時期に提出しなければなりません**（**適時提出主義**）。当事者が故意または重大な過失により時機に後れて提出した攻撃または防御の方法については、裁判所は、これにより訴訟の完結を遅延させることとなると認めたときは、申立てによりまたは職権で、却下の決定をすることができるとされています。

━ ◀ **ココが出る！**

❹ 自由心証主義・証拠共通の原則

　裁判所の事実認定は、口頭弁論の全趣旨および証拠調べの結果を斟酌して、自由な心証により行うものとされています（**自由心証主義**）。

　裁判所は、当事者が申し出た証拠で必要でないと認めるものは、取り調べることを要しません。

　裁判所は、証人および当事者本人の尋問を、できる限り、争点および証拠の整理が終了した後に集中して行わなければなりません（**集中証拠調べ**）。

　自由心証主義の下では、事実認定のための資料をどのように評価するかは、個々の裁判官の自由な判断に任されており、特定の事実の認定には一定の証拠が必要であるとか、ある証拠があれば必ず当該事実を認定しなければならないとかの基準が法定されているわけではありません。

　一旦、裁判官が獲得した証拠資料に対しては、裁判官の自由な評価に任され、当事者の意思で証拠資料を排除することはできず、**証拠調べ終了後に証拠の申出を撤回することもできません**。また、裁判所は、一方の当事者が提出した証拠方法を取り調べて得られた証拠資料を、相手方当事者に有利な事実を認定する基礎として用いることもできます（**証拠共通の原則**）。

注　意 ⚠

裁判所は、口頭弁論の終結後であっても、訴訟の当事者に対して和解の勧告をすることができます。

第7章　企業活動をめぐる紛争の解決方法

❻ 判　決

　口頭弁論が終結すると、判決期日が言い渡され、指定された日に判決が言い渡されます。判決は、言渡しによってその効力を生じますが、**判決の言渡しは、当事者が在廷しない場合においても、することができます。**

◀ **発　展** ▶

判決の言渡しは、原則として、口頭弁論の終結の日から2か月以内にしなければなりません。

　判決は、判決の送達の日から2週間を経過すると確定します。判決に不服のある者は、それまでの間に上訴することになります。民事訴訟の第一審の判決に不服がある当事者は、原則として、**第一審が地方裁判所の場合は高等裁判所に、第一審が簡易裁判所の場合には地方裁判所に対して控訴をすることができます。**

　高等裁判所で言い渡された第二審判決（控訴審判決）に不服がある当事者は、最高裁判所に上告することができます。ただし、**上告は、高等裁判所の判決に憲法解釈の誤りがあることその他憲法違反があることを理由とするとき、または重大な手続法違反（いわゆる絶対的上告理由）があることを理由とするときに限られます。**したがって、たとえば、当該高等裁判所において適法に確定した事実認定の内容が誤っていることを理由として上告することはできません。

　　判決┬本案判決…訴訟上の請求の当否について判断する
　　　　│　　　　　　判決。
　　　　└訴訟判決…本案判決をするために必要な訴訟要件の
　　　　　　　　　　存否について判断する判決。「訴え却下
　　　　　　　　　　判決」ともいいます。

❼ 民事訴訟における裁判所の判断形成プロセスと基礎資料

❶　処分権主義

① 　民事訴訟では、**争う事項の決定や、争う・争わないの選択が**すべて民事訴訟手続を利用する当事者に任されていますが、これを処分権主義といいます。

　訴えは、判決が確定するまで、その全部または一部を取り下げることができます。ただし、訴えの取下げは、相手方が本案

について準備書面を提出し、弁論準備手続において申述をし、または口頭弁論をした後にあっては、**相手方の同意を得なければ**、その効力を生じません。

◀ ココが出る！

② 処分権主義のもとで、裁判所は当事者（原告）の請求に理由があると判断すれば請求認容判決、理由がないと判断すれば請求棄却判決を下します（これらを本案判決といいます）。

❷ 弁論主義

① 民法や商法などの実体法は、「一定の法律要件があれば一定の法律効果が生ずる」と定めますが、個々の**要件事実**（法的な効果を認めるための条件を要件といい、要件に相当する事実を要件事実という）に対応する具体的事実を**主要事実**といいます。

たとえば、**不法行為に基づく損害賠償請求訴訟**の場合には、被害者が損害賠償を請求するために主張・証明すべき要件事実は、①**加害者に故意または過失があること**、②**他人の権利または法律上保護される利益を違法に侵害したこと**（加害行為の違法性）、③**損害が発生したこと**、④**行為と損害との間に因果関係**（相当因果関係）**があること**、⑤**加害者に責任能力があること**、です。

◀ ココが出る！

② 裁判所は、これらの主要事実を、当事者（原告）が主張して初めて訴訟資料（判断の基礎資料である事実上の主張および証拠）として取り上げなければならず、当事者が主張しない主要事実をむやみに取り上げて判決をすることはできません。

◀ ココが出る！

また、**裁判所は、当事者間に争いのない事実は、そのまま判決の基礎としなければならず**、その真偽を確かめるために証拠調べをして自白に反する事実の認定をすることは許されません。

他方、裁判所は、当事者間で争いのある事実を認定するためには、原則として、当事者が申し出た証拠方法を取り調べて、その結果得られた心証に基づく必要があり、**当事者からの申出のない証拠方法を職権で取り調べることはできません。**

◀ ココが出る！

このように訴訟資料の収集は当事者の権能と責任であるとす

る建前を**弁論主義**といいます。

③　弁論主義のもとでは、当事者は、自己に有利な主要事実については、これを主張しておかないと、当該訴訟ではその事実はないものとして扱われることになります。その結果、当事者は自己に有利な事実を主張する必要が生じますが、これを**主張責任**といいます。

　　先の例でいえば、Bが弁済の事実を認めてほしい場合でも、Bが弁済の事実を主張しておかなければ、その事実は存在しないものとして扱われることになります。

④　当事者の一方が主要事実を主張しても、相手方がその事実の存在を否認するときは、これを証拠によって証明する必要が生じます（これに対し、相手方が認めた場合（自白した場合）にはその必要はありません）。

ココが出る！

　　このように、相手方が否認する場合には、証拠を提出して主要事実の存在を証明しなければなりません。この主要事実の存在を証明できなければ、その事実はないものとして扱われ、その結果、一方の当事者が敗訴するということも起こりえます。このように、主要事実の存在を証明できないことによる不利益を**証明責任**（挙証責任・立証責任）といいます。

ココが出る！

⑤　**証明責任は当事者の一方が負担し、かつ、原則として主張責任と同じ当事者が負います**。つまり、ある法律の規定に基づく法律効果を主張する者がその規定の要件に該当する事実につき証明責任を負います（**法律要件分類説**）。

　　すなわち、一定の法律効果を主張する者は、その法律効果の発生を規定する法規の要件事実について証明責任を負います。他方、法律効果の発生を争う者は、その法律効果の発生につき障害事由を規定する法規の要件事実について証明責任を負い、法律効果の消滅を争う者は、その消滅を規定する法規の要件事実について証明責任を負います。

　　誰が、どの事実について主張責任・証明責任を負うかは、原則として、自己に有利な法律効果を定める条文の要件事実につき、その効果を望む者が主張責任・証明責任を負うものとされています。

たとえば、**貸金返還請求訴訟において、原告が主張・証明し
なければならない要件事実は、消費貸借の合意（返還の合意）
と金銭の授受**です。当該貸金返還請求訴訟において、被告（債
務者）がすでに全額を返済した旨を主張する場合には、債権消
滅という法律効果をもたらす「弁済」という事実について、被
告がこれを証明する責任を負います。

　以上のことを、「A社は、B社に対して、1,000万円の貸金債
権を有しているが、B社はその返済をしようとしないので、A
社は、B社を相手として、1,000万円の貸金返還請求訴訟を提
起した。」という事例で説明しましょう。

　まず、B社が、当該貸金返還請求訴訟において、A社から
1,000万円を借り入れたことはない旨を主張した場合には、A
社が、1,000万円の消費貸借の合意と金銭の授受について証明
する責任を負います。

　次に、B社が、A社から1,000万円を受領した事実は認める
が、それはB社の事業への出資として受けたものであり、借り
受けたものではない旨を主張した場合、金銭の授受については
原告・被告間で争いはありませんが、消費貸借の合意について
は争いがありますので、なお、原告A社は、消費貸借の合意に
ついて証明する責任を負います。

　これに対し、B社が、A社から1,000万円を借り受けた事実
は認めるが、すでに全額を返済した旨を主張した場合には、債
権消滅という法律効果をもたらす「弁済」という事実につい
て、B社がこれを証明する責任を負います。

⑥　自動車損害賠償保障法（自賠法）や製造物責任法などでは、
被害者の救済のため、証明責任を加害者（被告）に負わせたり
（**証明責任の転換**）、要件事実の証明をより簡単にするなどの措
置を講じています。

用　語

「証明責任の転換」
とは、明文で相手方
当事者に反対事実に
ついての証明責任を
負担させることをい
います。

⑧ 少額訴訟

　少額訴訟とは、簡易裁判所における、訴額60万円以下の金銭支
払請求のための簡易迅速な略式訴訟をいいます。これは、簡易裁

判所の管轄に属する訴訟事件の中でも、特に少額であり、しかも複雑困難でない事件について、訴額に見合った経済的負担で迅速な審理・判決を得させるために設けられた制度です。

❶ 請求適格

注意 ⚠
法人も少額訴訟の原告となることができます。

少額訴訟の対象となる事件は、簡易裁判所において訴額が60万円以下の金銭支払請求を目的とする事件です。少額訴訟による審理および裁判を求める旨の申述は、訴えの提起の際にしなければなりません。

❷ 利用回数の制限

ココが出る！▶

同一の簡易裁判所において、同一の年に少額訴訟手続を利用できる回数は、**10回まで**です。これは、少額訴訟手続を一般市民のための制度とし、特定の者（たとえば、貸金業者等）による反復利用を防止する趣旨です。

❸ 反訴の禁止

少額訴訟においては、反訴（民事訴訟の進行中に、被告から逆に原告を相手として、本訴との併合審理を求めて起こす訴え）を提起することはできません。反訴の提起を認めることは、次の❹で述べる一期日審理の原則と相容れないからです。

❹ 一期日審理の原則

ココが出る！▶

少額訴訟においては、特別の事情がある場合を除き、1回の口頭弁論期日で審理を完了しなければなりません。

❺ 証拠調べの特則

ココが出る！▶

少額訴訟においては、**証拠調べは、即時に取り調べることができる証拠に限り**することができます。したがって、証人尋問による証拠調べであっても、**在廷している（裁判所に出頭している）証人、電話会議システムの利用が可能な場所にいる証人に対する証人尋問はすることができます。**

❻　判決の即日言渡し

　判決の言渡しは、相当でないと認める場合を除き、口頭弁論の終結後直ちに行います。

❼　判決による支払いの猶予等

　裁判所は、請求を認容する判決をする場合において、被告の資力その他の事情を考慮して特に必要があると認めるときは、判決の言渡しの日から３年を超えない範囲内において、支払猶予、分割払い、遅延損害金の支払義務免除の判決を言い渡すことができます。これは、被告に対して任意の履行を促し、もって原告の強制執行の負担をできるだけ軽減させる趣旨です。

❽　控訴の禁止

　少額訴訟の終局判決に対しては、控訴をすることができません。少額訴訟の終局判決に対しては、判決書等の送達を受けた日から２週間以内に、その判決をした裁判所に異議を申し立てることができます。

◀ ココが出る！

注意 ⚠

少額訴訟においても、通常の訴訟と同じく、訴訟上の和解をすることができます。

❾ 民事訴訟手続のIT化

　近年における情報通信技術の進展等の社会経済情勢の変化への対応を図るとともに、時代に即して、民事訴訟制度をより一層、適正かつ迅速なものとし、国民に利用しやすくするという観点から、訴状等のオンライン提出、訴訟記録の電子化、ウェブ会議等を活用した期日進行などを盛り込んだ改正法が令和４年５月18日に成立し、同年５月25日に公布されました。

❶　訴状等のオンライン提出

　改正法により、民事訴訟に関する手続における申立て等のうち、裁判所に対して書面をもってするものについては、最高裁判所規則で定めるところにより、「最高裁判所規則で定める電子情報処理組織」（一般に「**事件管理システム**」と呼ばれます）を使用して、当該書面に記載すべき事項を、裁判所の使用にかかる電

注意 ⚠

改正法の施行時期については、一部の規定を除き、公布の日（令和４年５月25日）から起算して４年を超えない範囲内において政令で定める日から施行するとされています。

第7章　企業活動をめぐる紛争の解決方法

子計算機に備えられた「ファイル」に記録する方法によって行うことができる旨が定められました。

この規定（および最高裁判所規則）により、準備書面や書証の写し等のみならず、**訴状のオンライン提出**（オンラインによる民事訴訟の提起）も可能となります。

この裁判書類のオンライン提出については、訴訟の当事者本人が訴訟活動を行う場合には、あくまで権利として認められるものであり、従来どおり書面提出も可能ですが、当事者が**弁護士等に訴訟活動を委任する場合には、当該オンライン提出が義務付けられる**こととなります。

また、上記のオンライン提出された裁判書類のうち、送達が必要なものについては、原則的には、ファイルに記録された事項を出力して作成した書面によって送達することとされていますが、送達を受けるべき者が事件管理システムを使用してオンラインで行う送達（一般に「**システム送達**」と呼ばれます）を受ける旨の届出をしている場合には、このシステム送達が行われます。そして、弁護士等が訴訟代理人に就く場合には、システム送達を受ける旨の届出をすることが義務付けられることとなります。

❷ 訴訟記録の電子化

改正法により、**訴訟記録の電子化にかかる手続**が整備されました。すなわち、オンライン提出された裁判書類は当然にファイルに記録されますが、それだけでなく、書面で提出されたものも、裁判所書記官が当該書面に記載された事項を電子化してファイルに記録することとされました。また、期日の呼出しは、ファイルに記録された**電子呼出状**をシステム送達する方法によって行うことができることとされ、期日調書についても、**電子調書**として作成されることとなりました。さらに、**電子判決書**にかかる規定も設けられました。

❸ ウェブ会議等を活用した期日進行

改正法は、当事者双方が現実に裁判所に出頭しないまま**ウェブ会議等**（裁判所および当事者双方が映像と音声の送受信により相

手の状態を相互に認識しながら通話をすることができる方法）に参加する方法により、口頭弁論、弁論準備手続および書面による準備手続をすることができることとしました（施行済）。

また、現行法では、口頭弁論についてウェブ会議等によることが認められておらず、当事者が現実に出頭しなければならないとされていますが、改正法は、裁判所が「相当と認めるとき」にウェブ会議等により口頭弁論を行うことができるとしました（施行済）。

そして、現行法において弁論準備手続を電話会議等により行うことができるのは、①「当事者が遠隔の地に居住しているときその他相当と認めるとき」（遠隔地要件）に、②「当事者の一方がその期日に出頭した場合」（一方当事者出頭要件）に限られていますが、改正法は、裁判所が「相当と認めるとき」に電話会議等による弁論準備手続を認め、遠隔地要件および一方当事者出頭要件を廃止しました。これにより、ウェブ会議等による弁論準備手続がより利用されやすくなりました（施行済）。

さらに、**証人尋問**についても、当事者に異議がない場合で、裁判所が相当と認めるときは、ウェブ会議等による証人尋問を実施することができることとされました。

❹　法定審理期間訴訟手続

改正法により、訴訟における審理期間を短縮するため、「**法定審理期間訴訟手続**」が新設されました。

当事者双方の申出または当事者の一方の申出と相手方の同意があった場合、口頭弁論は法定審理期間訴訟手続移行後の初回期日から6か月以内に終結し、終結後1か月以内に判決が言い渡されます。

ただし、当事者の手続保障を図るため、当事者の双方または一方が通常の手続に戻す旨の申出をした場合、裁判所は訴訟を通常の手続に戻します。また、当事者は、電子判決書の送達を受けた日から2週間以内に異議の申立てをすることによって通常の訴訟手続へ戻すことができます。

❺　住所、氏名等の秘匿制度の創設

　現行法では、当事者および法定代理人の住所、氏名等が訴状の必要的記載事項とされており、閲覧謄写等制限決定の対象となった情報も相手方当事者に対しては開示されているため、犯罪被害者等が加害者等に住所等や氏名等を知られることを恐れて、加害者等に対する損害賠償請求訴訟を提起することを躊躇することがあり得るとの指摘がありました。

　そこで、当事者等が犯罪の被害者等である場合に、その住所、氏名等の情報を相手方に秘匿したまま民事訴訟手続を進めることができることとしました（施行済）。

第2節 その他の解決方法

この節で学習すること

その他の解決方法

訴訟によらない紛争解決手段もいろいろとあります。どんなものがあるのか、全体を見ておきましょう。

　前節で述べた訴訟によることなく、当事者間の話し合い等により紛争を解決する方法として、和解（示談・即決和解・訴訟上の和解）、調停、支払督促、仲裁等があります。

	種類	意義・手続・効力等
和解	示談 （裁判外の和解）	民事上の紛争を、裁判手続とは無関係に当事者または代理人間で解決し、和解すること。特に定まった形式はないが、示談書を交わすのが一般的。ただし、示談書は債務名義とはならない。
	即決和解（起訴前の和解） **ココが出る！**▶	簡易裁判所において、訴訟係属を前提としないで、当事者双方が主張を譲り合って訴訟を終わらせる旨の期日における合意。 当事者が簡易裁判所に申し立て、期日に両当事者またはその代理人が簡易裁判所に出頭して和解調書を作成する。 和解調書は債務名義となり、一方当事者が約束を履行しないときは、強制執行が可能となる。 和解調書に基づく強制執行は、金銭債権や代替性のある物の引渡しに限定されず、不動産の明渡し等についても可能。 実務上は、あらかじめ当事者間で話をまとめて和解条項を裁判所に提出しておき、1回の期日で終了させることが多い。

第7章 企業活動をめぐる紛争の解決方法

和解	訴訟上の和解	民事訴訟の係属中に当事者が請求についてする和解。 訴訟のどの段階であっても裁判官は両当事者に対して和解を勧告でき（注1）、和解が成立すれば裁判は終了し、判決は下されない。和解調書は債務名義となり、一方当事者が約束を履行しないときは、強制執行が可能となる。訴訟上の和解をするにあたっては、訴訟代理人が和解についての委任を本人から受けていることが必要である。 **和解条項案の書面による受諾の制度**（当事者が遠隔地に居住している等の事情により出頭することが困難であると認められる場合に、当事者があらかじめ裁判所等から提示された和解条項案を受諾する旨の書面を提出し、他の当事者が口頭弁論等の期日に出頭してその和解条項案を受諾したときは、和解が調ったものとみなす制度）や、**裁判所等が定める和解事項の制度**（当事者の共同の申立てがある場合に、裁判所等が事件の解決のために適当な和解条項を定め、その条項の定めが当事者双方に告知されたときは、和解が成立したものとみなす制度）がある。
調停		民事上の紛争解決のため、第三者の介入によって、当事者が互いに譲歩して、紛争解決の合意をすること。 原則として相手方の住所・営業所・事務所の所在地を管轄する簡易裁判所に申し立てるが、例外として当事者間であらかじめ合意があればその合意で定める地方裁判所または簡易裁判所が管轄裁判所となる。 家事事件についての調停は、相手方の住所地を管轄する家庭裁判所または当事者が合意により定めた家庭裁判所に申し立てる。 調停において当事者間に合意が成立し、これを調書に記載したときは、調停が成立したものとし、その記載は、裁判上の和解と同一の効力を有する。すなわち、調停調書は債務名義となり、一方当事者が調停条項を履行しないときは、強制執行が可能となる。 当事者が呼出しを受けても出頭しない場合、当事者には出頭義務はないため、調停は不調（不成立）に終わる。 調停の結果について利害関係を有する者は、調停委員会の許可を受けて、調停手続に参加でき、調停委員会は、相当であると認めるときは、調停の結果について利害関係を有する者を調停手続に参加させることができる。

ココが出る！

支払督促 **ココが出る!**	金銭その他の代替物または有価証券の一定数量の給付を目的とする請求権について、債権者の申立てに基づき、簡易迅速に債務名義を得させる手続。 **相手方(債務者)の所在地(住所地)を管轄する簡易裁判所の裁判所書記官に対して申し立てる。** **支払督促は、債務者を審尋**(書面または口頭で当事者その他の利害関係人に個々的に自由な方式で陳述の機会を与えること)**しないで発する。** 債務者が支払督促の送達を受けた日から2週間以内に支払いをせず、または督促異議の申立てをしないときは、裁判所書記官は、債権者の申立てにより仮執行宣言を付さなければならない。そして、**債務者が仮執行宣言付支払督促の送達を受けた日から2週間以内に異議の申立てをしないときは、当該仮執行宣言付支払督促は確定して債務名義となり、債権者は、これに基づいて強制執行をすることができる。** 債務者が支払督促の送達を受けた日から2週間以内に督促異議の申立てをすると、**督促異議にかかる請求については、その目的の価額に従い、支払督促の申立ての時に、支払督促を発した裁判所書記官の所属する簡易裁判所またはその所在地を管轄する地方裁判所に訴えの提起があったものとみなされ**(注2)、通常の民事訴訟手続に移行する。 債務者は、**督促異議の申立てをするに際しては理由を付す必要はない。**
仲裁 **ココが出る!**	当事者の合意に基づいて第三者(仲裁人)を選任し、その者によって判断された事項に確定判決と同様の法的拘束力を認める制度。 訴訟と異なり、この仲裁人の判断に対しては、**不服申立ては許されない。** 仲裁合意は、当事者の全部が署名した文書、当事者が交換した書簡または電報その他の書面によってしなければならない。 仲裁判断に基づき強制執行するには執行判決を得る必要あり。
裁判外紛争処理制度とADR基本法	ADR基本法は、民間紛争解決手続を行う事業者が一定の要件を充たす場合に法務大臣の認証を与え、その認証を受けた機関による紛争解決について、一定の効力を認めている。そして、令和5年の改正により、同法に定める認証紛争解決手続により成立した和解であって、当該和解に基づいて民事執行をすることができる旨の合意がされたもの(特定和解)については、裁判所の執行決定を得たうえで、強制執行をすることができることになった。

（注１）　裁判所から和解の勧告を受けたとしても、訴訟の当事者には、これに応じる義務はありません。

（注２）　訴訟の目的の価額（訴額）が140万円を超える場合には、支払督促を発した簡易裁判所書記官の所属する簡易裁判所の所在地を管轄する地方裁判所に訴えの提起があったものとみなされます。

※　支払督促手続の流れ

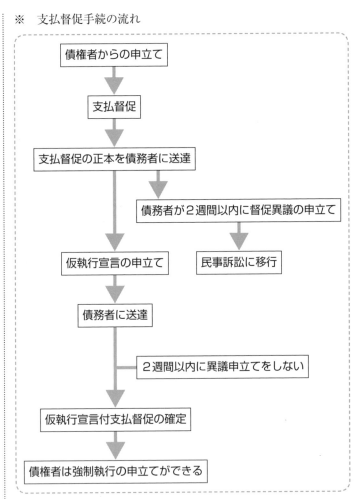

※　和解調書、調停調書、支払督促、仲裁判断等の電子化の改正法が成立しています（未施行）。

問 1　　A社は、B社に対し、金銭消費貸借契約に基づく2000万円の貸金債権を有しているが、B社が借入金の返済期日に返済をしないため、B社を被告として貸金返還請求訴訟を地方裁判所に提起することとした。A社とB社との間の金銭消費貸借契約には、合意による管轄裁判所の定めがなされていなかった。この場合において、借入金の返済場所がA社の本店と定められていたとしても、A社は、B社の本店所在地を管轄する地方裁判所に本件訴訟を提起しなければならず、A社の本店所在地を管轄する地方裁判所に本件訴訟を提起することはできない。　　　　　　　　　（44-3-1-ア改）

問 2　　アパートの賃貸人Aは、賃借人Bに対し建物明渡等請求訴訟を提起することとした。この場合、AとBとの間の賃貸借契約書においてX地方裁判所を合意管轄とする旨の定めがあるときは、賃借人Bの住所地の管轄裁判所がY地方裁判所であっても、Aは、第一審に限りX地方裁判所に当該訴訟を提起することができる。　　　　　　　　　（46-10-3-ウ）

問 3　　Aは、Bに対し貸金の返還を求める旨の民事訴訟を提起するため、訴状を裁判所に提出したが、当該訴状に不備があり、裁判長から相当の期間を定めた補正命令が発令された。Aが定められた期間内にこれに従わなかった場合、裁判長は、命令で、当該訴状を却下しなければならない。

（46-10-3-エ）

解 1 ×　まず、事物管轄については、訴額が140万円を超える場合には、地方裁判所にあるが、本件訴額は2000万円であるから、地方裁判所に事物管轄がある。そして、土地管轄については、原則として、相手方（被告）住所地を管轄する裁判所にあるが、財産権上の訴訟についての義務履行地（特定物の引渡債務以外、たとえば金銭債務などは債権者の現時の住所地）を管轄する裁判所にも管轄権がある。本問の訴訟は、貸金返還請求訴訟であり、財産権上の訴訟である。そして、本問において、借入金の返済場所がA社の本店と定められていたのであるから、本件貸金返還債務の履行地は、債権者であるA社の本店の所在地である。したがって、A社の本店の所在地を管轄する地方裁判所にも管轄権が認められ、A社は、本店の所在地を管轄する地方裁判所に本件訴訟を提起することができる。

解 2 ○　第一審については、当事者間の合意により書面で管轄を定めた場合（合意管轄）には、原則として、その合意に基づく当該裁判所が管轄権を有する。

解 3 ○　訴状の必要的記載事項に不備があるときは、裁判長から相当の期間を定めて補正命令が出される。そして、原告が定められた期間内に不備を補正しないときは、裁判長は、命令で、当該訴状を却下しなければならない。

問 4　　A社がBを被告として提起した土地の明渡請求訴訟において、Bが行方不明で訴状を送達すべき場所が判明しない場合、A社は、公示送達の申立てをすることができる。　　　　　　　　　　　　　　　　　（45－3－1－ア改）

問 5　　裁判上の自白が成立した場合であっても、裁判所は、当該自白と異なる事実が存在するとの心証を得たときは、当該自白と異なる事実を認定することができる。　　　　　　　　　　　　　　　　　　　　　　　（46－4－3－①）

問 6　　A社は、B社に対し、金銭消費貸借契約に基づく2000万円の貸金債権を有しているが、B社が借入金の返済期日に返済をしないため、B社を被告として貸金返還請求訴訟を地方裁判所に提起することとした。A社が提起した本件訴訟の口頭弁論期日において、B社は、A社の主張する、A社がB社に2000万円を交付したという事実について、知らない旨の不知の答弁を行った。この場合、B社は、原則として、その事実を自白したものとみなされる。　　　　　　　　　　　　　　　　　　　　　（44－3－1－イ改）

問 7　　Aが原告となって提起した民事訴訟において、被告Bは、裁判所から第1回口頭弁論期日の呼出しと答弁書提出期限の指定を受けたが、これを無視して答弁書を提出せず第1回口頭弁論期日を欠席した。この場合、被告Bが反論を一度も行っていないので、裁判所は、口頭弁論を終結し、原告Aの請求を認容する旨の判決を下すことはできない。　　（46－10－3－オ）

問 8　　当事者は攻撃防御の方法を訴訟のいかなる時期に提出してもよく、時機に後れた攻撃防御方法であったとしても、裁判所はこれを却下することができない。　　　　　　　　　　　　　　　　　　　　　　　　（43－3－3－ウ）

解 4 ○　民事訴訟において、訴えの相手方となるべき者が行方不明でありその所在が不明なときは、訴状の送達は、申立てにより、公示送達（民事訴訟法上送達しなければならない書類を、送達を受けるべき者が出頭すればいつでも交付する旨を、一定期間裁判所の掲示場に掲示することによって送達の効果を生じさせる方法をいう）の方法によりすることができる。

解 5 ×　自白が成立した場合、原告の主張する請求原因事実は存在するものと認定され、裁判所は、当該事実に反する事実を認定することができない。

解 6 ×　被告が、口頭弁論期日において、原告が主張する請求原因事実の1つについて知らない旨の答弁（不知の答弁）をした場合、被告は、当該請求原因事実を争ったものと推定される。したがって、B社は、当該事実を争ったものと推定される。

解 7 ×　第1回口頭弁論期日に被告が欠席した場合、答弁書を提出していたときは、その答弁書を陳述したものとみなされる。これに対し、答弁書を提出していないときは、訴状記載の請求を認めたものとみなされ、口頭弁論が終結して、請求認容判決（原告勝訴判決）がなされる。

解 8 ×　攻撃または防御の方法は、訴訟の進行状況に応じ適切な時期に提出しなければならない。当事者が故意または重大な過失により時機に後れて提出した攻撃または防御の方法については、これにより訴訟の完結を遅延させることとなると認めたときは、裁判所は、申立てによりまたは職権で、却下の決定をすることができる。

問 9 　A社がBを被告として提起した土地の明渡請求訴訟において、A社の主張する事実についてA社とBが争っている場合、裁判所は、口頭弁論の全趣旨および当事者が提出した証拠調べの結果を斟酌して、自由な心証によりその事実についての主張を真実と認めるべきか否かを判断する。

(45-3-1-エ改)

問 10 　裁判所は、証人および当事者本人の尋問を、できる限り、争点および証拠の整理が終了した後に集中して行わなければならない。

(43-3-3-エ)

問 11 　A社は、B社に対し、金銭消費貸借契約に基づく2000万円の貸金債権を有しているが、B社が借入金の返済期日に返済をしないため、B社を被告として貸金返還請求訴訟を地方裁判所に提起することとした。A社が提起した本件訴訟の口頭弁論が終結した後であっても、裁判所は、A社およびB社に対し、和解を試みることができる。　　　　　(44-3-1-エ改)

問 12 　A社は、B社に対し、金銭消費貸借契約に基づく2000万円の貸金債権を有しているが、B社が借入金の返済期日に返済をしないため、B社を被告として貸金返還請求訴訟を地方裁判所に提起することとした。A社が提起した本件訴訟において、A社の請求を棄却する旨の判決が言い渡された。この場合、A社は、当該判決に不服があれば、原則として、高等裁判所に控訴をすることができる。　　　　　　　　　(44-3-1-オ改)

問 13 　原告は、口頭弁論開始後は、相手方の同意を得た場合でも、口頭弁論終結前に訴えの取下げをすることはできない。　　　　　(46-4-3-⑤)

解 9 ○ 裁判所の事実認定は、口頭弁論の全趣旨および証拠調べの結果を斟酌して、自由な心証により行うものとされている（**自由心証主義**）。

解 10 ○ 裁判所は、証人および当事者本人の尋問を、できる限り、争点および証拠の整理が終了した後に集中して行わなければならない（**集中証拠調べの原則**）。

解 11 ○ 裁判所は、口頭弁論が終結した後であっても、訴訟の両当事者に対し、和解を試みることができる。

解 12 ○ 民事訴訟の第一審の判決に不服がある当事者は、原則として、第一審が地方裁判所の場合は高等裁判所に、第一審が簡易裁判所の場合には地方裁判所に対して控訴をすることができる。したがって、本件の場合、第一審が地方裁判所であるから、A社は、高等裁判所に控訴をすることができる。

解 13 × 訴えは、判決が確定するまで、その全部又は一部を取り下げることができる。ただし、訴えの取下げは、相手方が本案について準備書面を提出し、弁論準備手続において申述をし、または口頭弁論をした後にあっては、相手方の同意を得なければ、その効力を生じない。したがって、原告は、相手方（被告）の同意を得れば、口頭弁論終結前に訴えを取り下げることができる。

問 14　当事者が主要事実として主張していない事実であっても、裁判所は、証拠調べの結果その事実の存在について確信を抱くに至ったのであれば、主要事実として当該事実が存在することを判決の基礎とすることができる。

(46 - 4 - 3 - ④)

問 15　裁判所は、当事者が申し出た証拠について証拠調べを行い、当事者の申し出のない証拠を職権で調べることはできないのが原則である。

(46 - 4 - 3 - ②)

問 16　金銭消費貸借契約の貸主が借主を被告として提起した貸金返還請求訴訟において、原告が被告に対して金銭を貸し渡したとの原告の主張に対し、被告が、金銭は確かに受け取ったがそれは原告から贈与を受けたものである旨を主張した。この場合、原告の請求が認容されるためには、原告は、被告に交付した金銭が金銭消費貸借契約に基づいて交付されたものである事実を証明しなければならない。　(45 - 9 - 4 - ④改)

問 17　金銭消費貸借契約の貸主が借主を被告として提起した貸金返還請求訴訟において、被告は、原告から借り入れた金銭についてはすでに原告に返済した旨の主張をした。この場合、原告の請求が認容されるためには、原告は、被告から弁済を受けていない旨の事実を証明しなければならない。

(45 - 9 - 4 - ③改)

問 18　訴訟の目的の価額が60万円を超える訴えであっても、当事者の合意があれば、当事者は簡易裁判所に対し少額訴訟による審理および裁判を求めることができる。　(43 - 9 - 3 - ①)

解14 ✕ 弁論主義の下では、裁判所は、主要事実を、当事者（原告）が主張して初めて訴訟資料（判断の基礎資料である事実上の主張および証拠）として取り上げなければならず、当事者が主張しない主要事実をむやみに取り上げて判決の基礎とすることはできない。

解15 〇 裁判所は、当事者間で争いのある事実を認定するためには、原則として、当事者が申し出た証拠方法を取り調べて、その結果得られた心証に基づく必要があり、当事者からの申出のない証拠方法を職権で取り調べることはできない。

解16 〇 貸金返還請求訴訟において、原告が主張・証明しなければならない要件事実は、消費貸借の合意（返還の合意）と金銭の授受である。金銭消費貸借契約の貸主が借主を被告として提起した貸金返還請求訴訟において、原告が被告に対して金銭を貸し渡したとの原告の主張に対し、被告が、金銭は確かに受け取ったがそれは原告から贈与を受けたものである旨を主張した場合、金銭の授受については原告・被告間で争いはないが、消費貸借の合意については争いがあるので、原告の請求が認容されるためには、原告は、消費貸借の合意（被告に交付した金銭が金銭消費貸借契約に基づいて交付されたものである事実）について証明する責任を負う。

解17 ✕ 金銭消費貸借契約の貸主が借主を被告として提起した貸金返還請求訴訟において、被告が、原告から借り入れた金銭についてはすでに原告に返済した旨の主張をした場合、債権消滅という法律効果をもたらす「弁済」という事実については、「被告」がこれを証明する責任を負う。

解18 ✕ 少額訴訟の対象となる事件は、訴訟の目的の価額（訴額）が60万円以下の金銭支払請求を目的とする事件であるため、訴額が60万円を超える訴えについては、少額訴訟による審理および裁判を求めることはできない。

問 19 X社は、少額の貸金返還請求権を多数有しているため、少額訴訟により回収することを検討している。この場合、少額訴訟については、同一人が同一の簡易裁判所において同一の年に提起することのできる回数が限定されているため、X社は、当該回数を超えて少額訴訟を提起することはできない。 (41−9−4−②)

問 20 A社は、Bに50万円を貸し付けたが、約定の期日を経過してもBから返済を受けていないため、Bを被告として民事訴訟法上の少額訴訟を提起した。本件少額訴訟は、原則として1回の期日でA社とB双方の口頭弁論が行われて終結し、直ちに判決が言い渡される。 (45−6−4−エ改)

問 21 A社は、Bに50万円を貸し付けたが、約定の期日を経過してもBから返済を受けていないため、Bを被告として民事訴訟法上の少額訴訟を提起した。裁判所は、本件少額訴訟において、A社の請求を認める場合であっても、Bの資力を考慮して分割払いとする判決を言い渡すことができる。 (45−6−4−イ改)

問 22 A社は、Bに50万円を貸し付けたが、約定の期日を経過してもBから返済を受けていないため、Bを被告として民事訴訟法上の少額訴訟を提起した。本件少額訴訟において、BがA社に対して30万円を支払う義務があることを認める旨の終局判決がなされた場合、A社およびBはいずれも、判決に対して不服があったとしても、異議申立てや控訴をすることができない。 (45−6−4−ウ改)

第2節 その他の解決方法 重要度 B

問 1 不動産の明渡しに関する当事者間の紛争について、当事者間に即決和解が成立し和解調書が作成されたとしても、当該和解調書を債務名義として当該不動産の明渡しの強制執行を申し立てることはできない。 (46−7−1−②)

解 19 ○ 　同一の簡易裁判所において、同一の年に少額訴訟手続を利用できる回数は、10回までである。これは、少額訴訟手続を一般市民のための制度とし、特定の者（たとえば、貸金業者等）による反復利用を防止する趣旨である。

解 20 ○ 　少額訴訟においては、特別の事情がある場合を除き、1回の口頭弁論期日で審理を完了しなければならない（一期日審理の原則）。また、判決の言渡しは、相当でないと認める場合を除き、口頭弁論の終結後直ちに行われる（判決の即日言渡し）。

解 21 ○ 　少額訴訟においては、裁判所は、請求を認容する判決をする場合において、被告の資力その他の事情を考慮して特に必要があると認めるときは、判決の言渡しの日から3年を超えない範囲内において、支払猶予、分割払い、遅延損害金の支払義務免除の判決を言い渡すことができる。

解 22 × 　少額訴訟の終局判決に対しては、控訴をすることができない。しかし、少額訴訟の終局判決に対しては、判決書等の送達を受けた日から2週間以内に、その判決をした裁判所に異議を申し立てることはできる。

解 1 × 　即決和解が成立した場合に作成される和解調書は、強制執行を申し立てるための債務名義となる。したがって、当該和解調書を債務名義として当該不動産の明渡しの強制執行を申し立てることができる。
※　和解調書の電子化の改正法は成立しているが、未施行である。

問 2 　民事調停手続においては、紛争の一方当事者が調停の申立てをしたのに対して、相手方当事者が調停の期日に出頭しなかった場合には、直ちに調停を申し立てた当事者の主張を認める内容の調停調書が作成される。

(46-7-1-③)

問 3 　A社は、B社に対して、請負代金債権を有しているが、B社はその弁済をしようとしない。そこで、A社は、当該請負代金債権について支払督促の申立てをすることとした。A社からの申立てに基づく支払督促に仮執行宣言が付され、これに対しB社から一定の期間内に督促異議の申立てがなかったときは、A社は、本件請負代金債権を回収するため、当該仮執行宣言付支払督促を債務名義として強制執行をすることができる。

(44-8-1-④改)

解 2　×　調停において当事者間に合意が成立し、これを調書に記載したとき
は、調停が成立したものとし、その記載は、裁判上の和解と同一の効
力を有する。しかし、**紛争の一方当事者が調停の申立てをしたのに対
して、相手方当事者が調停の期日に出頭しなかった場合には、調停は
不調（不成立）に終わるのであり、調停を申し立てた当事者の主張を
認める内容の調停調書が作成されるわけではない。**
　　　※　調停調書の電子化の改正法は成立しているが、未施行である。

解 3　○　債務者が支払督促の送達を受けた日から2週間以内に支払いをせ
ず、または督促異議の申立てをしないときは、裁判所書記官は、債権
者の申立てにより仮執行宣言を付さなければならない。そして、**債務
者が仮執行宣言付支払督促の送達を受けた日から2週間以内に異議の
申立てをしないときは、当該仮執行宣言付支払督促は確定して債務名
義となり、債権者は、これに基づいて強制執行をすることができる。**
　　　※　支払督促の電子化の改正法は成立しているが、未施行である。

第**8**章

国際法務に関する法律

本章では、国際法務（渉外法務）について学習します。

試験対策としては、国際商事紛争（国際裁判管轄、準拠法、外国判決の執行等）からの出題がもっとも多いので、これを重点的に学習する必要があります。

第1節 国際取引契約

この節で学習すること

1
国際取引契約書を作成するうえでの基本的な注意点・留意点

海外の企業との取引において、注意すべき点がいくつかありますので、見ておきましょう。

11種類の定型的国際取引について、いわば契約書のひながたを用意しています。強制力はありません。

2
インコタームズ

さまざまな条約が締結されています。代表的なものについて、内容を押さえておきましょう。

3
国際的な知的財産権の保護

4
WTO

世界貿易機関のことです。貿易に関する国際紛争の解決機関でもあります。

5
外国公務員に対する贈賄等の禁止

国際取引において外国公務員に賄賂を贈ることを禁止する条約があります。

① 国際取引契約書を作成するうえでの基本的な注意点・留意点

❶ 契約締結の準備段階における注意点

① 契約の相手方企業に関して事前にできる限りの調査を行うこと

② 取引に適用される外国法を調査すること

❷ 契約書作成の段階における注意点

① さまざまな事態を想定した契約書ドラフト（草稿）を作成すること

② 第1次案を提示すること

③ 契約内容についての確認文書を作成すること

　確認文書としては、ミニッツ・オブ・ミーティング（Minutes of Meeting：交渉議事録）や、レター・オブ・インテント（Letter of Intent）ないしエム・オー・ユー（Memorandum of Understanding）等があります。

　イ　**ミニッツ・オブ・ミーティング（Minutes of Meeting：交渉議事録）**

　　これは、主に、交渉の日時・場所・参加者、交渉の場で議論された事項、合意された事項とその内容、合意に至らなかった事項と両当事者の主張内容を記録したものです。

　ロ　**レター・オブ・インテント（Letter of Intent）ないしエム・オー・ユー（Memorandum of Understanding）**

　　これらは、取引の主要条件について大筋で合意に達したときなど、交渉の節目節目において、将来締結すべき契約に関する予備的な合意事項や了解事項を簡潔に記載したものです。なお、**これらの文書に法的拘束力があるかどうかは、当事者の意思または意思解釈により、必ずしも、これらの文書に法的拘束力がないわけではないことに注意してください。**

④ 一般条項を整備すること

　国際取引契約において、契約の種類を問わず、一般的に盛り込まれる条項（一般条項）がありますが、その条項の内容をできる限り当方に不利益とならない形で整備することが必要で

〔ココが出る！〕

す。

　一般条項としては、次のものがあります。

イ　契約期間に関する条項

ロ　契約の終了に関する事項（解除条項を含む）

ハ　不可抗力条項（force majeure clause）

　　これは、不可抗力が原因で契約上の債務が履行できない場合には、当事者の免責を定める条項です。

ニ　秘密保持条項

　　これは、一般に、当事者に対し、第三者に秘密情報を開示しないことや秘密情報を目的外で使用しないことなどの不作為義務を定める契約条項です。

ホ　完全合意条項（entire agreement clause）

　　完全合意条項（entire agreement clause）とは、**契約の内容は、契約書の条項のみによるとする条項**をいいます。これにより、契約締結前に契約の目的事項に関して存在した当事者間の合意よりも、契約書に記載された内容が優先することになり、ある事柄に関して最終的な契約書が作成された場合には、当事者は、契約交渉過程で当事者間に成立した他の合意を、当該契約書の内容を変更するものとして裁判所に提出することはできないとする条項です。つまり、完全合意条項は、英米証拠法上のルールである**口頭証拠排除原則を再確認するもの**です。

ヘ　**支払いおよび税金に関する条項**

ト　**契約当事者の地位の譲渡に関する条項**

チ　**準拠法条項**

　　国際取引に関して紛争が発生し、裁判に至った場合、いずれの国の法律を当該取引に適用して紛争を解決するかという問題が生じますが、この場合に適用される法律を**準拠法**といいます。

リ　**国際裁判管轄条項**

　　これは、当事者間に紛争が生じた場合に、訴訟を行う裁判所を定める条項をいいます。ただし、**当事者間で国際裁判管轄条項を定めたとしても、必ずしも、その条項の内容に従っ**

◀ **発　展** ▶

force majeureの概念は、大陸法系のものであり、英米法系には原則として存在しません。

注　意 ⚠

完全合意条項は、英米証拠法上のルールである口頭証拠排除原則を再確認するものであるといえます。

ココが出る!

て裁判管轄が認められるわけではないことに注意してください。

ヌ　仲裁条項

ル　通知条項

これは、解約等の意思表示の通知先、方法、効力発生時期、効果について定めた条項です。国際間の通知の場合には、郵便事情等により必ずしも通知が到達するとは限らないので、通知が到達しない場合でも通知の効力を生じさせるには、発信主義で合意しておく必要があります。

ヲ　修正条項

これは、契約内容の修正は書面でしなければならず、書面によらなければ契約内容は修正されない旨を確認する条項をいいます。

⑤　固有条項の記載

各種契約に固有の条項（固有条項）の例としては、特許発明の実施に関するライセンス契約（実施許諾契約）における使用許諾条項、ロイヤリティ（特許発明の実施料）条項、サブライセンス（再許諾）条項等があります。

❷ インコタームズ

インコタームズ（Incoterms）とは、International Commercial Termsの略称であり、「定形取引条件の解釈に関する国際規則」をいいます。

これは、1936年に、国際商業会議所が、主要な定形取引条件について各国の実態を調査し、それに基づいて、定形取引条件に関して売主および買主の義務を定義する統一規則を作成したものです。その後、数度の改正がなされ、2020年に最新の改正がなされて、今日に至っています。最新のインコタームズでは、11種の定形取引条件が規定されています。

なお、インコタームズは、条約ではないこと、**当然には法的な強制力**（拘束力）**を有しない**ことに注意してください。

◀ **発 展** ▶

国際取引に関しては、インコタームズのほかに、国際物品売買契約に関する国際連合条約（ウィーン売買条約（CISG））が制定されており、同条約には、国際的な売買契約の成立、契約当事者の権利義務について規定されています。
営業所が異なる国に所在する当事者間の物品売買契約について、①これらの国がいずれもCISGの締約国である場合、または②国際私法の準則によればCISGの締約国の法の適用が導かれる場合には、CISGが適用されます。

◀**ココが出る!**

❸ 国際的な知的財産権の保護

❶ 国際的な知的財産権保護のための条約

　国際的な知的財産権保護のための条約として、次のようなものがあります。

① **工業所有権の保護に関するパリ条約（パリ条約）**

　　パリ条約では、「同盟国の国民は、他の同盟国の内国民と同等の保護を受ける」とする**内国民待遇の原則**、「同盟国の1つにおいて特許出願等を行った者が、一定期間内に他の同盟国においても優先権同一対象について特許出願等を行った場合には、当該他の同盟国における出願を最初の出願の時にしたものと同等に取り扱う」とする**優先権制度**、「同一の発明であっても各同盟国における特許は互いに独立しており、ある同盟国における特許の存否が他の同盟国における特許の存否に影響を与えない」とする**特許独立の原則**等が規定されています。

② **特許協力条約（PCT）**

ココが出る！ ▶

　　特許協力条約は、所定の国際出願を行えば、複数の同盟国（指定国）において出願をしたのと同一の効果を与える旨の**国際出願制度**を認めるものです。したがって、たとえば、日本の企業が特許協力条約に基づき、複数の同盟国（アメリカ、中国等）を指定国として、日本の特許庁に国際出願を行うことにより、当該指定国において特許出願をしたのと同一の効果が認められることになります。

③ **標章の国際登録に関するマドリッド協定の議定書（マドリッド・プロトコル）**

④ **知的所有権の貿易関連の側面に関する協定（TRIPS協定）**

⑤ **文学的及び美術的著作物の保護に関するベルヌ条約（ベルヌ条約）**

　　ベルヌ条約では、著作物の保護に関する原則として、「著作者は本国以外の締約国において国民に認められているのと同様の権利を享有する」とする**内国民待遇の原則**や、「著作権の享有・行使にはいかなる方式も要しない」とする**無方式主義の原則**等が規定されています。

❷ 並行輸入

並行輸入とは、たとえば、A国とB国においてそれぞれ特許権を有するCの製造・販売した製品を、Dが、A国において直接購入し、B国におけるCの正規の代理店を通さずに、当該製品をB国に輸入して、これをB国で販売するというような行為をいいます。

並行輸入品は、正規の代理店を通して輸入した製品よりも安価であることが多いため、並行輸入は、正規の代理店の販売政策等に悪影響を与えるおそれがあることから、特許権等の知的財産権に基づき当該並行輸入を阻止できないかが問題となります。

この点につき、わが国の最高裁は、**特許権に基づき当該並行輸入を阻止することは、原則として、できない**としています。

◀ ココが出る！

❸ 模倣品対策

① 特許権を根拠とする模倣品の輸入差止め

特許権者は、業として特許発明の実施をする権利を専有し、自己の特許権を侵害する者または侵害するおそれがある者に対し、その侵害の停止または予防を請求することができます。そして、**発明の実施には、物の発明にあっては、その物の輸出または輸入をする行為、物を生産する方法の発明にあっては、その方法により生産した物の輸出または輸入をする行為も含まれます。**

したがって、たとえば、製品甲を製造するのに必要な発明乙につき、日本およびX国で特許権を有しているA社が、X国内で発明乙を実施して製品甲を製造販売しており、日本国内においては代理店Bが製品甲を独占的に日本に輸入し販売する権利を有しているという場合において、X国の企業であるC社が、X国において、A社の許諾なく発明乙を実施して製品甲と極めて類似した製品丙を製造し、日本の企業であるD社がこれを輸入し販売していたときは、A社は、日本における発明乙の特許権を根拠として、D社に対し製品丙の輸入の差止めを請求することができます。

② 関税法による輸入禁制品の輸入差止め

関税法上、知的財産権を侵害する物品は、輸入禁制品として扱われており、当該**輸入禁制品の輸入差止めについては、税関当局**

◀ 発 展 ▶

模倣品輸入に関し、個人使用目的であっても、海外事業者が模倣品を郵送等により国内に持ち込む行為は意匠権・商標権の侵害となります。具体的には、「輸入」に「外国にある者が外国から日本国内に他人をして持ち込ませる行為」が含まれ、個人が輸入する行為や、日本国内の事業者が個人として輸入するかのように仮装して輸入する行為について、「外国にある者」に対し、意匠権・商標権の侵害を主張することが可能となっています。

第**8**章 国際法務に関する法律

の職権によりなされるほか、当該知的財産権の権利者による輸入差止めの申立てが認められています。

したがって、たとえば、前記①に掲げた事例において、X国の企業であるC社が、X国において、A社の許諾なく発明乙を実施して製品甲と極めて類似した製品丙を製造し、日本に輸出していたという場合、製品丙の日本への輸入差止めについては、税関当局の職権によりなされるほか、A社による輸入差止めの申立てが認められます。

③ 見本検査制度

輸入してはならない貨物にかかる申立て手続等の規定による申立てが受理された特許権者等の権利者は、当該申立てにかかる貨物について認定手続が執られている間に限り、税関長に対し、当該認定手続に係る疑義貨物について、これらの者がその見本の検査をすることを承認するよう申請することができます（**見本検査制度**）。

すなわち、認定手続（知的財産権を侵害すると思料される貨物（疑義貨物）が知的財産権を侵害しているか否かを認定する手続）が執られた貨物（疑義貨物）を権利者自ら検査をしないと自己の主張を裏付ける証拠・意見を提出することができない場合、輸入者への意見を述べる機会の付与、権利者の費用・危険負担・見本検査にかかる供託および検査により得られた情報の使用制限、**税関職員等の検査への立会い等を条件に、税関が権利者に疑義貨物の見本を提供し、権利者による分解（分析）検査ができます。**

❹ WTO

❶ WTOとは

WTOとは、World Trade Organization（世界貿易機関）の略称であり、ウルグアイ・ラウンド交渉の結果1994年に設立が合意され、1995年1月1日に設立された国際機関です。WTOは、国際貿易に関する様々な国際ルールを定めています。

❷ WTOの定める3つの基本原則

WTOは、貿易の機会の平等を目指しており、その基本原則として、次の3つの原則を定めています。

① 最恵国待遇の原則

特定加盟国に与えた関税、内国税その他の優遇措置は、自動的に他の加盟国にも与えられるべきとする原則。

② 内国民待遇の原則

内国の生産品と加盟国からの輸入品とを内国税その他の待遇において平等に扱うべきとする原則。

③ 数量制限の一般的廃止

人、動物または植物の生命または健康の保護や有限天然資源の保存のために必要でない限り、ある生産品の輸入量を規制して、自由貿易を妨げることを禁止するための原則。

❸ 紛争の解決

世界貿易機関（WTO）には、貿易に関する紛争の当事国が紛争事案を持ち込むことができ、紛争当事国間の協議による解決のほか、小委員会検討を経た報告・採択等の手続により紛争を解決する役割が認められています。

5 外国公務員に対する贈賄等の禁止

日本は、国際商取引における外国公務員に対する贈賄の防止に関する条約（**OECD外国公務員贈賄防止条約**）の締約国となっています。

当条約にもとづき、日本は、**不正競争防止法**により、**外国公務員に対する不正の利益の供与等を禁止**しており、その違反行為に対しては**刑事罰**を定めています。

ココが出る！

第2節 国際商事紛争

この節で学習すること

1
国際裁判管轄

航空機墜落事故のように、航空機メーカー、航空会社、被害者の国籍、事故地など、関係国が多数ある場合、どこで裁判を起こすかは重要な問題となります。

同じ事件について、日本と外国でそれぞれ訴訟が提起される事態があり得ます。

2
国際的訴訟競合

紛争に対してどの国の法律を適用すべきかを決める統一ルールは存在しません。

3
準拠法

4
外国判決の執行

生のままの外国判決は国内では執行できません。国内裁判所による執行判決を得る必要があります。

5
仲裁

仲裁人による仲裁裁定に確定判決としての拘束力を与える制度をいいます。

国際取引に伴う商事紛争は、通常、当事者間の交渉を通じて和解により解決されますが、紛争がこじれた場合には、最終的には訴訟により解決せざるを得ないことになります。その場合に、まず問題となるのは、いずれの国の裁判所に訴えを提起するかという国際裁判管轄の問題です。

① 国際裁判管轄

❶ 日本の国際裁判管轄ルール

民事訴訟法の国内**土地管轄**規定が定める**裁判籍**がわが国にあるときは、原則として日本の裁判所に国際裁判管轄が認められます。

◀ ココが出る！

判例は、日本に支店または営業所を有する外国法人については、裁判籍がわが国にあるとして、その外国法人に対する訴訟について、日本に所在する同法人の支店または営業所の業務との関連を問うことなく、日本の裁判所に裁判管轄権を認めています。

この国際裁判管轄に関して、民事訴訟法は、次のような規定を設けています。

① 裁判所は、人に対する訴えについて、その住所が日本国内にあるとき、住所がない場合または住所が知れない場合にはその居所が日本国内にあるとき、居所がない場合または居所が知れない場合には訴えの提起前に日本国内に住所を有していたとき（日本国内に最後に住所を有していた後に外国に住所を有していたときを除く）は、管轄権を有する。

② 裁判所は、法人その他の社団または財団に対する訴えについて、その主たる**事務所または営業所が日本国内**にあるとき、事務所もしくは営業所がない場合またはその所在地が知れない場合には代表者その他の主たる業務担当者の住所が日本国内にあるときは、管轄権を有する。

③ **契約上の債務の履行の請求を目的とする訴え**または契約上の債務に関して行われた事務管理もしくは生じた不当利得にかかる請求、契約上の債務の不履行による損害賠償の請求その他契約上の債務に関する請求を目的とする訴えは、**契約において定**

用 語

「土地管轄」とは、裁判所がそれぞれ地域的分担をして裁判権を行使する権限をもつ土地の区域をいいます。
「裁判籍」とは、民事訴訟において、裁判を受ける側からみた裁判所の土地管轄をいいます。

◀ ココが出る！

特に③と⑤が重要です。

第8章 国際法務に関する法律

められた当該債務の履行地が日本国内にあるとき、または契約において選択された地の法によれば当該債務の履行地が日本国内にあるとき**は、日本の裁判所に提起することができる**。

④ **財産権上の訴えは、請求の目的が日本国内にあるとき**、または当該訴えが金銭の支払を請求するものである場合には差し押さえることができる被告の財産が日本国内にあるとき（その財産の価額が著しく低いときを除く）**は、日本の裁判所に提起することができる**。

⑤ 当事者は、合意により、いずれの国の裁判所に訴えを提起することができるかについて定めることができる。この合意は、**一定の法律関係に基づく訴え**に関し、かつ、**書面または電磁的記録で**しなければ、その効力を生じない。

⑥ 外国の裁判所にのみ訴えを提起することができる旨の合意は、その裁判所が法律上または事実上裁判権を行うことができないときは、これを援用することができない。

⑥の規定によれば、外国の会社と日本の会社との間の契約において、当該契約に関する民事上の法的紛争については当該外国の裁判所に対してのみ民事訴訟を提起することができる旨の合意がなされた場合において、当該外国の裁判所が法律上または事実上裁判権を行うことができないことにより、日本の裁判所に民事訴訟が提起されたときは、当事者の裁判を受ける権利を保障するため、日本の裁判所は、当該合意を援用し訴えを却下することはできないことになります。

❷ フォーラム・ノン・コンヴィニエンスの法理

これは、訴訟が提起された裁判所以外の裁判所で事件がより適切に審理されると考えられるときは、訴えを提起された裁判所（受訴裁判所）は、自らの裁量によって本来有する裁判管轄権の行使を差し控えて、訴えを却下することができるとする法理をいいます。

ココが出る!

◀ 発 展 ▶

アメリカの航空機メーカーが製造・販売した航空機が台湾で墜落事故を起こし、

❷ 国際的訴訟競合

　外国で訴えが提起された事件について、日本でこれに対抗して同時に訴えを提起した場合には、同じ事件について日本と外国とで訴訟が同時並行して行われることになります。

　たとえば、アメリカ企業であるＡ社と日本企業であるＢ社との間で、Ｂ社の製品の売買取引が行われたところ、同製品に欠陥がありＡ社が損害を受けたとして、アメリカにおいてＡ社がＢ社を被告として損害賠償請求訴訟を提起した場合に、Ｂ社が、これに対抗して、日本国内においてＡ社を被告として債務不存在確認訴訟を提起するというような場合です。このような場合を**国際的訴訟競合**といいます。

　日本の民事訴訟法は、国際的訴訟競合を否定していません。というのは、確かに、民事訴訟法142条は、「裁判所に係属する事件については、当事者は、更に訴えを提起することができない。」（二重起訴の禁止）と規定していますが、判例は、本条にいう「裁判所」とは、日本の裁判所を指し、外国の裁判所を含まないとしているからです。

◀ココが出る！

❸ 準拠法

　前述したように、国際取引に関して紛争が発生し、裁判になった場合に、いずれの国の法律を当該取引に適用して紛争を解決するかが問題となりますが、この場合に適用される法律を**準拠法**といいます。

　準拠法について国際的に統一された基準は存しないため、各国の法律に従って準拠法の選択が行われることになります。

　わが国の場合、法の適用に関する通則法（法適用通則法）が定める基準に従って準拠法が定まることになりますが、同法は、準拠法選択の決定を当事者の意思に委ねる立場（**当事者自治の原則**）を採用しています。

　したがって、取引当事者間の合意により準拠法を定めていた場合には、当該準拠法（原則として、当事者が法律行為の当時に選

乗客・乗員の全員が死亡した事件で、日本人乗客の遺族がアメリカの航空機メーカー等を被告としてカリフォルニア州の連邦裁判所に提訴したところ、同裁判所は、事故地である台湾が適切な法廷地であるとして、フォーラム・ノン・コンヴィニエンスの法理により、同訴えを却下しています。

注意⚠️
仲裁の場合でも、当事者間の合意で準拠法を定めることができます。

◀ココが出る！

択した地の法）が適用されることになります。

これに対し、当事者間で合意が得られず、または準拠法を定めていなかった場合には、原則として、契約等の法律行為の成立および効力は、当該法律行為の当時において当該法律行為に最も密接な関係がある地の法（**最密接関係地法**）によります。

現在、多くの国において当事者自治の原則が採用されていますが、客観主義（準拠法を契約締結地の法、履行地の法、債務者の本国の法というような客観的な要素で決定する立場）を採用している国もあります。客観主義を採用している国や地域（アメリカでは、州によって客観主義を採用しているところがあります）において裁判になった場合には、当事者間であらかじめ準拠法について合意をしていても、それと異なる法を準拠法として紛争の解決がなされることが起こり得ることに留意する必要があります。

❹ 外国判決の執行

外国判決の内容をわが国で執行する（たとえば、敗訴した日本企業が日本国内に有する財産について、勝訴した外国企業が執行する）ためには、わが国の裁判所で執行判決を得ることが必要です。執行判決を得る要件は、次のとおりです。

❶ **外国裁判所の確定した判決であること**
「確定」とは、当該判決国において通常の不服申立方法が尽き、通常の裁判手続が終了していることをいいます。

❷ **外国判決が民事訴訟法118条の規定する次の 4 つの要件をすべて具備すること**
① **法令または条約により外国裁判所の裁判権が認められること**
これは、当該外国判決を下した外国裁判所が、日本法に照らして国際裁判管轄を有することを要求したものです。

② 敗訴の被告が訴訟の開始に必要な呼出しもしくは命令の送達
（公示送達その他これに類する送達を除く）を受けたことまた
はこれを受けなかったが応訴したこと

　　これは、外国判決において敗訴した日本企業が適法な送達を
受けたことを要求するものです。

③ 判決の内容および訴訟手続が日本における公の秩序または善
良の風俗に反しないこと

　　懲罰的損害賠償を認めたアメリカの裁判は公序良俗に反す
るとした判例があります。

④ 相互の保証があること

　　これは、当該外国判決を下した外国裁判所において、日本の
裁判所の判決が民事訴訟法118条各号所定の条件と重要な点で
異ならない条件のもとで効力を認められていることを意味しま
す。

5 仲　裁

　仲裁とは、仲裁人という第三者によって下された仲裁裁定に確
定判決としての拘束力が与えられる制度をいいます。紛争の当事
者は、その裁定に拘束されます。

　仲裁合意は、当事者の全部が署名した文書、当事者が交換した
書簡または電報（ファクシミリ装置その他の隔地者間の通信手段
で文字による通信内容の記録が受信者に提供されるものを用いて
送信されたものを含む）その他の書面によってしなければなりま
せん。ただし、仲裁合意がその内容を記録した電磁的記録（電子
的方式、磁気的方式その他人の知覚によっては認識することがで
きない方式で作られる記録であって、電子計算機による情報処理
の用に供されるものをいう）によってされたときは、その仲裁合
意は、書面によってされたものとされます。

　仲裁合意の対象となる民事上の紛争について訴えが提起された
場合、受訴裁判所は、被告の申立てにより、原則として、訴えを
却下しなければならないとされています。したがって、**紛争の当
事者の一方が、仲裁合意を無視して訴えを提起したとしても、他**

用　語

「送達」とは、たと
えば、外国企業が当
該外国の裁判所で日
本企業を被告として
訴訟を提起した場
合、訴状が日本企業
に対して送付されま
すが、この訴状が届
くことを送達といい
ます。

用　語

「懲罰的損害賠償」
とは、主に不法行為
に基づく損害賠償請
求訴訟において、加
害者の行為が強い非
難に値すると認めら
れる場合に、裁判所
または陪審の裁量に
より、加害者に制裁
を加えて将来の同様
の行為を抑止する目
的で、実際の損害の
補填としての賠償に
加えて上乗せした額
を支払うことを命ず
る賠償をいいます。

ココが出る！

注　意 ⚠

仲裁手続の対象とさ
れているのは、国際
取引上の法的紛争に
限られません。日本
国内の民事上の法的
紛争についても仲裁
を利用することがで
きます。

第**8**章 国際法務に関する法律

「妨訴抗弁」とは、民
事訴訟法上、被告が
訴訟要件の欠缺また
は訴訟障害（その存
在が訴えを不適法と
し、その不存在が訴
訟要件とされる事
項）の存在を主張し
て、訴えの却下を申
し立てることをいい
ます。

「外国仲裁判断の承
認及び執行に関する
条約」（ニューヨー
ク条約）では、「各
締約国は、一定の条
件の下に、仲裁判断
を拘束力のあるもの
として承認し、か
つ、その判断が援用
される領域の手続規
則に従って執行する
ものとする。」と規
定されています。そ
のため、この条約の
締約国の間で仲裁判
断を執行することは
極めて容易となって
います。

方当事者は、仲裁合意があることを裁判所に申し立てて、訴えの
却下を求めることができます（妨訴抗弁）。

❶　仲裁の利点

①　適任の専門家を選定できる。

②　柔軟な手続が可能である。

③　原則として非公開であるため、営業上の秘密や企業のノウハ
　ウの流出を防止できる。

④　スピーディな解決を図れる。

⑤　外国での執行が容易である。

❷　仲裁の欠点

①　判断基準が不明確であるため、仲裁結果の予測が困難である。

②　仲裁には不服申立ての制度や上訴の途がないため、仲裁人に
　適切な人を得られず、不満の残る仲裁案を出されたときには、
　紛争がさらに紛糾するおそれがある。

③　仲裁が長引いた場合等においては、費用が訴訟よりも高額に
　なることがある。

❸　仲裁の種類

仲裁には、大別して、個別的仲裁と制度的仲裁とがあります。

①　個別的仲裁（アドホック仲裁）

　これは、紛争の当事者が、既存の常設仲裁機関を利用せず
に、個別の紛争を仲裁で解決することを合意し、仲裁人を選任
し、選任した仲裁人に仲裁を付託するものです。

②　制度的仲裁（機関仲裁）

　これは、常設の仲裁機関に仲裁を依頼するものです。

この節で学習すること

1
ロング・アーム
法

アメリカの州とわずかな
関連があるだけの取引につ
いても、その州で裁判を
行えるようにする法です。

連邦と州という国家構造が
そのまま反映されて
います。

2
アメリカの
司法体系

事前手続として証拠開示の
手続きがあります。不意打
ちを防止するためで、和解
を促します。

3
アメリカの
裁判手続

4
アメリカの
契約法制

日本の契約法との違いに
ついて、簡単に見て
おきましょう。

1 ロング・アーム法

ロング・アーム法(long arm statute)とは、アメリカの州と
ごくわずかの関連があるにすぎない取引関係等についても、その
州で裁判を行えるようにするための立法をいいます。

すなわち、このロング・アーム法は、事業活動や不法行為な
ど、アメリカ合衆国の特定の州に関連した行為があった場合に、
その州に所在しない者に対しても裁判管轄権を拡張するため、各
州における裁判管轄権について、その行使の範囲を定めるもので
す。

アメリカの各州の多くがこの立法を行い、その結果、裁判所
は、被告の活動とその州との間に最小限度の関連ないし接点があ
れば、州外(外国を含む)の自然人・法人に対しても自州の裁判
管轄権を及ぼすことができることとなりました。

「**手続は法廷地法による**」という原則により、アメリカの裁判所で国際取引紛争が審理される場合には、アメリカの民事訴訟手続に従って裁判がなされるため、アメリカの司法体系や裁判手続について、その概略を理解しておくことが必要です。

❷ アメリカの司法体系

アメリカには、連邦法と州法とがあり、それに応じて裁判所も連邦裁判所と各州の裁判所とがあります。

連邦法は、主として、税務、破産等の法的整理、海事、独占禁止、知的財産権、移民、外国政策に関する事件を規律しています。州法は、主として、不法行為、契約、財産（動産・不動産）、会社、保険、刑事、家事等の分野を規律しています。

❸ アメリカの裁判手続

アメリカの訴訟では、裁判官の面前における口頭審理（トライアル）に入る前に、事前手続として、原告・被告が保有する証拠を開示させる**ディスカヴァリー**（discovery）が行われます。

これは、**当事者が提出する証拠が相手方に対して不意打ちになるのを防ぐことを直接の目的**としており、紛争を迅速かつ効率的に解決するために役立っています。すなわち、原告・被告双方が保有する証拠が開示されることで双方に情報が共有され、争点が明確となり、訴訟の見込みがつきやすくなり、和解を促す効果があります。実際に、アメリカの訴訟の大多数は、口頭審理に入る前の和解で決着がついています。

ココが出る!

◀ **発 展** ▶

アメリカにおける民事事件では、一般人の中から選ばれた陪審員が法廷において事実を認定し評決を下す「陪審制」が採られています。

❹ アメリカの契約法制

アメリカでは、契約が成立するためには、当事者の合意のみでは足りず、これに加えて、**約因**（Consideration）が必要であるとされています。約因とは、契約を構成する約束に拘束力を与える根拠をいい、「対価」とも訳されます。約因を欠く場合には、

ココが出る!

契約の成立要件を欠き、契約が成立しないとされることがあります。

　また、日本では、承諾の期間を定めてした契約の申込みは、承諾期間中は、申込者が撤回をする権利を留保した場合を除き、撤回することができず、承諾の期間を定めないでした申込みは、申込者が承諾の通知を受けるのに相当な期間を経過するまでは、申込者が撤回をする権利を留保した場合を除き、撤回することができないとされています。ところが、アメリカでは、承諾の期間の定めの有無を問わず、申込みの意思表示は、原則としていつでも自由に撤回することができるとされています。

　さらに、意思表示の効力発生時期についても、日本では、原則として意思表示が到達した時点（到達主義）であるのに対し、アメリカでは、原則として意思表示を発信した時点（発信主義）であるという違いがあります。

◀ 発 展 ▶

アメリカでは、一方当事者のみが利益を享受できる「贈与」は、贈与者には何らの対価も得られないことから、契約ではなく、法律上執行できないとされています。

注 意 ⚠

アメリカでは、特許権に関し、長年にわたって「先発明主義」を採用していましたが、現在では、我が国と同様に「先願主義」を採用するに至っています。

第 **8** 章 **国際法務に関する法律**

第4節 国際倒産

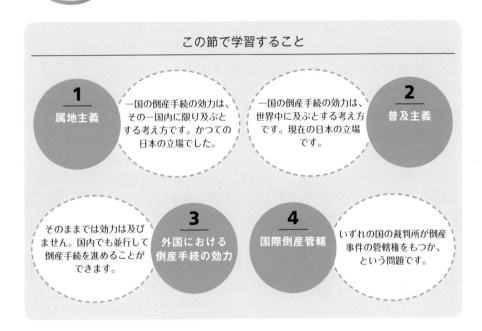

この節で学習すること

1 属地主義
一国の倒産手続の効力は、その一国内に限り及ぶとする考え方です。かつての日本の立場でした。

一国の倒産手続の効力は、世界中に及ぶとする考え方です。現在の日本の立場です。
2 普及主義

そのままでは効力は及びません。国内でも並行して倒産手続を進めることができます。
3 外国における倒産手続の効力

4 国際倒産管轄
いずれの国の裁判所が倒産事件の管轄権をもつか、という問題です。

　海外に資産のある日本企業が倒産した場合、その海外資産に対して日本の債権者や外国の債権者は強制執行することができるでしょうか。このような問題を国際倒産といいます。

❶ 属地主義

　属地主義とは、一国の倒産手続の効力は、その一国内に限り及ぶとする考え方をいいます。わが国の破産法も、かつては、日本の破産手続開始決定の効力は日本に存する倒産企業の財産にしか及ばない旨および外国の破産手続開始決定の効力は日本に存する倒産企業の財産には及ばない旨規定して、属地主義を採用していました。会社更生法も同様の規定を置いていました。

　この属地主義の下では、債務者が日本で破産手続開始決定を受けても、その効力は、債務者の国外財産には及ばないことにな

り、一部の債権者が破産手続開始決定後に債務者の国外財産に強制執行を行って満足を得るというような抜け駆け的な行為も可能となります。しかし、これでは、債権者間の公平を害する結果となります。また、債務者について日本で会社更生手続が開始されても、事業を継続するうえで必要不可欠な財産が国外にあるときは、債権者が強制執行によってその国外財産を換価し満足を得ることも可能となりますが、これでは、再建計画の実行が困難となります。これらの問題点を抱えるかつてのわが国の倒産法制には、内外から強い批判が加えられていました。

❷ 普及主義

　属地主義に対する上記問題点や批判を受けて、破産法と民事再生法、会社更生法は改正されて、属地主義は撤廃され、普及主義が採用されるに至りました。

　すなわち、**普及主義**とは、一国の倒産手続の効力は、世界中に及ぶとする考え方をいい、現行の破産法は、「破産者が破産手続開始の時において有する一切の財産（日本国内にあるかどうかを問わない）は、破産財団とする。」と規定し、**破産手続の効力は、破産者の外国に有する財産にも及ぶ**こととなり、また、会社更生法も、「更生手続開始の決定があった場合には、更生会社の事業の経営並びに財産（日本国内にあるかどうかを問わない。…）の管理および処分をする権利は、裁判所が選任した管財人に専属する。」と規定して、**会社更生手続の効力は、外国にある更生会社の財産にも及ぶ**こととなりました。民事再生法にも同様の規定があります。

　なお、破産債権者は、破産手続開始の決定があった後に、破産財団に属する財産で外国にあるものに対して権利を行使したことにより、破産債権について弁済を受けた場合であっても、その弁済を受ける前の債権の額について破産手続に参加することができます。ただし、当該**外国で弁済を受けた破産債権者**は、他の同順位の破産債権者が自己の受けた弁済と同一の割合の配当を受けるまでは、**最後配当を受けることができません。**

■用　語■

「最後配当」とは、破産財団に属する全財産の換価が終了した後に、配当可能な金銭が破産財団にあるときに行われる配当をいいます。破産法は、「破産管財人は、一般調査期間の経過後または一般調査期日の終了後であって破産財団に属する財産の換価の終了後においては、一定の場合を除き、遅滞なく、届出をした破産債権者に対し、最後配当をしなければならない。」と規定しています。

第**8**章　国際法務に関する法律

◀ココが出る！▶

❸ 外国における倒産手続の効力

　外国の倒産手続の効力は、直ちには日本国内に及びません。したがって、外国で倒産手続がすでに開始されている場合でも、日本国内において日本法による倒産手続を別途申し立て、日本と外国で同じ債務者に対する倒産手続を同時に進行させること（**国際並行倒産**）もできます。

　ところで、外国で開始された倒産処理手続については、外国倒産処理手続の承認援助に関する法律により、**承認援助手続**という制度が設けられています。これは、外国倒産処理手続の効力を日本国内において適切に実現し、もって当該債務者について国際的に整合のとれた財産の清算または経済的再生を図るため、外国倒産処理手続を日本において承認し、承認された外国倒産処理手続の促進のために日本の裁判所が一定の援助を与えるものです。

❹ 国際倒産管轄

　国際倒産管轄とは、いずれの国の裁判所が倒産事件の処理をする管轄権を有するかという問題です。

　わが国の倒産法制においては、いかなる倒産事件について国内倒産処理手続の開始を申し立てることができるかに関し、次のように規定しています。

ココが出る！

① 　破産手続開始の申立てまたは民事再生手続開始の申立ては、債務者が個人である場合には**日本国内に営業所、住所、居所または財産を有するとき**に限り、債務者が法人その他の社団または財団である場合には**日本国内に営業所、事務所または財産を有するとき**に限り、することができる。

② 　会社更生手続開始の申立ては、株式会社が日本国内に営業所を有するときに限り、することができる。

第1節 国際取引契約　　　重要度 B

問 1 日本の企業であるA社は、X国の企業であるB社との間で国際売買契約を締結するにあたり、Letter of Intent（LOI）やMemorandum of Understanding（MOU）等の確認文書を作成した。確認文書の表題がLOIやMOUとされていたとしても、その内容次第では、法的な拘束力が認められることがある。　　　　　　　　　　　　　　　　（46−10−2−②改）

問 2 英米法における完全合意条項（Entire Agreement Clause）は、一般に、ある事柄に関して最終的な契約書が作成された場合には、当事者は、契約交渉過程で当事者間に成立した合意を、当該契約書の内容を変更するものとして裁判所に提出することはできないとする条項であり、英米法における証拠法上のルールである口頭証拠排除原則と関連するものである。

（44−2−4−エ）

問 3 A社は、玩具の製造および販売を行う日本の会社であるが、一部の製品の生産をX国で行うこととし、その生産をX国の法人であるB社に委託することとした。A社とB社は、日本の民事訴訟法の規定に従って、両者の間で生じた民事上の法的紛争については日本の裁判所に訴えを提起しなければならない旨の国際裁判管轄の合意をした。この場合であっても、実際に日本以外の国の裁判所に民事訴訟が提起されたときに、当該合意が必ずしも有効なものと扱われるとは限らない。　　　　　（42−3−1−③改）

解 1 ◯ 　国際取引において、最終的な契約締結前の契約交渉の過程で作成される確認文書には、Letter of Intent（ＬＯＩ）やMemorandum of Understanding（ＭＯＵ）等がある。これらの確認文書は、取引の主要条件について大筋で合意に達したときなど、交渉の節目節目において、将来締結すべき契約に関する予備的な合意事項や了解事項を簡潔に記載したものであるが、その名称にかかわらず、その文書の内容に法的な拘束力が認められることがある。

解 2 ◯ 　完全合意条項（Entire Agreement Clause）とは、契約の内容は、契約書の条項のみによるとする条項をいう。これにより、契約締結前に契約の目的事項に関して存在した当事者間の合意よりも、契約書に記載された内容が優先することになり、ある事柄に関して最終的な契約書が作成された場合には、当事者は、契約交渉過程で当事者間に成立した合意を、当該契約書の内容を変更するものとして裁判所に提出することはできないとする条項である。つまり、完全合意条項は、英米証拠法上のルールである口頭証拠排除原則を再確認するものである。

解 3 ◯ 　当事者間で民事上の法的紛争については日本の裁判所に訴えを提起しなければならない旨の国際裁判管轄の合意があったとしても、日本以外の国の裁判所に民事訴訟が提起されたときに、必ずしも、当該合意がその国の裁判所において有効なものとして扱われるとは限らない。

問 4　　国際的な貿易の取引条件について国際商業会議所が制定したインコター
□□□　ムズ（International Commercial Terms）には、条約と同一のものとして、
　　　国際商業会議所に加盟した国の企業間においては、法的な強制力が認めら
　　　れている。　　　　　　　　　　　　　　　　　　　　（44-2-4-ウ）

問 5　　日 本 の 企 業 で あ る A 社 は、「特 許 協 力 条 約（Patent Cooperation
□□□　Treaty：ＰＣＴ）」に基づき、複数の同盟国を指定国として、日本の特許
　　　庁に国際出願を行うことにより、当該指定国において特許出願をしたのと
　　　同一の効果を得ることができる。　　　　　　　　（46-10-2-④改）

問 6　　日本の企業であるA社は、製品甲を製造するのに必要な発明乙につき、
□□□　日本およびX国で特許権を有しており、X国においては、X国の企業であ
　　　るB社に製品甲の独占的販売権を設定している。日本の企業であるC社
　　　は、X国においてB社から製品甲を購入し、日本への輸入および日本国内
　　　での販売（いわゆる並行輸入）を行っている。この場合、日本の判例によ
　　　れば、A社は、日本における発明乙の特許権に基づいて、C社に対し製品
　　　甲の日本への輸入および日本国内での販売の差止めを請求することができ
　　　る。　　　　　　　　　　　　　　　　　　　　　（46-10-2-③改）

問 7　　日本の特許法上、特許権者には、特許権を侵害する製品の輸入の差止請
□□□　求権が認められているが、税関における輸入差止めについては、関税法
　　　上、税関当局の職権による輸入差止めのみが認められ、特許権者が輸入差
　　　止めの申立てをすることは認められていない。　　　（44-2-4-イ）

554

解 4 × 　インコタームズ（International Commercial Terms）とは、定形取引条件の解釈に関する国際規則であり、これは、国際商業会議所が、主要な定形取引条件について各国の実態を調査し、それに基づいて、定形取引条件に関して売主および買主の義務を定義する統一規則を作成したものである。したがって、インコタームズは、条約と同一のものではなく、また、当然には法的な強制力（拘束力）は認められない。

解 5 ○ 　特許協力条約（ＰＣＴ）は、所定の国際出願を行えば、複数の同盟国（指定国）において出願をしたのと同一の効果を与える旨の国際出願制度を認めるものである。

解 6 × 　わが国の最高裁は、特許権に基づき当該並行輸入を阻止することは、原則として、できないとしている。したがって、「日本の判例によれば、Ａ社は、日本における発明乙の特許権に基づいて、Ｃ社に対し製品甲の日本への輸入および日本国内での販売の差止めを請求することができる」という記述は、適切でない。

解 7 × 　関税法上、特許権などの知的財産権を侵害する物品は、輸入禁制品として扱われており、当該輸入禁制品の輸入差止めについては、税関当局の職権によりなされるほか、当該特許権などの知的財産権の権利者による輸入差止めの申立てが認められている。

問 8　日本の企業であるＡ社は、Ｘ国における大規模建設プロジェクトを受注するため、Ｘ国における当該プロジェクトの所管官庁の高官に対し賄賂を贈った。この場合、Ａ社は、日本の不正競争防止法に基づき刑事罰を科される可能性がある。　　　　　　　　　　　　　　　　　　　（46−10−2−①改）

第2節　国際商事紛争

重要度 **A**

問 1　日本の民事訴訟法上、民事訴訟について、日本以外の国に裁判管轄が認められる場合には、日本の裁判所に国際裁判管轄は認められない。
　　　　　　　　　　　　　　　　　　　　　　　　　　　（45−5−1−イ）

問 2　日本の民事訴訟法上、国際的な取引における当事者は、民事上の法的紛争に関し、いずれの国の裁判所に訴えを提起することができるかについて、合意により定めることができる。この合意は、一定の法律関係に基づく訴えに関し、かつ、書面またはこれに代わる電磁的記録でしなければ、その効力を生じない。　　　　　　　　　　　　　　　　　（45−5−1−ウ）

問 3　アメリカ合衆国のフォーラム・ノン・コンヴィニエンス（forum non conveniens）の法理によれば、民事訴訟が提起された裁判所以外の裁判所で事件がより適切に審理されると考えられる場合であっても、当該民事訴訟が提起された裁判所が訴えを却下することは認められていない。
　　　　　　　　　　　　　　　　　　　　　　　　　　　（43−9−4−オ）

解 8 ◯　日本は、国際商取引における外国公務員に対する贈賄の防止に関する条約（ＯＥＣＤ外国公務員贈賄防止条約）の締約国である。同条約を受けて、日本では、**不正競争防止法により、外国の公務員に対する不正の利益の供与等を禁止し、違反に対しては罰則を科しており**、日本企業や日本人が日本国外で行った行為にも罰則が適用されることがある。したがって、Ａ社は、刑事罰を科される可能性がある。

解 1 ✕　民事訴訟法において、日本の裁判所に国際裁判管轄が認められる場合であれば、日本以外の国に裁判管轄が認められる場合でも、日本の裁判所に国際裁判管轄は認められる。

解 2 ◯　日本の民事訴訟法上、当事者は、合意により、いずれの国の裁判所に訴えを提起することができるかについて定めることができる。この合意は、一定の法律関係に基づく訴えに関し、かつ、**書面または電磁的記録でしなければ、その効力を生じない。**

解 3 ✕　訴訟が提起された裁判所以外の裁判所で事件がより適切に審理されると考えられるときは、訴えを提起された裁判所（受訴裁判所）は、自らの裁量によって本来有する裁判管轄権の行使を差し控えて、訴えを却下することができるとする法理を**フォーラム・ノン・コンヴィニエンスの法理**というが、米国の裁判所は、この法理を採用しており、米国の法律に基づけば当該米国の裁判所に管轄があるにもかかわらず、米国以外の国の裁判所で事件がより適切に審理されると考えられることを理由として、当該米国の裁判所により当該訴訟を却下されることがある。

問 4　A社は、玩具の製造および販売を行う日本の会社であるが、一部の製品の生産をX国で行うこととし、その生産をX国の法人であるB社に委託することとした。A社とB社との間に生じた民事上の法的紛争について、B社は、X国の裁判所において、A社を相手方として損害賠償請求訴訟を提起した。この場合であっても、日本の裁判所に国際裁判管轄が認められるときには、A社は、同一の法的紛争について、日本の裁判所において債務不存在の確認を求める訴訟を提起し得る。　　　　　　　　　（42-3-1-④改）

問 5　日本の法の適用に関する通則法上、契約当事者が契約において準拠法を定めている場合、原則として、当該契約の定めに基づいて準拠法が決定される。　　　　　　　　　　　　　　　　　　　　　　　　　（45-5-1-エ）

問 6　日本の法の適用に関する通則法上、当事者間に準拠法についての合意がない場合、法律行為の成立および効力は、原則として、当該法律行為の当時において当該法律行為に最も密接な関係がある地の法により決定される。　　　　　　　　　　　　　　　　　　　　　　　　　（45-5-1-オ）

問 7　日本の民事訴訟法上、外国裁判所の確定判決が日本国内においてその効力を有するための要件の1つとして、敗訴の被告が訴訟の開始に必要な呼出しもしくは命令の送達（公示送達その他これに類する送達を除く）を受けたこと、またはこれを受けなかったが応訴したことが挙げられる。　　　　　　　　　　　　　　　　　　　　　　　　　（43-2-3-①）

解 4 ○ 　同一の紛争につき日本と外国とで訴訟が同時並行して行われる場合を国際的訴訟競合という。日本の民事訴訟法は、国際的訴訟競合を否定していない。なぜなら、民事訴訟法142条は、「裁判所に係属する事件については、当事者は、更に訴えを提起することができない。」（二重起訴の禁止）と規定しているが、判例は、本条にいう「裁判所」とは、日本の裁判所を指し、外国の裁判所を含まないとしているからである。したがって、B社が、X国の裁判所において、A社を相手方として損害賠償請求訴訟を提起した場合であっても、日本の裁判所に国際裁判管轄が認められるときには、A社は、同一の法的紛争について、日本の裁判所において債務不存在の確認を求める訴訟を提起し得る。

解 5 ○ 　法の適用に関する通則法（法適用通則法）は、準拠法選択の決定を当事者の意思に委ねる立場（当事者自治の原則）を採用しており、取引当事者間の合意（契約）により準拠法を定めていた場合には、当該準拠法が適用されることになる。

解 6 ○ 　法の適用に関する通則法（法適用通則法）上、当事者間に準拠法についての合意がない場合、法律行為の成立および効力は、原則として、当該法律行為の当時において当該法律行為に最も密接な関係がある地の法（最密接地関係法）により決定される。

解 7 ○ 　日本の民事訴訟法上、外国裁判所の確定判決が日本国内においてその効力を有するための要件の1つとして、敗訴の被告が訴訟の開始に必要な呼出しもしくは命令の送達（公示送達その他これに類する送達を除く）を受けたこと、またはこれを受けなかったが応訴したことが挙げられる。

第**8**章 国際法務に関する法律

問 8 外国の企業と日本の企業との間の民事上の法的紛争に関する民事訴訟において、当該外国の裁判所が下した判決の内容または訴訟手続が日本における公の秩序または善良の風俗に反する場合であっても、法令または条約により当該外国の裁判所に裁判権が認められるときは、当該外国の企業は、日本の裁判所において、執行判決を得て強制執行を行うことができる。 (45−5−1−ア)

問 9 仲裁手続による仲裁判断は、確定判決と同一の効力を有する。 (45−8−1−①)

問 10 仲裁合意は、原則として、当事者の全部が署名した文書、当事者が交換した書簡または電報その他の書面もしくは電磁的記録によってしなければならない。 (45−8−1−②)

問 11 仲裁合意をした当事者の一方が仲裁合意を無視して民事訴訟を提起した場合、他方の当事者は、仲裁合意があることを主張して訴えの却下を求めることができる。 (45−8−1−④)

第3節 アメリカの司法体系・裁判手続　　重要度 C

第4節 国際倒産　　重要度 C

問 1 日本の企業であるA社が日本の裁判所において破産手続開始決定を受けた後、A社に対して債権を有するX国の企業であるB社は、A社がX国内に有する財産を差し押さえてその債権の一部について弁済を受けた。この場合、B社は、日本におけるA社の破産手続において、弁済を受ける前の債権の額全額について手続に参加することはできるが、他の同順位の破産債権者がB社の受けた弁済と同一の割合の配当を受けるまでは、最後配当を受けることができない。 (46−10−2−⑤改)

解 8 ✕　外国判決の内容をわが国で執行するためには、わが国の裁判所で執行判決を得ることが必要であり、執行判決を得るためには、当該判決の内容および訴訟手続が日本における公の秩序または善良の風俗に反しないことが必要である。したがって、当該外国の裁判所が下した判決の内容または訴訟手続が日本における公の秩序または善良の風俗に反する場合には、当該外国の企業は、日本の裁判所において、執行判決を得ることはできず、強制執行を行うことはできない。

解 9 ◯　仲裁手続による仲裁判断は、確定判決と同一の効力を有する。

解 10 ◯　仲裁合意は、原則として、当事者の全部が署名した文書、当事者が交換した書簡または電報その他の書面もしくは電磁的記録によってしなければならない。

解 11 ◯　仲裁合意をした当事者の一方が仲裁合意を無視して民事訴訟を提起した場合、他方の当事者は、仲裁合意があることを主張して訴えの却下を求めることができる（妨訴抗弁）。

解 1 ◯　破産債権者は、破産手続開始の決定があった後に、破産財団に属する財産で外国にあるものに対して権利を行使したことにより、破産債権について弁済を受けた場合であっても、その弁済を受ける前の債権の額について破産手続に参加することができるが、当該外国で弁済を受けた破産債権者は、他の同順位の破産債権者が自己の受けた弁済と同一の割合の配当を受けるまでは、最後配当を受けることができない。

索 引

さ

【し】

MEMO

2024年度版　合格革命
ビジネス実務法務検定試験® 2級 テキスト&一問一答

(2011年度版　2011年3月25日　初版 第1刷発行)

2024年4月18日　初 版　第1刷発行
2024年9月2日　　　　　第2刷発行

編 著 者　ビジネス実務法務検定試験®研究会
発 行 者　猪 野　　 　樹
発 行 所　株式会社　早稲田経営出版
〒101-0061
東京都千代田区神田三崎町3-1-5
　　　　　　　　　神田三崎町ビル
電 話 03(5276)9492 (営業)
FAX 03(5276)9027

組 版　株式会社　グ ラ フ ト
印 刷　株式会社　ワ 　 コ ー
製 本　株式会社　常 川 製 本

© Waseda keiei syuppan 2024　　Printed in Japan　　ISBN 978-4-8471-5161-3
N.D.C. 336

書籍の正誤に関するご確認とお問合せについて

書籍の記載内容に誤りではないかと思われる箇所がございましたら、以下の手順にてご確認とお問合せをしてくださいますよう、お願い申し上げます。
なお、正誤のお問合せ以外の**書籍内容に関する解説および受験指導などは、一切行っておりません。**
そのようなお問合せにつきましては、お答えいたしかねますので、あらかじめご了承ください。

1 「Cyber Book Store」にて正誤表を確認する

早稲田経営出版刊行書籍の販売代行を行っている
TAC出版書籍販売サイト「Cyber Book Store」の
トップページ内「正誤表」コーナーにて、正誤表をご確認ください。

CYBER TAC出版書籍販売サイト
BOOK STORE

URL：https://bookstore.tac-school.co.jp/

2 1の正誤表がない、あるいは正誤表に該当箇所の記載がない ⇒ 下記①、②のどちらかの方法で文書にて問合せをする

★ご注意ください★

お電話でのお問合せは、お受けいたしません。
①、②のどちらの方法でも、お問合せの際には、「お名前」とともに、
「対象の書籍名（○級・第○回対策も含む）およびその版数（第○版・○○年度版など）」
「お問合せ該当箇所の頁数と行数」
「誤りと思われる記載」
「正しいとお考えになる記載とその根拠」
を明記してください。
なお、回答までに1週間前後を要する場合もございます。あらかじめご了承ください。

① ウェブページ「Cyber Book Store」内の「お問合せフォーム」より問合せをする

【お問合せフォームアドレス】
https://bookstore.tac-school.co.jp/inquiry/

② メールにより問合せをする

【メール宛先　早稲田経営出版】
sbook@wasedakeiei.co.jp

※土日祝日はお問合せ対応をおこなっておりません。
※正誤のお問合せ対応は、該当書籍の改訂版刊行月末日までといたします。

乱丁・落丁による交換は、該当書籍の改訂版刊行月末日までといたします。なお、書籍の在庫状況等により、お受けできない場合もございます。
また、各種本試験の実施の延期、中止を理由とした本書の返品はお受けいたしません。返金もいたしかねますので、あらかじめご了承くださいますようお願い申し上げます。

早稲田経営出版における個人情報の取り扱いについて
■お預かりした個人情報は、共同利用させていただいているTAC（株）で管理し、お問合せへの対応、当社の記録保管にのみ利用いたします。お客様の同意なしに業務委託先以外の第三者に開示、提供することはございません（法令等により開示を求められた場合を除く）。その他、共同利用に関する事項等については当社ホームページ（http://www.waseda-mp.com）をご覧ください。

（2022年7月現在）